Fuheshi Jiceng Zhongzai Jiaotong Liqing Lumian Jishu

复合式基层重载交通
沥青路面技术

侯岩峰　米永进　魏正义　左　劼　编著

人民交通出版社
China Communications Press

内 容 提 要

本书以邯长高速公路科研成果为依托，详述了沥青路面车辙病害产生原因，通过科学试验和长期跟踪观测，总结出沥青碎石混合料和级配碎石基层设计方法，提出了复合式基层沥青路面结构，并阐述了相应施工技术要点。经过实践证明和质量评定，它有效地解决了半刚性基层上的沥青路面反射裂缝，克服了单纯柔性基层上的车辙病害，延长了沥青路面使用寿命，开创了沥青路面结构设计新模式，在河北高速公路路面建设中已广泛推广应用。同时，书中还介绍了车辙预估量计算公式。

本书可供从事公路路面研究、设计、施工、监理、检测技术人员借鉴和参考，也可供相关大、中专院校师生学习参考。

图书在版编目(CIP)数据

复合式基层重载交通沥青路面技术 / 侯岩峰等编著
— 北京 ：人民交通出版社，2014.3
ISBN 978-7-114-11081-8

Ⅰ.①复… Ⅱ.①侯… Ⅲ.①复合式路面—沥青路面—研究 Ⅳ.①U416.217

中国版本图书馆 CIP 数据核字(2013)第 301690 号

书　　名：复合式基层重载交通沥青路面技术
著 作 者：侯岩峰　米永进　魏正义　左　�
责任编辑：刘永芬
出版发行：人民交通出版社
地　　址：(100011)北京市朝阳区安定门外外馆斜街 3 号
网　　址：http://www.ccpress.com.cn
销售电话：(010)59757973
总 经 销：人民交通出版社发行部
经　　销：各地新华书店
印　　刷：北京市密东印刷有限公司
开　　本：787×1092　1/16
印　　张：16.25
字　　数：365 千
版　　次：2014 年 3 月　第 1 版
印　　次：2014 年 3 月　第 1 次印刷
书　　号：ISBN 978-7-114-11081-8
定　　价：48.00 元
(有印刷、装订质量问题的图书由本社负责调换)

编写委员会

主　　任：侯岩峰

副 主 任：米永进　魏正义　左　劼

编　　委：张新永　康振辉　魏会林　李迎华　马　焱

　　　　　董俊华　靳书庆　祁昌旺　王耀阁　郭素军

审　　校：米增福

编 写 人 员

第一章　概述

　　　　侯岩峰

第二章　复合式基层沥青路面材料选择

　　　　左　劼　李迎华　郭素军　杨　蕾

第三章　复合式沥青路面基层

　　　　米永进　康振辉　郭彦波　马　焱　赵　帅

第四章　面层沥青混合料组成设计

　　　　张新永　祁昌旺　张　亮　张小平　郝　然

第五章　动载作用下沥青路面有限元分析与车辙预估方法

　　　　魏会林　靳书庆　王　斌　李石磊　王　菲

第六章　复合式基层沥青路面工程实例

　　　　董俊华　王耀阁　任　杰　逯贺伟

前　言

在高等级公路建设中，沥青路面是常被选用的一种路面结构形式。根据有关资料显示，国内外绝大多数沥青路面，采用半刚性（底）基层，并取得一系列成功经验和研究成果。

众所周知，半刚性（底）基层强度高、整体性能好，材料廉价，并能就地取材，长期以来备受青睐。然而，近年来，随着社会经济快速发展，交通量骤增，载重和超载车大量涌现，于是在半刚性（底）基层上修筑的沥青路面，出现了大量的裂缝和车辙，在气候和雨雪作用下，致使这种类型的沥青路面发生早期破坏，困扰着公路建设者和使用者。

在这方面，河北公路建设者们为适应新时代的交通需求，总结现实的经验教训，学习和吸取国内外先进经验及科研成果，经过逐步地、多种方式、长时期工程实践，决定继承和发扬半刚性（底）基层优势，充分吸纳柔性基层的特点，并将两者结合一起，组成复合式沥青路面基层。本书以邯长高速公路更乐至冀晋路段（简称邯长公路）为依托，从理论和工程实践相结合入手，开展了以下一系列试验、研究。

从沥青混合料受力特性入手，分析了沥青路面车辙产生机理，根据重载交通特性和气候环境，通过理论分析和研究，建立起沥青路面模型，提出了路面车辙预估方法及提高抵抗车辙病害的路面结构和应采取的技术措施。

学习和吸收当今的沥青混合料设计方法，从基础材料入手，采纳大马歇尔试验方法、Superpave 旋转压实体积法、GTM 试验法，对沥青混合料进行了对比研究，推荐了适宜重载交通、具有较高抗车辙性能沥青稳定碎石基层（本书简称为沥青碎石）和沥青面层混合料组成设计方法。

采取理论与实践相结合的方法，在理论和试验室研究的基础上，提出四种不同类型的复合式基层沥青路面结构，进行实体试验，制订出相应的施工工艺和质量控制方法，经过 8 年连续跟踪观察、检测资料证实，这种复合式沥青路面，抗辙性能良好，对解决沥青路面的裂缝十分有效，未出现任何早期损坏现象，并表现出优良的路用性能。有效地解决了长期困扰的半刚性（底）基层裂缝病害，也解决了人们担心柔性基层沥青路面会产生过大车辙或变形的问题。为此，河北省交通部门决定，在全省内推广应用这种类型的沥青路面结构。

本书依据“重载交通高速公路沥青路面柔性基层抗车辙性能研究”（荣获河北省交通厅2006年优秀科技成果一等奖）成果、实践经验，以跟踪检测资料为证据，经过系统归纳整理编撰而成。鉴于时年进行研究时，沥青及沥青混合料试验方法依据的是JTJ 052—2000《公路工程沥青及沥青混合料试验规程》版本，为此，书中有关沥青和沥青混合料试验方法序号一律改为JTG E20—2011版本，以便于读者查阅。

全书设绪论，正文分为六章。第一章简述了当今沥青路面车辙病害研究概况和车辙病害成因，提出了研究的思路和方法及切入点。第二章介绍了复合式沥青路面材料选择技术要求。第三章介绍了复合式基层设计和路用性能研究。第四章为面层沥青混合料设计优化方法。第五章论述了动载作用下沥青路面有限元分析与车辙预估方法。第六章为复合式基层沥青路面工程实例，以实体工程证实前述理论基础是可行的。书后还附有国内和美国的沥青材料指标。全书由魏正义、米增福统一审核。

本书在编写过程中，曾得到河北省高速公路管理局、邯长高速公路筹建处、重庆交通大学、河北路桥集团四公司、河北交通建设监理咨询有限公司、邢台路桥建设总公司等单位大力支持，在此一一表示衷心感谢。

由于我们水平所限，书中若存在不妥之处，敬请广大读者匡谬，以便于今后改进或继续进行深入研究。

编　者

2013.10

目 录

绪　　论

随着国民经济的发展，在高等级公路上行驶的车辆数量骤增，日趋大型化，超重车辆也不断涌现，许多一般性的公路或路段，成为了重载交通要道，致使沥青路面难以承受，不可避免地发生了早期破坏。于是，对公路路面提出了更高的要求，修建长寿命、高性能公路路面，已成为公路建设者和使用者共同要求。

一、半刚性基层沥青路面

半刚性基层具有强度高，整体性好、材料来源广、施工设备简易、造价较低等优点，因此，在过去修筑的沥青路面，多为半刚性基层。然而，随着交通性质逐步变化，许多这类基层沥青路面，仅仅运营7～8年，甚至更短的时间，就出现了大面积开裂、水损坏等病害，远远达不到设计使用年限。其病害的主要表现为以下几方面：

(1)半刚性基层收缩开裂，引起沥青路面裂缝。

(2)水分沿裂缝下渗、积水，在车辆荷载作用下，导致唧浆、面层松散等水损坏。

(3)半刚性基层与沥青面层之间结合薄弱，在行车荷载作用下，结合面上产生较大的剪应力，致使面层沿界面滑移，形成流动性车辙。

(4)一旦面层发生病害或破坏，为了补强需要重新铺筑基层，不仅延长了维修养护时间，增加了养护维修费用，而且维修的效果也不理想。

为了解决半刚性基层上沥青路面顽疾，研究人员再次把目光投向柔性基层沥青路面。为此，我们对国内为数不多的柔性基层沥青路面，进行了调查研究。

二、柔性基层沥青路面

关于沥青路面的基层，笼统来说分为两种类型，一是上面所说的半刚性基层，另一种则是柔性基层。

在柔性基层中，级配碎石和沥青碎石基层是柔性基层的典型代表。其中，级配碎石是一种材料形式，20世纪70年代，已开始研究应用。在四川成渝高速公路上，曾铺筑了140km的级配碎石基层沥青路面，基本没有出现类似半刚性基层沥青路面病害，使用情况仍然良好。

沥青碎石混合料，是由大小不同粒径组成集料(不包括矿粉)，与适量的沥青按一定比例配合，经均匀拌和后形成了沥青碎石混合料，又称黑色碎石。其级配可以是连续的密实结构，在沥青路面规范上代号为ATB-××，也可以是半开级配，用AM表示。它的特点是：高温稳定性好，低温抗裂性好，空隙较大，沥青用量少，不用矿粉、造价低、使用时间长。

早期修筑的京津唐和广深高速公路，分别曾采用了沥青碎石基层，厚度分别为23cm和

32cm。虽然初期投资有所增加，然而，在多年使用过程中，表现出良好的使用性能。

沥青碎石集料粒径一般比较大，有特粗式，最大粒径≥37.5mm；粗粒式最大粒径为31.5mm；中粒式最大粒径为19mm。它铺筑在沥青面层之下，作为基层或与级配碎石，铺筑在半刚性基层上，组成复合式底基层，发挥两者优势。

1.柔性基层上沥青路面

从国外研究也表明，沥青混凝土面层和沥青碎石基层组合的路面结构，具有最好的路面使用性能。

美国各州公路工作者协会(AASHO)，在1956～1960年间进行了著名的AASHO试验路研究发现，沥青碎石基层路面，虽然比半刚性基层沥青路面产生了比较大的车辙量，但是，其使用品质总体好于后者。

上述研究表明，采用沥青稳定碎石基层的沥青路面，比其他类型的基层具有更好地路用性能，因此在世界各国得到了广泛的应用。根据DataPave3版的LTTP中的道路实体工程数据，不同基层、底基层类型的路面数量统计情况列于表0-1。由该表中数据可见，半刚性基层沥青路面只占很少的一部分，柔性基层沥青路面是美国沥青路面的主要结构形式。

DataPave3的LTTP中沥青路面统计情况 表0-1

基层类型	实体工程数(处)	比例(%)
全厚式基层	154	20.0
沥青稳定碎石基层+粒料底基层	198	25.8
粒料类基层	292	38.0
沥青稳定碎石基层+半刚性底基层	37	4.8
粒料基层+半刚性底基层	46	6.0
水泥稳定基层	27	3.5
石灰(3%)稳定基层	15	2.0

20世纪70年代后，日本、德国也曾在沥青碎石基层修筑过沥青路面。他们认为：半刚性材料易开裂，且难以避免，所以只能作底基层，厚度一般为15cm。

国外的使用经验表明，柔性基层沥青路面使用性能良好，绝大部分柔性基层沥青路面能够使用15年以上才需要维修，还有不少沥青路面使用20年以上才出现明显的损坏。

然而，柔性基层沥青路面，容易产生车辙，这是国外普遍存在的问题。因此，在我国重载交通高速公路上，如果推广应用柔性基层沥青路面，虽然可以减少半刚性基层那样的早期破坏的病害，车辙病害是国人十分担心的问题。当车辙病害严重时，同样也会导致沥青路面破坏，这是本书要研究的课题。

2.国外对沥青碎石基层研究

前已述及，沥青碎石是柔性基层的典型代表之一。20世纪70年代，加拿大和美国对沥青碎石基层进行了大量的试验和应用研究，结果证明：

沥青碎石基层的结构系数，接近沥青混凝土面层。于是，美国地沥青协会于1960年提出全厚式沥青路面的概念，指的是直接在土基上或者在改良后的土基上，铺设单层或多层沥青混凝土的路面结构。普遍认为:对于重交通道路,这是一种最为经济可靠的沥青路面;在缺乏适当材料的地区,目前这种路面的应用也十分普遍。

德国引进了全厚式沥青路面结构,试验路研究表明:采用全厚式沥青路面,可以获得更加耐久的路面结构,从而可降低20%左右的造价。

20世纪后期,为满足未来更大的交通量和轴重的增加,欧美各国就将研究重点转向长寿命沥青路面的开发和应用上。所谓长寿命沥青路面,是以柔性、抗疲劳沥青混凝土为沥青路面的基层,可将路面设计寿命由20年提高到40~50年。

1)LSAM——大颗粒沥青混合料

为了降低柔性基层上的沥青路面车辙,提高热拌沥青混合料路面高温稳定性,美国各州开始倾向于采用大粒径沥青混凝土基层,最常用的是26.5mm、37.5mm两种粒径。

大粒径的沥青混合料(Large Stone Asphalt Mixes,简称LSAM),一般指最大粒径在25~53mm之间的热拌沥青混合料。在很长一段时间里,由于施工和试验上的原因,大粒径沥青混合料没有得到广泛应用。

美国对LSAM的研究,始于20世纪90年代。在试验方法上,由于基层混合料最大粒径相对面层要大得多,于是马歇尔试验方法已不适用。为此,宾夕法尼亚州运输部(Pennsylvania Department of Transportation)于1969年首次提出了直径为6in(15.24mm)的大型马歇尔试验方法,并在1996年被正式定为ASTMD5581标准。美国德州交通协会通过对LSAM进行研究,提出了LSAM设计指南。

2)LSAM——大颗粒沥青混合料优点

近几年来,美国、英国、加拿大、澳大利亚、日本、南非等对LSAM作了更深一步的研究。国外研究成果和实践表明,大粒径沥青混凝土具有以下优点。

(1)级配良好的LSAM,能够抵抗较大的沥青路面塑性和剪切变形,可以承受重载交通,具有较好的抗车辙能力,提高了沥青路面的高温稳定性,特别是对于低速、重车路段,行车荷载持续作用的时间较长,LSAM具有更好的适应性能。设计良好的LSAM与传统的沥青混凝土相比,显示出十分明显的抗永久变形能力。

(2)大粒径集料的增多和矿粉用量的减少,使得在不减少沥青膜厚度的前提下,减少了沥青总用量,从而降低工程造价。

(3)可一次性摊铺较大的厚度,缩短工期。

(4)沥青层内部储存温度能力高,热量不易散失,有利于在低冷条件下施工,延长施工有效时间。

在国外,沥青碎石基层经过长期的研究,得到了广泛应用,已经有了较为完备的理论基础和丰富的施工经验。各国在大量实践的基础上,提出了自己的设计规范。美国地沥青协会开发的DAM路面设计程序包含了沥青碎石基层的设计方法;英国运输工程研究院编制了《道路沥青路面结构设计指南》,也提出了建立在经验基础上的沥青碎石基层的设计规范。

3.国内沥青碎石研究

长期以来,在国内公路建设中,沥青路面多采用半刚性基层和底基层。河北省20世纪80年代中期,在G106北京界至河间路段、G107线北京界至定州路段,在厚30cm石灰土底基层上,铺筑了250km灌入式沥青稳定碎石基层,其粒径为20~50mm,这与美国的LSAM大颗粒沥青混合料非常接近，上铺2.5cm沥青混合料，相当于近年来研究的薄层路面，使用效果良好。

2004年，河北省邯长公路重载交通路段，就铺筑级配碎石基层、沥青碎石基层，并与半刚性底基层配合使用，组合成复合基层，以发挥两者的优势，其上再铺筑沥青路面，历经8年多的运营，路用性能良好。不过，对于沥青碎石基层的研究，在我国应当说刚刚开始，在工程实践中应用的还不多，其设计理论和技术措施还很不完善，对它的材料组成设计、路用性能、施工工艺等系统研究，有待于进一步深入进行。

三、柔性基层—沥青碎石基层存在的问题

沥青碎石和级配碎石基层，本书笼统称为柔性基层。对于柔性基层沥青路面，在国外尽管进行了长期应用和研究，并取得了一系列成果。但是，我国要引进并推广应用这种路面结构，还有许多课题亟待研究。

车辙病害是柔性基层沥青路面主要破坏形式，也是过去国内许多公路工作者最为担心的重要问题。目前，对于抗车辙病害研究，有的已考虑汽车的动载作用，采用动力有限元方法，对车辙深度进行预估，但目前研究还甚少。在现有的车辙预估方法中，在分析静力车辙深度值时，虽然有的已经加入了动载系数对其进行修正，但是，这样修正系数主要还是通过计算车辙与实测车辙的回归所得到的，还缺乏代表性，这也成为车辙预估误差较大的一个重要原因。

目前，对高温状态下沥青路面车辙深度估算，仍然没有得到很好地解决。尽管国内外都提出了沥青路面车辙深度控制标准，然而，由于缺乏车辙计算和预估的准确方法，还难以建立起沥青路面车辙与路面材料和结构的关系，用这些标准指导路面结构设计方法还很少。

一般而言，沥青路面发生的车辙，应是各结构层和土基永久变形的总和。当前，国内外沥青路面车辙深度预估，基本上有三种方法：经验法、半经验—半分析法、分析法。

1. 经验法

经验法所得的公式针对性比较强，可靠度比较高。但是，该公式具有一定的局限性，它只适用范围狭窄，仅用于与所研究道路所处的内外环境一致的路面车辙预估。一旦路面环境发生改变，公式可靠性则下降，因此说，经验法公式通用性差。

2. 半经验—半分析法

半经验—半分析法具有一定的适用范围，但是，其局限性仍未消除，采用的力学理论也不尽合理，有些计算参数不易确定，故亦未得到广泛使用。

3. 分析法

分析法是相对比较完善的方法，其中的黏—弹性理论可以更好地反映沥青中路面车辙形成过程；采用有限元法进行计算，使得精确度大大提高。然而，目前已有的沥青路面车辙预估方法，还停留在静力分析层面，与沥青路面的实际受力不一致。考虑汽车的对路面的动载作用，采用动力有限元方法对车辙进行预估目前研究甚少，为此，本书以邯长公路重载路面为实例进行研究。

东南大学杨军博士及韦苒硕士采用有限元法进行沥青路面车辙的预估，将沥青面层视为多个单元组成，各单元之间满足结点处连续性条件，运用黏—弹性理论，通过对时间进行离散，在时间的离散点进行有限元分析，编制了有限元程序。

四、邯长公路复合式基层沥青路面实践成果

试验路段位于G22邯长高速公路，东起涉县昭岗，西接山西黎城县，地处太行山东麓，属于山岭重丘区。路线走向沿石河右岸与原309国道并行。从清漳河特大桥面平坡段高程算起至省界处，相对高差251m，平均纵坡2.27%，最大纵坡5%。

路基高填方最高14.5m，挖方最深22m；高填方采用强夯处理，经研究发现强夯处理消除湿陷性黄土影响深度5.7m以上。该项目工程2003年开工建设，2004年12月竣工通车。实际施工工期一年零七个月，工期提前五个月。

鉴于半刚性基层上的沥青路面，其病害顽疾难以根除，为此，国内外研究机构和学者分别集中到柔性基层路面研究上。为了这一目的，河北省公路建设者以邯长公路重载交通路段为依托，与重庆交通大学一起进行了高速公路重载交通柔性基层抗车辙性能研究，参考国内外研究成果和经验，采用理论研究与室内试验、实体工程相结合的方法，采用复合式基层GTM沥青结构，修筑6.4km试验路面，经过10余年的努力，可以说获得了成功。图0-1展示出了试验路段今日面貌，表0-2列出的2009年路面质量检测、评价结果，均达到了满意的效果。

图0-1 通车8年试验路段复合式沥青路面

邯长公路2009年路面检测评价 表0-2

路面结构	里程	轻车上行方向				重车下行方向				
		DR	*IRI*	*DR*	*SPC*	*DR*	*IRI*	*DR*	*SPC*	*PSSI*
一般路段（半刚性基层）	K5+294	0.01	2.3	5.1	44	0.01	1.7	3.3	43	
	K6+205	0.02	1.8	4.5	46	0.01	1.7	2.7	43	
	K7+226	0.03	1.1	1.1	46	0.06	1.2	3.0	39	13
	K7+765	0.08	1.0	3.2	42	0.01	1.0	4.7	39	16
	K9+226	0.03	1.0	3.1	45	0.02	1.3	3.3	41	14
	K10+226	0.04	1.1	2.8	43	0.06	1.2	3.8	39	
	平均值	0.04	1.4	3.3	44	0.03	1.4	3.5	41	14

续上表

路面结构	里　程	轻车上行方向				重车下行方向				
		DR	*IRI*	*DR*	*SPC*	*DR*	*IRI*	*DR*	*SPC*	*PSSI*
试验路段 I（复合式基层）	K11＋126	0.03	1.0	2.9	45	0.01	1.2	3.3	37	7
	K12＋226	0.01	1.0	3.8	49	0.01	1.2	2.3	40	
	K13＋226	0.00	0.9	2.7	42	0.00	1.1	2.8	36	
	K14＋226	0.43	1.4	2.8	46	0.13	1.6	3.1	37	
	平均值	0.12	1.1	5.1	46	0.04	1.3	2.9	38	7
试验路段 II（复合式基层）	K15＋226	0.01	1.0	4.1	44	0.09	1.2	3.0	40	
	K16＋226	0.02	1.3	2.5	47	0.07	1.0	2.1	47	
	K17＋226	0.00	0.9	1.4	46	0.07	1.0	2.5	40	16
	平均值	0.01	1.1	2.7	46	0.08	1.1	2.5	42	16

注：1. 表中：*DR*——路面破损率（%）；*IRI*——路面国际平整率（m/km）；*RD*——车辙深度（mm）；*SFC*——横向力系数；*PSSI*——路面结构强度指数。

2.《公路工程质量检验评定标准》（JTG F80/1—2004）规定，高速公路 *IRI* 合格标准在 2.0m/km 之内。

第一章 概 述

自20世纪80年代起，我国的公路建设进入了快速发展时期，按照交通部（现今交通运输部）建设规划，到“十一五”计划末，公路总里程将达到230万公里，其中高速公路达6.5万公里。“十二五”期间，除继续完善省干线公路网络，提高技术等级外，还要新改建农村公路120万公里，进入高等级公路与普通公路并重发展阶段。

然而，随着交通量快速增长，许多沥青路面负荷加重，于是一些路面，特别是早期修筑的沥青路面，相继出现两类病害，一类是裂缝、网裂、唧泥、水破坏、剥落等，多发生在铺筑在半刚性基层上路面，系与该种基层特性密切相关。另一种病害是车辙，也属于早期破坏，无论半刚性基层还是柔性基层沥青路面，都是屡见不鲜的。

第一节 沥青路面车辙病害及原因分析

所谓车辙，是指沥青路面在行车荷载反复作用下，在轮载作用的部位产生的竖直方向上永久变形。车辙病害产生的主要原因，系面层沥青混合料发生侧向流动、基层或路床发生永久变形，其中包含一定程度的沥青混合料进一步压实和材料磨耗，其发展是逐步的，当发展到一定程度时，就不可避免地导致路面面层破坏。

一、沥青路面车辙病害实例

图1-1列举出了车辙病害一些工程实例。图中展示了车辙病害发生、发展、破坏的全过程。在初期，平整的沥青路面面层呈现波浪形，如果仔细查看，是不难发现的，或者沿路面拉紧一条线绳，车辙立即显现出来。

随着时间推移，车辙不断加深，沥青路面面层逐渐发生横向移动，路面上的标线呈现弯弯曲曲，边缘部分逐步变厚。当边缘处的面层厚度发展到一定程度时，开始出现龟裂直至破坏。在路面中部面层逐步下沉变薄，出现面层剥落现象。

二、车辙病害类型

从大量调查车辙病害实例来看，在其病害未引起路面发生结构性破坏之前，从外观来看大致可归纳为U形和W形两种类型；从车辙成因分析，车辙分为四种类型：失稳性车辙、结构性车辙、磨损性车辙、压密性车辙。

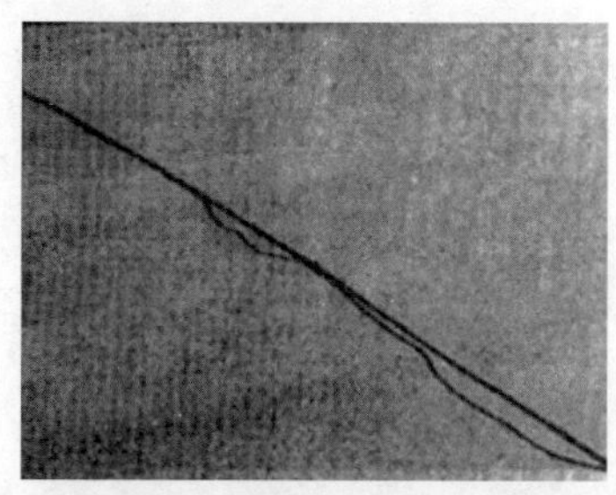
用拉线展示的车辙

用三角尺度量车辙深度

车辙外观表现

车辙引起路面移动

车辙引起的破坏

车辙引起面层剥落

图 1-1 沥青路面车辙变形及面层破坏实例

1. 车辙外观形式及类型

1)U 形车辙

所谓 U 形车辙，系车辙宽度较大，两侧还没有发生隆起现象，横断面成浅盆状，可用 U 字形描述(图 1-2a)。产生这种车辙病害的原因，多是路基变形传递到面层引起的。

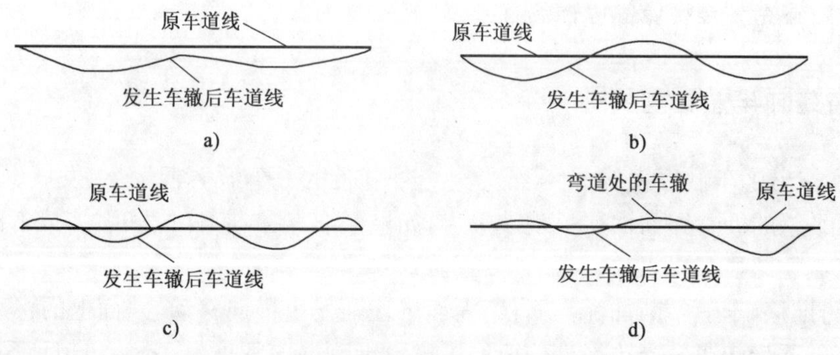

图 1-2 车辙外观形式
a)U 形车辙；b)～d)为 W 形车辙

沥青路面竣工开放交通后，随着车辆荷载作用，沥青面层混合料空隙率继续压密、减小，直至趋于稳定，尤其重载条件下，初期就形成明显的车辙。

从这个角度出发，为了减少车辙，在路基施工时，强调压实使之达到规定的压实度。在沥青路面施工时，同样也应加强碾压，使混合料具有较高的密实度，空隙率控制在要求范围内，对于减少沥青路面这种类型的车辙，应当说是行之有效的方法。

2)W 形车辙

在高温条件下,沥青路面在车辆反复作用下,面层沥青混合料发生侧向流动,并不断累积变形而形成车辙,在车轮作用部位产生下凹,而在碾压带以外的两侧反而向上隆起。

这种类型的车辙,特别是路线平曲线范围内,在垂直荷载和水平荷载共同作用,弯道处使路面产生向外推挤。推挤的严重程度,取决于平曲线半径和路线纵坡大小,因而,在弯道处这种病害表现的十分明显(图 1-2)。

2. 车辙按成因分类

从沥青路面产生车辙的原因分析,车辙病害可归纳为四种类型:

1)失稳性车辙

沥青路面在高温条件下,由于车轮反复作用,其产生的剪应力大于面层沥青混合料的抗剪强度后,使混合料的网络骨架结构失稳,沥青及沥青胶浆便产生流动,流动变形不断积累形成车辙(图 1-3)。

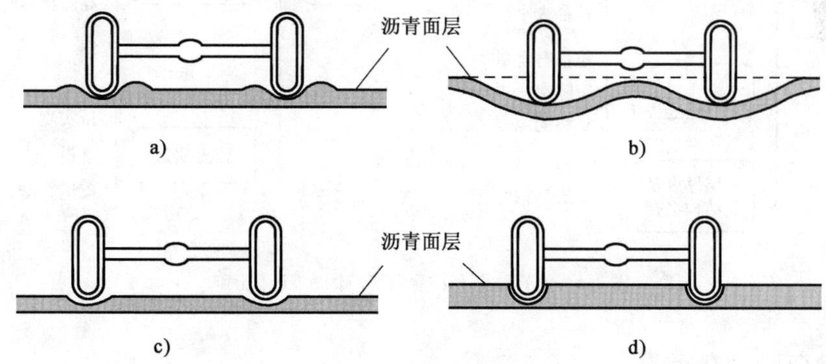

图 1-3 沥青面层按成因形成的车辙

a)失稳性车辙;b)结构性车辙;c)磨损性车辙;d)压密性车辙

这种车辙一般因剪切变形造成两侧隆起,其车辙断面成 W 形。多发生在后轴为双轮车辆行驶的路段,或在车速慢、轮胎产生横向应力大的地方,如爬坡路段和交叉口附近,该失稳型车辙一般比较严重。

2)结构性车辙

在交通荷载作用下,路面结构产生的整体永久变形。这种车辙主要是由于沥青面层以下粒料层和路基的永久变形引起的。

3)磨损性车辙

沥青路面结构表层的材料,不断受到车轮摩擦和自然环境因素作用,经过长时期持续不断损耗而形成,在寒冷地区,冬季带钉轮胎对路面造成的磨损较严重时,就会形成这类车辙。

4)压密性车辙

沥青路面铺筑过程中,由于压实功不够,或压实温度太低等原因,导致沥青面层压实不足,开放交通后,轮迹带下的沥青混合料受到继续压实,产生压密性变形,从而形成车辙。这种车辙常呈现为 U 字形状。

综上分析,半刚性基层强度高、板体性较强,基层及基层以下的变形极小,除了某些基层施工不良的路段外,在其上铺筑的沥青路面,从理论上分析,发生结构性车辙应是少见的。

第二节　沥青混合料高温稳定性影响因素

上述已经提及，影响失稳性车辙病害因素众多而复杂，但是，从其产生的原因分析，归纳起来可分为内在因素和外部条件，其内外部各自的影响因素，大致归纳在图1-4中。

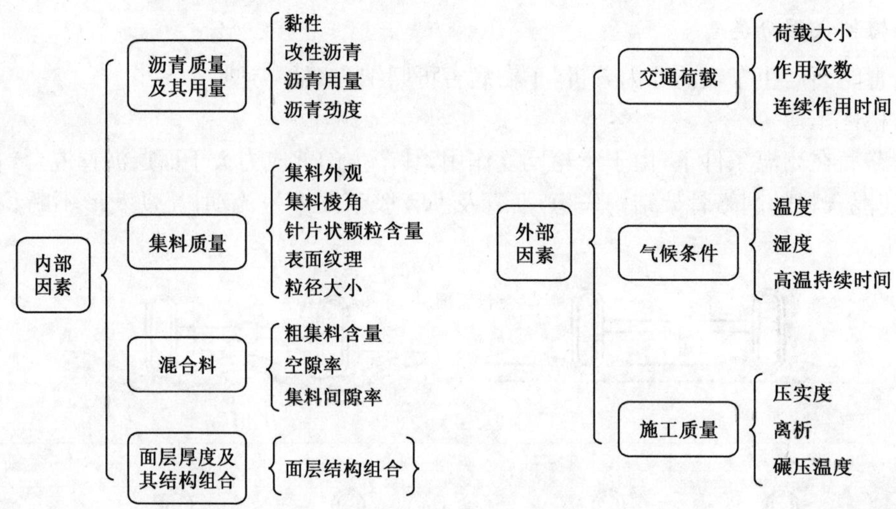

图1-4　沥青路面车辙病害影响因素归纳图示

一、车辙变形内在因素

沥青路面形成车辙的内在因素，已归纳在图1-4中。根据笔者掌握和了解资料，现就各自的影响因素分述如下。

1. 沥青结合料

沥青高温黏结性能，是直接影响因素之一。如果沥青高温时黏度大、劲度高，与集料黏附性好，相应的沥青混合料抗高温变形能力就强。沥青的高温黏度取决以下几点。

1）沥青等级

沥青主要技术指标，常用黏度（包括针入度和软化点）表征，它是抵抗车辙变形的中坚力量。一般来说，在其他条件相同时，针入度小的沥青，可以大幅度提高沥青混合料的抗车辙能力。

2）添加剂

在沥青当中，添加适宜的改性剂或添加剂，也会大幅度提高沥青高温的黏度。添加剂类型很多，笔者施工中接触到的有：

- 加入进口优质特里尼达湖天然沥青（TLA）。
- 加入从法国进口PR抗车辙剂。
- 加入SEAM（Sulphur-Extended Asphalt Modifierde）——“硫黄强化沥青改性剂”等。

3)沥青改性

在沥青中加入聚合物改性剂,称为改性沥青,可以改善普通沥青的物理、力学性能,能有效地提高沥青高温黏度和低温变形能力。目前,常用的改性剂品种有以下四类。

(1)无机类填料:例如炭黑、玻璃纤维、木质素纤维等。

(2)橡胶类:例如丁苯橡胶(SBR)及其乳液。

(3)热塑性树脂类:包括热塑性与热固性树脂,前者有聚乙烯(PE)、乙烯—醋酸—乙烯共聚物(EVA)、乙氯烯(PVC)、低密度聚乙烯(LDPE)、聚烯烃等;后者有正交异性桥面铺装用的环氧树脂(EP)。

(4)热塑性弹性体:例如乙烯—丁二烯—苯乙烯嵌段共聚物(SBS)、苯乙烯—异二烯—苯乙烯嵌段共聚物(SIS)。

目前,在国内应用比较多的改性剂,主要有SBS(热塑性弹性体)、SBR(属橡胶类)、EVA及PE(热塑性树脂类)三类,它们能够同时改变基质沥青的高温稳定性与低温柔韧性。

例如:在普通沥青中加入5%的SBS聚合物后,其60℃黏度由115Pa·s提高为224Pa·s。同时,软化点升高,脆点降低,耐久性提高。

在《公路改性沥青路面施工技术规范》(JTG F40—2004)中,已给出聚合物改性沥青的技术指标。

4)沥青用量

工程实践表明,在沥青混合料中,沥青适量有利于稳定;反之,沥青用量过大,必然会有自由沥青存在,不可避免地成为集料间的润滑剂,降低集料之间的嵌挤力,即降低沥青混合料的抗剪强度。在重载交通的作用下,很容易产生车辙变形。

沥青改性后,黏度提高,沥青与集料之间黏结力就高,可大大减少沥青用量,有利于沥青混合料稳定。然而,沥青过少,集料表面没有完全被裹覆,致使集料之间干涩、难以压实,沥青混合料不能形成有效地嵌挤结构,也会降低沥青路面抗车辙能力。因此,沥青用量应当处于最佳状态。

2.集料颗粒形状和组成

集料是沥青混合料中骨干力量,制作的集料石材质量和集料形状,是影响沥青混合料强度的重要因素,其影响表现如下。

1)制作集料的石材和集料颗粒

制作集料石材软硬、酸碱性能,都对沥青混合料有直接影响。碱性石料易与沥青黏附,酸性石料石质坚硬,但其与沥青黏附性不如碱性石料。

(1)制成集料颗粒形状

制成的集料颗粒棱角多少,表面粗糙程度和纹理,对混合料高温稳定性有着很大的影响。坚硬、纹理粗糙、多棱角、颗粒形状接近立方体的集料,嵌挤能力强,用其拌和成的沥青混合料,自然就有良好的高温稳定性能。

集料中掺加过多的砾石,对抗车辙是不利的,这是由于砾石缺乏棱角性而容易变形。

(2)集料颗粒大小

集料粒径大小,对沥青混合料高温稳定性有相当大的影响。不同粒径的混合料,即使在其最佳沥青用量时,也有不同的高温稳定性。这是由于路面成型时,集料在混合料中的存在状态完全是随机的,但是随着行车荷载的不断作用,颗粒重新排列,趋于稳定状态。在这个过程中,混合料必然发生变形,集料的粗细度起到了较大的影响。如果变形大,相应引起的车辙就大,从而使得路面高低不平,严重影响了行车的舒适性和安全性。

(3)细集料棱角

大家一致认为,粗集料棱角性有利于沥青混合料高温稳定性能,这是毋庸置疑的,但是,对于细集料棱角亦不可忽视,也要有足够的重视。我国规定棱角性流动时间,对于高速公路不小于30s。细集料应采用破碎的人工砂,尽量避免采用天然砂,因为人工砂级配可控制,颗粒有棱角。

(4)填料

填料应是用石灰岩或岩浆岩中的强基性碱性石料磨细的矿粉,以增强与沥青黏附能力。

2)集料的级配组成

集料的级配组成,对沥青混合料高温稳定性有相当大的影响。过去的经验认为,集料越粗对抗车辙越有利。国外对粗、中、细三种级配混合料试验表明:热拌沥青混合料,在最佳沥青用量、空隙率为8%时,粗级配的车辙深度最大,细级配次之,中级配最小。同样的方法,我国试验也得出相同的结论。其原因是:由于路面成型时,集料在混合料中完全是随机的,总有一定程度的扁平、细长颗粒。随着交通荷载的不断碾压,颗粒逐渐向最稳定的状态变化。在这个过程中,粗集料最易发生变形之故。

3. 沥青混合料

在沥青混合料中,依靠沥青黏结性和合理级配集料相结合,才能有能力承受车辆荷载作用。于是,粗细集料和矿粉组成的级配,起到了重要作用。国外研究的经典说法是:沥青混合料高温抗车辙能力,60%来源于集料嵌挤,沥青黏结性能只有40%的贡献。

对不同组成的沥青混合料,集料(尤其是嵌挤的粗集料)比例是重要的因素。对于密级配沥青混凝土来说,如果集料悬浮在沥青胶(砂)浆中,就形不成嵌挤,此时,沥青成为主要因素。反之,以集料嵌挤作用为主的沥青碎石、贯入式表面处治以及沥青玛蹄脂碎石混合料(SMA)、大空隙排水式沥青混合料(OGFC)等,它们的高温稳定性能,主要依靠粗集料嵌挤,才具有比较好的抗车辙能力。

有人认为,间断级配的沥青混合料的高温稳定性,优于密级配沥青混合料。但是根据美国SHRP计划研究表明,在通常情况下,合理的密级配混合料的高温稳定性要优于间断级配混合料,但SMA沥青混合料例外。

调查和研究证实,沥青路面车辙病害,多发生在路表面以下10cm范围内,所以恰当地选择上面层和中面层混合料的集料级配,就显得格外重要。据美国公路战略研究计划(SHRP)研究成果表明:在通常情况下,合理的密级配混合料的高温稳定性,优于间断级配混合料。这是因为:密级配混合料使得集料颗粒间的接触点,多于间断级配混合料,更容易形成密实结构。

4. 沥青路面空隙率

工程实践表明,沥青混合料的空隙率,一般应接近4%;如果低于3%,发生车辙的可能性明显增大。在现阶段,沥青混合料的设计空隙率,一般控制在3%～5%是适宜的,该值既考虑了水稳性,又有较好的耐久性。

5. 沥青层厚度及结构组合

前已述及，沥青路面车辙病害，多发生在路表面以下10cm范围内。沥青面层厚度，对车辙产生的影响议论不一。有的认为，厚度越大，车辙越严重。也有的认识却相反，厚度过薄可能变形更大。

1)壳牌公司理论

壳牌沥青路面设计手册提出的车辙预估公式，阐述了车辙与厚度的关系，也许对这个问题有所启发：

$$\Delta h = C_m \sum_{i=1}^{n} \frac{(\sigma_{av})_i}{(S_{m,\eta})_i} h_i \tag{1-1}$$

式中：Δh——车辙量；

C_m——动荷载修正系数；

$(\sigma_{av})_i$——第 i 层的平均应力；

$(S_{m,\eta})_i$——第 i 层沥青混合料的黏滞劲度模量；

h_i——沥青层第 i 层厚度。

式(1-1)中：Δh 虽然随 h_i 增加而增加，但是 $(\sigma_{av})_i$ 也却随 h_i 增加而减小。在其他条件不变的情况下，当沥青面层厚度在某一临界范围内时，车辙量随沥青层厚度增加而快速地增大，但是，当它超过这一临界值时，随沥青层厚度增加的车辙量增大趋势变缓。该临界厚度与路面结构、材料组成有关，一般在15～25cm之间。

2)国内外研究证实

近年来，国内外研究和调查证实：与薄层沥青路面相比，厚沥青路面车辙深度不一定就大。这是因为车辙产生离不开两个关键因素：荷载和温度。

半刚性基层上沥青路面，其基层强度和刚度高，荷载传递到路床顶面应力已很小。此时，车辙深度取决于沥青面层厚度和混合料性质。有资料显示，半刚性基层上沥青路面车辙深度，可能占总车辙深度90%左右。

3)笔者研究之见

笔者在工程实践中，结合邯长公路试验路，对半刚性与柔性基层沥青路面进行对比分析可知：

(1)两者车辙绝对深度相差不大。

(2)它们之间不同的是半刚性基层沥青路面侧向隆起高度，即外侧壅包大于柔性基层沥青路面，而柔性基层沥青路面的外侧壅包较为缓和、略显平缓。且随着加载次数增大，显示出柔性基层上的沥青路面抗车辙能力，也略强于半刚性基层上的沥青路面(见第五章图5-33、图5-34)。

对于柔性基层沥青路面，在肯定其抗裂性及抗水损坏性能、全面提高路用性能的同时，人们普遍关注其抗变形性能，担心产生过大的车辙。但是，通过计算可以看出，两种结构的车辙发展规律相当，而柔性基层沥青路面抵抗车辙变形的能力略强于半刚性基层。因此，只要合理地选择柔性基层沥青路面结构，并保证柔性基层材料的组成与路用性能，柔性基层上的沥青路面会具有良好的抗车辙能力。

4）不同路面层位对车辙的影响

为了说明沥青路面的面层结构对抗车辙性能的影响，采用弹性层状体系理论进行力学分析方法，得到不同层位的面层受力状态（表1-1）。

沥青面层不同层位的受力状态　　表1-1

层　位	受力状态	力学要求	变化范围(mm)
上面层	三向压缩	抗剪切滑移	0～40
中面层	竖向压缩	抗竖向压缩	35～160
下面层	两向拉伸区	抗疲劳	100～200

为了比较各结构层对车辙的贡献，现选定厚度相同的上、中、下面层结构，三种不同的沥青混凝土、位于不同路段，然后进行车辙计算分析（表1-2）。

车辙计算分析结果　　表1-2

路面结构	路面层位		车辙深度(mm)		
			一般路段	停车站	交叉口
开级配细粒式沥青混凝土	厚度均为5cm	上面层	3.96	5.87	5.23
		中面层	3.71	6.17	5.48
		下面层	2.63	4.42	3.92
		合计	10.3	16.46	14.63
密级配中粒式沥青混凝土	厚度均为5cm	上面层	2.87	4.50	4.52
		中面层	3.21	5.15	4.62
		下面层	2.39	3.90	3.48
		合计	8.47	13.55	12.62
粗粒式沥青混凝土	厚度均为5cm	上面层	2.76	4.24	3.84
		中面层	3.04	4.73	4.27
		下面层	2.22	3.49	3.14
		合计	8.02	12.46	11.25

从表1-2计算结果可知，在各层所用材料和厚度相同的情况下，上面层的车辙量占总量的31%～35%，中面层占36%～38%，下面层占25%～27%。由此可见，中面层抗车辙贡献最大，上面层次之，下面层最小。换句话说，沥青面层车辙主要发生在上、中面层，下面层也逃脱不了。对于上述论点调查资料也予以证实。

综上所述，上和中面层应选用密级配粗型混合料，以发挥抵抗车辙能力；下面层应选用密级配细型混合料，以抵抗疲劳破坏，这刚好和目前的沥青路面层次设置理念相反。

二、形成车辙变形外在因素

沥青路面一旦投入使用，就要永久地处在风吹雨打、炎热和寒冷交替变化的环境里，于是，车辆荷载、气候、施工质量就成为形成路面车辙的外部因素。

1. 车辆荷载反复作用

有试验研究表明：模拟加速的重型车辆荷载，在轮迹边缘处，沥青路面隆起、并且明显可见，这时沥青路面层内产生了剪切变形。因此，重型车辆是沥青路面发生车辙变形的重要原因之一。

2. 气候作用

实践表明，在正常的行车荷载作用下，永久变形主要是发生在夏季，当气温高于25～30℃时，此时的沥青路面温度达到40～50℃或以上，特别是在南方沥青路面处于40℃的高温下，沥青表面温度会达到70℃以上，此时的路面温度已经达到或超过沥青的软化点，随着行车荷载的反复作用，路面车辙随之加大。所以，高温的气候加速车辙变形发展，极易导致沥青路面失稳。

3. 施工因素

施工时期，对摊铺的沥青混合料，如果避免了施工过程中材料和混合料离析问题，又选取了适宜的压实机械，采取了科学的施工工艺，使沥青路面得到充分的压实。开放交通初期，在车辆作用下，沥青路面进一步压密的可能性是很小的。反之，得不到充分压实，初期车辆压密性车辙，是不可忽视的。

三、车辙变形的危害

1. 车辙是世界性沥青路面通病

无论国内国外，沥青路面的车辙变形是一种常见的路面病害，而且是一种顽疾病害。世界上一些发达国家沥青路面，约有80％以上的维修、罩面是针对车辙引起的路面损坏。

车辙变形病害对路面使用质量的影响，可归纳为以下几个方面：

1)雨天车辙内积水，造成了路表排水不畅，降低了路面抗滑能力，使高速行驶的车辆飘滑，特别是车辆在超车或更换车道时，方向极易失控，导致交通事故，严重威胁着车辆安全行驶。

2)车辙变形一旦过量，影响了路面的平整度，降低行车舒适性。

3)轮迹处沥青层厚度减薄，削弱了路面结构的整体强度，从而诱发其他病害同时出现。

4)车辙变形导致的沥青路面提早破坏。

2. 国内一些公路沥青路面车辙病害实例

1)1992年建成的广花公路，通车后不久就出现不同程度车辙病害，最大车辙深度为14mm，平均车辙深度为7.3mm。

2)京珠高速公路小塘—甘塘路段，于2003年4月建成通车。通车不久就出现严重车辙现象，车辙最深处达80mm，平均深度达20～30mm。

3)沈大高速公路近年来在许多路段也出现明显的车辙病害。

4)河北省某路段晋煤外运高速公路，于1995年通车，在1996年就开始出现车辙，到1997年车辙、壅包、推移现象已非常严重，最深处甚至可以刮到小汽车的底盘。

据统计，我国每年约有12％的路面需要大修，初步估计每年的沥青路面废弃量约为220万吨，这是很大的一笔资源浪费。

四、沥青路面抗车辙研究

沥青碎石基层,我国尚未有成熟的设计、施工规范。面对沥青路面存在的问题,我们从路面结构入手,从发挥半刚性和柔性基层两者的优势出发,借鉴国外成功经验,结合具体工程,提出复合式沥青路面基层,并随即对其进行了一系列研究,经过近十年跟踪观察和检测,这种复合式基层的沥青路面,应当说获得了成功。

1.沥青路面复合基层

在对车辙病害研究过程中,我们结合邯长公路实体工程,先从路面结构入手,为充分发挥半刚性基层强度高、整体性强的优势,又发掘柔性基层优势,底基层采用半刚性材料,基层采用柔性基层——级配碎石或沥青碎石,或级配碎石+沥青碎石及全厚式沥青路面,组成两种类型的复合性沥青路面基层,使两者可以取长补短,各自发挥自身优势,然后在其上铺筑沥青面层。

1)复合基层路面结构类型

(1)重载交通复合基层

基层为沥青碎石;底基层:上底基层为水泥稳定碎石,中底基层为二灰碎石,下底基层为石灰土。

(2)轻交通复合基层

基层为沥青碎石;底基层:上底基层为级配碎石,中底基层为二灰碎石,下底基层为石灰稳定土。

在半刚性底层上,铺筑级配碎石和沥青碎石基层,即柔性基层,它具有较高的抗剪强度、抗弯拉强度和疲劳性,与单纯的半刚性基层相比,不易产生收缩开裂和水损害。柔性基层作为应力吸收层,可以有效地减少路面结构中的应力集中现象,消除了路面反射裂缝的产生,可以有效地克服半刚性基层不足。两者相互结合,发挥各自的优势,组成一个强度、稳定、平整的路面结构,图1-5为复合式基层沥青路面工程实例。

a)

b)

图1-5　2010年拍摄的邯长公路沥青路面半刚性和复合基层上的沥青路面

a)同一工程同期在半刚性基层上铺筑的沥青路面,面层已发生的横向裂缝;b)同一工程同期在复合基层上铺筑的沥青路面,面层完好、几乎没有裂缝和车辙

沥青碎石基层，其所使用的材料与面层材料性能又基本相似、模量接近，层间又铺筑了改性沥青防水黏结层，上中下面层牢固联结，使路面结构受力、变形更为协调，避免了半刚性基层上沥青路面结合不良的缺陷。

实践证明，这样的路面结构，既保证了沥青路面强度和稳定，又具有良好的路用性能，笔者认为有着良好的发展和应用前景。

2)复合基层受力直观分析

在半刚性基层上，铺筑柔性基层，例如级配碎石和沥青碎石基层，则可起到如下作用：

(1)柔性基层可以吸收和消除半刚性底基层上的尖端应力，减少和延缓反射裂缝的发生。

(2)柔性基层可缓解因路面不均匀沉降导致的路面各种破坏。

(3)柔性基层可以扩散荷载应力，减轻半刚性结构层承受车辆荷载应力，提高半刚性基层的抗疲劳能力，相对地延缓了疲劳裂缝的产生。

(4)在半刚性底基层上铺筑级配碎石，能起到路面排水基层的作用，对进一步改善高速公路路面使用品质，延长使用寿命极为重要。

2.沥青路面抗车辙研究

由半刚性底基层和柔性基层组成的复合基层，同样需要对其组成进行设计。在进行半刚性底基层混合料设计时，强调采用振动成型理论；级配碎石采用GTM试验机测定干密度，应用承载比(CBR)进行质量控制；沥青碎石和沥青面层混合料设计有诸多方法，在邯长公路上经过比选优化，选用GTM法进行设计。

实践证明，半刚性基层强度高、板体性能优良，与柔性基层两者相结合后，按照规范规定的技术要求，设计出的复合式基层沥青路面，采取科学的施工工艺和质量控制措施，其强度均满足设计要求。笔者关心的问题是高温稳定性，即能否满足抗车辙的路用要求，于是，在本项目实体工程中，建设单位与重庆交通大学联合进行了“重载交通高速公路沥青路面柔性基层抗车辙性能研究”，经过8年的重载行车检验。跟踪检测资料显示，路面使用性能良好。

为了研究复合基层上的沥青路面稳定性，就需要探讨基层和面层沥青混合料在高温条件下的变形与荷载之间的关系、沥青混合料在特定温度条件下永久变形与荷载之间的关系、车辙发生发展与温度和荷载之间的关系。

1)高温稳定试验

关于沥青路面的高温稳定性，测定其永久变形的试验方法，国内外提出了许多方法，笔者列出以下几种：

- 单轴压缩试验；
- 扭转剪切试验；
- 车辙试验；
- 蠕变试验；
- 大型环道试验；
- 直道试验及野外试验路试验等。

2)单轴压缩试验

单轴压缩试验最初由英、荷壳牌石油公司试验室开发使用，这是评价沥青混合料高温稳定性最简单、最实用的方法之一。

至今，在单轴静载试验的基础上，发展了单轴动载和单轴重复荷载试验。这两种试验方法，能较好地模拟实际行车荷载的作用，可测定试件的回弹模量、塑性应变和泊松比。

3)扭转剪切试验

Sousa 博士开发的中空圆柱体试件的扭转剪切试验，它是在轴向荷载和扭矩的共同作用下，沿试件的内、外壁施加分布均匀的径向应力，使试件处于三相应力状态下，进而研究沥青混合料的动态特性的一种试验方法。

4)车辙试验

在规定温度条件下，采用车辙试验方法，测定沥青混合料抵抗塑性变形能力。鉴于试件车辙产生与发展和实际沥青路面车辙十分相似，且试验的结果——动稳定度，与沥青路面的车辙深度有着较好的相关性，因而，得到了世界各国的普遍使用。其试验方法详见 T 0719—2011。

5)蠕变试验

目前，沥青混合料的蠕变试验方法，主要有以下三种。

(1)单轴应力试验：无侧限圆柱试件的静力、动力加载。

(2)三轴应力试验：有侧限圆柱试件的静力、动力加载。

(3)径向试验：圆柱试件的静力、动力加载。

单轴静载蠕变试验是对一圆柱体试件施加轴向荷载，并保持该荷载大小不变，经过一段时间后卸载，使试件变形恢复直至趋于稳定，通过测量沥青混合料在试验过程中的应力、应变而得到蠕变曲线并计算劲度模量。

高温蠕变试验通过蠕变劲度模量 δ_{mix} 来评价混合料的高温稳定性，沥青混合料的蠕变劲度模量 δ_{mix} 是反映其在给定温度和加载时间下应力—应变关系的参数，它是应力与应变的比值。劲度模量计算公式如下：

$$\delta_{mix}(t,T)=\frac{\sigma_0}{\varepsilon(t,T)} \tag{1-2}$$

式中：$\varepsilon(t,T)$——温度 T 下随时间增长的轴向应变，$\varepsilon(t,T)=\Delta h/h$；

σ_0——施加的应力，静载时为恒定值，动载时随时间而变化。

式中的 ε 实际上已包括了上述弹性、黏性和黏弹性三部分的综合影响，可满足工程应用的要求。

从上述公式可以看出，永久变形越大，蠕变劲度模量 δ_{mix} 越小，沥青混合料的高温稳定性就愈差；反之沥青混合料高温稳定性就愈好。

6)大型环道、直道试验

环道或直道试验是大型的足尺寸模拟试验方法，试验时模拟路面结构在行车荷载作用下的实际环境，测定车辙等路面结构性能指标与荷载作用次数之间的响应关系。环道或直道试验能真实地反应路面的实际工作状况，其试验结果与实际路面结构的关系密切，但试验成本高，试验周期长。

7)野外试验路试验

野外试验路面试验，是实际路面结构在实际行车荷载作用下的试验，可直观的观测到路面结构在实际行车荷载作用下的应力与应变情况。但是，一次试验需历时数年才能完成。由于试验费用大，这类试验在我国极少进行。

总之,沥青混合料高温稳定试验方法很多,应从实用、有效,最能真实反映沥青混合料的高温性能,试验结果与实际路面的永久变形有较好的相关性出发,尽可能地选用简单、实用、易于推广的方法,其中包括试件容易制作,使用材料少,试验费用低,设备简单,最好能使用现场取样钻芯试件。

目前,我国《公路沥青路面设计规范》(JTG D50—2006)规定,沥青混合料的高温稳定性,以车辙试验的动稳定度指标进行评价。

邯长公路沥青混合料高温试验时,吸收上述研究成果和经验。首先,对沥青结合料进行高温性能研究,还对沥青混合料进行蠕变试验、室内车辙试验,最后进行野外试验路试验实体试验。

3. 复合式基层沥青路面研究方法

在研究车辙病害时,我们所采取的方法是:依托邯长公路,重点从内部原因着手,充分使用已研究的成果,采取常规方法和国内外先进的方法进行重载交通高速公路沥青路面柔性基层抗车辙性能研究,以探索复合式基层沥青路面内在规律。这些方法简明扼要地归纳在图 1-6 中。

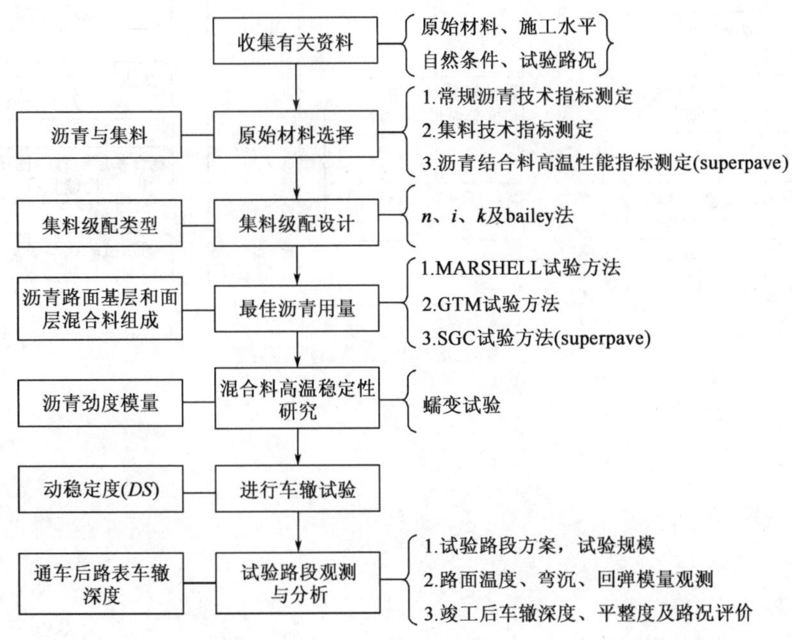

图 1-6 邯长公路复合式基层沥青路面研究方法概述

1)主要研究内容

(1)沥青碎石基层材料组成设计与路用性能;

(2)沥青碎石及沥青面层高温抗车辙性能;

(3)复合基层沥青路面车辙预估方法。

2)研究手段

(1)室内试验;

(2)实体试验,铺筑不同类型的复合基层试验路段;

(3)长期进行跟踪监测和观测;

(4)总结经验。

4.研究路线

首先,选用借助试验方法,选择出适宜的原材料;借鉴和吸取当今半刚性基层和柔性基层的研究成果,设计出复合式基层沥青路面结构,采取室内试验、理论分析和现场试验相结合的方法,对沥青碎石基层和面层沥青混合料的材料组成设计;通过室内试验评价高温抗辙性能及其他路用性能,建立动力车辙深度预估模型,通过工程实践和长期跟踪监测与观测,验证其抗车辙性能。其整个研究路线,简要归纳成图 1-7 中,以下各章将按照该图进行叙述。

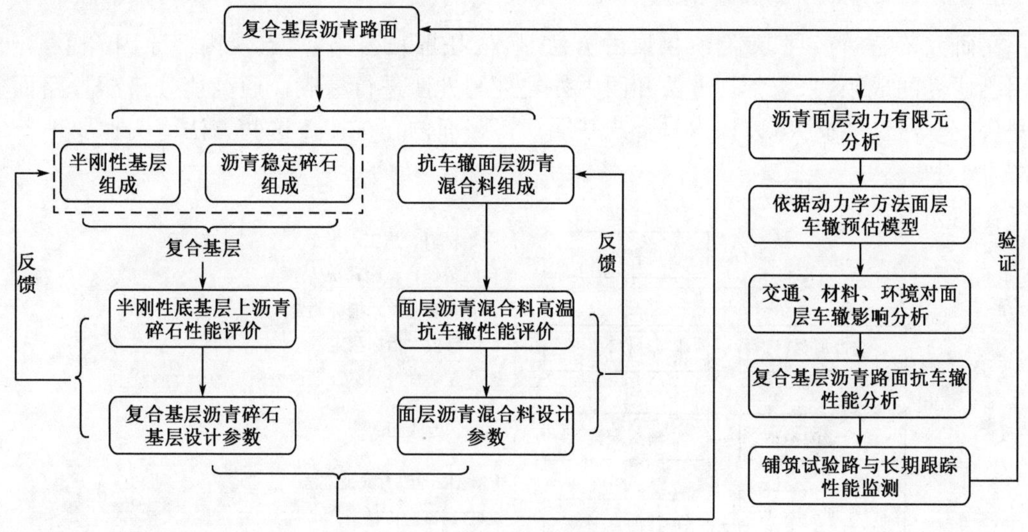

图 1-7　复合式基层沥青路面研究路线

第二章　复合式基层沥青路面材料选择

复合式基层沥青路面，其混合料设计，包括面层和基(底)层，设计内容一般主要包括三个部分：

- 原材料选择；
- 确定混合料集料级配；
- 确定沥青混合料最佳沥青用量(最佳油石比)。

在上述设计内容中，原材料选择包括：沥青、粗细集料、各种填料和添加剂。这是达到预期目的的基础，沥青混合料任何设计方法，虽然研究的路线各异，但对组成沥青混合料材料技术要求，达到的目的是不约而同的。

第一节　沥青材料工程技术标准

沥青材料种类诸多，在沥青路面工程中，最常用的是石油沥青。鉴于沥青材料是典型的黏—弹性材料，既不耐高温又不耐低温，平时温度时有时为弹性材料，多时处于既有弹性又有黏性状态，有弹性变形也有黏性变形，有蠕变和应力松弛，还有触变。然而，它确是当代公路路面不可缺少的材料。换句话说，没有沥青就谈不上沥青路面。

为了保证沥青路面工程质量，不同国家都分别按其物理、力学性质制定了沥青材料的技术指标，以作为不同气候条件、不同地理环境、不同路面等级选用的标准。

一、我国公路沥青材料技术标准

为了确保公路沥青路面建设质量，我国《公路沥青路面施工技术规范》(JTG F40—2004)，按照沥青材料等级、使用环境和公路级别，依据沥青材料的重要性能，例如：针入度、针入度指数、软化点、动力黏度、延度、蜡含量、闪点、溶解度、抗老化能力等，制定了道路沥青等级和使用范围(表2-1)和道路石油沥青的技术要求(见本书附录1)，同时，为了改善沥青材料性能，该规范中还对改性沥青制定了技术标准。

道路石油沥青的适用范围　　表2-1

沥青等级	适用范围
A级沥青	各个等级的公路，适用于任何场合和层次
B级沥青	1.高速公路、一级公路沥青下面层及以下的层次，二级及二级以下公路的各个层次； 2.用做改性沥青、乳化沥青、改性乳化沥青、稀释沥青的基质沥青
C级沥青	三级及三级以下公路的各个层次

在具体工程选用沥青材料时，还做出如下规定：

(1)高速公路、一级公路，夏季温度高、高温持续时间长、重载交通、山区及丘陵区上坡路段、服务区、停车场等行车速度慢的路段，尤其是汽车荷载剪应力大的层次，宜采用稠度大、60℃黏度大的沥青，也可提高高温气候分区的温度水平选用沥青等级。

(2)对冬季寒冷的地区，或交通量小的公路、旅游公路，宜选用稠度小、低温延度大的沥青。

(3)对于日温差、年温差大的地区，应注意选用针入度指数大的沥青。当高温要求与低温要求发生矛盾时，应优先考虑满足高温性能的要求。

二、美国 SHRP 沥青路用性能规范

美国战略性公路研究计划(SHRP)，按路用性能不同，制定了对沥青分级(PG)的标准(表 2-2，AASHTO MP1,1995)。该表的特点：选择沥青高温标准时，必须满足对应的温度要求，例如：沥青胶结材料等级为 PG64-22，即高温时的沥青物理性能试验温度必须达到 64℃以上，相应的低温下的物理性能试验温度必须在－22℃以下。

美国沥青胶结材料的分级　　表 2-2

高温等级	低温等级	高温等级	低温等级
PG46-	34、40、46	PG70-	10、16、22、28、34、40
PG52-	10、16、22、28、34、40、46	PG76-	10、22、28、34
PG58-	10、22、28、34、40	PG82-	10、16、22、28、34
PG64-	10、16、22、28、34、40	PG76 和 82 仅适用于静载和重载情况	

在 SHRP 规范中，他们采用三种样品，评价沥青的路用性能：

·原样沥青；

·RTFOT 后的残留沥青；

·RTFOT 后又经 PAV 老化的残留沥青。

采用上述三种沥青样品，分别评价各种路用性能指标：高温时抵抗永久变形能力、低温时抵抗温缩开裂的能力、抗疲劳破坏的能力、抗老化性能、施工安全性等，具体技术要求见本书附录 2。

按照 SHRP 规范，在确定沥青的 PG 等级时，可直接使用路面设计温度来选择沥青结合料。路面设计的最高温度，一般为 7d 最高平均路面温度；设计最低温度为年极端最低温度。根据道路等级、交通量，确定保证率为 95%(平均值)或 98%。同时，还要充分考虑气候条件及交通条件(交通量、车速、车辆停驻时间)，有时选择沥青时，还需要提高一个或两个 PG 高温等级。为了恰如其分的选用路面设计温度，设计人员必须了解道路所在地区的气温，然后转换为路面温度。

1. 温度选用示例

1)采用温度可靠度分析

设某地平均最高温度为 36℃，标准差为 2℃。连续 7d 的平均最高温度为 36℃，但是，超过 40℃的概率仅为 2%，即设计温度取用 40℃，其可靠度为 98%。工程所在地的冬季，一般最低温度为－15℃，标准差为 4℃，特殊最低温度为 20℃，因此，取温度区间为 36～－15℃，显然

可靠度只有50%。如取40℃～－20℃，则可靠度显著提高。

2)路面温度的转化

(1)路面设计温度

所谓路面最高温度，是指路表面20mm处的温度，其计算公式：

$$T_{\max} = (T_{air} - 0.00618L_{at}^2 + 0.2289L_{at} + 42.2) \times 0.9545 - 17.8 \tag{2-1}$$

式中：$T_{\max}$——路面以下20mm最高设计温度；

T_{air}——夏季连续7d最高气温平均值；

L_{at}——工程所在地纬度。

(2)路面最低设计温度

路面最低温度确定方法有两种：一是简单地假定路面最低温度与最低气温相同，这种方法过于保守，因为冬天的路面的温度，一般高于气温；二是加拿大研究人员提出的，按式(2-2)计算：

$$T_{\min} = 0.895T_{air} + 1.7 \tag{2-2}$$

式中：$T_{\min}$——路表面最低设计温度。

于是，上面示例中的最低温度等于0.895×(－20℃)＋1.7℃＝－16.2℃。

已知最高温度和最低温度，可对照表2-2初选出PG的等级。

2.荷载等级及交通等级对胶结材料选择的影响

在美国，确定胶结材料等级时，除考虑温度条件外，还有视交通条件进行调整，例如：对速度小于20km/h的停滞交通要求，需要提高1～3个等级；对于速度为20～70km/h的慢速交通，可以提高一个等级，对于大于70km/h的高速，且年交通量大于3 000万辆特重交通，可以提高一个等级。我国公路沥青施工技术规范4.2.2条1款与此也基本一致的。

Superpave选择胶结材料时，当设计交通量等级超过10^7的当量车轮荷载时，选择沥青时需要提高一个等级。同一荷载条件，对于低温等级没有影响。

三、沥青材料改性

为了解决沥青路面车辙和裂缝病害，一般要求沥青既能抵抗高温变形，也能抵抗低温裂缝。对于一般沥青材料来说，这是相互矛盾的。于是，人们根据现代化学技术，尝试在沥青加入适宜、适量的添加剂，以期达到对常规沥青性能改善，已获得可喜的效果。

1.沥青改性剂种类

目前，改性剂虽然种类繁多，优缺点各异，但是，应用最多改性剂当属树脂、橡胶、热塑性弹性体类和炭黑等(图2-1)。

1)树脂类改性剂

在图2-1中，列举的沥青改性剂中的树脂类高聚物，又分为热塑性树脂和热固性树脂。它们加入到沥青中，可使沥青针入度下降，软化点上升，延度减少，能够改善沥青路面的高温稳定性，提高抗车辙能力，减薄路面厚度，降低路面造价等。但是，使沥青低温脆性增大，因而适宜低温性能要求不高的气候温和地区。

2)橡胶类改性剂

这类改性剂是用得最广的一种。在沥青中加入橡胶类改性剂之后,可以提高沥青的软化点,改善低温下的流动性,降低针入度,提高高温下黏度,尤其是低温下的延度,使沥青产生可逆弹性变形性。其改性效果取决于橡胶的品种和掺量。

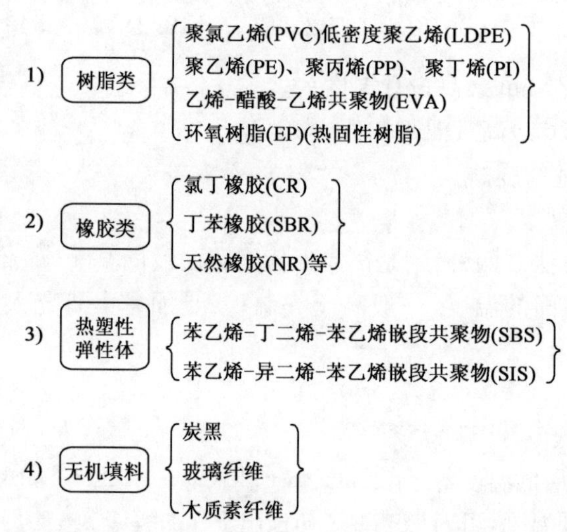

图 2-1　沥青改性剂分类及代表性品种

3)热塑性弹性体类

该类添加剂,随着当今化学工业发展而产生的,是高分子化学及产品的研究突破。这类产品特点,既具有橡胶的性能,又具有热塑性树脂的性能。在沥青加入后能改善沥青的稳定性,提高低温抗变形能力、高温使用的黏度、温度感应性、低温弹性及塑性、力学性能、路面的耐久性能,同时使混合料具有比较好流动性,便于施工。

4)无机填料—炭黑(BC)改性剂

炭黑是由含碳元素比例较高的一些物质,它是经过半燃烧所得到的粉状物质,其主要成分是碳元素,占92%~99%,还有氢元素,有时有少量的硫元素,很少量的灰分和沥青杂质,是多环的芳烃化合物,具有较强的活性。它的品种众多,性能和用途各也不相同。根据已有的研究认为:沥青中掺入适量的炭黑后,在沥青中形成沥青组成中的组分,以沥青为基体,形成"微脆弥散结构",使沥青针入度值明显减少,软化点急剧上升,黏度增大,显著地提高了沥青的高温稳定性;然而,低温(0℃)时延性,而脆点却稍有升高。

总之,为兼顾沥青高温稳定性与低温抗裂性,应选用黏度稍低的沥青为基料。由于炭黑改性的沥青,具有优良的抗车辙性能,应用于沥青路面,并具有减轻低温开裂、高温抗车辙的能力。在炎热地区,采用较硬沥青,有助于减轻承受重交通沥青路面的车辙。

2. 常用的沥青改性剂

目前,国内常用的沥青改性剂,主要有 SBS、SBR、EVA、PE。这些改性剂能够改变基质沥青的高温稳定性和低温柔韧性。其中:SBS 属于热塑性弹性体类、SBR 属于属橡胶类、EVA 及 PE 属于热塑性树脂类。在我国现行的公路沥青路面施工技术规范中,将改性的沥青划分为:

1）I 类-SBS 改性沥青

I 类—SBS 类热塑性弹性体聚合物改性沥青，其下分为 I-A、I-B、I-C、I-D。其中 I-A 及 I-B 适宜寒冷地区；I-C 适宜比较热的地区；I-D 型适用于炎热地区及重交通量路段。

SBS 由苯乙烯和丁二烯组成，互不相容和保持分离，成为聚丁二烯三维似橡胶网络的物理交接点。苯乙烯段有强度，丁二烯段具有弹性。

2）Ⅱ类—SBR 改性沥青

Ⅱ类—SBR 橡胶类聚合物改性沥青，其下分为Ⅱ-A、Ⅱ-B、Ⅱ-C；其中：Ⅱ-A 适于寒冷地区；Ⅱ-B 和Ⅱ-C 适用于较热地区。

3）Ⅲ类—EVA、PE 改性沥青

Ⅲ类—热塑性树脂改性沥青，其下分为Ⅲ-A、Ⅲ-B、Ⅲ-C、Ⅲ-D。

例如：乙烯—醋酸—乙烯酯（EVA）、聚乙烯（PE）改性沥青，适用于较热和炎热地区。通常要求用其改性的沥青软化点温度，要比最高月温度的最大日空气温度要高 20℃左右。

掺入以上改性剂改性的沥青技术要求，在《公路沥青路面施工技术规范》（JTG F40—2004）中做出了具体规定，详见本书附录 1 附表 1-2。

除上述改性剂外，在一般沥青中掺入进口优质特里尼达湖天然沥青（TLA）、从法国进口 PR 抗车辙剂、SEAM（Sulphur-Extended Asphalt Modifierde ）—“硫黄强化沥青改性剂”等，也不同程度地改善了沥青的性能。

3. 改性沥青相容性

掺入沥青的改性剂，与基质沥青发生反应，或均匀、稳定地分散在基质沥青中，且不发生分层、凝聚或离析等现象，称为改性剂与沥青的相容性，或称配伍能力，否则，达不到改性的效果。

一般地说，聚合物的极性越强，与沥青越接近，与基质沥青的相容性越好，相应地改性效果也较好。要使改性沥青获得需要的效果，首先，选择的改性剂要与沥青相容。

1）一种聚合物能否满足相容要求，主要看它是否具备以下条件：

（1）与沥青相容；

（2）在沥青的混合温度下能够抵抗分解；

（3）易加工与批量生产；

（4）使用过程中能够始终保持原有的优良性能；

（5）经济上合理，不会显著增加工程造价。

2）基质沥青选用

壳牌公司提出：当沥青的组分比例在以下范围时，与聚合物有比较好的相容性：

（1）饱和油酚：8％～12％；

（2）芳香油酚及树脂：85 ％～89％；

（3）沥青质：1％～5％。

总体上讲，沥青的等级不仅影响到沥青与聚合物的相容性，而且影响到改性的性质。所以，选择沥青时，应以相容性作为首要条件。一般情况下，随着针入度的减小，相容性降低，形成网状结构所需聚合物增加，温度敏感性也会提高，所以改性沥青宜采用高标号的沥青。这样改性后的沥青可改善沥青高温抗变形能力，同时改善高低温度时改性效果。但是，沥青等级选择应结合路面使用温度范围，不一定越大越好。

4. 改性沥青与集料的黏附性

1)改性沥青效果比较

研究表明，不同的改性剂对沥青的性质影响是不同的，例如：

(1)天然橡胶增加混合料的黏聚力，有较低的低温敏感性，与集料有较好的黏附黏附性。

(2)氯丁胶乳和丁苯胶乳 SBR 可增加沥青的弹性、黏结力、降低感温性。

(3)嵌段共聚物 SBS 可以改善沥青的柔性，增强抵抗永久变形的能力，并减小温度敏感性。

(4)再生橡胶粉将增加柔性、黏附性，提高抗滑、抵抗疲劳和阻碍发生裂缝的能力。

(5)塑料包括 PE、聚丙烯、EVA、乙丙橡胶等，将增加改性沥青的稳定性和劲度模量，提高抵抗永久变形的能力，有较低的低温敏感性。壳牌公司曾对 4 种常用改性剂的改性效果进行对比，其结果详见表 2-3。

四种不同的改性剂功效 表 2-3

<table>
<tr><th>改性剂品种</th><th>抗车辙变形</th><th>抗温度裂缝</th><th>抗温度疲劳裂缝</th><th>抗交通疲劳裂缝</th><th>裂缝自愈合能力</th><th>抗磨耗性能</th><th>抗老化性能</th></tr>
<tr><td>SBS</td><td colspan="7" rowspan="2">提高</td></tr>
<tr><td>SIS</td></tr>
<tr><td>EVA</td><td rowspan="2">提高</td><td colspan="2" rowspan="2">降低</td><td>提高</td><td>不清楚</td><td>提高</td><td rowspan="2">无影响</td></tr>
<tr><td>PE</td><td>降低</td><td>降低</td><td>降低</td></tr>
</table>

2)改性剂选择

综上所述，根据沥青改性的目的和使用要求，同时考虑到改性设备的能力，可按以下经验进行选择：

(1)若以提高沥青的抗永久变形能力，宜使用热塑性橡胶类、热塑性树脂类改性剂。

(2)若以提高沥青的抗低温开裂能力，宜使用热塑性橡胶类、橡胶类改性剂。

(3)为了提高沥青的抗疲劳开裂能力，宜使用热塑性橡胶类、橡胶类、热塑性树脂类改性剂。

(4)为了提高沥青抗水损害能力，宜使用各类抗剥落剂等外掺剂。

研究表明，制造 SBS 时加入聚乙烯等塑料，可以提高 SBS 的硬度，改善其耐候性，但却使抗拉强度、断裂伸长率和弹性下降。如果加入低相对分子量聚烯烃，可能会出现抗拉强度增加的特殊情况。

SBS 单独使用的合理剂量，欧洲的研究在 3%以上时，开始比较有效，软化点在 3%～5%之间大幅度上升，抗车辙能力在 4%～6%范围内提高幅度较大。我国的试验研究结果表明，在一般情况下，SBS 剂量以 4.5%～5%为宜。

第二节　复合式沥青路面结合料优选

前已所述，沥青材料的选择，既要满足路用性能要求，又要符合沥青混合料的性能要求，同时又是经济的。邯长公路是一条重载交通干道。因此，选择沥青材料时，主要考虑大交通量、重载及高温情况下基层的性能要求。

一、沥青材料工程性能指标

有关研究表明，沥青性能对抵抗车辙的贡献率为29%，对抵抗疲劳能力的贡献率为52%，对低温抗裂性能的贡献率为87%，所以沥青的选择极为重要。

1.沥青材料选择考虑的因素

在邯长公路实体工程中，我们选择沥青材料时，主要考虑交通量、气温环境、路面结构、湿度、施工等因素。

1)荷载因素

随着交通量增加，汽车轴载加大，为了减少路面荷载疲劳损坏，应使用稠度合理，黏结力和黏弹性优良的沥青材料。沥青的针入度、不同温度条件下延度、蜡含量等指标，均可反映沥青对荷载因素的适应性。

2)温度因素

沥青路面在设计荷载作用下，在高温时要求沥青材料不应产生塑性流动，避免形成壅包、车辙；低温时不应发生温缩开裂和疲劳开裂。因此，选择沥青材料时，以下几个方面特征，可反映出沥青材料温度特征：

(1)沥青材料高温性能，主要通过沥青的软化点、60℃黏度等指标来反映。

(2)沥青材料低温性能，主要通过沥青脆点、蜡含量等指标来反映。

(3)沥青材料温度稳定性，主要通过针入度指数PI来体现。

3)路面结构因素

不同类型的路面结构，有不同的受力状态和成型机理，对沥青的要求也会不同。例如，大空隙率路面的混合料，要求沥青黏结力(60℃黏度)应更强，软化点、稠度及黏附性应更高。

4)水影响因素

水是沥青路面的“克星”，沥青路面在存在水分的条件下，经受交通荷载和温度胀缩的反复作用，水分沿缝隙逐渗入，使沥青黏结力丧失而发生破坏。为了避免路面发生裂缝，在选择沥青时，用沥青与集料的黏附等级指标来控制。

5)施工和使用沥青老化因素

沥青混合料施工温度可达160～165℃，选择沥青时，用163℃、经5h薄膜加热后，以沥青试样相关技术指标的变化来控制其老化，以评价沥青材料稳定性能。因此，应采用各种试验手段全面评价沥青的性质和使用性能。

2.沥青材料评价指标

评价沥青品质的基本技术指标，主要有以下六类：

(1)黏结性指标，包括针入度、60℃黏度等。

(2)黏附性指标，主要测定方法有水煮法、水浸法、分光光度计法等。

(3)温度敏感性指标，包括高温稳定性和低温抗裂性两个方面的内容，主要评价指标有软化点、脆点等。

(4)耐老化性能指标，评价沥青耐老化性能的方法较多，包括薄膜烘箱试验、旋转薄膜烘箱试验、蒸发损失试验、旋转烧瓶试验等，评价指标有试验前后的质量损失、针入度比、黏度比、脆点、延度等。

(5)延展性指标,这类指标旨在保证沥青混合料在受力或温度变化时有一定的变形能力。

(6)施工及安全性指标,如闪点、135℃黏度等。

二、沥青碎石基层——沥青材料优选

按照邯长公路工程实际,根据重载交通要求和气候特点,考虑路面的不同结构,初步选出大港 AH-50、中海 AH-70、韩国 SK AH-70 等三种重交通道路石油沥青,然后,根据国内沥青技术标准,还借鉴国外的技术标准,再通过试验的方法,对它们的固有性能进行检测,从中优先出适宜的沥青品种。

1. 初选沥青品种质量检测

根据国内沥青质量标准,对初选的沥青品种进行质量检测,其检测结果分别见表 2-4、表 2-5。

大港 AH-50 性能指标检测结果 表 2-4

试验项目		技术要求	实测结果
(25℃,100g,5s)针入度(0.1mm)		40～60	56
(15℃,5cm/min)延度(cm)		≥80	>80
(10℃,5cm/min)延度(cm)		≥15	18.2
(环球法)软化点(℃)		≥49	59.3
针入度指数 PI		−1.5～+1.0	0.81
溶解度(%)		≥99.5	99.76
闪点(℃)		≥260	306
(蒸馏法)含蜡量(%)		≤3.0	2.7
TFOT 后(163℃,5h)	质量损失(%)	≤±0.8	−0.29
	25℃残留针入度比(%)	≥60	65.2
	10℃残留延度(cm)	≥4	6.6

中海 AH-70、韩国 SK AH-70 沥青技术性能指标检测结果 表 2-5

试验检测项目		技术要求①	中海 AH-70 实测结果	韩国 SKH-70 实测结果
(25℃,100g,5s)针入度(0.1mm)		60～80	68	72
(15℃,5cm/min)延度(cm)		≥100	>100	>100
(10℃,5cm/min)延度(cm)		≥15	23.5	24.7
(环球法)软化点(℃)		≥46	50.0	52.2
针入度指数 PI		−1.5～+1.0	−0.90	−0.82
溶解度(%)		≥99.5	99.59	99.59
闪点(℃)		≥260	278	285
(蒸馏法)含蜡量(%)		≤3.0	2.3	2.2
TFOT 后 163℃,5h	质量损失(%)	−0.18(−0.16)	≤±0.8	−0.16
	25℃残留针入度比(%)	62.5(64.5)	≥58	64.5
	10℃残留延度(cm)	8.0(8.7)	≥6	8.7

注:①技术要求栏括弧内数据,适用于韩国 SKH-70 号沥青。

2. 借鉴美国 SHRP 指标,对初选沥青质量检测

在沥青混合料中,沥青材料对其路用性能起着重要作用。考虑到沥青材料性能特点,为此,借鉴 SHRP 研究方法,按照 Superpave 规范,对上述初选沥青材料进行检验,其检验结果见表 2-6。

初选沥青品种 SHRP 指标检测结果 表 2-6

沥 青	试验状态	温度(℃)	G^*(kPa)	δ(°)	$G^*/\sin\delta$(kPa)	$G^*\sin\delta$(kPa)
韩国 SK AH-70 沥青	原样沥青胶结料	52	4.37	86.5	4.38	
		64	0.93	88.6	0.93	
	短期老化后残留物(RTFOT,163℃,85min)	52	9.46	83.4	9.52	
		64	1.88	86.8	1.89	
	长期老化后残留物(PAV,100℃,20h)	25	3434	54.6		2798
		31	1206	61.6		1060
中海 AH-70 沥青	原样沥青胶结料	52	7.47	84.6	7.50	
		58	3.06	86.3	3.07	
		64	1.38	87.6	1.38	
	短期老化后残留物(RTFOT,163℃,85min)	52	16.64	79.9	16.90	
		58	6.91	82.5	6.97	
		64	3.02	84.6	3.04	
	长期老化后残留物(PAV,100℃,20h)	25	4385	52.8		3495
		31	1569	59.0		1345
大港 AH-50 沥青	原样沥青胶结料	52	9.44	72.4	9.91	
		64	2.13	77.9	2.18	
	短期老化后残留物(RTFOT,163℃,85min)	52	32.2	63.2	36.1	
		64	7.40	69.6	7.89	
	长期老化后残留物(PAV,100℃,20h)	25	5637	38.2		3495
		31	2413	42.5		1345

表 2-6 中,用抵抗车辙因子 $G^*/\sin\delta$ 来表征沥青的抗永久变形性的能力:

(1)$G^*/\sin\delta$ 越大,沥青的抗永久变形性越好。试验中要求:

· 原样沥青 $G^*/\sin\delta$,不小于 1.0kPa。

· 短期老化后残留物 $G^*/\sin\delta$,不小于 2.2kPa。

· 疲劳因子 $G^*\sin\delta$,表征沥青的抗疲劳开裂性能,$G^*\sin\delta$ 越小,性能越好,抗疲劳开裂性能越好;长期老化后残留物 $G^*\sin\delta$,以不大于 5000kPa 的最低温度来衡量。

(2)从表 2-6 中的数据显示,三种沥青的抗变形性能,大港 AH-50 沥青的抗永久变形性能最好,中海 AH-70 沥青次之,韩国 SK AH-70 沥青最差。

三种沥青的抗疲劳性能,韩国 SK AH-70 最好,大港 AH-50 沥青和中海 AH-70 沥青相差不多。

综上所述，经过综合考虑，沥青碎石基层所用沥青，从抗变形能力为主，选定中海 AH-70 沥青、大港 AH-50 沥青作为沥青碎石基层结合料。

三、面层沥青材料优选

面层选择的沥青材料，高温时应当稳定，低温时应当能抵抗开裂。

1. 面层沥青材料初选——三大指标博弈，难出胜负

为了使选择的沥青材料满足上述要求，邯长公路面层在选择沥青材料时，仍按上述方法，根据以往的施工经验，首先，选择出四种基质沥青和四种改性沥青，共计八种结合料，并分别检测出各自的针入度、延度、软化点等三大常规指标(表 2-7)，以资进行博弈。

初选八种沥青材料三大常规指标检测结果　表 2-7

序号	试样指标		针入度(0.1mm) (25℃,100g,5s)	延度(cm) (5cm/min,25℃)	软化点(℃) (环球法)
1	基质沥青	SK70 号	70.1	>150	47.0
2	基质沥青	AH70 号	61.8	>120	50.5
3	基质沥青	AH50 号	52.3	>120	49.5
4	基质沥青	KL70 号	74.8	>150	49.2
5	壳牌 70 号 SBS		55.0	>150	78.5
6	KL50 号 SBS		47.6	>150	58.9
7	ZH50 号 SBS		41.5	>150	63.8
8	LL70 号 SBS		67.8	>150	53.7

从表 2-7 分析可知，仅仅根据针入度和软化点这两个指标，难以博弈出优胜者。反之说明，仅仅依据常规三大指标评价沥青材料时，存在着明显的局限性，因此，需要对沥青材料的路用性能进一步研究。

2. 沥青结合料高温性能研究

1)问题提出

沥青路面形成过程：沥青和集料经过拌和、运输、摊铺、压实成型。在这一形成过程中，它已经过短期老化，现行规范只用针入度对它进行评价，显然难以做出判断。这是因为：针入度通常是 25℃时的沥青指标，仅反映这一时刻的短期老化状态，没有反应整个施工过程中老化状态。

在美国公路战略研究计划(SHRP)规范中，沥青结合料高温指标，考虑了沥青短期老化和长期老化。以 PG 温度分级方式，把沥青性质与路用性能结合起来，更能够比较准确反映沥青的路用性能。

鉴于此原因，邯长公路沥青路面在常规指标检测基础上，结合重载交通对抗车辙性能的要求，采用动态剪切流变试验，进一步研究不同沥青结合料的高温性能，为此进入第二轮博弈，冀望从中优选出良好的高温性能沥青结合料。

2)沥青高温稳定性评价种类

对沥青结合料高温性能评价,国内外主要采用评价指标主要有三种:即软化点;60℃黏度;Superpave 抗车辙因子。

(1)不同国家沥青材料高温性能评价指标

·澳大利亚等国家,采用 60℃黏度作为评价指标。

·德国和奥地利等国家,采用软化点作为评价指标。

·日本采用软化点和 60℃的黏度两项指标,并且不同气候条件地区,采用不同指标来评价。

·AASHTO 标准,也是采用 60℃黏度和软化点两项指标作为评价指标。

·美国的 SHRP 规范,采用原样沥青及旋转薄膜烘箱(RTFOT)老化后的沥青结合料,使用动态剪切流变试验的抗车辙因子($G^*/\sin\delta$)作为高温性能评价指标。其中 $G^*/\sin\delta$ 越大,则表明抵抗永久变形性能就越好。

(2)我国的评价指标

在我国,评价沥青材料高温性能的指标,主要是软化点和 60℃黏度,对不同类型的改性剂和不同的气候条件下采用不同的指标予以约束。

3)沥青材料高温稳定性评价指标

(1)软化点

软化点指标直观,直接与表示路面发软变形的程度相关联。因此,它被很多国家用作评价沥青高温稳定性指标。然而,它只是在特定试验条件下表示沥青材料软硬程度的一个条件温度,并不是由固体变为液体的界限。在软化点温度前后,沥青结合料的性质不发生质的变化。

我国沥青含蜡量高,其高温性能差,也大大影响软化点测定,其测定结果与实际高温性能相关性很差。为了解决这一问题,经过"七五""八五"国家科技攻关专题的研究,提出了用当量软点替代实测的环球法软化点,即在球的恒定荷载下,沥青试样上产生剪切应力,使钢球能穿透沥青试样而下坠,说明沥青的黏度达到了极限,此时的软化点温度相当于沥青的针入度为 800 或是黏度为 1 300Pa·s 的温度。为此,将针入度 800 的温度定义为当量软化点 T_{800}。其计算公式详见 T0604－2011,在此抄录如下:

$$T_{800}=\frac{\lg 800-K}{A_{\lg Pen}}=\frac{2.9031-K}{A_{\lg pen}} \tag{2-3}$$

式中:K——回归方程常数项 a,即直线截距(常数);

A——回归方程系数 b,即为求取针入度－温度感应系数 $A_{\lg Pen}$。

这一公式具有用软化点表示沥青高温性能的全部优点,又克服了多腊沥青的影响,用其代替软化点,能比较好的表示沥青高温时的路用性。

(2)60℃黏度

60℃黏度,可表征道路沥青在已知温度和在某个温度范围内的性能,是沥青性能的一个基本特征。在我国,夏季沥青路面的温度可达 50～70℃,测定的 60℃黏度,可真实地反映路面的实际使用情况;黏度大的沥青在荷载作用下产生较小的剪切变形,弹性恢复性能好,残留的永久性变形小,抗车辙的性能就好。实践证明:沥青的软化点越高,60℃黏度越高,沥青的高温性能就越好。

(3)Superpave 抗车辙因子

在美国 SHRP 规范中,采用动态剪切流变仪(DSR)在规定的试验角速度(ω=10rad/s)下,测试沥青材料的复数模量 G^* 和相位角 δ,以此评价沥青结合料的黏弹性特性。

前已所述,抗车辙因子 $G^*/\sin\delta$ 越大,表明沥青高温时流动变形小,其抗车辙能力就越强,表明沥青材料高温性能好。为了保证沥青材料的高温性能,对沥青抗车辙因子 $G^*/\sin\delta$ 指标做出如下规定:

· 原样沥青:$G^*/\sin\delta>1.0$kPa。

· 旋转薄膜烘箱(RTFOT)老化后的沥青:$G^*/\sin\delta>2.2$ kPa。

采用何种指标来评价沥青的高温性能,对沥青品种的选择和路面质量的控制十分重要。鉴于软化点指标具有明显的缺陷,抗车辙因子 $G^*/\sin\delta$ 具有与实际路用性能密切相关的优点,为此,邯长公路使用采用动态剪切流变仪(DSR)试验为基础,研究用抗车辙因子 $G^*/\sin\delta$ 表征沥青材料应力与应变响应关系,探讨以此作为选择沥青材料指标。

3. 动态剪切流变试验(DSR)及老化试验

动态剪切流变仪 DSR,通过测量沥青结合料的复数剪切模量 G^* 和相位角 δ,以表征沥青材料的黏弹性特性,用抗车辙因子 $G^*/\sin\delta$ 评价沥青材料的高温性能,其试验方法见 T0628—2011。

1)动态剪切流变仪 DSR 原理

动态剪切流变仪(DSR)基本工作原理如图 2-2 所示。试验时,先将沥青夹在一个固定和一个能左右振荡的板之间,振荡板从 A 点开始移动到 B 点,又从 B 点返回 A 点到 C 点,后在再从 C 点回到 A 点,这样形成一个循环周期。

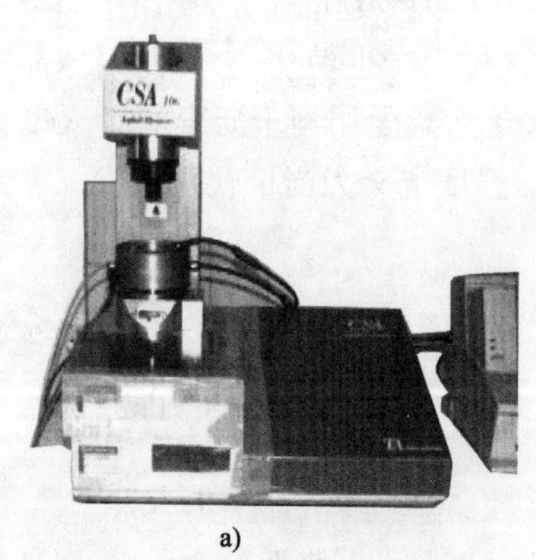

a)

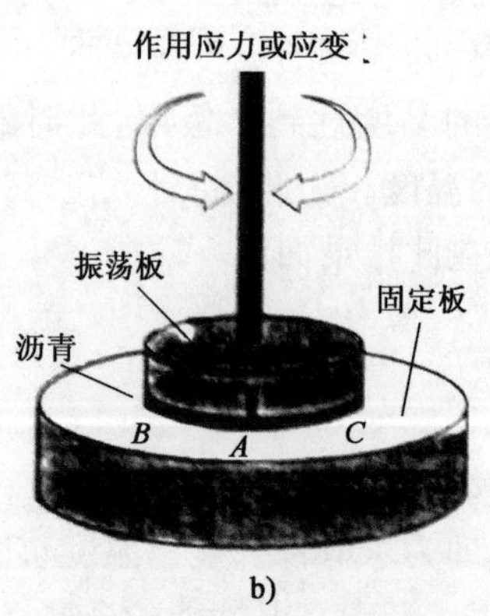

b)

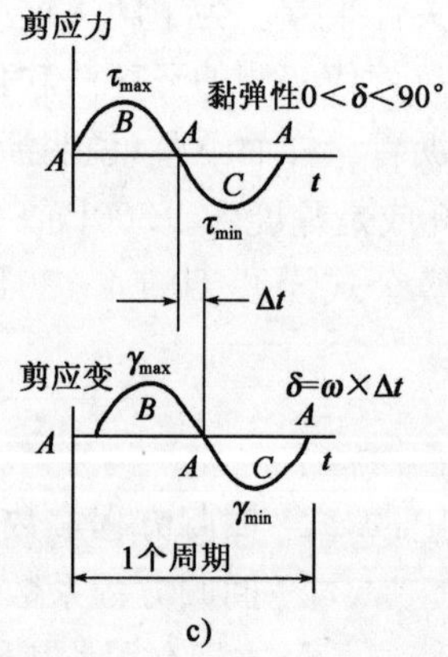

c)

图 2-2　动态剪切流变仪

a)动态剪切仪;b)、c)基本工作原理

复数剪切模量 G^*,是沥青材料重复剪切变形时总阻力的度量,通常以全剪应力($\tau_{max}-\tau_{min}$)与全剪应变($\gamma_{max}-\gamma_{min}$)的比值来表示,其测定值包括弹性部分和黏性部分应力或应变。相位角 δ 是作用应力和由此而产生的应变之间的时间滞后,是可恢复和不可恢复变形数量的相对指标。对于纯弹性材料,荷载作用时,变形同时产生,其相位角 δ 等于 0°;牛顿液体相位角

δ则接近90°；在使用过程中，一般沥青属于黏－弹性的综合体，其相位角介于$0° < \delta < 90°$。

由图2-3可见，对于沥青A：$\sin\delta = \frac{\text{黏性部分}}{G^*} = \frac{4}{5}$；　　$\frac{G^*}{\sin\delta} = \frac{5}{4/5} = 6.25$

对于沥青B：$\sin\delta = \frac{\text{黏性部分}}{G^*} = \frac{3}{5}$；　　$\frac{G^*}{\sin\delta} = \frac{5}{3/5} = 8.33$

图2-3所表示的两种具有相同G^*和不同相位角δ的沥青材料。沥青A与沥青B有相同的复数剪切模量G^*，但是，它们的相位角δ却不同，沥青A比沥青B弹性要小，而沥青B比沥青A黏度要小。如果采用相同荷载作用，沥青A要比沥青B呈现较大的永久变形。

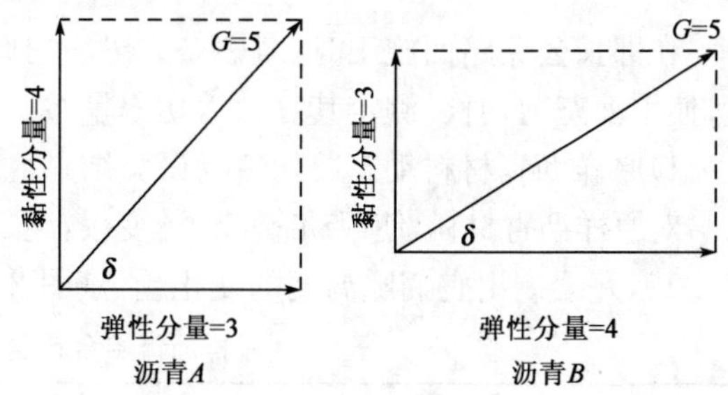

图2-3 动态剪切流变仪(DSR)量度

由图2-3对两种复数模量G^*相同的沥青A、B的分析可知：

(1)沥青弹性模量，不仅与复数模量G^*有关，而且与相位角δ也有关。

(2)相位角δ，可以体现黏性分量和弹性分量的比例关系，δ越大，黏性分量在复数模量中所占比例越高，反之则弹性比例越高。

因此，为了综合考虑复数模量G^*和相位角δ对沥青弹性分量的影响，美国SHRP规范采用动态剪切流变仪(DSR)试验，用所得出的抗车辙因子$G^*/\sin\delta$来评价沥青材料的高温稳定性，而不是仅仅用复数模量G^*。抗车辙因子$G^*/\sin\delta$值越大，表示沥青的弹性性质越显著。显然，沥青B的抗永久变形能力比沥青A强。G^*增大，$\sin\delta$减小，则抗车辙因子$G^*/\sin\delta$值增大，对应沥青结合料的高温性能就越好。

在路面使用过程中，沥青材料因为氧化而产生老化现象，其流变性能也将发生变化，进一步影响沥青混合料的路用性能。为了模拟沥青结合料的老化过程，Superpave规范中，还分别采用旋转薄膜烘箱试验(RTFOT)和压力老化试验(PAV)来模拟沥青的短期和长期老化。

2)旋转薄膜烘箱试验(RTFOT)

旋转薄膜烘箱老化试验(详见T0610—2011)，用来模拟沥青结合料在经历了拌和、运输、摊铺及压实这一过程的老化，也称为短期老化。

将沥青材料浇入圆柱形瓶中，水平放置在对流烘箱中，并在163℃下旋转85min。旋转使得瓶里沥青形成薄膜，随着热空气不断进入瓶里，导致沥青结合料的老化。

虽然RTFOT作为标准的老化过程，但是，并不能完全反映实际的老化过程。因为沥青老化在混合料拌和和摊铺过程中很复杂，受到集料类型、混合料类型、生产率、运输时间、摊铺过程和混合料的实际密度的影响。

采用RTFOT的目的，只是建立一个能够在规范中使用的模拟沥青结合料早期老化的试验方法。

3)压力老化试验(PAV)

压力老化试验，是将已经历过RTFOT老化的残留沥青，再置于高温高压的环境下，以模拟路面在服务了5～7年后，沥青在混合料的体积特性、渗透性、集料的特性以及光热等影响因素分共同作用下的老化程度。

压力老化(PAV)试样的老化盘,大约 3mm 厚,通常将其置于 2.1MPa 和 100℃条件下的压力老化容器中 20h,具体试验方法见 T0630—2011。

老化温度取决于路面所处的气候,在一些气候中采用 90℃,而在沙漠气候中则采用 110℃。在压力老化(PAV)过程中,氧气将灌入到沥青结合料中,以模拟沥青路面的长期老化过程。同旋转薄膜烘箱(RTFOT)类似,压力老化(PAV)也仅是作为一个规范使用的标准老化过程,并非完全反映路面实际的长期老化。

4.沥青结合料高温性能分析

在邯长公路路面施工时,对表 2-7 初选的原样沥青,再经过旋转薄膜烘箱(RTFOT)老化后,使用动态剪切仪,测定其复数剪切模量 G^*、相位角 δ 并计算抗车辙因子($G^*/\sin\delta$)。

1)原样沥青材料动态剪切流变试验结果

对原样沥青材料,使用动态剪切流变仪,测定出的 G^*、δ 和 $G^*/\sin\delta$ 数值,分别列入表 2-8~表 2-10,并绘制出它们随温度的变化趋势(图 2-4~图 2-6)。

原样沥青结合料复数剪切 G^* 值(kPa)　表 2-8

序号	沥青		温度(℃)				
			52	58	64	70	76
1	基质沥青	SK70 号	4.73	1.83	0.93	0.58	
2		AH70 号	7.47	3.06	1.38	0.46	0.38
3		AH50 号	9.44	4.36	2.13	1.00	
4		KL70 号	9.74	4.42	2.10	1.05	0.54
5	改性沥青	KL50 号 SBS	9.18	4.78	1.41	0.54	0.47
6		壳牌 70 号 SBS	26.62	13.31	6.63	3.47	1.87
7		ZH50 号 SBS	23.61	11.44	5.69	2.87	1.47
8		LL70 号 SBS	11.84	6.24	3.31	1.80	1.00

原样沥青结合料相位角 δ(°)　表 2-9

序号	沥青		温度(℃)				
			52	58	64	70	76
1	基质沥青	SK70 号	86.50	87.60	88.60	89.10	
2		AH70 号	84.60	86.30	87.60	88.47	89.16
3		AH50 号	72.40	74.63	77.90	79.98	
4		KL70 号	80.66	82.82	84.65	86.15	87.32
5	改性沥青	KL50 号 SBS	73.12	74.86	76.40	77.30	77.90
6		壳牌 70 号 SBS	67.93	71.34	74.56	77.45	79.94
7		ZH50 号 SBS	65.64	67.47	70.76	74.24	77.11
8		LL70 号 SBS	65.14	68.98	72.75	75.97	78.76

原样沥青结合料抗车辙因子 $G^*/\sin\delta$ 值（kPa）　　表 2-10

序　号	沥　青		温度（℃）				
			52	58	64	70	76
1	基质沥青	SK70 号	4.38	1.83	0.93	0.58	
2		AH70 号	7.50	3.07	1.38	0.46	0.38
3		AH50 号	9.91	5.87	2.18	1.02	
4		KL70 号	9.87	4.45	2.11	1.05	0.54
5	改性沥青	KL50 号 SBS	9.59	4.59	1.45	0.55	0.48
6		壳牌 70 号 SBS	28.72	14.05	6.88	3.55	1.90
7		ZH50 号 SBS	25.92	12.39	6.03	2.98	1.51
8		LL70 号 SBS	13.05	6.68	3.47	1.86	1.02

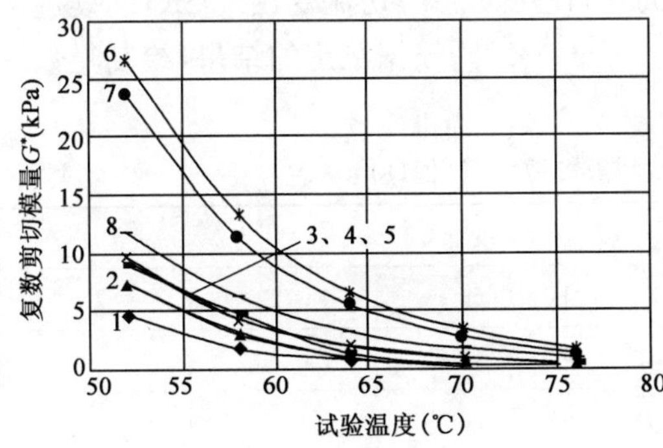

图 2-4　原样沥青复数模量 G^* 与温度关系图（图中序号同表 2-8）

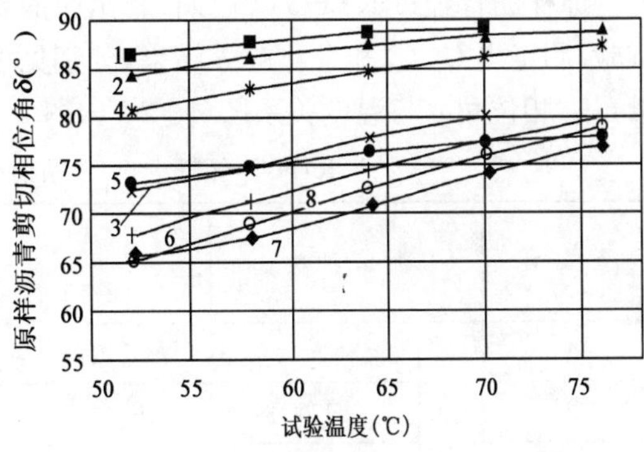

图 2-5　原样沥青相位角 δ 与温度关系图（图中序号同表 2-9）

现依据上述试验结果，对原样沥青抗高温型性能进行分析：

(1)前面，已经阐述过，抗车辙因子 $G^*/\sin\delta$ 越大，表明沥青抗车辙变形能力就强。由图 2-4 和表 2-10 可知，各种沥青之间的差别。

在 64℃温度条件下，初选出的八种沥青高温性能优—劣序号为：

壳牌 70 号 SBS；②ZH50 号 SBS；③LL70 号 SBS；④ AH50 号；⑤ KL50 号 SBS；⑥ KL70 号；⑦AH70 号；⑧SK70 号。

(2)从上述高温排序可知：改性沥青性能明显好于基质沥青，且从以往对 SBS 改性沥青研究中知悉，不论是高温性能还是低温性能，它都优于基质沥青。所以有必要将改性沥青和基质沥青分开进行比较。

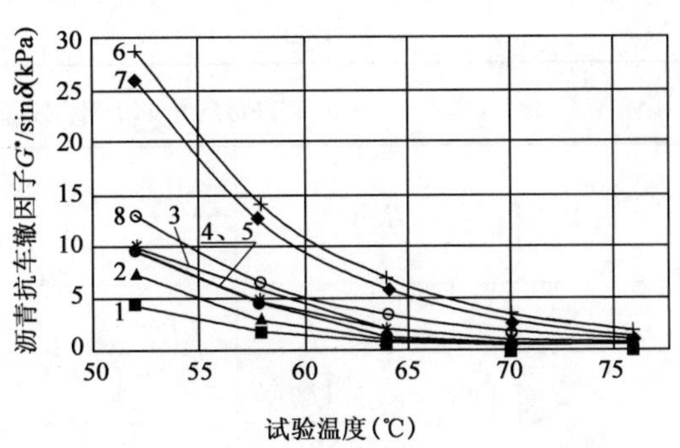

图 2-6　原样沥青抗车辙因子 $G^*/\sin\delta$ 与温度的关系图（图中序号同表 2-10）

(3)改性沥青。

在64℃温度条件下,改性沥青高温性能优—劣排序为:

①壳牌70号SBS;②ZH50号SBS;③LL70号SBS;④KL50号SBS。

(4)基质沥青。

在64℃温度条件下,基质沥青的高温性能优—劣排序为:

①AH50号;②KL70号;③AH70号;④SK70号。

从上述高温性能排序分析可知:

·就改性沥青而言,选用壳牌70号SBS沥青作为上面层混合料结合料,其高温性能要优于其他沥青。

·就基质沥青而言,选用AH50号和KL70号会优于其他沥青。同时,无论是改性沥青还是基质沥青,在相同复数剪切模量G^*时,相位角δ越小越好,弹性分量越大,黏性分量越小,其抗车辙能力就越强。

2)原样沥青老化后动态剪切流变试验结果

原样沥青经过RTFOT(短期)老化后的残留沥青,使用动态剪切流变仪(DSR)继续进行试验,测定出G^*、δ和$G^*/\sin\delta$结果,分别见表2-11～表2-13。根据测定的结果,绘制复数模量G^*、相位角δ与温度关系图(图2-7～图2-9)。

RTFOT(短期老化)残留沥青结合料复数剪切G^*值(kPa) 表2-11

序号	沥青种类		温度(℃)				
			52	58	64	70	76
1	基质沥青	SK70号	9.46	4.32	1.88	0.73	
2		AH70号	16.64	6.91	3.02	1.08	
3		AH50号	32.20	14.21	7.40	3.12	1.72
4		KL70号	16.30	7.50	3.56	1.76	0.90
5	改性沥青	KL50号SBS	14.70	6.58	3.05	1.62	0.98
6		壳牌70号SBS	40.44	21.25	11.07	5.96	3.25
7		ZH50号SBS	41.92	21.50	10.52	5.31	2.76
8		LL70号SBS	18.03	9.72	5.35	2.99	1.70

RTFOT(短期老化)残留沥青结合料相位角δ(°) 表2-12

序号	沥青种类		温度(℃)				
			52	58	64	70	76
1	基质沥青	SK70号	83.40	84.06	86.80	88.67	
2		AH70号	79.90	82.50	84.60	86.43	
3		AH50号	63.20	65.50	69.60	73.12	76.68
4		KL70号	74.97	77.67	80.21	82.45	84.34

续上表

序号	沥青		温度（℃）				
			52	58	64	70	76
5	改性沥青	KL50 号 SBS	69.10	70.70	72.30	73.90	75.50
6		壳牌 70 号 SBS	60.78	63.76	67.36	70.94	74.27
7		ZH50 号 SBS	64.11	65.01	66.48	68.47	70.68
8		LL70 号 SBS	59.51	62.22	65.39	68.65	71.79

RTFOT（短期老化）后残留沥青抗车辙因子 $G^*/\sin\delta$ 值（kPa） 表 2-13

序号	沥青种类		温度（℃）				
			52	58	64	70	76
1	基质沥青	SK70 号	9.52	4.34	1.88	0.73	
2		AH70 号	16.90	6.97	3.03	1.08	
3		AH50 号	36.07	15.62	7.90	3.26	1.77
4		KL70 号	16.88	7.68	3.61	1.78	0.90
5	改性沥青	KL50 号 SBS	15.74	6.97	3.20	1.69	1.01
6		壳牌 70 号 SBS	46.34	23.69	11.99	6.31	3.38
7		ZH50 号 SBS	44.37	22.62	11.47	5.71	2.92
8		LL70 号 SBS	20.92	10.99	5.88	3.21	1.79

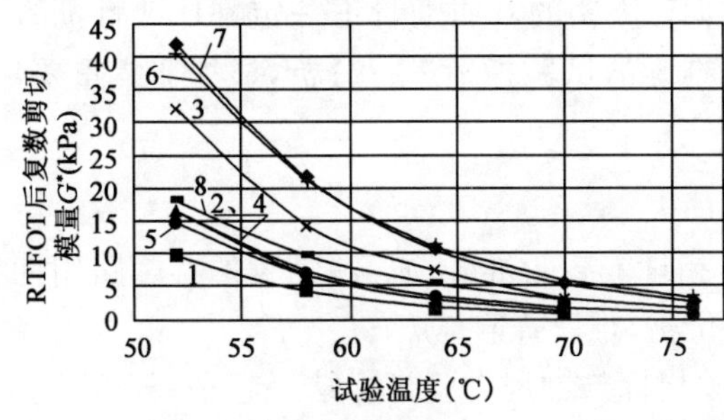

图 2-7 RTFOT 后残留沥青复数模量 G^* 与温度的关系图（图中序号意义见表 2-11）

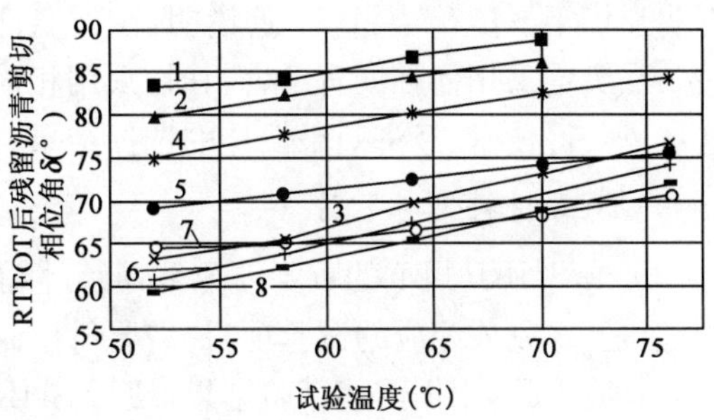

图 2-8 RTFOT 残留沥青相位角 δ 与温度的关系图（图中序号意义见表 2-12）

根据表 2-13 及图 2-9，原样沥青经过 RTFOT 后，对其残留沥青试验结果分析如下：

（1）由图 2-9 知悉：对于 RTFOT 后的残留沥青抗车辙因子 $G^*/\sin\delta$，可清楚地看出各种沥青之间的差别。

在 64℃温度条件下，沥青高温性能优一劣排序为：

①壳牌 70 号 SBS；

②ZH50 号 SBS；

③LL70 号 SBS；

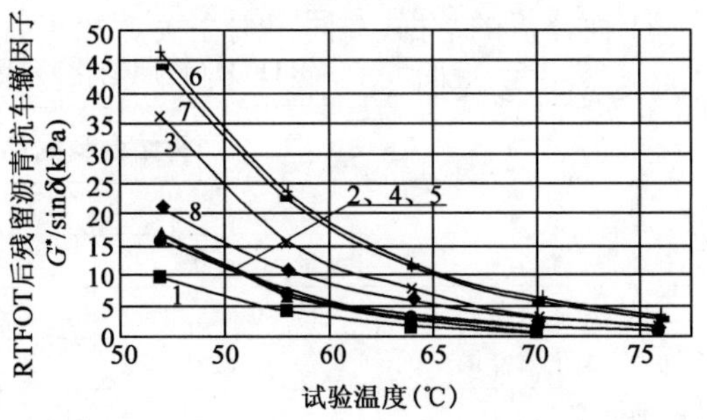

图 2-9 RTFOT 后残留沥青抗车辙因子 $G^*/\sin\delta$ 与温度关系图（图中序号意义见表 2-13）

④AH50 号；

⑤KL50 号 SBS；

⑥KL70 号；

⑦AH70 号；

⑧SK70 号。

(2)在 64℃温度条件下，改性沥青的高温性能优一劣排序为：

①壳牌 70 号 SBS； ③LL70 号 SBS；

②ZH50 号 SBS； ④KL50 号 SBS。

(3)在 64℃温度条件下，基质沥青的高温性能优一劣排序为：

①AH50 号； ③AH70 号；

②KL70 号； ④SK70 号。

(4)原样沥青经过老化后，其性能博弈结果分析：

①原样沥青经过老化后，所测的复数模量 G^* 和相位角 δ，无论基质沥青还是改性沥青，其高温稳定性排列顺序，基本上与原样沥青一致。这可以充分说明：抗车辙因子 $G^*/\sin\delta$ 可以有效的评价沥青结合料的高温性能。同时，还可以看出复数剪切模量 G^*、相位角 δ 也可以较好地评价沥青结合料的高温性能。

②此外，对于同一种沥青，随着试验温度的升高，抗车辙因子 $G^*/\sin\delta$ 迅速减小，高温性能变差，再次说明沥青具有非常明显的温度敏感性。

③在上述试验结果中，AH50 号的复数剪切模量 G^*、相位角 G^* 及抗车辙因子 $G^*/\sin\delta$，都明显优于 KL50 号 SBS。这说明：在高温性能方面，优质的基质沥青不一定都比改性沥青差。在决定采用何种沥青结合料时，采用相对客观准确的试验指标进行分析，显得非常重要，这样可获得技术、经济效果俱佳的选择结果。

5. 沥青材料优劣鉴别

美国 SHRP 规范的重要内容是：沥青性能评价指标能较为准确地反映沥青的实际路用性能；但是，要完成相应的试验项目，需要付出昂贵的价格，难以普遍推广。

有鉴于此，根据前述试验结果，现将 SHRP 试验指标与常规试验指标结合起来，分析二者的关系，可为沥青材料的选择提供可供借鉴的简便方法。

1)基础数据关系

上面分析的数据，一同归纳在表 2-14 中。在该些分析数据基础上，前述两套指标体系之间的关系，可参见图 2-10、图 2-11。

沥青结合料的高温性能指标汇总表 表 2-14

试验内容	沥青品种			
	SK70 号	AH70 号	AH50 号	壳牌 70 号 SBS
64℃(原样沥青)G^*	0.93	1.38	2.13	6.63
64℃(老化沥青)G^*	1.88	3.02	7.40	11.07
针入度(0.1mm)	70.1	61.8	52.3	55.0
软化点℃(原样沥青)	47.0	50.5	49.5	78.5
60℃黏度	1.257	1.89	1.76	1.93

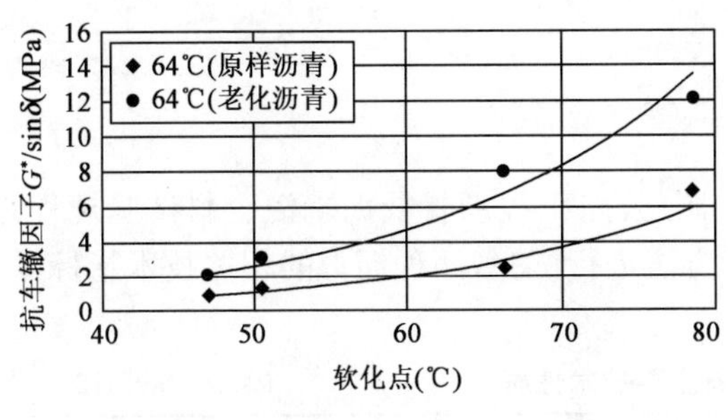

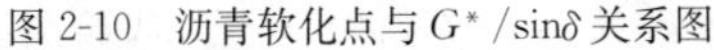

图 2-10　沥青软化点与 $G^*/\sin\delta$ 关系图

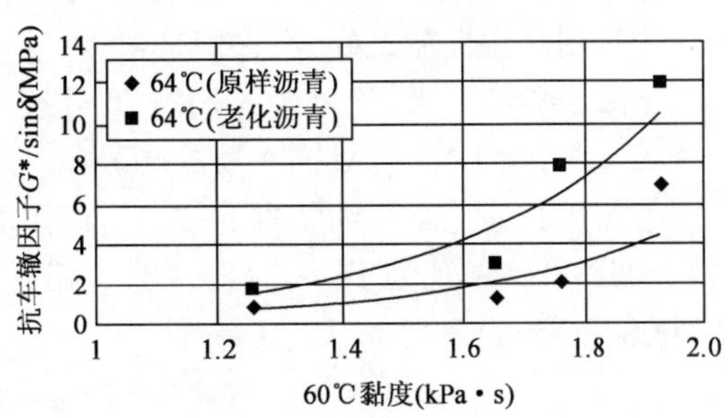

图 2-11　沥青 60℃黏度与 $G^*/\sin\delta$ 关系图

2)软化点和抗车辙因子 $G^*/\sin\delta$ 关系

在国内现行沥青路面施工技术规范中，采用软化点作为评价沥青高温性能指标，根据上述试验结果，从图 2-10 可以看出，沥青软化点与抗车辙因子 $G^*/\sin\delta$ 相关性很差，但是总体来说，其间还是有一定的规律可循，软化点高的沥青，其对应的抗车辙因子也相对较大。

3)60℃黏度和抗车辙因子 $G^*/\sin\delta$ 关系

根据表 2-14 和图 2-11，沥青 60℃黏度和抗车辙因子 $G^*/\sin\delta$ 相关性也很差，说明两种指标体系之间并无内在联系。但是，有一个相对稳定的对应关系，即随着沥青结合料 60℃黏度的增加，抗车辙因子呈现逐渐增大的趋势。说明沥青黏度越大，其抗车辙能力越强。改性沥青的抗车辙性能，明显好于基质沥青，这就证明了在沥青中掺加一定量改性剂，以提高沥青混合料高温稳定性能，应当说也是一个比较好的手段。

4)沥青性能博弈结果综合分析

通过对沥青性能上述试验比较，得出如下结论：

(1)常规三大指标难以评价沥青性能优劣

沥青材料常规的三大指标：针入度、软化点和 60℃黏度，其检测结果离散性很大，用以评价沥青的高温性能时，易产生较大误差，尤其是软化点评价改性沥青结合料时，基本上不能评价各种沥青之间高温性能的优劣。

(2)$G^*/\sin\delta$ 与老化试验，可作为选择重载交通沥青指标

采用动态剪切流变仪，测定的抗车辙因子 $G^*/\sin\delta$ 能够相对准确地评价沥青结合料的高温性能，通过试验结果的比较，可以优选出高温性能较好的沥青结合料，比较适宜于重载交通高速公路沥青路面结合料的选择。

同时，该试验采用旋转薄膜烘箱和压力老化仪来模拟沥青短期和长期老化，考虑了沥青结合料老化后性能的变化，对以此试验的结果来优选沥青材料，有利于提高沥青混合料高温抗车辙性能，可有效保证沥青路面的长期性能。

5)面层沥青材料亮相—选定

从试验动态剪切流变试验的结果看，优质的基质沥青高温性能同样突出，并不一定比改性沥青差，选择高温性能良好的沥青材料，关键在于采用合理的试验指标，以便对各种结合料做出客观、准确的评价，避免盲目采用改性沥青，可提高路面结构方案的性价比。

综合上述，根据沥青常规指标试验检测与动态剪切流变试验结果，考虑到邯长公路是晋煤

外运通道，属于重载交通。为了保证沥青路面面层具有良好的抗车辙性能，确定在选用的八种沥青中选用高温性能最好者，它们是：

上面层和中面层：选用壳牌 SBS-70 号改性沥青；

底面层：选用中港 AH-70 号基质沥青。

参照重交通道路石油沥青的技术指标要求，按照《公路工程沥青及沥青混合料试验规程》(JTJ 052—2000，现为 JTG D62—2011)相关试验方法进行试验，两种沥青的相关技术指标参数，见表 2-15、表 2-16。

壳牌 SBS-70 号改性沥青主要技术性质 表 2-15

试验项目		试验结果	技术指标	试验方法
针入度(0.1mm)		55	60～80	100g,25℃,5s
针入度指数 PI		−0.1773	−0.6～−0.2	—
软化点(℃)		78.5	—	环球法
当量软化点(℃)		50.897	—	—
延度(cm)		51	>30	5℃,5cm/min
闪点(℃)		306	≥230	开口杯法
溶解度(%)		99.58	≥99	三氯乙烯
弹性恢复(%)		96	≥65	25℃
密度(g/cm³)		1.033	实测	15℃
薄膜加热试验	质量损失(%)	0.04	<1.0	5h,163℃
	针入度比(%)	84.4	≥55	100g,25℃
	延度(cm)5℃	43	实测	5cm/min,25℃

AH-70 号基质沥青主要技术指标性质 表 2-16

试验项目		试验结果	技术指标	试验方法
针入度(0.1mm)		61.8	60～80	100g,25℃,5s
软化点(℃)		50.5	44～54	环球法
延度(cm)		>100	≥100	15℃,5cm/min
闪点(℃)		278	≥230	开口杯法
溶解度(%)		99.57	≥99	三氯乙烯
含蜡量(%)		2.3	≤3	25℃
密度(g/cm³)		1.014	实测	15℃
薄膜加热试验	质量损失(%)	−0.18	<0.8	5h,163℃
	针入度比(%)	61.7	≥55	100g,25℃
	延度(cm)25℃	>100	≥50	5cm/min,15℃

第三节 集 料 选 择

沥青路面的强度，除沥青结合料外，集料质量亦是重要因素。集料质量取决于制作集料岩石化学成分及制成集料的颗粒形状。

一、制作集料的石料

制作集料的石料，都产于天然岩石。按其成因不同，天然岩石分为三大类：火成岩、沉积岩和变质岩。

1. 三大岩石特点

1)火成岩

火成岩是岩浆流到地表冷却而成的，基本上为结晶体，其结晶颗粒大于2mm者为粗粒，小于者为细粒。根据其组成和化学成分，火成岩分为酸性、中性和碱性等三种，见表2-17。

火成岩分类 表2-17

火成岩分类	火成岩性质			
	二氧化硅含量(%)	相对密度	颜色	存在游离石英
酸性	>66	<2.75	浅色	是
中性	55～66	—	—	—
碱性	<55	>2.75	暗色	否

2)沉积岩

沉积岩一般是由已有岩石崩解的、不溶性残留物沉积而成，或是海洋动物的无机质剩余物沉积而成。沉积岩根据形成的矿物不同而分类，例如：钙质(石灰石)、硅质(燧石、砂岩)或泥质(页岩)等。

3)变质岩

变质岩一般是以上两种岩石一旦遭受很大的热力和压力作用，改变了其矿物结构，形成与原生岩石不同的岩石。其特点：其岩石的组成，一般为由细到粗的天然结晶体。

上述三大岩石，在自然界机械作用下，形成大小不等的光滑圆形或扁形原体，工程称其为砾石。砾石以下的残留物形成砂，一旦砂遭受到很大的热力和压力，往往形成整体的砂岩。

2. 岩石等级

在土木工程中，石料作为建筑材料时，为了便于使用，按技术性质不同，一般将石料分为四个岩类：

一类岩石：岩浆岩类，如花岗岩、正长岩、辉绿岩、闪长岩、玄武岩、安山岩等。

二类岩石：石灰岩类，如石灰岩、白云岩、泥灰岩、凝灰岩等。

三类岩石：砂岩和片岩类，如砂岩、片麻岩、石英片麻岩等。

四类岩石：砾石岩类。

以上各种岩类，按强度不同，主要是饱水抗压强度和磨耗率，分为四类每类分为四个等级，一类岩石—最坚强的岩石；二类岩石—坚强的岩石；三类岩石—中等强度的岩石；四类岩石—较软的岩石。与等级相应的技术标准（等级），见表2-18。

各类岩石的强度等级 表2-18

岩石类别	主要岩石名称	岩石等级	极限抗压强度(MPa)	岩石类别	主要岩石名称	岩石等级	极限抗压强度(MPa)
一类岩石	花岗岩、正长岩、辉长岩、辉绿岩等	1	＞120	三类岩石	泥灰岩、片麻岩、砂岩、石英片麻岩等	1	＞100
		2	100～120			2	80～100
		3	80～100			3	50～80
		4	—			4	30～50
二类岩石	石灰岩、白云岩、泥灰岩、凝灰岩等	1	＞100	四类岩石	砾岩	1	
		2	80～100			2	
		3	60～80			3	
		4	30～60			4	

注：表中强度值系饱水状态下极限抗压强度。

二、岩石酸碱性与表面电荷

制作集料的石料，有些与沥青具有很好的黏附性，有些则不然。这与石料的岩性密切相关。例如：石油沥青与碱性石料之间，具有比较好的黏附性。反之，与酸性石料则不然。因此说，制作集料石料的化学成分不同，表现为集料与沥青黏结力不同，直接影响着沥青路面强度。

1. 石料的酸碱性

石料酸碱性取决它的化学组成。岩石的化学成分，主要为氧化硅、氧化钙、氧化铁、三氧化二铝、氧化镁以及少量的氧化锰、三氧化硫等。在岩石中，它们的含量不同，石料表现出的物理、化学性质也不同。常见的岩石化学成分，详见表2-19。

岩石化学成分含量（%） 表2-19

岩石种类	氧化硅 SiO_2	氧化钙 CaO	氧化铁 Fe_2O_3	氧化铝 Al_2O_3	氧化镁 MgO	氧化钠 Na_2O
玄武岩	50.5	38	6.5	2.5	1.5	0.6
花岗岩	73	0.8	0.5	14	0.4	9.01
石灰岩	1.2	53.7	12.6	13.9	18.6	0.03
辉长岩	49	10	13	17	4.3	0.4

如表2-19所示，四种岩石化学成分完全不同，突出特点是石料中CaO和 SiO_2 的含量不同，石灰岩中CaO的含量较多，而 SiO_2 的含量较少；反之，花岗岩中 SiO_2 的含量较多，CaO的

含量则很少。因此,一般石料的酸碱性,以钙、镁为主要成分的系碱性石料。以硅、铝为主要成分的系酸性石料。

在岩石学上,一般根据 SiO_2 相对含量,把岩石划分为酸性、中性、碱性岩石。SiO_2 相对含量大于 65%者为酸性石料,含量为 52%~65%者为中性石料,含量小于 52%者和碱性石料(图 2-12)。

不同石料虽然具有不同的化学组成(表 2-20),而相同的石料由于产地不同,在化学组成上也可能有差别。

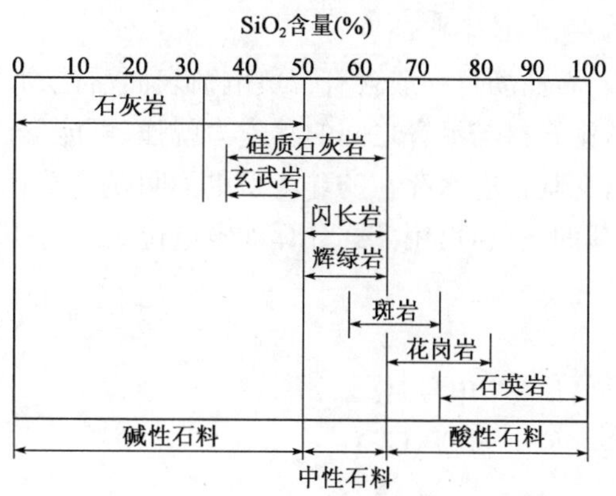

图 2-12 石料酸碱性划分示意图

三种典型的石料化学组成 表 2-20

岩石名称	化学组成(%)							
	氧化硅 SiO_2	氧化钙 CaO	氧化铁 Fe_2O_3	氧化铝 Al_2O_3	氧化镁 MgO	氧化锰 MnO	三氧化硫 SO_3	磷酸酐 P_2O_3
石灰岩	1.0	55.57	0.27	0.27	0.06	0.01	0.01	—
花岗岩	76.2	1.99	2.87	17.29	0.02	0.02	0.15	0.02
石英岩	98.25	0.21	1.23	0.09	—	0.01	0.21	—

根据石料的酸碱性分类标准,可得到三种石料的酸碱性,见表 2-21。

石料的酸碱性划分标准 表 2-21

石料种类	石 灰 石	花 岗 石	石 英 石
SiO_2 含量(%)	1.0	76.72	98.25
石料酸碱性	碱性石料	酸性石料	酸性石料

石料碱值测定方法,见《公路工程集料试验规程》(JTG E42—2005)中集料碱值试验 T0347—2000。根据该测定方法,测定的几种石料的碱值结果,见表 2-22。以表 2-22 碱值为标准,将石料的黏附性可划分良好、合格、不合格、极差四个等级(表 2-23)。

几种石料的碱值测试结果 表 2-22

石料种类	石灰岩	安山岩	玄武岩	麻片岩	花岗岩(黑)	花岗岩(红)	砂岩
碱值	0.97	0.71	0.64	0.62	0.57	0.54	0.55

石料黏附性标准 表 2-23

碱值	>0.8	0.7~0.8	0.6~0.7	<0.6
标准等级	良好	合格	不合格	极差

一般来说,酸性石料与水具有很大的亲和力,称为亲水性,遇水后黏附在它的表面沥青就会剥离下来。碱性石料与沥青有较好的亲和力,称为憎水性集料。这是因为石料表面带有不同的电荷所致。

2. 石料表面电荷

石油沥青一般含有带负电荷表面活性物质，石料表面如果带的是正电荷，根据电性引力原理，则石料与沥青之间的黏附力就强，可能形成化学吸附；反之，石料带的是负电荷，则黏附力弱，尤其在有水存在的环境里更为明显。石料表面电荷可用电渗仪测定，根据电极的符号确定电荷的正负，可用下式计算动电电位 ξ：

$$\xi = 300^2 \times \frac{4\pi\eta\overline{L} \cdot F}{DI} \tag{2-4}$$

式中：$\overline{L}$——电导，$\Omega^{-1}\text{cm}^{-1}$；

F——电压(V)；

I——电流(A)；

η——黏度；

D——介电常数。

用此方法测定的几种石料的电位见表 2-24。测定结果表明：在有水存在的情况下石灰岩表面呈正电荷，而片麻岩和花岗岩表面呈负电荷。由此说明用石灰岩制成的集料与沥青有比较好的黏附性。

石料的电位 ξ 测定值 表 2-24

石料种类	石灰岩	片麻岩	花岗岩
电位 ξ	+11.4	−7.6	−29.3

大量的实践表明：部分硅质集料，如砂岩、石英岩、硅质砾石，它们在水中带负电荷。石灰岩与其他含钙质石料，在水中带有正电荷。还有不少石料，既带有负电荷，也带有正电荷，因为这些石料是由带负电荷的硅质矿物和带正电荷的钙、镁、铝或铁矿物组成的，例如：暗色的岩石、玄武岩、斑岩和硅质石灰岩等。集料按表面电荷不同分类如图 2-13 所示。

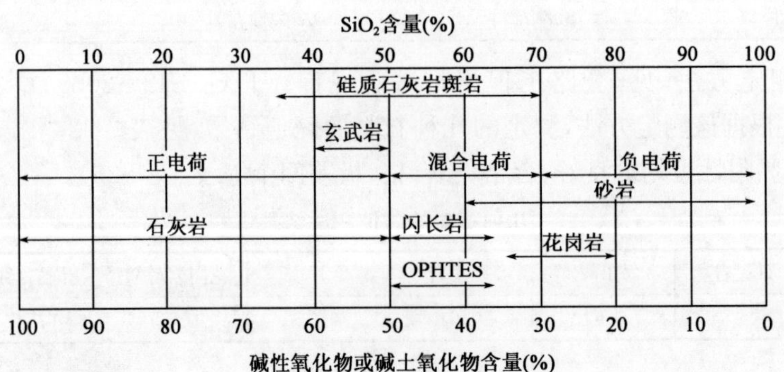

图 2-13 集料按表面电荷分类

沥青混合料遇水后，沥青从集料上剥落，则是导致沥青混合料的一种破坏。在《公路沥青路面施工技术规范》中，采用水煮法或水浸法评价集料与沥青的黏附性等级。

3. 石料与沥青黏附性

在沥青混合料中，制作集料的石料化学性质变化，对沥青混合料的物理—力学性质起着重要作用。

1)石料化学性质对路用性能影响

(1)在其他条件完全相同的情况下,仅是集料的矿物成分不同,沥青混合料强度和浸水后强度,以及强度降低百分率均有显著的差别。

(2)石灰岩矿质混合料强度最高,浸水强度降低最少。花岗岩矿质混合料次之;石英岩矿质混合料最差。

上述差别之原因是:石灰岩含有 CaO 成分很高,SiO_2 的成分很低。花岗岩与石英岩则正与之相反,SiO_2 含量很高,CaO 含量很低。虽然各种石料有其大致的 SiO_2 含量范围,但是,石料造岩矿物是变化无常的,进行化学组成分析较复杂,为确定石料与沥青的黏附性,在路面工程中,通常采用水煮法或水浸法,以评价集料与沥青的黏附性等级。

2)石料与沥青黏附性

为了测定石料与沥青的黏附性,在路面工程中,常采用一些简便的方法,如水煮法、水浸法对其进行测定。其测定的目的,在于检验集料的抗水剥离的能力。

对于粒径大于 13.2mm 以上集料使用水煮法;对于粒径小于或等于 13.2mm 以下集料,采用水浸法,测定沥青与粗集料的黏附性。当同一种料源的集料,最大颗粒既有大于又有小于 13.2mm 时,取大于 13.2mm 水煮法为标准,按表 2-25 标准评定沥青与集料的黏附性等级。水煮法和水浸法试验操作规程见 T 0616—2011。

沥青与集料的黏附性等级 表 2-25

试验后集料表面上沥青膜剥落情况	黏附性等级
沥青膜完全保存,剥离面积百分率接近于 0	5
沥青膜少部分为水所移动,厚度不均匀,剥离面积百分率<10%	4
沥青膜局部明显地为水所移动,基本保留在集料表面上,剥离面积<30%	3
沥青膜大部分为水所移动,局部保留在集料表面上,剥离面积百分率>30%	2
沥青膜完全为水所移动,集料基本裸露,沥青全浮于水面上	1

水煮法和浸水法都属于半定量试验法。用光电比色法来测定沥青与石料的黏附性能,这一方法比较精确。

3)乳化沥青与粗集料黏附性

乳化沥青与集料黏附性具体试验方法,见 T 0654—2011。

(1)阳离子乳化沥青与粗集料的黏附性

将集料经过方孔筛,取 19.0~31.5mm 的颗粒,并洗净置于 105℃烘箱中 3h。再从中取出 5 颗集料冷却至室温,逐个用细线或金属丝系好,放进水中 1min 后,随即放入乳化沥青中浸泡 1min,然后将集料颗粒悬挂在室温中 24h,再吊放在煮沸水中,并使水保持微沸状态,然后把集料取出观察粗集料颗粒上沥青膜裹覆的面积,按表 2-25 评定出黏附性等级。

(2)阴离子和非离子乳化沥青与粗集料黏附性

试验方法基本同前,不同之处是将附有沥青薄膜的集料,浸入已加热的 40℃±1℃保温的烧杯中浸 5min,仔细观察集料颗粒表面沥青膜裹覆面积,然后评定出与集料黏附性等级。

4)沥青与集料低温黏结性

沥青或改性沥青与集料的低温黏结性能,按 T 0660—2011 规定的方法进行检验。

上述试验对沥青和集料之间的黏结力,仅仅是初步的评价,还需要对沥青混合料进行马歇尔、冻融劈裂试验等一系列检验,才能做出满足工程需要的解释。

5)沥青与集料黏结力随着沥青用量和温度变化

一些科学家们认为,沥青与集料相互作用后,沥青化学组分将重新进行排列,在集料表面形成一层厚度 δ_0 的结构膜。在该层膜厚度内的沥青称为结构沥青,以外的沥青称为自由沥青(图 2-14)。结构沥青与集料之间发生相互作用后,沥青的性质有所改变。自由沥青与集料距离比较远,没有与集料发生相互作用,其性质没有改变,仅分散的集料黏结起来。如果颗粒之间由沥青结构膜相互联结,便可获得大的颗粒黏着力。反之,则不然。

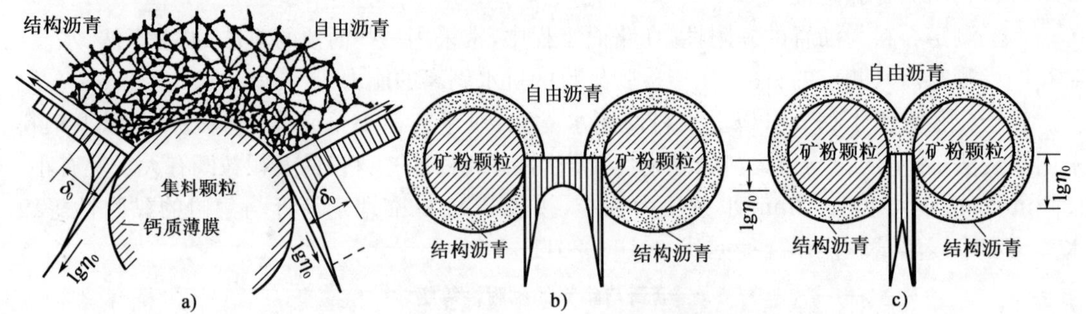

图 2-14　碱性集料与沥青交互作用黏结示意图

a)集料表面的结构膜;b)自由沥青与集料比较远;c)结构沥青相互联结

影响沥青与集料黏附性的因素:

沥青与集料之间相互作用,是一个比较复杂的过程,它们之间的黏结能力,在很大程度上取决这些材料之间的黏结性质。密实型混合料,集料的比面积一般占总面积的 80%以上,这就大大增强了集料与沥青相互作用,减薄了沥青的膜厚,使沥青在集料表面形成"结构沥青层",形成牢固的联结,因此能够构成强度大的整体。

如果固定沥青的质量,沥青与集料的比例不同,即沥青用量,对抗剪强度产生不同的影响(图 2-15)。当沥青用量很少时,沥青在集料表面不足以形成结构沥青膜,集料之间难以联结成整体。

如果增加沥青用量,集料之间逐渐形成结构沥青,沥青完整地包裹在集料表面,集料之间黏结力增加。此后,如果沥青用量继续再增加,富裕的沥青逐渐将集料颗粒推开,形成自由沥青,它不仅起不到黏结作用,反而起着润滑剂的作用,显著减小集料之间内摩擦角。这说明沥青混合料中的沥青用量必须适量,即为最佳沥青用量。另外,随着温度升高或降低,沥青混合料之间的黏结力也随之降低或升高(图 2-16)。

6)集料与沥青黏结力改善

一般酸性集料质地坚硬,有时为了满足路面抗滑要求,无奈之举只好选用质地坚硬的酸性集料。为防止沥青与酸性集料之间剥离,常采用消石灰或有机表面活性剂,改善石料与沥青之间的黏附性。

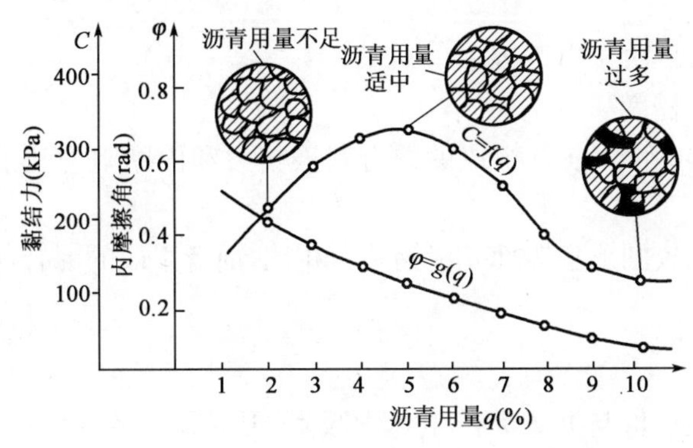

图 2-15 不同沥青用量 c、φ 变化示意图

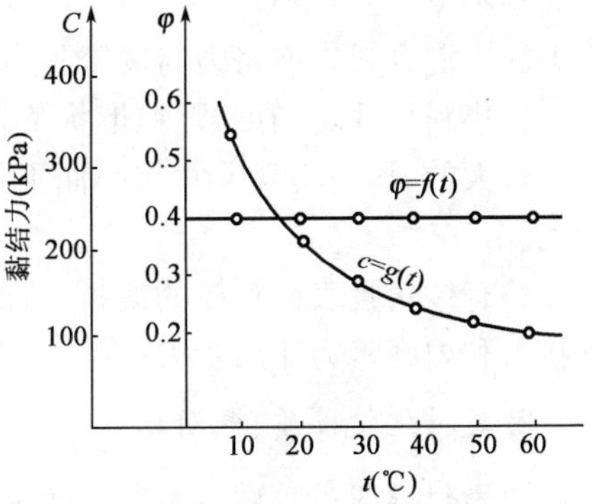

图 2-16 c、φ 随温度 t 的变化

(1)消石灰

消石灰是一种最常用的、也是经济的抗剥落剂。美国、日本和我国的规范都规定，把掺入1%～2%的消石灰作为改善与沥青黏附性的第一措施。

在美国，用浓度为20%～30%的石灰水对集料进行预处理，或将石灰掺入石料中一起拌和。在日本，消石灰替代矿粉加入拌和，可以加强集料与沥青的黏结，其用量约为混合料总量的2%。

(2)有机表面活性剂

利用有机表面活性剂极性端与集料结合，可加强与沥青黏附性。对表面带负电荷的石料，应使用阳性表面活性剂；对表面带正电的石料，则应使用阴离子型表面活性剂。通常情况下，阳离子型大部分是胺类表面活性剂，在高温时易分解，将会降低抗剥离能力，所以，应选用高温稳定、难分解表面活性剂，最理想的是具有阳、阴两种极性离子的表面活性剂。在实际应用中，一定要注意这一点，并将掺入活性剂后，对沥青混合料老化后再进行黏附性评价。表2-26列出了不同的抗剥落剂对沥青混合料黏附性改善效果试验资料，可供参考。

不同的抗剥落剂对沥青混合料黏附性改善效果 表2-26

石料种类	抗剥落剂	残留稳定度(%)	黏附性等级
花岗岩	1%石灰粉掺入沥青	89.6	4
	石灰水浸泡	99.2	4
片麻岩	1%石灰粉掺入沥青	90.6	5
	石灰水浸泡	90.1	5

三、沥青混合料集料选择

沥青混合料的强度，一般由两部分组成：一是，集料之间的嵌挤力与内摩阻力；二是沥青与集料之间的黏聚力。笔者，根据工程实践经验，参考国内外最新研究成果，对沥青稳定碎石基层和沥青面层混合料集料选择，提出如下要求，仅供参考。

1. 集料颗粒形状

沥青混合料中嵌挤力与内摩阻力大小，取决于以下因素：

1)集料尺寸均匀度、颗粒形状及表面粗糙度。

较大的、均匀集料尺寸与小而不均匀的相比，前者组成的混合料嵌挤力和内摩阻力比后者大。

2)有棱角且表面粗糙的集料，与形状比较圆形且表面光滑的集料相比，前者组成的混合料嵌挤力和内摩阻力比后者大。

2. 集料化学性质、表面积

1)集料表面含有铁、钙、镁等高价阳离子时，与沥青易产生化学吸附，形成稳定的吸附层。反之，含有钠、钾等低价阳离子时，与沥青产生不稳定的吸附层，遇水后易乳化。

2)集料表面积大，有助于形成牢固的沥青吸附层。

3)集料表面不洁净，泥土、粉尘成为集料与沥青黏附的隔离剂，大大影响集料与沥青黏附性。

3. 集料致密程度

集料致密程度、孔隙大小，对沥青混合料强度都有一定的影响。过分致密、坚硬的石料，不易形成粗糙的表面，沥青不能被吸入石料内部，沥青膜薄，沥青用量偏少，对沥青混合料强度十分不利。

孔隙率大的集料，只要施工时彻底干燥，沥青被吸入石料内部，反而具有良好的水稳性；但是，孔隙率过大，造成施工困难，使用的沥青过多，反而影响耐久性。因此，公路沥青路面施工技术规范中规定，集料的吸水率控制在不大于2%，对多孔的玄武岩控制在3%。

四、邯长公路集料选择

根据前述集料在沥青混合料的作用，为了保证集料的足够强度，减少有害的黏土块和易破碎颗粒含量，以保证混合料的整体强度。为此，邯长公路沥青碎石基层用料，采取了以下措施。

1. 集料质量保证措施

1)选用石灰石制作集料和矿粉。

2)为了提高粗、细集料的棱角性，禁用砾石和天然砂，以获得混合料最大内摩阻力，保证集料形成较强的骨架，并保留一定的空隙，以增强混合料抵抗永久变形的能力和获得较好的耐久性。

3)限制集料吸水率和黏土含量，以保证集料与沥青之间黏结力。施工中，对黏土含量过高的集料，必须进行水洗。

4)限制扁平细长颗粒的含量，因为它的含量过大，难以形成稳定的嵌挤骨架结构。

2. 沥青碎石基层集料选择

综合考虑沥青碎石基层的技术性能要求，邯长公路集料选择具体技术要求见表2-27～表2-29。

粗集料性能指标检测结果　　表 2-27

试验项目	规范标准	技术要求	实测结果
石料压碎值(%)	≤28	≤26	16.4
洛杉矶磨耗损失(%)	≤30	≤28	21.5
视密度(t/m^3)	≥2.5	≥2.60	2.724
吸水率(%)	≤3	≤2.0	0.32
对沥青的黏附性	≥4	≥4	5
坚固性(%)	≤12	≤12	4.3
针片状颗粒含量(%)	≤18	≤15	9.4
粒径＞9.5mm 针片状颗粒含量(%)	≤15	≤12	9.3
粒径≤9.5mm 针片状颗粒含量(%)	≤20	≤18	9.7
水洗法(0.075mm 颗粒含量(%)	≤1	≤1	0.7
软石含量(%)	≤5	≤3	2.1

细集料性能指标检测结果　　表 2-28

试验项目	规范标准	技术要求	实测结果
视密度(t/m^3)	≥2.50	≥2.50	2.718
坚固性(＞0.3mm 部分)(%)	≥12	≥12	12.5
砂当量(%)	≥60	≥60	67.5
含泥量(小于 0.075mm 的含量)(%)	≤3	≤3	2.2

矿粉性能指标检测结果　　表 2-29

试验项目		规范标准	技术要求	实测结果
视密度(t/m^3)		≥2.50	≥2.50	2.715
含水率(%)		≤1	≤1	0.4
亲水系数		＜1	＜1	0.85
粒度范围	＜0.6mm(%)	100	100	96
	＜0.15mm(%)	90～100	90～100	73
	＜0.075mm(%)	70～100	70～100	71.1

3. 沥青面层集料选择

面层集料选用，粗集料主要采用玄武岩和石灰岩破碎制成。玄武岩为河北省邯郸市武安产地的，作为上面层集料，以提高面层的抗滑能力。石灰岩采用河北省邯郸市涉县产地的，用于中面层和底面层。依据两种石料的制作的集料技术指标见表 2-30～表 2-32。

1)面层粗集料

粗集料质量技术指标(玄武岩)　　表 2-30

指　　标	规范标准	试验结果	试验方法
表观密度(g/cm³)	≥2.5	2.914	T0304
压碎值(%)	≤28	13.2	T0316
针片状含量(%)	≤15	9.7	T0312
吸水率(%)	≤2	1.45	T0304
洛杉矶磨耗值(%)	≤30	13.89	T0317
坚固性(%)	≤12	1.706	T0314
磨光值(BPN)	≥42	49.0	T0321
软弱颗粒含量(%)	≤5.0	1.6	T0320

粗集料质量技术指标(石灰岩)　　表 2-31

指　　标	技术标准	试验结果	试验方法
表观密度(g/cm³)	≥2.5	2.734	T0304
压碎值(%)	≤28	20.0	T0316
针片状含量(%)	≤15	12.6	T0312
吸水率(%)	≤2	0.36	T0304
洛杉矶磨耗值(%)	≤30	17.0	T0317
坚固性(%)	≤12	0.1	T0314
冲击值(%)	≤28	14.2	T0321
含泥量(%)	≤2	0.4	T0310

2)面层细集料

面层细集料,采用河北省邯郸市涉县产的石灰石,采用专用设备加工制成的基质砂,其技术指标详见表 2-32。

细集料质量技术指标　　表 2-32

指　　标	技术标准	试验结果	试验方法
表观密度(g/cm³)	≥2.5	2.717	T0328
吸水率(%)	≤2	0.62	T0328
砂当量(%)	≥60	78.4	T0334
坚固性(%)	≤12	1.2	T0340

3)面层用的填料

填料选用河北省邯郸涉县产的石灰石研制的矿粉,密度为 2.757g/cm³。

第三章　复合式沥青路面基层

沥青混合料的强度，是指在一定的约束条件下，沥青混合料具有的抵抗应力应变作用的能力。然而，沥青混合料的强度形成，与其他材料强度相比，却十分复杂。

第一节　集料级配理论及其优选

沥青混合料结构比较松散，有别于水硬性材料和其他硬质材料，它的强度形成，具有明显的颗粒性和黏－弹塑性力学特征。正是由于这些特征，对其强度形成分析，形成了两种理论，即表面理论和胶浆理论。

一、沥青混合料强度原理

1.表面理论分析

这种理论认为，组成沥青混合料的粗集料、细集料和填料，经人工组配成密实的级配矿质骨架，沥青分布在它们表面，并胶结一起形成一个具有强度的整体。

根据该理论分析，沥青混合料强度由两部分构成(图 3-1)：

一是集料骨架强度，表现为颗粒材料的摩擦阻力，用内摩擦角 φ 表示；

二是沥青的胶结强度，表现为黏结力、抗拉力，用黏结力 c 表示。但是，摩擦阻力与黏结力相比，前者占优势，因此，要改善沥青混合料路用性能，应主要从改善集料的骨架入手。这种分析方法符合库伦强度理论。

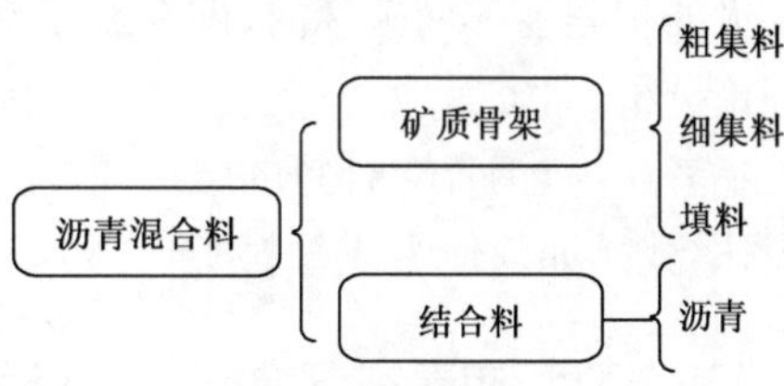

图 3-1　沥青混合料组成

2.胶浆理论分析

胶浆理论则认为，沥青混合料是一种多级的空间、网状的结构分散系。以粗集料为分散相，分布在沥青砂浆介质中粗分散系；同样，砂浆以细集料为分散相，而分散在沥青胶浆介质中的细分散系；而胶浆又是以填料为分散相而分散在高稠度沥青介质中的一种微分散系(图 3-2)。

根据胶浆理论，沥青混合料的强度，由分散相数量和分散介质的强度性质决定：分散相数量越多，分散系的模量就越大，则混合料的抗压强度越大；分散介质稠度越大，混合料的抗拉强度就越大，要改善沥青混合料路用性能，主要从沥青胶浆性能入手。

总之，该理论认为沥青胶浆是关键，它决定着沥青混合料高温稳定性和低温抗裂能力。目前，这一理论比较集中研究填料（矿粉）矿物组成、填料级配（以 0.080mm 为最大粒径），以及沥青与填料表面的交互作用等因素对沥青混合料性能的影响等。同时，这一理论比较强调采用高稠度的沥青和大沥青用量，以及采用间断级配的沥青混合料。

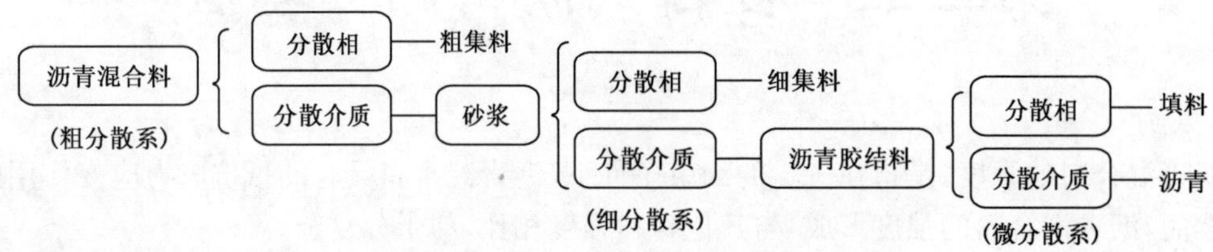

图 3-2　沥青混合料强度—胶浆强度理论

3. 强度理论分析

目前，对沥青混合料强度构成研究，一般采用库伦理论来分析。众所周知，库伦理论的强度公式如下：

$$\tau = c + \sigma \tan\varphi \tag{3-1}$$

式中：τ——混合料抗剪强度（MPa）；

c——混合料黏结力；

σ——混合料遭到剪切破坏的法向压应力（MPa）；

φ——混合料内摩擦角。

从上式中可看出：沥青混合料强度，取决于两个参数 c 和 φ 值。

c 是黏结力，取决于沥青黏度及与集料之间的黏结力；φ 是混合料内摩擦角，换句话说，取决于集料颗粒形状及级配组成。

然而，库伦理论分析问题的前提是：将沥青混合料视为剪切破坏前不变形的刚塑体。事实上，沥青混合料几乎不可能发生一次性大变形破坏，而是在车辆荷载大量的重复作用之后，产生较大的积累变形而破坏的，即高温蠕变破坏。因此，对沥青混合料的强度，应该采用流变力学理论分析，研究其应力应变规律，才能较为真实地反映实际情况。

笔者认为，沥青混合料的强度，在于寻求组成混合料，彼此之间能发挥耦合作用，用现代语言表述，就是如何使组成材料实现“共赢”。因此，需要对混合料各组成部分作用进行探讨。

二、集料和沥青在混合料中的作用

在沥青混合料组成中，集料约占 95%。集料是由各种不同粒径的粗、细集料、矿粉颗粒组成。不同规格和品质的集料，在沥青混合料中各自发挥着不同的、举足轻重的作用。影响它们作用的发挥，不仅取决于集料自身质量，也与其级配密切相关。

1. 集料作用

影响集料作用的因素，可以概括以下几个方面。

1)集料的自身质量

集料自身质量，包括制作集料石料类型、颗粒形状、尺寸、颗粒形状、表面粗糙度、表面性

质。这些都影响着沥青混合料中嵌挤力与内摩阻力大小。

(1)较大的、均匀颗粒的集料，较之尺寸较小而不均匀的集料组成的混合料具有较大嵌挤力和内摩阻力。

(2)有棱角的、表面粗糙的集料，比圆球形而表面光滑的集料组成的混合料具有较大嵌挤力和内摩阻力。

(3)碱性石料制成的集料，对沥青有良好的黏结力。

2)集料级配组成

集料级配组成，是构成沥青混合料内摩擦角的关键因素。良好的集料级配，可以提供充分的集料表面与沥青进行有效的黏结，增加混合料的内部黏结力。

3)矿粉

矿粉，可以说成是最细的集料。它对裹覆在周围的沥青分子相互有吸附作用，沥青和矿粉的相互作用，对沥青混合料的黏结力大小有重要的影响。

总之，选择良好集料与其级配，是提高沥青混合料内摩阻力和抗剪强度的最有效途径之一。

2.沥青结合料

尽管集料是一个良好的组成，再由沥青将它们黏结成一个整体，形成沥青混合料的强度。沥青能否将集料黏结牢固，取决于沥青的品质和用量。

沥青的品种、用量和性能，对其混合料内部黏结力也起着关键性作用。然而，在集料之间沥青还起到一定的润滑作用，当沥青用量过量时，还影响到混合料的内摩擦角。

1)沥青品质

沥青的黏结力把集料胶结成为一个整体，它的黏度愈大，结构沥青膜越厚，则抗剪强度越强。

2)沥青用量

当沥青用量很少时，沥青不足以形成薄膜黏结集料颗粒，不仅强度低，而且耐久性差。反之，当沥青用量过多时，则会由于沥青过剩，可把相接触、形成嵌紧集料推开，在集料颗粒间形成“自由沥青”，沥青混合料的黏聚力随之降低。此外，随着自由沥青的增加，沥青混合料的内摩擦角会逐渐降低。

综上所述，密实的集料骨架、合适的沥青品种、适宜的沥青用量和能与沥青产生化学吸附的活性矿粉，是形成高强度沥青混合料的基本条件。为此，从以上沥青混合料强度形成分析，可以归纳成以下两点：

(1)提高集料颗粒之间嵌挤力与摩阻力，可以提高其抗剪切变形能力。

(2)提高沥青与集料之间的黏聚力，可以保证混合料整体性和稳定性，从而提高混合料内摩阻力。

为达到上述目的，通过改变集料级配，寻求最佳的沥青用量，才可以获得最大的黏结力。

三、集料级配理论

前面已阐述，组成沥青混合料的集料原则，应当是空隙率最小，比表面积总和不太大。前者目的，要求集料要紧密，以实现最大嵌挤能力，后者使结合料用料省，最大限度发挥结合料作用。

现在问题是：采取怎样的方法，才能使沥青路面达到预期目的。为此，首先就要探讨粗细集料配合比和适宜的沥青用量问题。

1. 集料级配原则

为了解决这一问题，当今诞生了许多关于集料配合比方面的设计理论。按沥青混合料强度构成原则不同，这些理论大致分为两大类：嵌挤原则和密实级配原则，前者又称为填充理论（又称粒子干涉理论），后者称为最大密实度理论。

1）嵌挤原则——填充理论

按照嵌挤原则，前一级颗粒之间的空隙应由次一级颗粒所填充，其余空隙又由再次小颗粒所填充。这种理论又称为粒子干涉理论。但是，填隙颗粒粒径不得大于其间隙，否则，大小颗粒之间势必发生干涉，如图3-3所示。

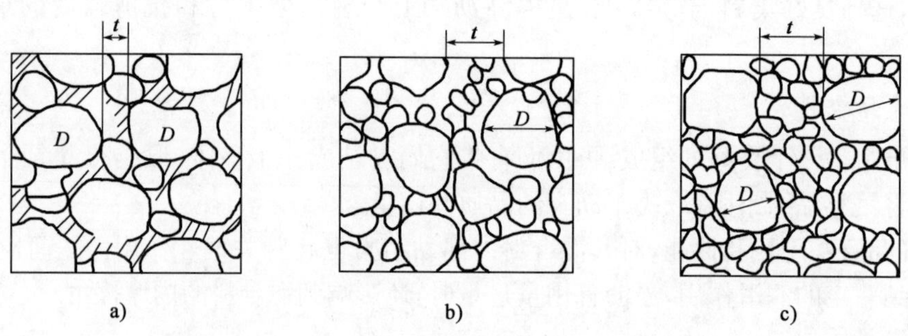

图3-3 粒子干涉理论分析图示（d为填充颗粒最大粒径）

a）$d>t$发生干涉；b）$d=t$临界干涉；c）$d<t$不发生干涉

2）最大密实级配原则

按照最大密实级配原则，沥青混合料结构强度，以沥青与集料之间的黏结力为主，颗粒之间嵌挤力和内摩阻力为辅，以此原则构成的沥青混合料，其结构通常有以下三种方式（图3-4）。

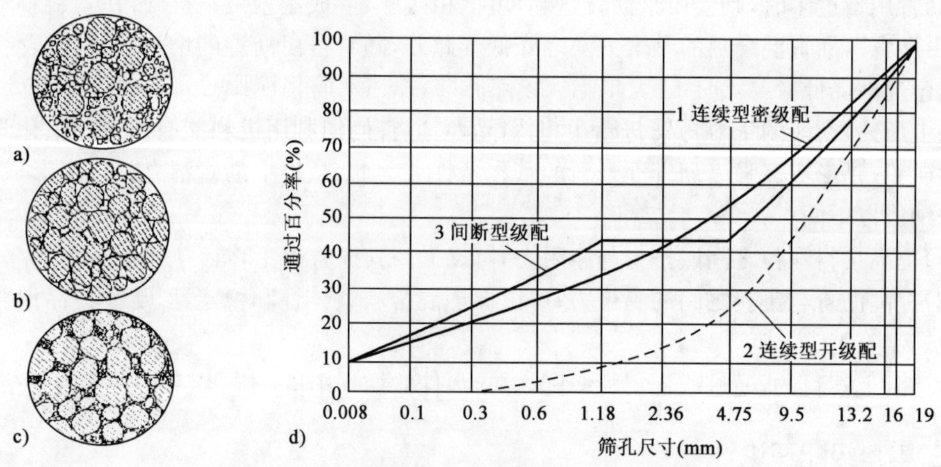

图3-4 三种典型的沥青混合料结构组成示意图

a）悬浮-密实式结构；b）骨架-空隙结构；c）密实-骨架结构；d）相应的混合料级配曲线

(1)悬浮-密实结构

按密实级配原则设计的集料级配，其集料组成从大到小，按一定数量连续配备，并且各种大小的粒径都需要一定的数量。实际上，这种级配较大颗粒都被较小一档颗粒挤开，大颗粒犹如以悬浮状态处在较小颗粒之中，无法形成骨架结构，其组成结构见图 3-4a)，它所形成集料级配如图 3-4d)中 1 型曲线。

这种集料级配结构，具有较高密实度与强度，水稳定性、低温抗裂性能、耐久性能也比较好；但是，对沥青胶结料含量十分敏感，一旦沥青用量超过可以利用的空隙时，稳定度则迅速降低，因而高温稳定性较差。为了克服这一缺陷，使用密级配设计的沥青混合料，一般需要留有3％～6％的空隙率。

(2)骨架-空隙结构

在这种沥青混合料结构中，较粗颗粒彼此紧密相接，较细粒料的数量较少，不足以充分填充空，相应的级配结构如图 3-4b)，其形成的级配曲线如图 3-4 中的 d)图 2 型曲线，称之为连续开级配。按照公路沥青路面施工技术规范规定，连续开级配设计空隙率一般为 18％；如果设计剩余空隙率在 6％～12％之间，称之为半开级配，沥青碎石则属于这一类。采用这类集料制成的沥青混合料的空隙较大，集料能够充分形成骨架，粗集料之间内摩阻力大，对混合料强度起着重要的作用。显然，其结构强度受沥青性质和物理状态影响较小，因此，稳定性应当是比较好的。但是，但由于空隙较大，其透水性耐老化性能、低温抗裂性能、耐久性较差。

(3)骨架-密实结构

综合以上两种方式组成的结构，在沥青混合料中，既有一定数量的粗集料形成骨架，又根据粗料空隙大小加入细料，形成较高的密实度(图 3-4c)，其相应的级配曲线如图 3-4d)图中的 3 型曲线；间断级配即是按此原理构成。

这种类型的集料级配结构，不仅沥青混合料具有较高的黏结力，而且具有较大的内摩阻力，高温、低温、水稳定性、抗疲劳性都较好。

2. 集料级配理论

通过上述理论分析，了解到以上几种沥青混合料结构类型，采取什么方法设计出理想的集料级配，以最大限度发挥集料的作用。关于这个问题，目前，还没有一个统一的设计方法。国内在进行沥青混合料设计时，主要根据大家熟悉的、习惯上简化称呼的 n 法、i 法和 k 法，或参考已成功的实践经验和习惯方法进行集料级配设计。美国伊利诺伊州罗伯特. 贝雷(Robert D, Bailey)，于 20 世纪 80 年代，提出了集料级配设计方法，简称贝雷(Bailey)设计方法，也普遍受到了重视。

集料级配参数：

集料级配通常用标准筛表示。在公路工程集料试验规程(JTG E42—2005)中，规定以方孔筛为标准，并组成标准筛孔系列，依次为 70、63、53、37. 5、31. 5、26. 5、19、16、13. 2、9. 5、4. 75、2. 36、1. 18、0. 6、0. 3、0. 15、0. 075(mm)。

对集料进行筛分时，为了反映筛分状况，引入 a_i、M、m_i、A_i、P_i 等参数，通常称为级配参数。

a_i——分计筛余百分率，系指某号筛上的筛余质量占总质量的百分率(％)，它等于：

$$a_i = \frac{m_i}{M} \times 100\% \tag{3-2}$$

式中：m_i——存留在某号筛上的试样质量(g)；

M——集料风干试验的总质量(g)。

A_i——累计筛余百分率，系指某号筛余百分率和大于该号筛的各筛分计筛余的百分率之总和，按下式计算：

$$A_i = a_1 + a_2 + \cdots + a_i \tag{3-3}$$

P_i——通过百分率，系指某号筛的试样质量占试样总质量的百分率，即 100%，与某号筛累计筛余百分率之差，按下式计算：

$$P_i = 100\% - A_i \tag{3-4}$$

利用式(3-2)～(3-4)表述的连续级配，绘制在常数坐标系上，其展示的通过率曲线系二次抛物线(图 3-5a)，其二次抛物线方程为：

$$p_i^2 = kd_i \tag{3-5}$$

式中：d_i——集料各级粒径(mm)；

p_i——各级粒径通过率(%)；

k——常数。

换句话说，根据上述理论，当集料级配曲线为抛物线时，最大密实理想曲线可用颗粒粒径 d 与通过率 p 表示，即式(3-5)，其级配曲线为图 3-5a)。

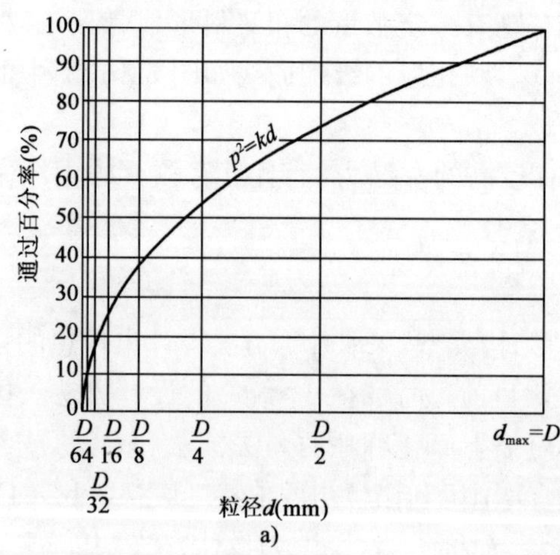

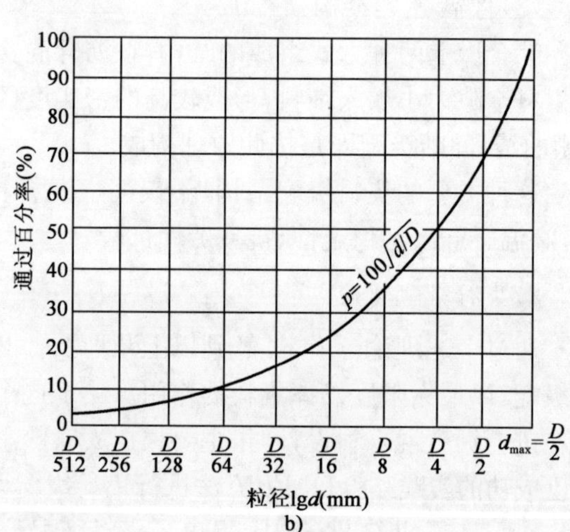

图 3-5 集料连续级配曲线示意图

a)常数坐标系；b)半对数坐标系

图 3-5a)中的纵坐标为通过率 p，系算术坐标，横坐标为几乎按 1/2 粒径递减，随着粒径减小，d 的位置愈来愈靠近，无法进行检验。为此，将横坐标粒径 d 改为对数表示，于是，大部分筛孔尺寸几乎以等距离排列，可以清楚探索其变化规律(图 3-5b)。

当 $d_i = D_{max}$ 时，集料粒径通过率 $p_i = 100\%$。将 $d_i = D_{max}$、$p_i = 100$，代入式(3-5)，则计算出式(3-5)中的常数 k 值：

$$k = 100^2 \times \frac{1}{D} \tag{3-6}$$

将式(3-6)代入式(3-5),得:

$$p = 100 \cdot \sqrt{\frac{d}{D}} \quad 或 \quad p = 100 \cdot \left(\frac{d}{D}\right)^{0.5} \tag{3-7A}$$

于是,式(3-7A)即为理想的级配组成计算公式。根据该公式可计算出集料最大密实度的各级粒径 d 的通过率 p。

3. 集料级配设计理论——n、i、k 法

前已述及,国内在对沥青混合料集料级配设计时,目前常用的级配理论,主要是最大密度曲线理论和粒子干涉理论。前者,主要用于集料连续级配计算,即最大密度曲线理论,以使集料达到最大密实度。后者粒子干涉理论,不仅可用于计算连续级配,也可用于计算间断级配。

最大密度曲线理论认为,固体颗粒按粒度大小,有规律地组合排列,粗细搭配,可以得到密度最大、空隙率最小的混合料;集料颗粒级配曲线越接近抛物线,则其密度越大。为了实现这一目的,常使用的设计计算方法,分别简称为 n 法、i 法和 k 法。

1)n 法

式(3-7A)中,指数为 0.5 时称为富勒(Fuller)法。工程实践表明,式(3-7A)不应固定指数为 0.5,为此,泰波(Talbol)将指数 0.5 改用 n 表示,后来人们简称 n 法,即为泰波级配计算公式:

$$p_i = 100(d_i/D)^n \tag{3-7B}$$

式中:p_i——孔径为 d_i(mm)的筛孔的通过百分率(%);

d_i——希望计算的某级集料各级粒径(mm);

D——矿质混合料的最大粒径(mm);

n——递减系数。

有研究认为,$n=0.45$ 时,沥青混合料密度最大。通常情况下 $n=0.3 \sim 0.7$,当 $n=0.5$ 时,即为富勒曲线,日本认为 $n=0.35 \sim 0.45$ 最适宜,美国将 $n=0.45$ 作为制订标准级配的依据。

2)i 法——国内适用方法

同济大学林绣贤教授,在多年研究沥青混凝土集料组成的基础上,借助于 Superpave 的集料组成设计法和贝雷法的检验标准,直接以通过百分率的递减率 i 参数替换式(3-7)中的 d_i/D 项,于是,集料级配计算公式改写为式(3-8),后人简称为 i 法。

$$p_x = 100(i)^x \tag{3-8}$$

$$x = 3.32\lg(D/d) \tag{3-9}$$

式中:d——希望计算的某级集料各级粒径(mm);

D——矿质混合料的最大粒径(mm);

i——通过百分率递减系数,$i=0.64 \sim 0.70$。

通常认为 $i=0.7 \sim 0.8$ 是比较合理的范围;$i>0.8$ 时,表明则细料过多,依此拌制的混合料不够稳定;$i<0.7$ 拌制的混合料易透水,易导致水损坏破坏,故 $i=0.75$ 为最佳选择。

3)k 法

n、i 法上述理论都存在一个缺点,即它们是无穷级数,最小粒径不能控制,往往使矿粉用量过多,而影响路面的热稳定性。

20 世纪 50 年代,原苏联 H. H. 伊万诺夫的级配理论,以颗粒分级质量递减系数 k 为参

数。设集料的最大粒径为 D，集料粒径以 1/2 递减，则相应各级粒径的尺寸为：

$d_0=D/2^0, d_1=D/2^1, d_2=D/2^2, \cdots, d_x=D/2^x, d_n=D/2^n$。其中 n 为颗粒的尺寸级数。

这样，第一级粒料 $D\sim D/2$，第二级粒料 $D/2\sim D/4$，…。第一级筛余量 $a_1=a_1k^0$，第二级筛余量 $a_2=a_1k^1$，第三级筛余量 $a_3=a_1k^2$，…，$a_n=a_1k^{n-1}$。k 为筛余量的递减系数。各级的筛余量之和应为 100%，即：

$$a_1+a_2+a_3+\cdots a_m=a_1(k^0+k^1+k^2+k^3+\cdots+k^{n-1})=100\%$$，由此得：

$$a_1=100\frac{(k-1)}{(k_n-1)}$$

第 i 档粒料质量百分率为式(3-10)，通过率 $p_x=(100-a_x)\%$：

$$a_x=a_1k^{x-1}=100\frac{(k-1)(k^x-1)}{(k^n-1)} \tag{3-10}$$

式(3-10)中，n 为集料总的级数。假定 $d_n=0.004$mm，并控制其通过量为零，则分级 n 数为：

$n=3.321\cdot\lg(D/d_n)=3.321.\lg(D/0.004)$，则：

$$p_x=100\left(1-\frac{(k^x-1)}{(k^n-1)}\right) \tag{3-11}$$

上式中值 $n=3.32\lg(D/d_n)$，d_n 为最小粒径。原苏联对 d_n 确定为 0.004mm，并控制其通过量为 0，由此确定集料总的级数。

采用该级配理论公式，能控制最小粒径的通过量，不会造成矿粉过多的问题。同济大学林绣贤教授主张 $k=0.7\sim0.8$ 较为合理，我国南方 $k=0.7$ 为宜，北方 $k=0.75$ 为宜，当 $k>0.8$ 设计的沥青路面将会产生车辙病害。

综上所述，采用最大密实理论，所计算出的集料级配过于密实，通常会含有过量的填充料，使沥青胶结料没有足够体积变化空间，以适应沥青胶结料高温膨胀的要求。另外，最大密实状态的集料级配，较粗的集料通常悬浮于较细的集料中，不能保证集料之间具有比较大的内摩阻力。经过实践证明，按这些理论计算的集料级配，必须保留一定的空隙，通常为 3%～6%，以使混合料中的沥青适应环境变化，以保证沥青路面具有一定耐久性能，避免发生泛油现象和车辙病害。

4. 粒子干涉设计方法

为了弥补最大密实度设计理论不足，C. A. G. 魏矛斯(Weymouth)研究认为，为了使设计的集料级配使沥青混合料达到最大密度，前一级配颗粒之间的空隙，需要由次一级配颗粒所填充，其所余空隙又由再次小颗粒所填充。但是，填隙颗粒的粒径，不得大于其空隙之间的距离，否则大小颗粒之间势必发生干涉现象，大小粒子之间应按一定数量分配。为了避免干涉，大小粒子之间应按一定数量分配，并从临界干涉情况下，可导出前一级颗粒间距离，其距离按下式计算：

$$t=\left[\left(\frac{D_0}{D_a}\right)^{1/3}-1\right]\cdot D \tag{3-12}$$

式中：t——前粒级的间隙距离(等于次一级的颗粒直径 d)；

D——前粒级的粒径；

D_0——次一粒级的理论实积率(实积率即堆积密度与表观密度之比);

D_a——次一级的实积率。

当处于临界干涉状态 $t=d$ 时,则式(3-12)可以简化为:

$$D_a = \frac{D_0}{\left[\frac{d}{D}+1\right]^3} \tag{3-13}$$

应用式(3-13)时,若已知集料的堆积密度和表观密度,即可求得集料理论实积率 D_a。对于连续级当 $d/D=1/2$ 时,则可按式(3-13)求得实用实积率 D_a。从理论上讲,这类沥青混合料,内摩擦力是比较大的,其结构强度受自然因素(温度)的影响应当是比较小的。

后来,R. 瓦利特(Vallete)又发展粒子干涉理论,提出间断级配矿质混合料计算方法。但是,在实际应用中,通常的间断级配混合料,是以一个连续级配的集料为骨架,用另一连续级配集料填充空隙而形成的,这也是体积设计法的理论基础。

5. 贝雷(Bailey)集料级配方法

美国伊利诺伊州,罗伯特. 贝雷(Robert D,Bailey),于 20 世纪 80 年代初提出的集料级配方法,人们称其为贝雷法,其设计方法的主题思想:以形成的集料骨架作为混合料的承重主体,为其设计的沥青混合料能提供较高的抗车辙性能,同时,通过调整粗细集料的比例,获得合适的集料间隙率,以保证设计出的产品具有良好的耐久性。该级配设计方法,适用于各种类型的混合料的集料级配设计。

1)粗细集料的定义(划分)

按照集料嵌挤与填充原则,贝雷法(Bailey)把密级配沥青混合料分为粗级配和细级配。它对粗细集料划分,与传统的集料设计方法不同,不是以 4.75mm 筛孔或 2.36mm 为分界,而是随着公称最大粒径变化而变化。其定义为:

(1)粗集料:在单位体积中能产生空隙的大集料颗粒。

(2)细集料:能填充粗集料空隙的集料颗粒。

具体来说:粗细集料分界筛孔,是以最大公称尺寸(NMPS)的 0.22 倍所对应的筛孔作为粗细集料分界点,称为第一控制筛孔,记为 *PCS*(primary control sieve),即:

$$PCS = \text{NMPS} \times 0.22 \tag{3-14}$$

式中:*PCS*——第一控制筛孔,表 3-1 列出了不同公称最大粒径对应的 PCS;

NMPS——公称最大粒径。

不同公称最大粒径对应的 PCS　　表 3-1

公称最大粒径 NMPS(mm)	NMPS×0.22 (mm)	*PCS* (mm)	公称最大粒径 NMPS(mm)	NMPS×0.22 (mm)	*PCS* (mm)
37.5	8.250	9.5	12.5	2.750	2.36
25.0	5.500	4.75	9.5	2.090	2.36
19.0	4.180	4.75	4.75	1.045	1.18

式(3-14)中的 0.22 数字是经验数值。贝雷法的数学基础是平面圆模型(图 3-6)。粗颗粒之间的空隙大小,取决于颗粒形状和尺寸:

· 当颗粒为圆形时，空隙颗粒尺寸直径的 0.15 倍，即 0.15d(图 3-6a)；

· 当组成颗粒中有两圆面和一个平面时，空隙尺寸为 0.20d(图 3-6b)；

· 当一个圆面的和两个平面时，空隙尺寸 0.24d(图 3-6c)；

· 当颗粒全为平面时，空隙尺寸为 0.29d(图 3-6d)。

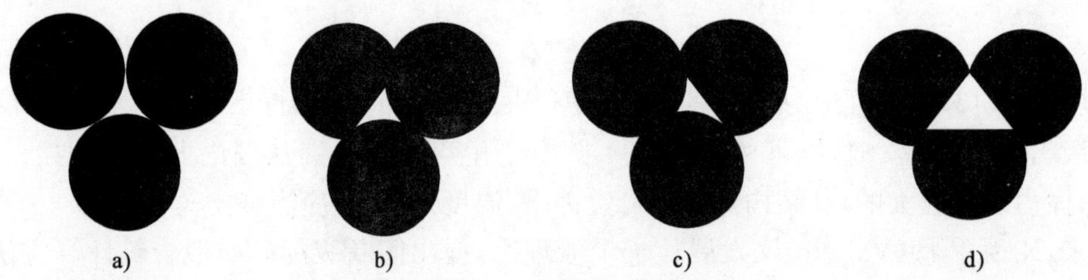

图 3-6　贝雷法颗粒形状组合和空隙

a)全部颗粒为圆形，孔隙直径为 0.15d；b)2 颗粒为 2 圆、1 平面，孔隙直径为 0.20d；c)1 颗粒为圆、2 个平面，孔隙直径为 0.24d；d)颗粒全部为平面，孔隙直径为 0.29d

式(3-14)中的 0.22，则是上述 4 种情况的平均值。虽然系数 0.22 不能完全准确地反映所有沥青混合料情况，其比例因子均在 0.18～0.29 之间，对级配影响不大，所以系数定为 0.22。

2)集料设计密度选用

贝雷法中涉及到集料的几个密度：集料松装密度、粗集料干捣密度、细集料干捣密度、粗集料设计密度。前三个密度意义，大家都已熟悉，在此不赘述。

为了得到期望的集料骨架结构，在确定粗集料设计密度时，首先考虑混合料是细级配还是粗级配。

理论上讲，松装密度是粗集料形成骨架结构下限，是粗级配与细级配混合料的分界点。

在密级配沥青混合料中，干捣密度被视为粗集料形成骨架嵌挤结构的上限，其值约为松装密度的 110%，两者的关系如图 3-7 所示。

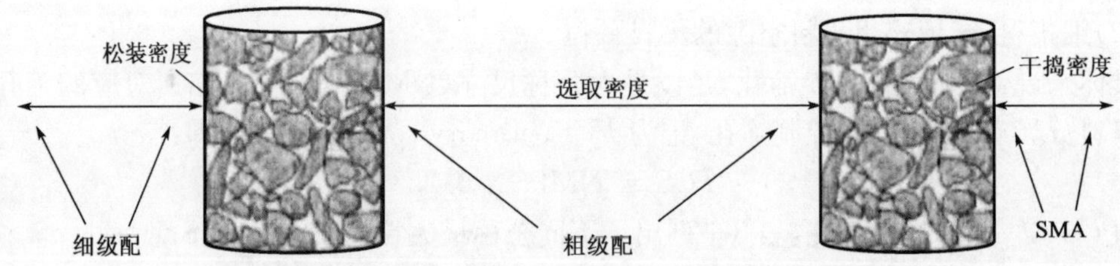

图 3-7　粗集料设计密度取值示意图

当设计密度小于松装密度时，粗集料颗粒不能产生均匀的石-石接触，即嵌挤结构，此时，混合料性能取决于细集料特性。

当设计密度接近干捣密度时，达到密实的压实功也相应地提高，施工可能产生一定的困难。

粗集料混合料，如果用百分率计，其设计密度一般取用松装密度的 95%～105%，对易碎的软集料可接近 105%，以减少集料的破碎和现场压实的难度。

对于密级配的粗集料，建议设计密度不宜采用松装密度的 90%～95%，因为该范围内粗集料骨架不稳定，现场变异性太大。细级配混合料，其设计密度应小于松装密度的 90%。

3)贝雷法集料级配组成设计

按照上述粗细集料定义,贝雷法集料级配设计的基本思想,有以下两点:

一是沥青混合料强度和抗车辙能力取决于集料骨架与适宜的集料填充。

二是沥青混合料耐久性,由体积指标,如空隙率、矿料间隙率、矿粉用量等保证。

贝雷法集料级配设计具体步骤如下:

(1)在进行级配设计之前,贝雷法要求首先确定以下指标:

·粗集料设计密度;

·0.075mm 通过率;

·粗集料体积组成;

·细集料体积组成。

(2)确定粗集料设计密度(kg/m^3)。

(3)计算粗集料在设计密度下的空隙体积。

(4)用细集料干捣密度,确定填充粗集料空隙所需的细集料。

(5)利用粗、细集料各组分的密度,确定矿质混合料的总质量,并根据各级粗+各级细集料体积=单位体积,确定各集料的合成质量百分比。

(6)根据粗集料中所含的部分细集料以及细集料中所含的部分粗集料,分别进行修正粗、细集料的质量百分比。

(7)若使用矿质填料或回收粉尘,则需调整细料部分的百分含量。

(8)确定经修正后各集料最终的质量百分含量。

(9)合成级配的分析。

4)合成级配分析

集料级配组成一旦确定了后,就需对其体积特性进行分析。在进行分析时,先将合成级配分成三个部分。

第一部分是合成级配的粗集料部分,即最大粒径与第一控制筛孔粒径 *PCS* 之间的集料。

第二部分是合成集料的细集料,它又被分成粗、细两个部分,其分界点称为第二控制筛孔 *SCS*,且 *SCS*=*PCS*×0.22。

第三部分是第二部分中的细料部分,同样被再分一次分隔,以第三控制筛 *TCS* 为分界点,且 *TCS*=*SCS*×0.22。以上集料粗细划分如图 3-8 所示。

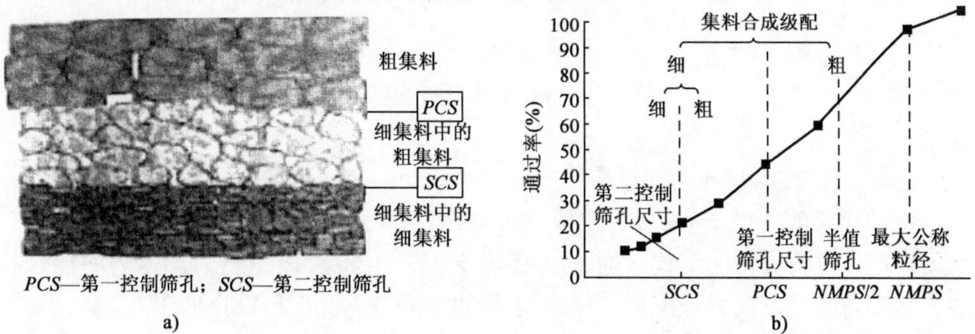

图 3-8 贝雷法合成级配三个组成部分图示

a)集料混合料的三个组成部分;b)设计级配曲线分段示意图

对于上述合成级配划分成的三个部分，对应 CA、FA_C 及 FA_f 三个参数。这些参数发生变化，将引起沥青混合料的体积特性、施工特性以及使用性能的变化。

(1)参数——CA 比

CA 比为粗集料比，其计算公式如下：

$$CA = \frac{P_{D/2} - P_{PCS}}{P_{100} - P_{D//2}} \tag{3-15}$$

式中：$P_{D/2}$——最大公称粒径的 $D/2$ 所对应的筛孔通过率；D 为公称最大粒径；

P_{PCS}——第一控制筛孔的通过率(%)；

P_{100}——最大筛孔通过率。

CA 比对沥青混合料的体积特性有重要影响，它反映了粗集料中大粒径颗粒之间的均衡关系，用于评价粗集料部分嵌挤、填充情况。它影响混合料的压实特性和路用性能。

CA 比增大，标志着沥青混合料的空隙率和 VMA 将相应增大，因为粗集料中 D/2～PCS 粒径颗粒增多，降低了集料的压密效果。另外，VMA 随着 CA 比变化的大小，也与集料的形状和表面纹理有关。CA 比建议值见表 3-2。

粗级配混合料贝雷参数建议范围 表 3-2

公称最大粒径(mm)	37.5	25.0	19.0	12.5	9.5	4.75
CA 比	0.80～0.95	0.70～0.85	0.60～0.75	0.50～0.65	0.40～0.55	0.30～0.45
FA_c 比	0.35～0.50					
FA_f 比	0.35～0.50					

从集料不产生离析和便于压实起见，CA 比为 0.4～0.8 为宜。当它接近 1.0 时，粗集料中 $D/2$～PCS 颗粒含量过大，使混合料在施工中难以压实，加之粗集料颗粒之间容易产生移动，因此，不易形成嵌挤型骨架。当 CA 比低于 0.4，混合料易发生离析。根据不同的公称粒径，CA 比不宜低于上表中范围。

(2)参数——FA_c 比

把第一部分的细集料重新视为一混合料，亦按上述办法将其再分成粗、细两部分，即 $PCS\times 0.22$。细集料中粗料部分形成的空隙，由细料部分的细集料填充。FA_c 比(coarse portion of fine aggregate)就是用来反映细集料中的粗集料与细料部分的嵌挤、填充情况，其计算公式如下：

$$FA_c = \frac{P_{SCS}}{P_{PCS}} \tag{3-16}$$

式中：P_{SCS}——第二控制筛孔的通过率(%)。

FA_c 比的建议值见表 3-2。FA_c 比值增大，表明细集料中起填充作用的细料比例增大，从而使细集料形成更为紧密的结构。通常 FA_c 值应小于 0.50，如果大于 0.50，表明混合料中有大量的天然砂，在 0.45 次方级配曲线图上易出现“驼峰”。如果 FA_c 比低于 0.35，则表明合成级配不均匀，在 0.45 次方级配图上呈凹状，这种级配可能存在压实问题。这两种情况都应该避免出现。FA_c 对混合料 VMA 有很大影响，随其值的减小 VMA 将不断增大。

(3)参数——FA_f 比

FA_f(fine portion of fine aggregate)反映合成集料中最细一级的嵌挤情况，其计算公式如下：

$$FA_f = \frac{P_{TCS}}{P_{SCS}} \tag{3-17}$$

式中：P_{TCS}——第三控制筛孔的通过率(%)。

一般地，VMA 值随 FA_f减小而增大。FA_f建议值见表 3-2。对于一般密级配沥青混合料，FA_f也应小于 0.50。

5)合成级配三个参数计算

在具体设计时，一般先将集料总量定为 100%，然后分为粗、细两个部分，原混合料中的 PCS 视为该部分混合集料的公称最大粒径，相应地产生新的 PCS、$D/2$、SCS 和 TCS。三个参数计算公式归纳在表 3-3 中，通过这些公式可以计算出细集料部分。不过计算出的参数应符合推荐的建议值(表 3-4)。

细级配混合料调整级配各新参数的计算方法　　表 3-3

参数	公称最大粒径(mm)					
	37.5	25.0	19.0	12.5	9.5	4.75
CA	$\frac{P_{4.75}-P_{2.36}}{100-P_{4.75}}$	$\frac{P_{2.36}-P_{1.18}}{100-P_{2.36}}$	$\frac{P_{2.36}-P_{1.18}}{100-P_{2.36}}$	$\frac{P_{1.18}-P_{0.60}}{100-P_{1.18}}$	$\frac{P_{1.18}-P_{0.60}}{100-P_{1.18}}$	$\frac{P_{0.60}-P_{0.30}}{100-P_{0.60}}$
FA_c	$\frac{P_{0.60}}{P_{2.36}}$	$\frac{P_{0.30}}{P_{1.18}}$	$\frac{P_{0.30}}{P_{1.18}}$	$\frac{P_{0.15.}}{P_{0.60}}$	$\frac{P_{0.15.}}{P_{0.60}}$	$\frac{P_{0.75.}}{P_{0.30}}$
FA_f	$\frac{P_{0.15}}{P_{0.60}}$	$\frac{P_{0.075}}{P_{0.30}}$	$\frac{P_{0.075}}{P_{0.30}}$			

细级配混合料贝雷参数建议范围　　表 3-4

公称最大粒径(mm)	37.5	25.0	19.0	12.5	9.5	4.75
新 CA 比	0.6～1.0					
新 FA_c 比	0.35～0.50					
新 FA_f 比	0.35～0.50					

以上三个比例参数，都是通过与不同混合料公称最大粒径相联系的各个控制筛孔的通过百含量计算而得的，它们对于评价和调整混合料的 VMA 及空隙率有很大价值。值得注意的是，对于应用该方法设计的集料级配，目前还缺乏足够的经验，因此，尚需要结合工程实践进行验证。

6)CA 比在贝雷法设计中的作用

目前，我国引进贝雷法基本上都是采用三参数来验证所选级配。参数 CA 比反映粗、细两部分间的比例关系，即反映了整个粗集料的平均粒径大小。

CA 比越小，表示整个粗集料的平均粒径越大，在细料部分不变的情况下，细集料对粗集料的干涉作用越小，混合料中粗集料越易形成骨架，反之，亦然。然而，当 CA 比太小时，沥青混合料易发生离析，接近1时级配中粗料会变得不平衡。

*CA*比在规定的范围内，仅说明了粗集料部分没有发生颗粒干涉，且施工和易性好而已。对于是否形成骨架，主要通过考察粗集料密度是否位于松装密度和干捣密度之间。

*CA*比对沥青混合料的体积特性也有显著的影响。*CA*比增加会导致沥青混合料空隙率和*VMA*的增大，这是由于较多的干涉颗粒而导致的。当它增加0.2时，混合料的*VMA*能增加0.5%～1.0%。

细料比对沥青混合料体积特性也有影响，它的增加会导致沥青混合料空隙率和*VMA*的减少，一般*FA*比减少0.05时，混合料的*VMA*会增大1%。

7)设计空隙率

设计密度是贝雷法的关键，它直接关系到粗集料的骨架结构。为达到该目的，就需要不断调整设计密度。

设计密度对沥青混合料的体积特性有较大的影响。随着它的增加，就会增大空隙率和*VMA*，从而增加集料的嵌挤，同时也会导致压实的困难。一般设计密度增加5%，*VMA*可以增加0.5%～1.0%。同样也会导致*PCS*筛孔通过量的变化，反过来*PCS*筛孔通过量的变化也会影响选择的密度。

四、集料级配设计理论选择

前面所述的集料级配设计，几乎涵盖了当今国内外重要理论。按照这样理论组成的混合料，不仅具有大的抗压强度，而且具有相当的抗拉强度，从而在沥青黏结作用下，能够满足路面多方面性能的要求。然而，在高温条件下，再加之交通严重超载，沥青软化会导致黏结降低，易出现高温车辙病害。

如何在保持连续型级配特点的基础上，增加集料之间的嵌挤力，近年来诸多学者和研究机构，从集料组成理论上进行研究，以下归纳这些研究结论，以便选用适宜的集料级配设计理论。

1.集料级配特性分析

早在1940年，Hveem曾对集料级配和沥青性能影响关系作过定性分析，提出了可能发生问题的区域提示，这几个区域主要分成四部分：

(1)0.075mm～0.6mm部分颗粒含量过高，属于驼峰级配，一旦沥青含量稍多就会形成不稳定的沥青混合料。

(2)0.15mm～2.36mm部分颗粒含量过低，混合料孔隙就过大，用这种级配拌和成的沥青混合料缺乏抗拉强度。

(3)最粗集料部分含量过多，级配曲线最大筛孔附近过于陡直，则用其拌和成的沥青混合料容易离析。

(4)级配曲线最大筛孔附近过于平缓，粗集料相对较细，用其拌和成的沥青混合料表面均匀易于修整。

2.沥青碎石基层集料级配选用

1)东南大学杨群研究成果

东南大学杨群教授，通过对国外沥青稳定碎石级配和我国AC-25I和AM-30(半开级配)

两种级配对比研究，得出如下结论：

在沥青碎石组成设计中，确定集料级配时，必须采用连续级配，保证足够的细料数量，并且考虑施工的方便，颗粒不宜过大。

2)形成集料嵌挤结构 4.75mm 筛孔作用

4.75mm 筛孔一般是粗、细集料分界线。国外一些学者研究成果表明：4.75mm 通过率与混合料的 *VMA* 密切相关，它决定了粗集料嵌挤作用能否形成的问题。

(1)4.75mm 通过率增加，即细集料增加，集料间隙率 *VMA* 将逐步趋于常数；只有当 4.75mm通过率小于 30%时，*VMA* 才开始增加，粗集料的嵌挤作用才能发挥，集料之间嵌挤结构才能形成。

(2)同样，*VCA* 随 4.75mm 通过率的减小而减少，当 4.75mm 通过率小于 30%后，*VCA* 减小的幅度也变小。所以，沥青混合料中 4.75mm 的通过率，必须小于 30%，只有这样，粗集料的嵌挤作用才有可能发挥。

3)连续级配设计法 *n* 值的取用

当采用 *n* 法设计连续级配矿质混合料，取 *n* 值分别为 0.4、0.45、0.5、0.6 和 0.7 时，对应的粗集料骨架间隙率试验结果为：

(1)当 *n* 为 0.45 时：VCA_{DRC}(捣实状态下粗集料松装间隙率，以下同)值最小，换句话说，如果按逐级填充原则，对于连续级配，其沥青混合料的密实度最大，这与美国的研究成果一致。但是，此时 4.75mm 以上的粗集料仅占总集料的 56.5%，没有达到 70%，因此，没有形成良好的骨架结构，即内摩擦力并没有达到最大。

(2)当 *n* 为 0.6 时：VCA_{DRC}接近最小，但是，粗集料占总集料的 71.8%，基本上形成良好的骨架结构，理论上讲它的抗永久变增能力，比 *n*=0.45 时大。

(3)当 *n* 为 0.5 或 0.7 时，VCA_{DRC}并不能达到最小。由此可见，要想得到良好的骨架结构类型，矿料级配的 *n* 值在 0.6 时较为合适。

4)贝雷法(Bailey)应用研究

贝雷法与 Superpave 方法确定的沥青混合料级配走向吻合良好。两种方法结合使用，设计出的沥青混合料，可使粗集料形成良好的嵌挤结构。

使用贝雷方法设计集料时，为了获得良好的骨架结构，并且施工时不会产生离析，而且还易于压实，粗集料中不同粒径通过率之间的比例，应采用 *CA* 比进行控制。

CA 比宜为 0.4～0.8，根据美国的经验，*CA* 比大于 1 时，混合料形不成良好的骨架结构；如果 *CA* 比小于 0.4，则混合料容易产生离析，且难以压实。

细集料中的细料比例，一般为 0.25～0.5。

五、沥青碎石集料级配优选

依据前述级配理论和研究成果，结合现行的沥青混凝土路面施工技术规范，在邯长公路试验路段设计出五种 ATB-25 连续级配、骨架-密实结构，四种 ATB-30 型级配(表 3-5、表 3-6)，共计九中集料级配。依据该两表绘制出级配曲线(图 3-9、图 3-10)，作为对沥青碎石基层进行优化选定。

ATB-25 采用集料级配 表 3-5

筛孔(mm)	0.075	0.15	0.3	0.6	1.18	2.36	4.75	9.5	13.2	16	19	26.5	31.5
1号	2	3	5	8	10	15	20	32	42	48	60	90	100
2号	4.5	6	8.5	13	17	23.5	30	41	51	57.5	66	95	100
3号	4	6.5	9.5	13	17.5	23.5	30	41	52	58	70	95	100
4号	4	5	7	12	14.5	23	29.5	46	59	65	73	92	100
5号	6	10	14	18	25	32	40	52	62	68	80	100	100

ATB-30 采用集料级配 表 3-6

筛孔(mm)	0.075	0.15	0.3	0.6	1.18	2.36	4.75	9.5	13.2	16	19	26.5	31.5	37.5
6号	2	3	5	8	10	15	20	31	39	44	53	70	90	100
7号	4	6.5	9.5	13	17.5	23.5	30	41	49.5	55	62.5	80	95	100
8号	3	5	7	10	14	21	29	43	53	61	67	84	93	100
9号	6	10	14	18	25	32	40	51	60	66	72	90	100	100

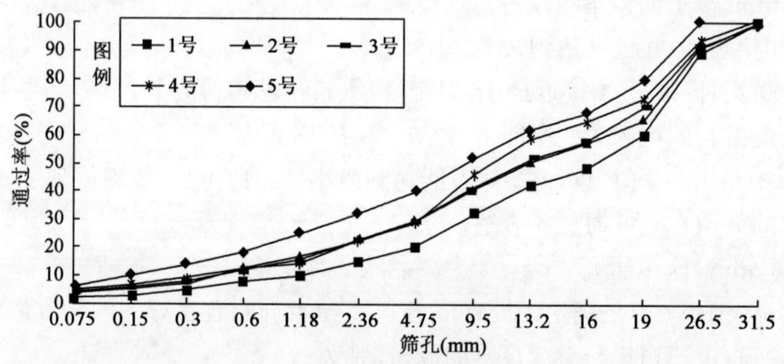

图 3-9 ATB-25 采用级配曲线图

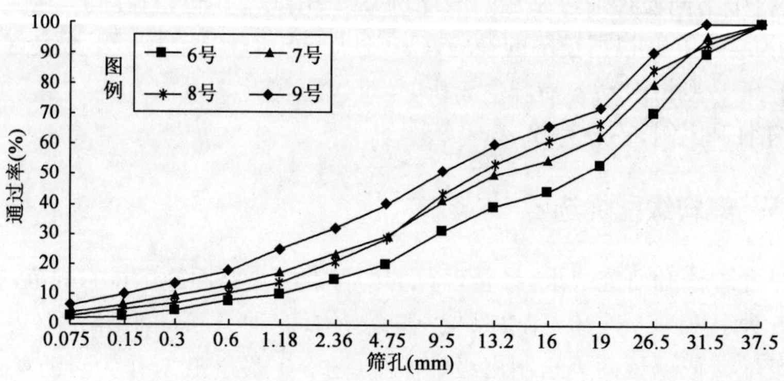

图 3-10 ATB-30 采用级配曲线图

1. 集料级配形成嵌挤结构的判别指标

根据前面研究集料级配理论可知，4.75mm 通过率与沥青混合料压实的集料间隙率（VMA）密切相关，决定着是否形成粗集料嵌挤力。

1）嵌挤作用判断指标

按照前述研究成果，以筛孔 4.75mm 为粗、细集料分界线，根据压实的沥青混合料的粗集料间隙率 VCA_{mix} 小于没有其他集料、结合料存在时粗集料的干插捣实骨架间隙率 VCA_{DRC} 为指标，用以判断其是否形成骨架结构。

2）优选最佳集料级配

经判断出的形成骨架的集料级配，再通过大马歇尔试验及车辙性能试验、水稳定性试验，选出最佳级配，最后通过其他路用性能试验进行验证，以优选出最佳集料级配。

2. 骨架-密实结构判别

1）1 号～5 号集料级配试样

从图 3-9 中、表 3-10 知悉，试样级配粗细顺序为：

1 号＞2 号＞3 号＞4 号＞5 号。

1 号试样级配最粗，为现行规范 ATB-25 下限，2 号为依托项目河北邯长试验路级配中值，3 号为现行规范 ATB-25 中值，4 号为自定级配，5 号最细的级配，即现行规范 ATB-25 上限。

2）6 号～9 号试样

从图 3-10 可知，试样级配粗细顺序为：

6 号＞7 号＞8 号＞9 号。

6 号级配最粗，为现行规范 ATB-30 下限，7 号为依托项目重庆武合路级配，8 号为自定级配，9 号最细级配，为现行规范 ATB-30 上限。

3）骨架-密实结构判别方法

分别对表 3-5、表 3-6 中 1～9 号试样，并按表 3-7 中设定的油石比，拌和成沥青混合料，分别测试出粗集料合成毛体积密度、粗集料的干捣密度、沥青混合料毛体积相对密度。然后，按式(3-18)、式(3-19)计算出粗集料干插捣骨架间隙率 VCA_{DRC}、压实的沥青混合料粗集料骨架间隙率 VCA_{mix}，其计算结果见表 3-7。

选取的级配粗集料骨架间隙率 VCA_{mix}、VCA_{DRC}　　表 3-7A

测定项目	单位	级配类型				
		1号	2号	3号	4号	5号
油石比	%	2.8	3.0	3.1	3.1	3.1
粗集料合成毛体积密度 ρ_{ca}	g/cm³	2.697	2.702	2.701	2.697	2.706
粗集料干捣密度 ρ	g/cm³	1.540	1.543	1.555	1.585	1.565
沥青混合料毛体积相对密度 ρ_{mb}	g/cm³	2.452	2.492	2.483	2.474	2.490
沥青混合料中粗集料比例 P_{CA}	%	80	70	70	70.5	60
VCA_{DRC}	%	42.90	42.91	42.43	41.23	42.17
VCA_{mix}	%	27.27	35.44	35.65	35.33	44.79

选取的级配粗集料骨架间隙率 VCA_{mix}、VCA_{DRC} 表 3-7B

测定项目	单位	级配类型			
		6号	7号	8号	9号
油石比	%	2.8	2.9	2.9	2.9
粗集料合成毛体积密度 ρ_{ca}	g/cm^3	2.685	2.688	2.695	2.693
粗集料干捣密度 ρ	g/cm^3	1.590	1.570	1.585	1.550
沥青混合料毛体积相对密度 ρ_{mb}	g/cm^3	2.459	2.493	2.470	2.495
沥青混合料中粗集料比例 P_{CA}	%	80	70	71	60
VCA_{DRC}	%	40.78	41.59	41.49	42.44
VCA_{mix}	%	26.73	35.08	34.93	44.41

$$VCA_{mix}=\left(1-\frac{\rho_{mb}}{\rho_{ca}}\times P_{CA}\right)\times 100 \tag{3-18}$$

$$VCA_{DRC}=\left(1-\frac{\rho}{\rho_{ca}}\right)\times 100 \tag{3-19}$$

式中：P_{CA}——沥青混合料中大于 4.75mm 粗集料的比例(%)；

ρ_{ca}——粗集料合成毛体积密度(g/cm^3)；

ρ_{mb}——沥青混合料毛体积相对密度(g/cm^3)；

ρ——粗集料干捣密度(g/cm^3)。

4)判断结果

从表 3-7A、B 中 VCA_{mix} 和 VCA_{DRC} 的值的比较可知：

(1)九种级配中只有 5 号和 9 号级配的粗集料，没有形成嵌挤骨架结构，其余的已形成嵌挤骨架结构。

(2)对于已形成的嵌挤结构级配，其 4.75mm 通过率均小于或等于 30%。

第二节　沥青碎石混合料设计

粗集料、细集料、矿粉和沥青按一定比例拌和在一起，未进行摊铺和压实的之前，称之为沥青混合料。确定沥青混合料中各组成部分之间的比例，并使之各项指标达到工程要求，即为沥青混合料设计。

一、沥青混合料分类及设计方法

鉴于沥青混合料由多种材料组成的，从不同角度可以对其进行分类。

1. 沥青混合料分类

- 按集料级配不同，沥青混合料可以分为连续级配和间断级配两大类。
- 按集料组成结构不同，沥青混合料可以分悬浮密-密实结构、骨架-空隙结构、骨架-密实

结构等。

· 按集料颗粒大小不同，沥青混合料可分为特粗式、粗粒式、中粒式、细粒式。

· 按摊铺、压实后的剩余空隙率大小不同，可分为密级配（空隙率4%～6%）、半开级配（空隙率6%～12%）与开级配（空隙率为18%）等。此外，还可以按施工方法等进行分类。

按以上分类方式，沥青混合料种类，归纳在表3-8中，可一目了然。

在表3-8中密级配沥青混合料，按照关键筛孔通过百分率划分为细型（F型）和粗型（C型）两大类（表3-9）。

（JTG F40—2004）规定的热拌沥青混合料种类　　表3-8

混合料类型	密级配			开级配		半开级配	公称最大粒径（mm）	最大粒径（mm）
	连续级配		间断级配	间断级配		沥青碎石		
	沥青混凝土	沥青稳定碎石	沥青玛蹄脂碎石	排水式沥青磨耗层	排水式沥青碎石基层			
特粗式	—	ATB-40	—	—	ATPB-40	—	37.5	53.0
粗粒式	—	ATB-30	—	—	ATPB-30	—	31.5	37.5
	AC-25	ATB-25	—	—	ATPB-25	—	26.5	31.5
中粒式	AC-20	—	SMA-20	—	—	AM-20	19.0	26.5
	AC-16	—	SMA-16	OGFC-16	—	AM-16	16.0	19.0
细粒式	AC-13	—	SMA-13	OGFC-13	—	AM-13	13.2	16.0
	AC-10	—	SMA-10	OGFC-10	—	AM-10	9.5	13.2
砂粒式	AC-5	—	—	—	—		4.75	9.5
设计空隙率（%）	3～5	3～6	3～4	>18	>18	6～12	—	—

注：1. JTG F40—2004系指公路沥青路面施工技术规范。
2. 设计空隙率，可按配合比设计要求适当调整。

粗型和细型密级配沥青混合料关键筛孔　　表3-9

混合料类型	公称最大粒径（mm）	关键性筛孔（mm）	粗型密级配		细型密级配	
			名　称	关键性筛孔通过率（%）	名　称	关键性筛孔通过率（%）
AC-25	26.5	4.75	AC-25C	<40	AC-25F	>40
AC-20	19	4.75	AC-20C	<45	AC-20F	>45
AC-16	16	2.36	AC-16C	<38	AC-16F	>38
AC-13	13.2	2.36	AC-13C	<40	AC-13F	>40
AC-10	9.5	2.36	AC-10C	<45	AC-10F	>45

2. 沥青混合料设计方法

在已配置出原材料的条件下，按照前述集料级配理论，设计出合理的集料级配，确定出适宜的沥青用量，即确定沥青混合料的油石比，然后拌和成混合料，进行路用性能验证，优化出最佳沥青碎石混合料。

目前，沥青混合料设计方法多种并存。在这些方法中，享有盛名的沥青混合料设计方法有以下几种：

1)马歇尔(Marshall)试验法

马歇尔(Marshall)试验法，是我国公路沥青路面施工技术规范中规定的方法，且为大家所熟知。该法通过对沥青混合料的密度、稳定度和空隙率等指标来控制沥青混合料组成。其试验设备价格低廉，方法简单，在满足规定的指标情况下，沥青混合料的路用性能基本上能得到保证。

但是，随着社会经济快速发展，交通量增大，重载交通涌现，使用马歇尔方法设计的沥青混合料铺筑的路面病魔缠身，产生大量的病害。于是，人们开始对它进行质疑，特别在美国针对它的缺陷，研究出GTM、Superpave等设计方法。

2)GTM试验机法

研究认为，沥青路面之所以产生车辙病害，其原因是抗剪强度不足所致，针对这一原因，GTM试验方法应运而生。

GTM试验方法，通过旋转压实，使试模中的沥青混合料密度达到汽车轮胎实际作用于路面时所产生的密实度，以推理的方法来设计沥青混合料，设计的沥青混合料的抗剪强度大于其所承受的剪应力，同时，所产生的应变控制在适当的范围内。

该试验方法目前被认为是解决沥青路面车辙、痈包等病害最有效的混合料设计方法。

3)SGC旋转压实试验

美国公路战略研究计划(SHRP)中的得意成果之一，是Superpave混合料设计方法。它采取SGC旋转压实法成型。由于它能比较好的模拟行车碾压实况，能容纳大粒径集料，并可用于现场质量控制和保证，在改善沥青混合料的路用性能方面有着显著的优势。

SGC旋转压实法，是将试件压实条件和路面承受的交通量建立起密切的关系，压实过程更接近于路面实际压实效果，减少了集料在压实过程中的破碎现象，集料形状排列更接近于实际路面情况，这种方法以体积参数作为控制指标，以指导混合料组成设计。它与Marshall设计方法中的稳定度、流值等控制指标不同，在体积设计方法中，重点考虑的是集料与集料之间以及集料与结合料之间的体积比例。

鉴于以上三种试验方法，在试件成型方式和控制指标上各有特点，在本书研究范围内，针对相同的集料级配，分别采用三种试验方法，确定相应混合料的最佳沥青用量，以资进行比选，优选出适宜的沥青混合料设计方法。

二、马歇尔(Marshall)沥青混合料设计法

马歇尔(Marshall)沥青混合料设计法，早已列入公路沥青路面施工技术规范内容，成为选用其他设计方法的法律标准，也就是说采用非马歇尔设计法，同时也要按照它的要求平行的进行路用性能检验，以资进行比较，其检验结果优于马歇尔者，则表示是成功的。

马歇尔设计法归纳为三个阶段：目标配合比设计阶段，生产配合比设计阶段，铺筑试验路段对生产配合比进行验证阶段。

1. 目标配合比设计阶段

目标配合比设计阶段，主要设计工作内容如下：

1)选定沥青混合料类型(见表 3-8、表 3-9)。

2)选定集料材料，测定其各项物理指标(表观密度、吸水率、颗粒组成)，按前述的集料级配设计理论和方法，采用图解法或数解法，经过反复验算与调整，确定集料最佳级配。

3)确定沥青用量，根据现行规范推荐或经验，初步选取沥青最佳用量，并以 0.5%的间隔用量，分别加入集料中，拌制成五组不同沥青用量沥青混合料制备成试件，对以下物理和路用指标进行测定和计算：

(1)根据制备的试件，测定试件的表观密度，并计算出理论密度、空隙率、沥青饱和度等物理指标。

(2)测出试件的马歇尔稳定度、流值和马歇尔模数等力学指标。

4)分析马歇尔试验的各项指标，求出满足工程要求的最佳沥青用量。

5)按所设计的集料配和比和最佳沥青用量，制作马歇尔试件和车辙试件，进行以下检验试验：

(1)浸水马歇尔试验，检测沥青混合料的残留稳定度，检验其是否符合规范要求。

(2)制备车辙试件，进行车辙试验，测定其动稳定度，检验其高温抗车辙能力。测得的动稳定度，高速公路应不小于 800 次/mm，一级公路应不小于 600 次/mm。

经过以上检验，若已满足技术指标要求，则可确定出目标配合比，否则重新进行设计，直到满足要求为止。

2. 生产配合比设计阶段

根据确定的目标配合比，结合实际生产设备，进行生产配合比设计。对于使用间歇式拌和机，还须将经过烘干、二次筛分后进入各热料仓的材料取样，重新进行筛分，以确定各热料仓的比例，供拌和机控制室使用。同时，反复调整调整冷料仓进料比例，以达供料均衡，并以目标配合比设计的最佳沥青用量为基准，分别增加或减少 0.3%三个沥青用量，拌制三组沥青混合料，如同目标配合比阶段一样，制备试件进行马歇尔试验，确定生产配合比的最佳沥青用量。

3. 路用性能验证阶段

使用拌和机按生产配合比拌和，铺筑试验路段，并从拌和机中抽取的沥青混合料及路上钻取芯样进行马歇尔试验检验，根据检验结果确定生产配合比，制定出各项施工参数。

4. 马歇尔沥青用量确定方法

最佳沥青用量一般采取试验法，通常借鉴工程实践经验推荐出参考值，然后，每隔 0.5%为一组，取用 5 个不同的沥青用量，制备马歇尔试件。按规范规定的试验方法，测定试件的密度、计算空隙率、沥青填充空隙的饱和度，集料间隙率等物理指标。同时，对制备的试件进行马歇尔试验，测定其马歇尔稳定度、流值等物理力学性质。然后，以油石比为横坐标，以测定的各项指标为纵坐标，分别绘制各自测定指标与沥青用量关系曲线(图 3-11)，按以下步骤确定出沥青碎石的最佳油石比。

1)确定油石比范围

按沥青路面施工技术规范要求，确定沥青混合料的油石比范围 $OAC_{min} \sim OAC_{max}$。

注意：选择的沥青用量范围时，必须涵盖设计空隙率的全部范围，并尽可能涵盖沥青饱和度的要求范围，并使密度及稳定度曲线出现峰值。如果没有涵盖设计空隙率的全部范围，试验必须扩大沥青用量范围重新进行。

2）初步确定最佳油石比 OAC_1

根据图 3-11 绘制的试验曲线走势，按下列方法确定沥青混合料的最佳油石比 OAC_1：

（1）在图 3-11 上，求取相应于密度最大值、稳定度最大值、目标空隙率（或 中值）、沥青饱和度范围的中值的油石比 a_1、a_2、a_3、a_4，取其平均值为 OAC_1：

$$OAC_1 = (a_1 + a_2 + a_3 + a_4)/4 \tag{3-20}$$

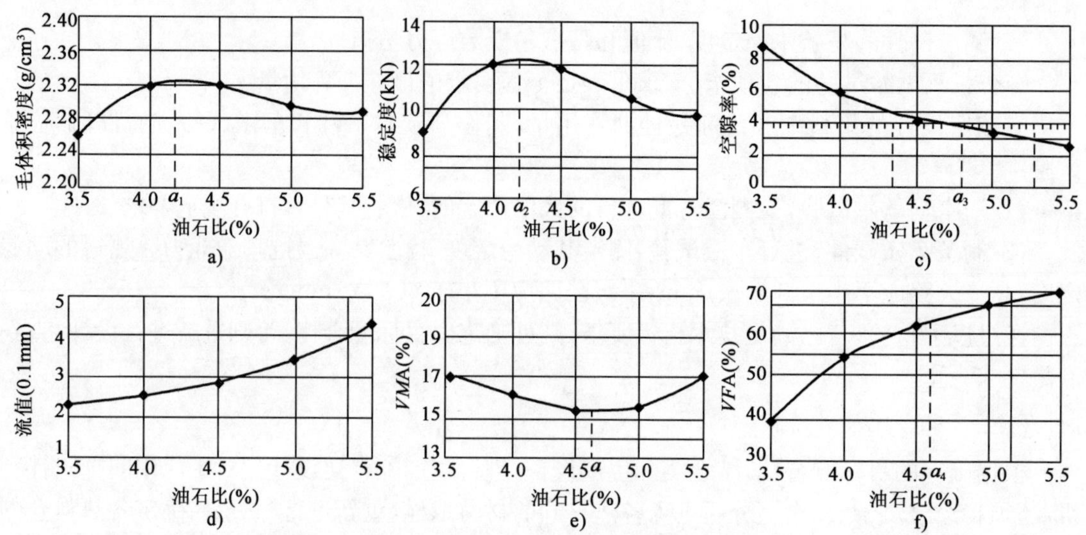

图 3-11 马歇尔试件测定的物理指标与油石比关系曲线示例

图中：a_1=4.2%，a_2=4.25%，a_3=4.8%，a_4=4.7%。OAC_1=4.49%（由 4 个平均值确定），OAC_{min}=4.3%，OAC_{max}=5.3%，OAC_2=4.8%，OAC=4.64%（示例中相对于空隙率为 4%的油石比为 4.6%）

（2）若在所选择的油石比范围内，未能涵盖沥青饱和度要求范围，按式 3-20 求取 3 者的平均值作为 OAC_1

$$OAC_1 = (a_1 + a_2 + a_3)/3 \tag{3-21}$$

（3）在所选择试验油石比范围内，如果密度或稳定度没有出现峰值（最大值经常在曲线的两端）时，可直接以目标空隙率所对应的油石比 a_3 作为 OAC_1，但是，OAC_1 必须介 OAC_{min}～OAC_{max}范围内，否则应重新进行配合比设计。

3）二次确定最佳油石比 OAC_2

在以各项指标均符合沥青路面施工技术标准（不含 VMA）油石比范围 OAC_{min}～OAC_{max}条件下，以其中值作为 OAC_2：

$$OAC_2 = (OAC_{min} + OAC_{max})/2 \tag{3-22}$$

4)确定最佳油石比 OAC

通常情况下取 OAC_1 和 OAC_2 中值作为计算的最佳沥青用量 OAC：

$$OAC = (OAC_2 + OAC_1)/2 \qquad (3\text{-}23)$$

5)油石比检验

按式(3-22)计算的最佳油石比 OAC，从图 3-12中得出所对应的空隙率和 VMA 值，检验是否能满足表 3-10、表 3-11 关于最小 VMA 值的要求。OAC 宜位于 VMA 凹形曲线最小值的贫油一侧。当空隙率不是整数时，最小 VMA 按内插法确定，并将其画入图 3-12 中。然后检查图 3-12中相应于此 OAC 的各项指标是否均符合马歇尔试验技术标准。

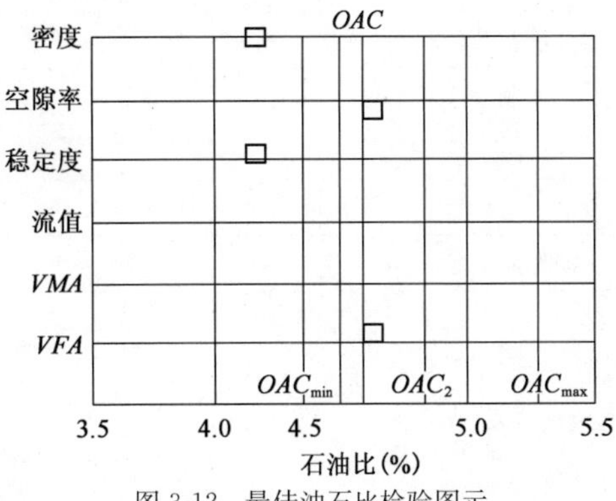

图 3-12　最佳油石比检验图示

密级配沥青混凝土混合料马歇尔试验技术标准

(适宜公称最大粒径≤26.5mm)　　表 3-10

试验指标		单位	高速公路、一级公路			
			夏炎热区(1-1～1-4 区)		夏热区及夏凉区(2-1～2-4、3-2 区)	
			中轻交通	重载交通	中轻交通	重载交通
击实次数(双面)		次	75			
试件尺寸		mm	ϕ101.6mm×63.5mm			
VV	深约 90mm 以内	%	3～5	4～6	2～4	3～5
	深约 90mm 以下		3～6		2～4	3～6
稳定度 MS 不小于		kN	8			
流值 FL		mm	2～4	1.5～4	2～4.5	2～4
VMA 不小于	设计空隙率	%	相应于以下公称最大粒径的最小 VMA 及 VFA 技术要求(%)			
	1	%	26.5	19	16	13.2
	2	%	10	11	11.5	12
	3	%	11	12	12.5	13
	4	%	12	13	13.5	14
	5	%	13	14	14.5	15
	6	%	14	15	15.5	16
沥青饱和度 VFA(%)			55～70	65～75		

注：1. 对于空隙率大于 5%的夏炎热地区的重载交通路段，施工时至少提高压实度 1 个百分点。

2. 当设计的空隙率不是整数时，由内插确定要求的 VMA 的最小值。

3. 对改性沥青混合料，马歇尔试验的流值可适当放宽。

沥青稳定碎石混合料马歇尔试验配合比设计技术标准　　表 3-11

试验指标	单位	密级配基层(ATB)		开级配面层(AM)
公称最大粒径	mm	26.5mm	≥31.5mm	≤26.5mm
马歇尔试件尺寸	mm	ϕ101.6mm×63.5m	ϕ152.4mm×95.3mm	ϕ101.6mm×63.5mm

续上表

试验指标	单位	密级配基层(ATB)		开级配面层(AM)
击实次数(双面)	次	75	112	50
空隙率 *VV*	%	3～6		6～10
稳定度,不小于	kN	7.5	15	3.5
流值	mm	1.5～4	实测	—
沥青饱和度 *VFA*	%	55～70		40～70
密级配基层 ATB 的集料间隙率 *VMA*(%),不小于		设计空隙率(%)		ATB-40
		4		11
		5		12
		6		13

注:在干旱地区,可将密级配沥青稳定碎石基层的空隙率适当放宽到8%。

6)最佳油石比调整

根据公路等级、气候条件、交通情况,参照实践经验,可调整确定最佳沥青用量OAC:

(1)调查当地各项条件相接近工程,论证适宜的最佳沥青用量。检查计算得到的最佳油石比是否相近。如相差甚远,应查明原因,必要时重新调整级配,进行配合比设计。

(2)对炎热地区公路以及高速公路、一级公路的重载交通路段,山区公路的长大坡度路段,预计有可能产生较大车辙时,宜在空隙率符合要求的范围内将计算的最佳沥青用量减小0.1%～0.5%作为设计沥青用量。此时,除空隙率外其他指标可能会超出马歇尔试验配合比设计技术标准,应在配合比设计报告加以说明。但是,配合比设计报告必须要求采用重型轮胎压路机和振动压路机组合等方式加强碾压,以使施工后路面的空隙率达到未调整前的原最佳沥青用量时的水平,且渗水系数符合要求。如果试验段试拌、试铺达不到此要求时,宜调整所减小的沥青用量的幅度。

(3)寒区公路、旅游公路、交通量很少的公路,最佳沥青用量可以在OAC的基础上增加0.1%～0.3%,以适当减小设计空隙率,但是,不得降低压实度要求。

三、沥青混合料GTM设计法

GTM是Gyratory Testing Machine的简称,其意义是旋转试验机,系上世纪60年代美国工程兵团(U. S. Army Corps of Engineers)以推理方式发明的,用于解决重型轰炸机跑道容易破损问题,后来美国空军又专门组织人员对其进行了研究开发,形成如今的路面材料GTM设路面设计技术。

1. GTM试验机结构组成及工作原理

随着车辆启动和加速、正常行驶、刹车减速,乃至停驶,沥青路面受到了不同的作用力,处于不同的工作状态,如图3-13所示。

1)GTM试验机组成

根据车辆行驶图示,仿照图3-13所示的沥青路面工作状态,制作出的GTM试验机。

GTM 试验机在对试件旋转揉搓成型过程中，同时也测出试件的应力、应变与密度，从而对沥青混合料质量做出评价。

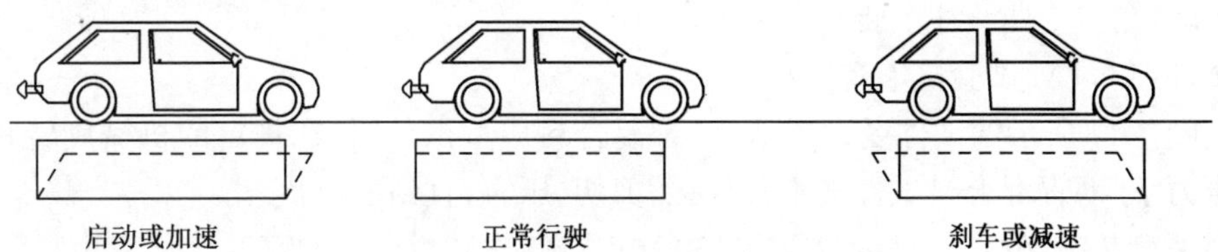

图 3-13 汽车行驶时路面受力状况图示

图 3-14 为 GTM 试验机组成示意图。从它的构造可知，它有上、下压板，它们始终保持水平，并且其垂直位置是永远不变的。

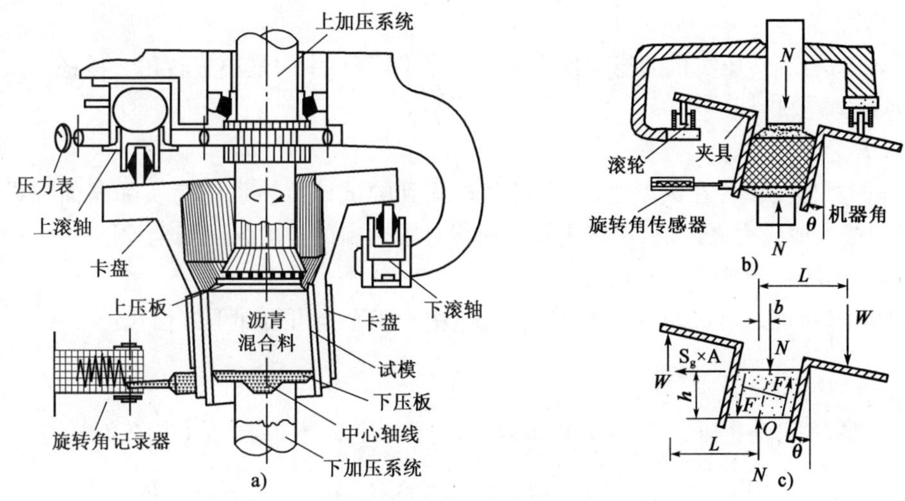

图 3-14 GTM 试验机及沥青混合料试件受力图示

a)GTM 机构造示意图；b)GTM 试验机构造简图；c)沥青混合料试件受力图示

在图 3-14 中，上压板上面的钢球轴承，它能前后左右自由地滑动。如果从上面往下看，上压板的中心点的移动轨迹为圆形。

下压板被固定在液压机柱塞上，只能随液压柱向上移动，并且始终保持水平。因此，这种构造使上压板和下压板始终保持了水平。

图 3-14 中所示出的卡盘，它受力倾斜后，推动了钢模倾斜，使钢模里的试件承受了均匀的平面应变。这样，在 GTM 试验机里，沥青混合料产生的平面剪切应变，要比直接剪切实验机或三轴实验机更近似现场的实际情况，更符合沥青路面真实受力状况。

如 3-14a)、b)所示，上滚轴和下滚轴所在的同一垂直面里的卡盘倾斜角，简称机器角。角度记录笔直接固定安装在卡盘上。因此，只有在上滚轴、下滚轴和记录笔在同一垂直面时，记录器才能测试并记录机械角。在其他情况下，记录器只是记录上下滚轴在不同位置时卡盘上某一固定点的倾斜角。

卡盘在受上、下滚轴的倾斜作用时，倾斜角记录器所记录的是卡盘在记录笔的位置的倾斜角。随着滚轴的不停更换位置，记录的倾斜角也随它而变，其变化的大小和试件材料的剪切强度有直接的关系。材料的剪切强度越大，倾斜角就越小。角度传感器将倾斜角以电压的形式输出。电脑将其最大值和最小值的差额记录下来，并换算成角度，可绘制成一条倾斜角变化曲线。该角曲线可显示混合料的稳定性，当混合料间隙被沥青填满后，混合料就成塑性，同时剪切强度下降，角应变曲线往上爬状态。

2)试件在GTM试验机上受力状态

根据图3-14所示的试件受力图示，沥青混合料成型试件时，在规定的机械旋转角度和设定垂直压力下，沥青混合料试件被不断揉搓、剪切、压实，直到平衡状态。

所谓平衡状态，就是指每旋转压实100次(或50次)时，试件的密度变化率为0.016g/cm^3(0.08g/cm^3)，此时的密度，称为试件的密度，即试件不发生塑性变形时，其所对应的油石比的混合料密度。此时，被压实试件最终变形的大小，用旋转稳定系数GSI(Gyratory Stability Index)来表示，试件抗剪强度用*GSF*表示。

(1)*GSI*意义

*GSI*意义是：旋转压实机的稳定值GSI=最终旋转角/中间最小旋转角。该稳定值是确定最佳用油量的重要指标。

(2)*GSF*意义

*GSF*的意义是：试件在成型之后，由设备检测到的试件抗剪强度与实际路面在设定的垂直荷载下的最大剪应力之比值，用以表征了所设计混合料的抗剪强度安全程度。因此，在设计中要求*GSF*必须大于或等于1.0。

根据图3-14c)示出GTM试验机受力情况，由力矩平衡可得如下方程式：

$$2WL = \int S_g \times A \times dh + 2F \times d - N \times b \tag{3-24}$$

由于摩擦力F、垂直压力N的力矩b较小，可将其忽略不记，于是，式(3-24)简化为：

$$2WL = \int S_g \times A \times dh = S_g \times A \times \int dh = S_g \times A \times h \tag{3-25}$$

经过对式(3-25)运算，于是得到沥青混合料的剪切强度：

$$S_g = \frac{2WL}{A \times h} \tag{3-26}$$

式中：W——作用在滚轴上的压力；

S_g——试验材料的剪切强度；

A——试样的截面积；

h——试样的高度；

L——滚轮杠杆臂长。

前已述及，*GSF*安全系数定义是“设备检测到的试件抗剪强度与实际路面在设定的垂直荷载下的最大剪应力之比值”，由此可知：

$$GSF = \frac{S_g}{\tau_{\max}} \tag{3-27}$$

设GTM试验机上的滚轮压应力为p，则$W = p \times a$；其中a为滚轮活塞的有效面积。于是式(3-27)等于：

$$S_g = \frac{2WL}{A \times h} = \frac{2paL}{A \times h} \tag{3-28}$$

当滚轮压应力不断下降，降至路面结构即将发生剪切破坏时，此时滚轮压应力 p' 称为临界滚轮压应力。

当沥青路面结构即将发生剪切破坏时，GTM 的旋转剪切应力 $S_G=\tau_{max}$(水平最大剪切应力)。根据均质弹性各相同性理论，物体在圆形荷载作用下水平最大剪切应力 $\tau_{max}=P/\pi$，因此，可得到临界滚轮压应力 p' 的表达式：

$$p'=\frac{P\times A\times h}{2\pi\times a\times L} \tag{3-29}$$

式中：P——试件垂直压力；

a——滚轮活塞的有效面积。

将式(3-29)代入式(3-28)，则 $\tau_{max}=S_g=\tau_{max}=\dfrac{2p'aL}{A\times h}$ (3-30)

然后，将式(3-30)和式(3-27)一起代入式(3-26)中，于是可得：

$$GSF=\frac{p}{p'}$$

式中：a——滚轴活塞的有效截面积；

τ_{max}——最大剪应力，即：设计值；

p——实测滚轴压强；

p'——设计垂直压强；

其余符号的意义同上。

关于 GTM 试验方法，见新版公路工程沥青及沥青混合料试验规程(JTG E20—2011)T0737—2011 试验方法。河北省根据十几年 GTM 法设计和试验法检测总结资料，于 2008 年编制了地方标准——GTM 法设计与施工技术规范(DBB/T 987—2008)。

3)GTM 试验机参数 *GSI*、*GSF* 使用价值

使用 GTM 试验机试验结果，显而易见是比较符合沥青路面的实际工作状态，其试验结果用于沥青路面设计，可从设计上避免了路面材料的早期破坏。为此，河北省在(DBB/T 987—2008)中，将 *GSI*、*GSF* 列为 GTM 沥青路面设计法主要设计指标(表 3-12)。

沥青混合料 GTM 试验配合比设计技术指标 表 3-12

试验项目	技术指标	试验项目	技术指标	试验项目	技术指标
GSI，不大于	1.05	*GSF*，不小于	1.3	密度	GTM 实测

(1)抗剪强度安全系数 *GSF*

在(DB13/T 978—2008)标准中，定义 *GSF* 为旋转剪切系数，它是测定的沥青混合料抗剪切强度与理论抗剪应力的比值。换句话说，它是试件成型之后，由设备检测到的试件抗剪强度与实际路面在设定的垂直荷载下的最大剪应力之比值，用以表征了所设计混合料的抗剪强度安全程度，因此，在设计中要求 *GSF* 必须大于或等于 1.0，表 3-12 中规定不小于 1.3，即通常所说的安全系数不小于 1.3。

(2)变形稳定程度参数 *GSI*

在(DB13/T 978—2008)标准中，定义 *GSI* 为在旋转稳定值混合料试验成型过程中，最大角应变与最小角应变的比值，表征材料是否出现韧性。具体到 GTM 试验机上是：试件在试验结束时，机器角与压实过程中的最小机器角的比值，用以表征试件承受剪应力作用的变形稳定

程度参数。它接近于1.0时，其所对应的沥青用量为混合料的最大沥青用量。在表3-12中，规定其值不大于1.05。

除去上述两个主要参数外，还提出了旋转压实指数*GCI*(Gyratory Compatibility)。它的意义是：在进行GTM试验时，试件在30转与60转时密度的比值。表征材料容易压实的程度，可以作为压实工艺的参考。

2. GTM法沥青混合料设计技术要求

1)GTM沥青混合料配合比设计参数设置

根据河北省沥青路面建设经验，选用GTM试验机法设计沥青混合料时，应遵循以下几个原则：

(1)垂直压强

GTM试验机的垂直压强，一般根据设计的交通量，选择有代表性的重车轮胎接触压强。

对于高速公路和一级公路，设计压强可选用95%车辆最大接地压强；对于其他等级公路，可选用85%的车辆最大接地压强。

在缺少相关资料时，一般交通设计压强，建议选用0.6MPa～0.7MPa；重载交通，中下面层建议选用0.7MPa～0.8MPa，上面层建议选用0.8MPa～1.0MPa。

(2)机械角初始机器角选用

GTM试验机设备为油压表系统时，初始机器角应采用0.8°；气压表系统时角宜采用1.35°。

(3)粉胶比选用

设计的沥青混合料为密级配时，粉胶比宜控制在1.2～1.6内。

(4)沥青混合料的配合比设计，应充分利用同类工程成功经验，采用GTM平衡状态时确定最大沥青用量和标准密度。

2)河北省GTM法技术指标

采用GTM配合比设计方法，沥青混合料技术要求应符合表3-12的规定，并具有良好的施工性能。

3)集料级配

根据河北省经验，在一般情况下，GTM方法采用连续密级配沥青混合料，当用作抗滑表层时，如果选用的是间断型级配沥青混合料，需要通过试验验证。使用GTM方法设计沥青混合料配合比时，建议选用AC-25、AC-20、AC-16、AC-13、AC-10和ATB-30、ATB-25。

3. GTM法沥青混合料设计步骤

使用GTM法设计沥青混合料同马歇尔方法一样，一般分为三步：目标配合比设计阶段、生产配合配合比验证阶段。

1)目标配合比设计阶段

原材料经检验合格后，应优选集料级配、确定设计沥青用量，进行车辙试验、低温弯曲试验、冻融劈裂试验等配合比设计检验。这些技术要求均符合规定后，以此作为目标配合比，供拌和楼制定各冷料仓供料比例、进料速度及试拌使用。

在目标设计阶段，应遵循以下技术要求：

(1)试件试模选定

根据沥青混合料的最大公称粒径选择合适的试模。试模直径应不小于最大公称粒径的4倍，GTM拥有10.16cm、15.24cm、20.32cm三种不同直径的试模。

(2)沥青用量选定

根据工程经验初选沥青最佳用量。进行GTM试验时，一般应选择5个沥青用量，其间隔为0.3%。

(3)拌和温度

沥青混合料的拌和温度，应根据黏温曲线确定，一般选择表观黏度(0.17±0.02)pa·s范围内的温度作为拌和温度。

(4)沥青用量确定

当GTM试验进行到平衡状态时，即每旋转压实100次(或50次)时，试件密度变化率为0.016g/cm³(0.08g/cm³)，记录确定每个沥青用量下的技术指标。根据GTM试验结果，绘制出油石比与密度、与稳定值*GSI*和旋转剪切系数*GSF*的关系曲线。

示例一：按照试验结果，绘制出油石比与*GSI*和旋转剪切系数*GSF*(图3-15)。根据表3-12规定，*GSI*不大于1.05，*GSF*不小于1.3的规定，综合考虑确定最佳油石比为5.2%。

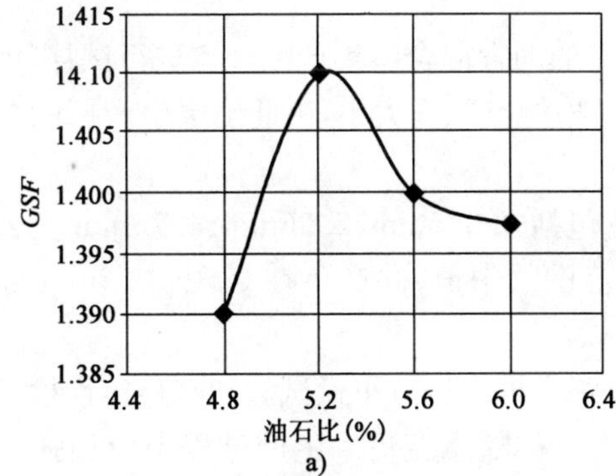

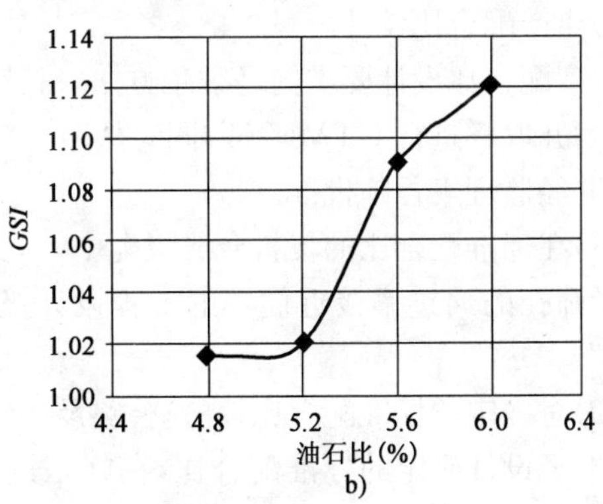

图3-15　GTM试验结果绘制的油石比与*GSI*和*GSF*变化曲线

一般各个级配的混合料最低沥青用量，应不小于表3-13中的数值，且最小沥青膜厚度不应小于6μm，可供同行们参考。

各级配混合料最低沥青用量　　表3-13

级配类型	AC-25	AC-20	AC-16	AC-13	AC-10	ATB-25	ATB-30
最低油石比	3.0%	3.5%	4.0%	4.0%	4.5%	2.9%	2.8%

示例二：本例摘录河北大广高速公路—GTM法设计的沥青混合料实例，试验检测数据列入表3-14，并根据检测数据绘制出*GSI*、*GSF*及密度与油石比曲线(图3-16)。

路面××标合成级配混合料GTM试验结果　　表3-14

GTM技术指标	油石比(%)			
	2.7	3.0	3.4	3.6
旋转稳定系数*GSI*	1.01	1.03	1.05	1.06
旋转安全系数*GSF*	3.06	2.86	2.75	2.59
密度(g/cm³)	2.542	2.547	2.553	2.561

在图3-16中没有形成拐点，此时，根据河北省地方标准《旋转压实剪切试验法GTM沥青混合料设计与施工技术规范》(DB13/T 978—2008)，取 $GSI \leqslant 1.05$、$GSF > 1.3$，经过综合研究比较，确定最佳油石比为4.0%，油石比范围3.8%～4.2%，标准毛体积密度为2.553g/cm³。

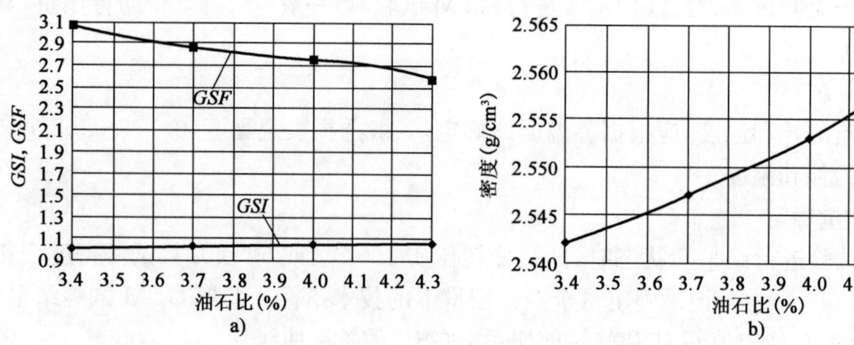

图3-16 大广高速公路某标AC-20合成级配GTM指标与油石比试验曲线

a)GSI、GSF与油石比曲线；b)密度与油石比曲线

2)生产配合比设计阶段

生产配合比设计要求同马歇尔方法，对其确定的沥青混合料生产配合比进行试拌、铺筑试验路段，并取样进行GTM验证，同时从路上钻芯，检测空隙率大小，由此确定生产用的标准配合比，并经监理工程师批准。

(1)在标准配合比的集料合成级配中，至少应包括0.075mm、2.36mm、4.75mm及公称最大粒径筛孔的通过率接近优选的工程设计级配范围的中值，并避免在0.3～0.6mm处出现"驼峰"。

(2)对确定的标准配合比，高速公路及一级公路宜再次进行车辙试验和水稳定性检验。

(3)经设计确定的标准配合比，在施工过程中不得随意变更。生产过程中应加强跟踪检测，严格控制进场材料的质量，如遇材料发生变化，并经检测沥青混合料级配；当GTM技术指标不符要求时，应重新进行配合比设计。

4.性能检验

采用GTM法设计沥青混合料时，在每一个过程中(目标、生产、验证阶段)，制作GTM试件时，都需要在配合比设计基础上，进行各种性能的检验。不符合要求的沥青混合料，应调整级配，重新进行配合比设计。GTM配合比设计的沥青混合料性能指标，应满足表3-15要求。

GTM法沥青混合料性能技术要求 表3-15

检验项目	单位	技术指标		试验方法
		改性沥青混合料	普通沥青混合料	
动稳定度，不小于	次/mm	3 600	1 500	T 0719
低温弯曲，不小于	με	2 200	2 000	T 0728
冻融劈裂试验残留强度比，不小于	%	80	75	T 0729

续上表

<table>
<tr><td colspan="2" rowspan="2">检验项目</td><td rowspan="2">单　位</td><td colspan="2">技术指标</td><td rowspan="2">试验方法</td></tr>
<tr><td>改性沥青混合料</td><td>普通沥青混合料</td></tr>
<tr><td rowspan="2">渗水系数，不大于</td><td>上面层</td><td>ml/min</td><td colspan="2">60</td><td rowspan="2">T 0791</td></tr>
<tr><td>中、下面层</td><td>Ml/min</td><td colspan="2">120</td></tr>
<tr><td colspan="2">剪切强度，不小于</td><td>MPa</td><td colspan="2">0.3</td><td>GTM</td></tr>
</table>

注：1. 车辙试验不得采用二次加热的沥青混合料试验，试验必须检验车辙试件的密度是否符合试验规程要求。
2. 剪切强度是指沥青面层混凝土在60℃以上的高温条件下，由GTM直接测试混合料试件得出的，对于重载交通该指标根据荷载、气候等情况可适当提高。对于柔性基层混合料剪切强度，可以根据路面结构具体计算所在层内最大剪应力确定。

在整个GTM试验规程中每一个阶段，应选用与GTM法相同的沥青混合料，同时制备马歇尔试件，进行马歇尔性能检验，以资对两者试件物理和力学性能进行对比分析。

四、沥青混合料Superpave设计法

美国国会1987年批准设立公路战略研究计划(SHRP)研究项目，并在1990年提出了一套全新的沥青混合料设计方法，即Superpave沥青混合料设计体系，把热拌沥青混合料材料性能与路面性能联系在了一起。

1. Superpave方法设计体系

1)Superpave沥青混合料设计体系由三部分组成：沥青结合料规范、混合料设计与分析系统、计算机软件系统。

2)SHRP沥青研究目的成果共有21项，其中：沥青胶结料10项、混合料体积设计3项、混合料分析和性能预测8项。其中重点研究项目有：胶结料规范、弯曲梁流变仪、低温直接拉伸试验、高温黏度试验、动态剪切流变仪、短期老化、混合料规范、旋转压实仪和方法、改进的最大理论密度试验方法。

Superpave混合料设计，系根据项目所在地的气候、设计交通量，把材料选择与混合料计都集中在一起，充分考虑在服务期内温度对路面的影响，为此，要求设计的沥青混合料达到以下要求：

(1)在最高设计温度时，沥青路面应满足高温稳定性要求，不产生过量的车辙。

(2)在最低设计温度时，路面能满足低温性能要求，避免或减少低温开裂。

(3)在常温范围内，控制沥青路面的疲劳开裂。

2. 对材料质量检验要求

Superpave方法对材料质量检验要求，包括沥青、集料和沥青混合料。

1)沥青结合料

(1)采用旋转薄膜烘箱试验，对沥青进行加速老化试验，模拟沥青混合料在拌和与摊铺过程中的老化。

(2)采用压力老化容器，模拟沥青在路面使用过程中的老化。

以上要求，国内与其对应的试验方法分别见T 0610—2011、T 0630—2011。

2)矿质集料

在进行沥青混合料集料级配设计时,采用控制点与禁区的概念来限定、优选集料级配。

3)沥青混合料

对拌和出的沥青混合料,采用短期老化模拟其拌和与摊铺压实过程中的老化,国内对应的试验方法见 T 0734—2011。采用旋转仪法(SGC)制备试件供试验室进行物理力学性能检测。国内对应的试验方法见 T 0736—2011。

在试件压实过程中,记录旋转压实次数与试件高度的关系,从而对沥青混合料体积特性进行评价。

3. Superpave 混合料设计水平

SHRP 沥青研究成果《Superpave 混合料设计体系规范和实践手册》是一套从轻交通到重交通的混合料设计方法,根据交通量的不同,分为三个设计水平(表 3-16),其中水平 1 适宜低交通量,也是设计水平 2、3 的基础。

不同设计水平与相应的设计交通量 表 3-16

设计水平	水 平 1	水 平 2	水 平 3
设计交通量 (80kN EASL)×10^6 次	轻交通≤10^6	中等交通≤10^7	重交通>10^7
试验要求	选择材料和体积配合比	水平 1+性能预测试验	水平 1+增加的性能预测试验

注:EASL——设计的交通量,是 20 年设计车道预期的当量累计单轴荷载作用次数。

4. 水平Ⅰ设计法——轻交通量

水平Ⅰ设计法,称为沥青沥青混合料体积设计。所谓体积设计,是根据沥青混合料的空隙率、矿料间隙率、沥青填隙率等体积特性进行热拌沥青混料的设计。其设计过程类似于马歇尔方法,由以下四部分组成:材料选择、集料级配选择、确定沥青混合料的最佳沥青用量、沥青混合料验证,包括体积特性和水敏感性。

1)水平 1 设计的主要设备——Superpave 旋转压实仪

按水平Ⅰ进行混合料体积配合比设计时,其主要试验设备为 Superpave 旋转压实仪(SGC)(国内对应的试验方法 T 0736—2011)。

旋转压实仪(SGC)与传统的马歇击实仪相比,它能比较较好地模拟行车的碾压,能容纳最大集料尺寸为 50mm(最大公称尺寸为 37.5mm)的集料,并可用于现场质量控制和质量保证。

(1)Superpave 旋转压实仪(SGC)主要组成:反力架、加载装置、旋转基座、计算机控制系统、内旋转角测量装置、试模、锤头(上压盘)和底座(下压盘)、测力装置和压力传感器等组成(图 3-17)。

(2)操作主要技术参数:试模直径 150mm(内径 149.90~150.00mm)。

加载压力 600kPa、旋转角度 1.25°、旋转速度 30r/min。

试模应采用钢材制造,壁厚大于 7.5mm,洛氏硬度至少为 HRC48~HRC57,模内壁应足够光滑(粗糙度 Ra 为 0.4μm)。

试件直径为 100mm,高度不小于 250mm。

在控制室内，试件运动轴线如同一个圆锥，其顶点与试件顶部重合。旋转底座将试模定位于1.25°的旋转压实角，以30r/min的恒定速率旋转。在压力加载头施加600kPa的竖直压力。

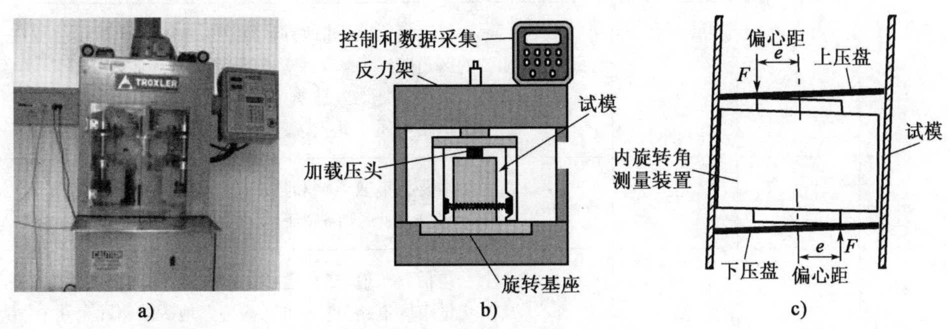

图3-17　旋转压实仪(SGC)

a)旋转压实仪；b)旋转压实仪构造示意图；c)旋转压实试件受力状态

图c)中：偏心距e一般为22mm，F为施加的荷载

当沥青混合料倒入试模中后，缓缓地被压实，同时还受到竖向压力和水平剪力作用，使集料颗粒定向形成骨架。在试件成型过程中，极大程度地模拟了荷载搓揉压实作用，然后，对测定成型试件相应的体积参数。

旋转压实仪旋转角、垂直压力和旋转速率，根据不同设计方法和体系进行设定，例如：采用Superpave设计方法，有效内旋转角为1.16°±0.02°，垂直压力为600kPa±18kPa，旋转速率为30r/min±0.5r/min。

(3)旋转压实仪能够自动测定试件高度、旋转次数及对应高度的记录和显示功能。

按照不同旋转压实次数，测定每次旋转时试件的高度，结合试模中的材料质量，可按下式计算出试件密度(体积法)及毛体积相对密度，由此对试件的压实特性做出评价。

·试件密度：

$$\rho_x=\frac{m}{h_x\times\pi\times(d/2)^2}\times10^3 \tag{3-31}$$

式中：ρ_x——不同旋转压实次数下的试件密度(体积法)(g/cm³)；

m——沥青混合料试件质量(g)；

h_x——不同旋转压实次数下的试件高度(mm)；

d——试模直径(mm)。

·毛体积相对密度：

$$\gamma_{fx}=\frac{\gamma_f\times h_x}{h} \tag{3-32}$$

式中：γ_{fx}——不同旋转压实次数下试件的毛体积相对密度，无量纲；

γ_f——按照T 0705—2011方法测定的试件毛体积相对密度，无量纲；

h——最终成型试件高度(仪器显示试件的高度)(mm)。

2)水平Ⅰ沥青混合料体积设计标准及要求

按Superpave法设计沥青混合料，应遵循以下技术要求：

(1)设计旋转压实次数，沥青混合料的目标空隙率应为4%，初始、设计和最大压实次数，根据表3-17要求进行选择。

Superpave 旋转压实表(AASHTOPP28—2000)　　表 3-17

设计 $ESAL_S$ ($\times 10^6$)	压实参数			典型道路应用
	$N_{初始}$	$N_{设计}$	$N_{最大}$	
<0.3	6	50	75	轻交通道路,如地方道路,县、区道路和禁止载货汽车通行的区道路; 交通量是地方性质,不属于地区性、州级和州际性质。旅游道路可属于此类
0.3~<3	7	75	115	主要为集散道路和进入街道的道路,中等交通市区道路和大部分县、区道路属于这一类
3~<30	8	100	160	包括双车道、多车道、部分和全封闭的进城道路、中等到高交量市区道路、许多州某些边远地区的州际公路
≥30	9	125	205	包括大部分城市和边远地区州际公路,专用道|路,如载货汽车称重站和载货汽车专用道

注:1. 设计的 ESAL 是 20 年期间设计车道预期的当量累计单轴荷载作用计单轴荷载作用次数,不管设计寿命是多少年。

2. 典型道路应用的定义见《公路与街道几何设计政策》(HASHT0—1994)。

3. 当由公路部分自己规定和沥青厚度≥l00mm,估计交通量≥0.3×10^6 当量累计单轴荷载作用次数,估计的设计交通量可降一级;从混合料设计来说,如果路面层厚度的 1/4 小于 100mm,这一层视为路面厚 100mm 以下。

4. 当设计 ESALs 在$(3\sim 10)\times 10^6$ 之间,公路部门可以根据当地气候和经验,自己判断是否用 $N_{初始}=7$、和 $N_{设计}=75$、$N_{最大}=115$。

(2)在沥青混合料设计中,集料间隙率 *VMA*,根据混合料中最大公称粒径要求,并满足表 3-18 规定。同时,沥青填隙率(*VFA*)、粉胶比也均应满足也应满足该的要求。

Superpave 混合料体积设计标准(AASHTO MP2—2000)　　表 3-18

设计 $ESAL_S$ ($\times 10^6$)*			<0.3	0.3~<3	3~<10	10~<30	≥30
要求密度(最大理论密度)(%)		$N_{初始}$	≤91.5	≤90.5	≤89		
		$N_{设计}$	96				
		$N_{最大}$	≤98				
最小集料间隙率(%)	最大公称粒径(mm)	37.5	11.0				
		25.0	12.0				
		19.0	13.0				
		12.5	14.0				
		9.5	15.0				
沥青填隙率最小 *FA*(%)			70~80	65~78	65~75		
粉胶比			0.6~1.2				

注:① * 设计 $ESAL_S$,是 20 年设计车道预期的当量累计单轴荷载作用次数,而不管实际设计寿命是多少年,确定了 20 年设计的 $ESAL_S$,从而选择相应的 $N_{设计}$ 次数。

②最大公称粒径为 25.0mm 的混合料,交通量<0.3×10^6,*VFA* 最小为 67%。

③对于公称最大粒径为 9.5mm 的混合料,设计交通量≥3×10^6,*VFA* 为 73%~76%。

④最大公称粒径尧为 37.5mm 的混合料,所有交通量水平的 *VFA* 最小为 64%。

⑤若集料级配通过禁区下方,可考虑粉胶比从 0.6~1.2 增加到 0.8~1.6。

根据研究，最大集料间隙率 VMA 不应超过最小 VMA 加 2%。对于最大公称粒径为 25mm 的混合料，最小 VMA 要求为 12%，最大 VMA 不超过 14%。

（3）混合料水敏感性检验残留抗拉强度比最小为 80%。

3）Superpave 法水平 1 沥青混合料设计

（1）沥青选择

SHRP 沥青材料系根据道路所在地区气候特点和交通量进行选择，其物理要求遵循美国 SHPR 沥青路用性能规范（见本书附录 2）。选择方法根据地理区域气温或政策要求，折算出路面温度，按照道路等级选择出符合要求的沥青材料，具体方法，详见本书第二章第一节第二款。

（2）集料选择

Superpave 沥青混合料设计法，纳入了集料的技术标准，并对其特性做了规定，具体要求包括集料的认同性和资源性。

集料的认同性包括：粗集料棱角性、细集料棱角节性、扁平细长颗粒含量以及黏土含量，Superpave 材料规范上都做出了具体规定见，见表 3-19。

Superpave 集料认同特性要求（MP2—2000）　　表 3-19

设计 ESALs（$\times 10^6$）	粗集料棱角性（%）最小（mm）		细集料压实空隙率（%）最小		砂当量（%）最小	扁平细长颗粒含量（%）最大
	在路面下深度（mm）		在路面下深度（mm）			
	≤100	＞100	≤100	＞100		
＜0.3	55/—	—/—	—	—	40	—
0.3～＜3	75/—	50/—	40	40	40	10
3～＜10	85/80	60/—	45	40	45	
10～＜30	95/90	80/75	45	40	45	
≥30	100/100	100/100	45	45	50	

注：85/80 表示 85%的粗集料中有一个或一个以上的破碎石，80%表示粗集料中有两个或两个以上的破碎面，其余同。

集料的资源性包括：集料坚固性、安定性和有害物质。

①集料坚固性：用集料在洛杉矶磨耗试验中材料损失的百分率表示。采用 AASHTO T96、ASTM C131 或 C535 方法进行试验，对于粒径大于 2.36mm 的粗集料，最大损失值典型范围为 35%～45%。

②集料安定性：用集料在钠或镁硫酸盐安定试验中损失百分率表示，以评价集料抵抗抗风雨侵蚀的能力。采用 AASHTO T104 或 ASTMC88 方法进行试验。将集料试样浸入钠或镁的硫酸盐饱和溶液中，然后烘干，一次浸入和烘干是一个安定性循环。试验结果表示为：规定循环次数相应各种筛号的总损失率（%）。对于 5 次循环，最大损失值的典型范围为 10%～20%。

③集料有害物质定义为黏土块、页岩、木材、云母和煤。在集料中它们的质量控制百分率为 0.2%～10%。

（3）集料级配

Superpave 采用 0.45 次方级配图定义集料级配。图中纵坐标为通过百分率，横坐标是

0.45次方的算术比例,表示筛孔尺寸(图 3-18a),4.75mm 筛孔画在原点右边 2.02 单位上。2.02即为 4.75mm 的 0.45 次方的筛孔。一般 0.45 次方数值在横坐标上不标出,而标出实际筛孔尺寸(图 3-18b)。

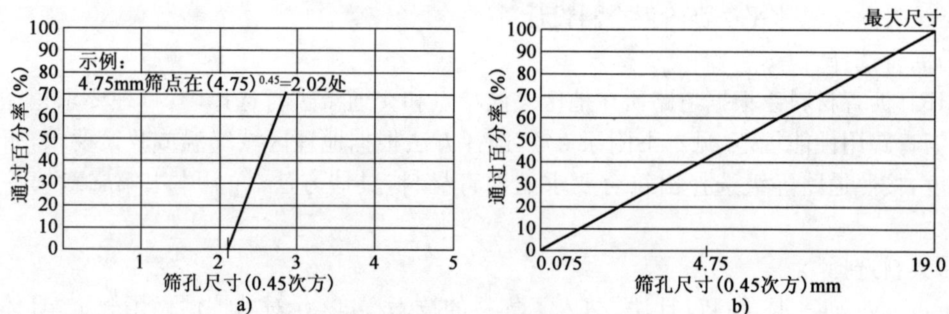

图 3-18 Superpave 定义的集料级配图示

a)0.45 次方级配图原理;b)0.45 次方级配图与最大密度级配

Superpave 采用 ASTM 标准筛组,对有关集料尺寸定义如下:

①集料公称最大尺寸:第一个筛余大于 10%筛孔尺寸的上一级筛孔尺寸。

②集料最大尺寸:大于集料公称最大尺寸的筛孔尺寸。

③最大密度级配:表示一种集料颗粒以最密实的方式排列在一起的级配。鉴于这样级配集料颗粒间的空间特别小,不能保证混合料中形成的容纳足够厚度的沥青膜,其耐久性不能得到保证,因此,应当尽量避免使用。

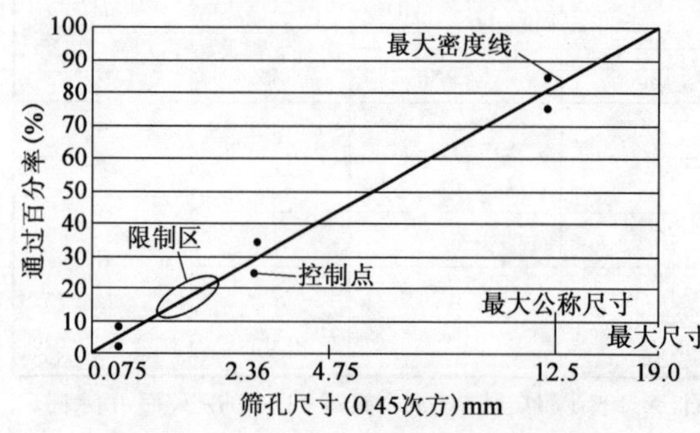

图 3-19 Superpave 混合料级配控制点和禁区

④Superpave 对 0.45 次方图,增加了两个附加特征,以规范集料级配,即控制点和禁区(图 3-19)。

控制点为级配必须通过的范围,分别设在:

· 公称最大尺寸;

· 中等尺寸,2.36mm 处;

· 最小尺寸,0.075mm 处(表 3-20A)。

禁区位于最大密度级配中等尺寸和 0.3mm 尺寸之间(表 3-20B)。

禁区是级配不能通过的区域。否则称为“驼峰级配”,因为在此区域级配具有驼峰形特征。

设置它的目的:一是限制砂的用量,减少永久变形;二是为了提供足够的 *VMA*。驼峰曲线一般具有较多的含砂量,从而导致混合料很难压实,同时还会使级配结构不稳定,以及对沥青用量过分敏感等问题。

目前,各国研究者对级配控制点比较认同,但是对级配禁区尚存在较大的争议。研究表明:级配通过禁区上方,沥青混合料抗永久变形能力、抗疲劳开裂及强度都优于从禁区下方通过的级配。

根据最大公称尺寸,Superpave 定义了六种沥青混合料类型,见表 3-21。

Superpave 集料级配控制点(AASHSTO MP2—2000) 表 3-20A

筛孔尺寸(mm)	最大公称尺寸(mm)时控制点通过率(%)									
	37.5mm		25.0mm		19.0mm		12.5mm		9.5mm	
	最小	最大	最小	最大	最小	最大	最小	最大	最小	最大
50	100									
37.5	90	100	100							
25.0		90	90	100	100					
19.0				90	90	100	100			
12.5						90	90	100	100	
9.5								90	90	100
4.75										90
2.36	15	41	19	45	23	49	28	58	32	67
0.075	0	6	1	7	2	8	2	10	2	10

Superpave 集料级配的禁区边界 表 3-20B

筛孔尺寸(mm)	最大公称尺寸(mm)时控制点通过率(%)									
	37.5mm		25.0mm		19.0mm		12.5mm		9.5mm	
	最小	最大	最小	最大	最小	最大	最小	最大	最小	最大
4.75	34.7	34.7	39.5	39.5	—	—	—	—	—	—
2.36	23.3	23.7	26.8	30.8	34.6	34.6	37.6	37.6	47.2	47.2
1.18	15.5	21.5	18.1	24.1	30.0	30.0	25.6	31.6	31.6	37.6
0.6	11.7	15.7	13.6	17.6	20.7	20.7	19.1	21.1	23.5	27.5
0.3	10.0	10.0	11.4	11.4	13.7	13.7	15.5	15.5	18.7	18.7

Superpave 混合料类型(AASHTO M32—2004) 表 3-21

混合料名称(mm)	37.5	25.0	19.0	12.5	9.5	4.75
最大公称尺寸(mm)	37.5	25.0	19.0	12.5	9.5	4.75
最大尺寸(mm)	50.0	37.5	25.0	19.0	12.5	9.6

(4)Superpave 混合料体积设计

Superpave 水平 I 设计——混合料体积设计借鉴以往的工程经验,充分考虑胶结料、集料等原材料特性,并对混合料体积特性进行分析,包括沥青结合料 PG 分级、集料破碎面及级配、混合料空隙率和矿质集料骨架空隙率等。

①准备集料

按前述要求,从选择的集料料堆中,混合 3 种或 3 种以上的初试集料级配组成,并用下式计算混合集料组成:

$$P = Aa + Bb + Cc + \cdots \tag{3-33}$$

式中:P——混合料 A、B、C 等某一给定尺寸的通过率(%);

A、B、C——集料 A、B、C 等某一给定尺寸的通过率(%);

a、b、c——集料 A、B、C 混合料比例，总和为 100%。

组成的集料级配，点在 0.45 次方级配分析图上，各个级配要满足级配控制点要求。级配控制点根据 4 个控制筛孔确定，即最大集料尺寸、公称最大集料尺寸、2.36mm 和 0,075mm。

②确定各个初试集料级配初始沥青用量

初始沥青用量计算，按以下步骤进行：

第一步：计算混合料的相对密度和表观中的相对密度，根据粗、细集料及矿粉的毛体积相对密度和视密度，计算初试集料混合物的合成毛体积相对密度(G_{sb})和表观相对视密度(G_{sa})。

第二步：估计合成集料的有效相对密度 G_{se}

$$G_{se} = G_{sb} + 0.8(G_{sa} - G_{sb}) \tag{3-34}$$

式(3-34)中系数 0.8，可根据设计者判断而改变，吸水性集料更接近于 0.6 或 0.5。

第三步：估计集料吸入沥青体积 V_{ba}

$$V_{ba} = W_s\left(\frac{1}{G_{sa}} - \frac{1}{G_{sb}}\right) \tag{3-35}$$

式中：W_s——混合集料质量：

$$W_s = \frac{P_s \times (1 - V_a)}{\dfrac{P_b}{G_b} + \dfrac{P_s}{G_{se}}} \tag{3-36}$$

式中：P_b——沥青质量百分率，假定为 5%；

P_s——集料质量百分率，假定为 95%；

G_b——沥青相对密度，实测值或假定为 1.02；

V_a——混合料空隙率，假定为 4%。

第四步：根据据下列经验，回归方程估计有效沥青用量 V_{be}：

$$V_{be} = 0.176 - 00675\lg S_n \tag{3-37}$$

式中：S_n——集料公称最大尺寸。

第五步：用吸入沥青体积和有效沥青体积计算初始沥青用量 P_{bi}

$$P_{bi} = \frac{G_b \times (V_{be} + V_{ba})}{G_b \times (V_{be} + V_{ba}) + W_s} \times 100 \tag{3-38}$$

式中符号意义同上。

第六步：试件制备与压实

使用 Superpave 旋转压实机制备沥青混合料(HMA)试件。试件尺寸：水平 1 的压实试件尺寸：直径 150mm、高 115mm。水损坏试件高 95mm。同时保留未压实的沥青混合料，用以确定最大理论密度。

a. 用初配集料级配，使用初始沥青用量，至少成型两个试件。根据 ESAL 交通量，7d 最高平均气温，按照表 3-17 和表 3-22 确定旋转压实次数。

表 3-22 中，$N_{初始}$ 沥青混合料密度小于最大理论密度的 89%时的最大旋转次数。$N_{设计}$ 是空隙率达到 4%时的旋转次数，根据交通量和平均最高气温而定。$N_{最大}$ 是混合料密度小于最大理论密度 98%或空隙率大于 2%的最大旋转次数。

b. 对初始沥青用量和集料混合物，进行短期老化后将试件压实到设计压实次数 $N_{设计}$，在每一次旋转压实后，记录试件高度，精确到 0.1mm。

每个初试级配，使用旋转压实仪压实至少两个试件。设计的集料结构和估计的沥青用量，满足表 3-22 的设计压实次数 $N_{设计}$ 时 Va、VMA、VFA 和粉胶比要求，及初始压实次数 $N_{初始}$ 的密度要求。

旋转压实次数表　　表 3-22

交通量 ESALs	7d 最高平均气温(℃)											
	<39			39～41			41～43			43～45		
	$N_{初始}$	$N_{设计}$	$N_{最大}$	$N_{初始}$	$N_{设计}$	$N_{最大}$	$N_{初始}$	$N_{设计}$	$N_{最大}$	$N_{初始}$	$N_{设计}$	$N_{最大}$
$<0.3\times10^6$	7	68	104	7	74	114	7	78	121	7	82	127
$<1\times10^6$	7	76	117	7	83	129	7	88	138	8	93	146
$<3\times10^6$	7	86	134	8	95	150	8	100	158	8	105	167
$<1\times10^7$	8	96	152	8	106	169	8	113	181	9	119	192
$<3\times10^7$	8	109	174	9	121	195	9	128	208	9	135	220
$<1\times10^8$	9	126	204	9	139	228	10	146	240	10	153	253
$\geqslant1\times10^8$	9	143	235	10	158	262	10	165	275	10	172	288

c. 测定每个压实试件的毛体积密度。

d. 对每个初试级配混合料进行老化后的试样测定最大相对密度，最大相对密度应至少根据两次试验的平均值确定。

(5)评价各集料混合物的压实特性

评价各初试集料混合物在估计空隙率 4% 条件下 $N_{设计}$ 和 VMA，同时评价 $N_{初始}$ 和 $N_{最大}$ 时密度是否满足 Superpave 标准。

初始沥青用量下混合料的空隙率，常常不能正好为 4%，因此，需要对沥青用量进行调整。沥青用量改变，又会引起 VMA 和 VFA 的变化，因此，必须在 4% 空隙率条件下评价 VMA 和 VFA 是否满足要求。

(6)沥青用量调整

第一步：估算毛体积相对密度(比重)

在旋转压实过程中，都记录着试件高度，压实后试件体积，因此试件毛体积比重，可按下式计算：

$$G_{mb}=\left(\frac{w_m}{V_{mx}}\right)\div\gamma_w \tag{3-39}$$

式中：G_{mb}——试件压实后估算的毛体相对密度；

w_m——试件质量(g)；

γ_w——水的密度(1g/cm³)；

V_{mx}——压实模的体积(cm³)，按下式计算：

$$V_{mx}=\frac{\pi d^2 h_d}{4}$$

式中：d——试模直径(150mm)；

h_d——脱模后试件高度。

第二步：计算修正系数 C

对每个初试混合料压实，在两个关键压实点 $N_{初始}$ 和 $N_{设计}$ 对试件的相对密度进行修正，其修正系数 C 按下式计算：

$$C=\frac{G_{mb}}{G_{mb(估算)}} \tag{3-40}$$

式中：G_{mb}——试件脱模后量测的试件毛体积相对密度；

$G_{mb(估算)}$——试件脱模后估算的毛体积相对密度，按式(3-39)计算。

旋转任意压实次数 x 时，试件的修正毛体积相对密度为：

$$\begin{aligned}G_{mbx(修正)}&=C\times G_{mbx(估算)}\\&=\frac{G_{mb}}{\dfrac{W_m}{\left(\dfrac{\pi}{4}\times d^2\times h_d\times\rho_w\right)}}\times\frac{W_m}{\dfrac{\pi}{4}\times d^2\times h_x\times\rho_w}=\frac{G_{mb}\times h_d}{h_x}\end{aligned} \tag{3-41}$$

式中：$G_{mbx(估算)}$——任意旋转压实次数 x 时试件的估算毛体积相对密度；

h_x——任意旋转压实次数试件压实度为：

$$G_{mmx}=100\times\frac{G_{mb}\times h_d}{G_{mm}\times h_x} \tag{3-42}$$

式中：G_{mm}——混合料最大理论相对密度。

第三步：计算设计压实次数 $N_{设计}$ 时的 Va、VMA

利用下式计算各个初始混合料在设计压实次数 $N_{设计}$ 时的 Va、VMA：

$$V_a=100\times\left(1-\frac{G_{mb}}{G_{mm}}\right) \tag{3-43}$$

$$VMA=100\times\left(1-\frac{G_{mb}\times P_s}{G_{sb}}\right) \tag{3-44}$$

式中：V_a——在 $N_{设计}$ 时试验混合料的空隙率(%)；

VMA——集料间隙率(%)；

P_s——沥青混合料中集料的百分率(%)；

G_{sb}——集料混合物合成毛体积相对密度；

其他符号意义同上。

第四步：比较是否满足体积特性要求

各个压实试件估计在 4%空隙率条件下的体积性质，并与 $N_{设计}$ 的 VMA 标准进行比较。

i. 确定各初试混合料试样空隙率与设计空隙率之差：

$$\Delta V_a=4-V_a$$

式中：V_a——在 $N_{设计}$ 计时试验混合料的空隙率(%)；

ΔV_a——各个压实试件空隙率与设计空隙率之差(%)。

ii. 估计需要沥青用量变化 ΔP_b，以产生 4%的空隙率。如果空隙率等于 4%，则不需要进行调整；而更多情况是不相等，因此需要进行调整。$N_{设计}$ 等于 4%的空隙率时的沥青含量：

$$P_{b(估算)}=P_{bi}-0.4\times(4-V_a) \tag{3-45}$$

式中：$P_{b(估算)}$——估算的沥青用量(混合料的%)；

P_{bi}——初始沥青用量(混合料的%)；

V_a——$N_{设计}$时的空隙率(试验测得)。

iii. 估计因空隙率变化 ΔV_a 引起的 VMA 变化 ΔVMA：此时，沥青用量时 $N_{设计}$ 的体积指标：

$$VMA_{设计} = VMA_{(试验)} + C \times (4 - V_a) \tag{3-46}$$

式中：$VMA_{设计}$——设计空隙率为4%时的矿料间隙率；

$VMA_{(试验)}$——初始沥青用量下的确定的 VMA；

C——常数，当 V_a<4.0%时，C=0.1；V_a>4.0%时，C=0.2。此时：

$$VMA_{设计} = 100 \times \frac{VMA_{设计} - 4.0}{VMA_{设计}} \tag{3-47}$$

iv. 粉胶比以通过0.075mm筛孔的材料质量百分率，除以有效沥青含量 P_{be}(按下式计算)：

$$P_{be估计} = P_{b估计} - (P_s \times G_b) \times \frac{G_{se} - G_{sb}}{G_{se} \times G_{sb}} \tag{3-48}$$

式中：P_s——集料含量(%)；

G_b——沥青的相对密度；

G_{se}——集料的有效相对密度；

G_{sb}——集料的合成毛体积相对密度。

则粉胶比：

$$DP = P_{0.075}/P_{be} \tag{3-49}$$

式中：$P_{0.075}$——0.075筛的通过率，以集料质量的百分率表示。

第五步：选定设计集料结构

比较调整到设计沥青用量下的各初试混合料的估计体积参数是否满足设计空隙率4%及表3-18设计标准，选择符合标准最满意的一个级配作为设计集料结构。

(7)确定设计沥青用量

选择设计集料结构，采用下列沥青用量，制备至少2个试样，估计的设计沥青用量 P_b(设计)，选择以下4个沥青用量作为评价基础：

$P_{b(设计)}$　　$P_{b(设计)}-0.5\%$　　$P_{b(设计)}+0.5\%$　　$P_{b(设计)}+1.0\%$

第一步：根据工程预估20年设计 $ESAL_s$，选择设计旋转压实水平，成型4种沥青用量的沥青混合料试件。

第二步：对各组沥青混合料进行短期老化后，用旋转压实仪压实到 $N_{设计}$，记录每一旋转次数下的试件高度，精确到0.1mm。

第三步：测定每个压实混合料试件的毛体积相对密度。

第四步：测定经短期老化后各组松散沥青混合料的最大理论密度，每组取两个平行试验的平均值。

第五步：确定在 $N_{设计}$次数时产生4%目标空隙率的设计沥青用量：

i. 每组混合料在两个关键压实点 $N_{初始}$ 和 $N_{设计}$，用式3-41确定平均修正试件密度 $G_{mm(初始)}$ 和 $G_{mm(设计)}$。

ii. 用式(3-43)、(3-44)计算 $N_{设计}$时的 V_a、VMA，并用式计算 VFA。

$$VFA = 100 \times \frac{VMA - V_a}{VMA} \tag{3-50}$$

iii. 绘出试件沥青用量与平均 Va、*VMA*、*VFA* 和 $N_{设计}$时密度关系图，Superpave 软件可自动画出（图 3-20）。

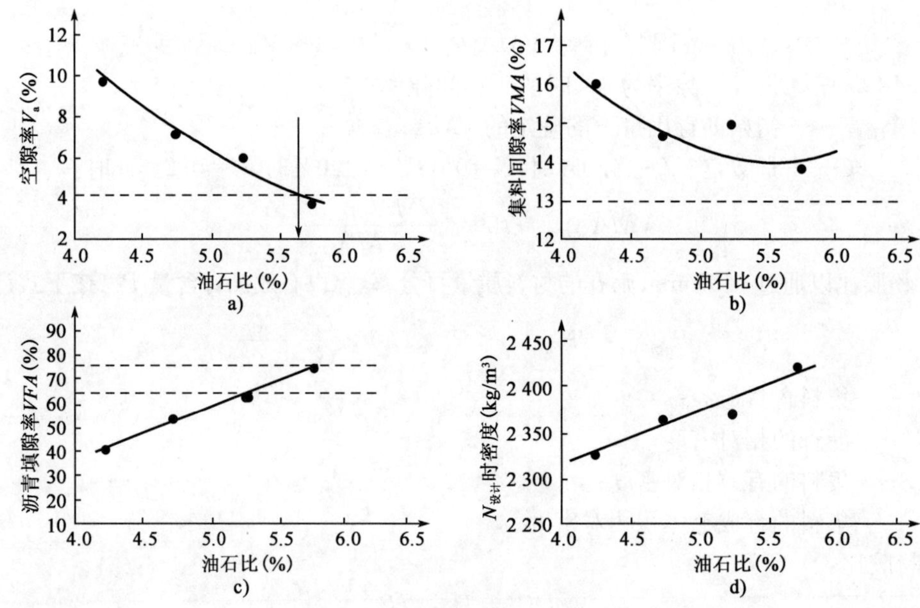

图 3-20　$N_{设计}$时体积设计相应关系示意图

iv. 通过图解数学内插，确定目标空隙率等于 4%，即确定在 $N_{设计}$时的设计沥青用量 *Pb*，精确到 0.1%。

v. 检验设计沥青用量 *Pb* 时 $G_{mm初始}$ 和 $G_{mm设计}$是否满足设计要求。

5. 验证沥青混合料路用性能

确定了沥青混合料级配组成、选择出最佳沥青用，检验沥青混合料体积组成，这是一个保证沥青混合料体积组成是否合理的判定过程。一旦完成沥青混合料组成设计，须对所设计的沥青混合料进行高温稳定性、低温抗裂性、水损坏抵抗能力、耐久性等路用性能的验证性评价。

五、沥青碎石混合料设计方法优选

前已述的沥青混合料设计方法，其中马歇尔法是最基础的体积设计方法，已被世界各国广泛应用，也是我国现行规范规定的设计方法。

但是，用马歇尔落锤冲击成型的试件，脱离当今路面受力情况，测定的稳定度不能恰当地评估沥青混合料的抗剪强度，为此，只能采用大马歇尔法。

Superpave 旋转压实体积法，采用旋转压实机 SGC(Superpave Gyratory Compactor)成型试件，能够接近实际路面气候和荷载条件下，能达到实际的密实状态，同时，压实试件能适应大尺寸集料。GTM 试验机法亦是如此。

为了优选沥青混合料设计方法，以下采用大马歇尔法，确定沥青碎石沥青最佳用量，同时，采用 GTM 法确定沥青碎石沥青最佳用量，还借鉴 Superpave 混合料组成设计方法，用 SGC 成型试件，按空隙率 4%确定沥青最佳用量，彼此之间进行相互比较和印证。

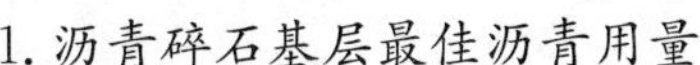
1. 沥青碎石基层最佳沥青用量

依据前述级配理论，设计出五种 ATB-25 连续级配、骨架-密实结构，四种 ATB-30 型级配（见表 3-5、表 3-6、图 3-9、图 3-10）。采取不同的设计方法，不同的沥青品种，分别设计出最佳沥青用量。

1）大马歇尔试验法——沥青碎石沥青最佳用量

（同一沥青品种、不同级配）

根据表 3-5、表 3-6 优化选定的九中集料级配，使用大马歇尔试验，确定沥青碎石沥青的最佳用量。与标准马歇尔法方法相同，测定项目：混合料密度、空隙率、稳定度、流值和饱和度。大马歇尔和标准马歇尔击实技术参数见表 3-23，大马歇尔沥青最佳用量技术标准见表 3-24。

大型马歇尔和标准马歇尔击实技术参数对照表　　表 3-23

参　数	试件直径（mm）	试件标准高度（mm）	锤重（kg）	落锤高度（mm）	击实次数	每次单位表面功（$N\cdot m/mm^2$）	体击实功（$N\cdot m/mm^3$）
标准马歇尔	101.6	63.5	4.53	457	75	0.002 503 7	0.002 957
大型马歇尔	152.4	95.25	10.2	457	112	0.002 505 5	0.002 946

（1）大马歇尔试件制备和技术性能测定

首先，选用优化出的韩国 SK AH-70 号重交通石油沥青，对表 3-5、表 3-6 选定的 9 种级配，按表 3-7 设定的油石比，分别制备大马歇尔试件（图 3-21），采用蜡封法测定压实的沥青混合料毛体积密度；采用 T 0711—2011 规定的试验方法，以 0.5%的间隔选取油石比，测定大马歇尔试件理论最大相对密度。同时，测定出各自的密度、空隙率、饱和度、稳定度和流值。

沥青碎石大马歇尔试验确定沥青最佳用量技术标准　　表 3-24

试验指标	单　位	技术要求
击试次数（双面）	次	112
稳定度	kN	≥15
流值	0.1mm	40～80
空隙率 *VV*	%	3～6
沥青饱和度 *VFA*	%	55～70

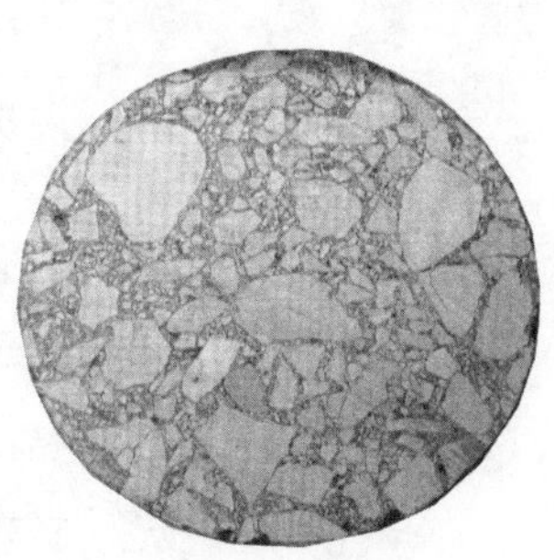
图 3-21　大马歇尔试件及切割断面

（2）绘制出油石比与测定的各项技术性能

根据测定的技术性能，绘制出油石比与密度、空隙率、饱和度、稳定度和流值关系图（图 3-22～图 3-32），以便于进行同一品种的沥青、不同集料级配的沥青最佳用量进行分析、研究探讨其变化规律。

（3）同一品种沥青与不同级配的沥青碎石技术性能分析

通过对图 3-22～图 3-32 油石比关系图分析，获得以下规律：

①不同级配对混合料的密度、空隙率，稳定度、流值和饱和度均有一定的影响；级配越粗，最佳沥青用量越少，但是，总体相差不大。1 号和 6 号级配与其他级配的试验结果差异较大，主要由于 1 号、6 号级配最粗，粗集料多，细集料少，因此极易离析，造成试验时性能不稳定。

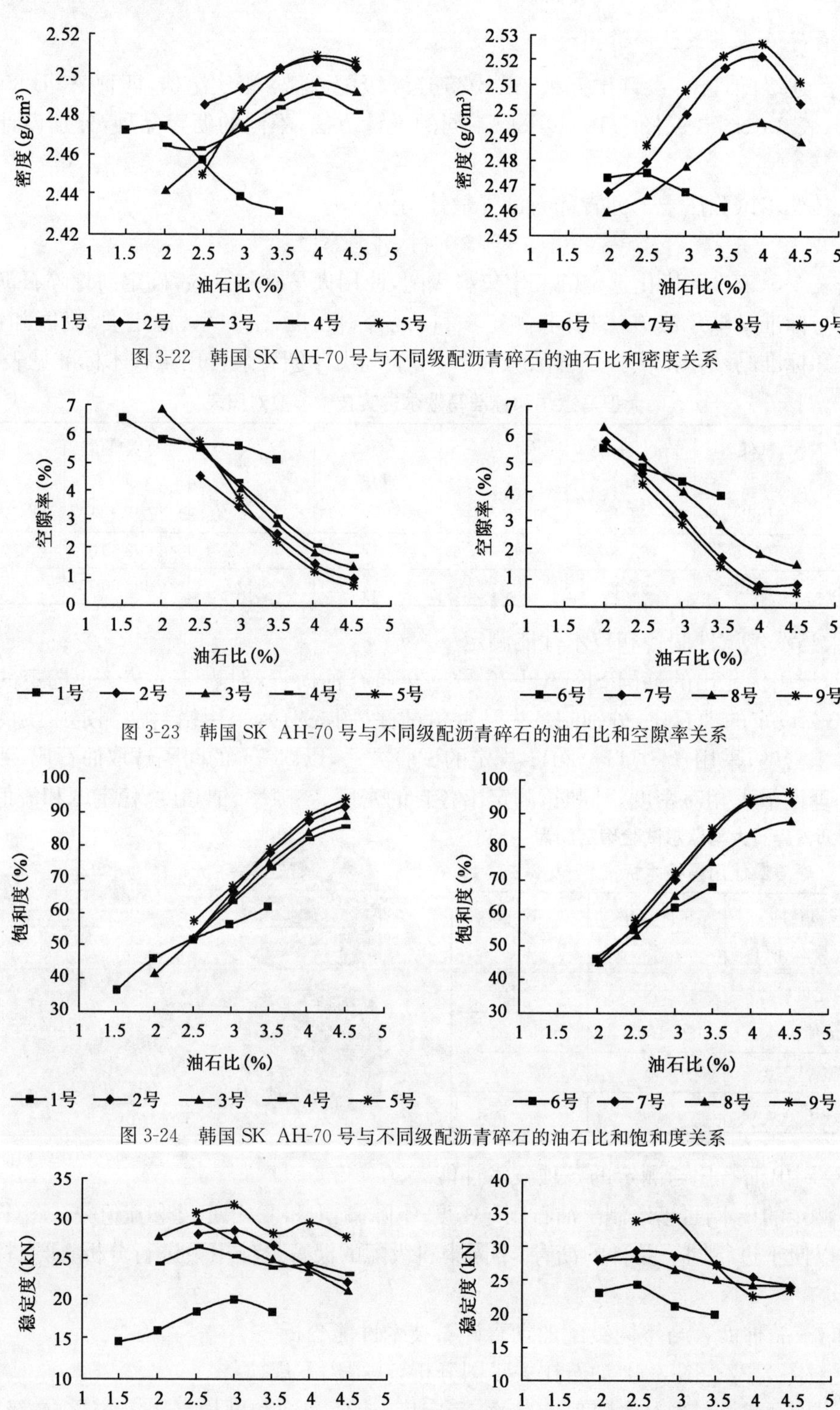

图 3-22 韩国 SK AH-70 号与不同级配沥青碎石的油石比和密度关系

图 3-23 韩国 SK AH-70 号与不同级配沥青碎石的油石比和空隙率关系

图 3-24 韩国 SK AH-70 号与不同级配沥青碎石的油石比和饱和度关系

图 3-25 韩国 SK AH-70 号与不同级配沥青碎石的油石比和稳定度关系

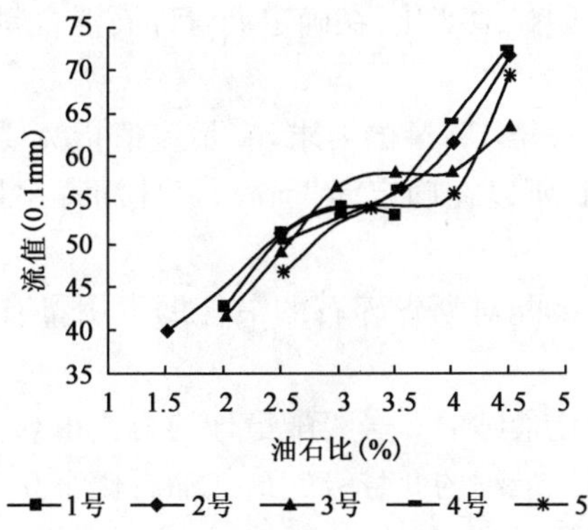

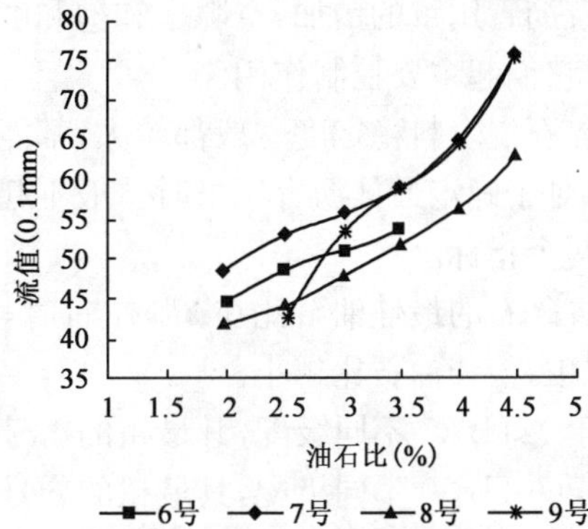

图 3-26 韩国 SK AH-70 号与不同级配沥青碎石的油石比和流值关系

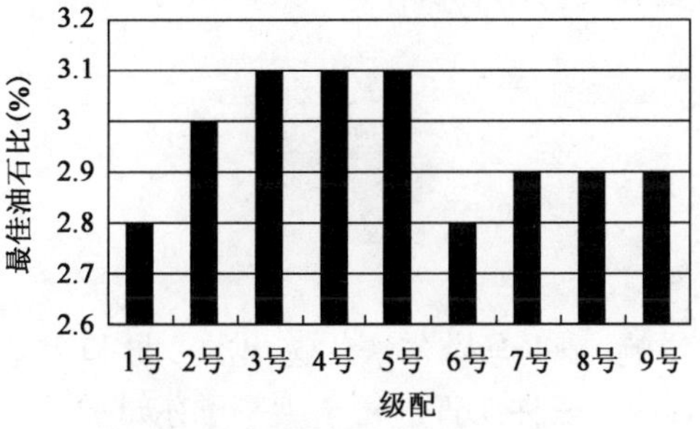

图 3-27 韩国 SK AH-70 号与 9 种级配最佳油石比对比

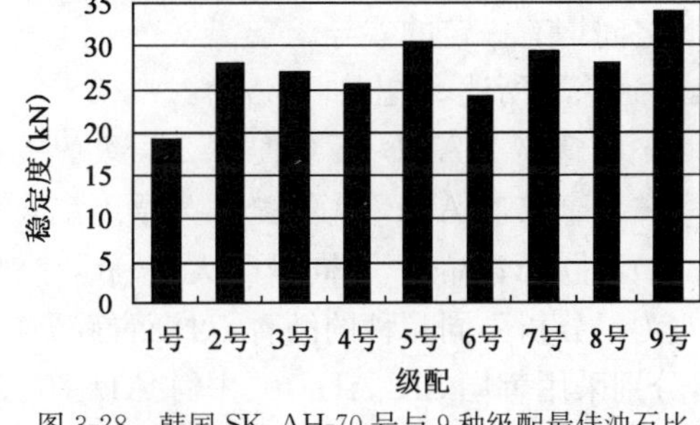

图 3-28 韩国 SK AH-70 号与 9 种级配最佳油石比不同级配稳定度

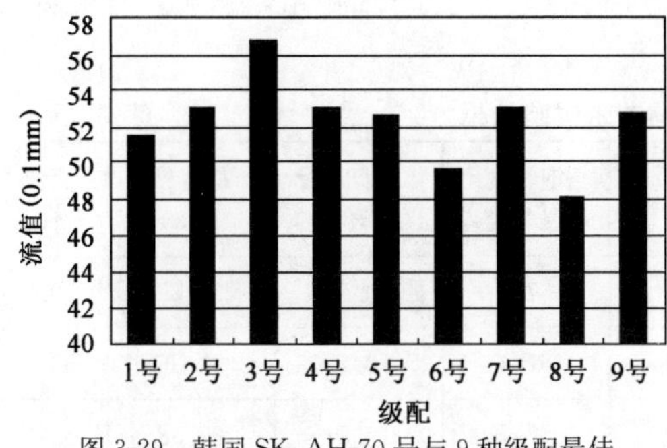

图 3-29 韩国 SK AH-70 号与 9 种级配最佳油石比时不同级配流值

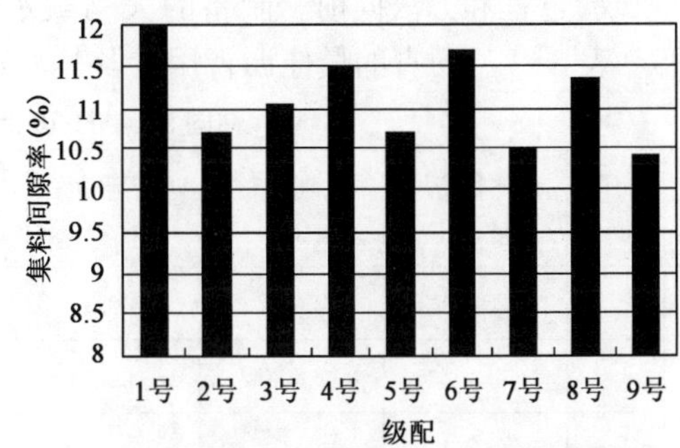

图 3-30 韩国 SK AH-70 号与 9 种级配最佳油石比时级配集料间隙率

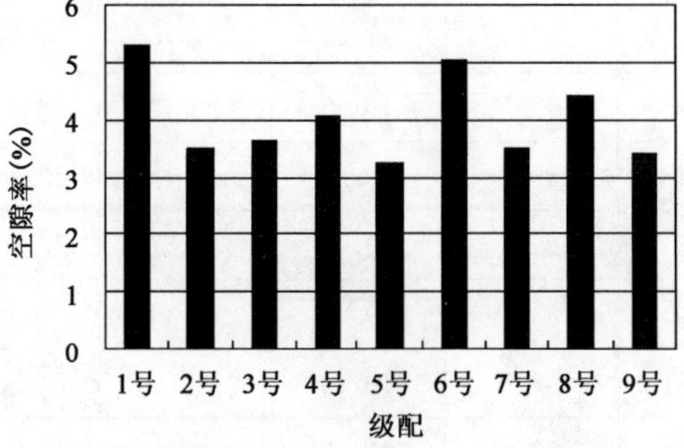

图 3-31 韩国 SK AH-70 号与 9 种级配最佳油石比时集料空隙率

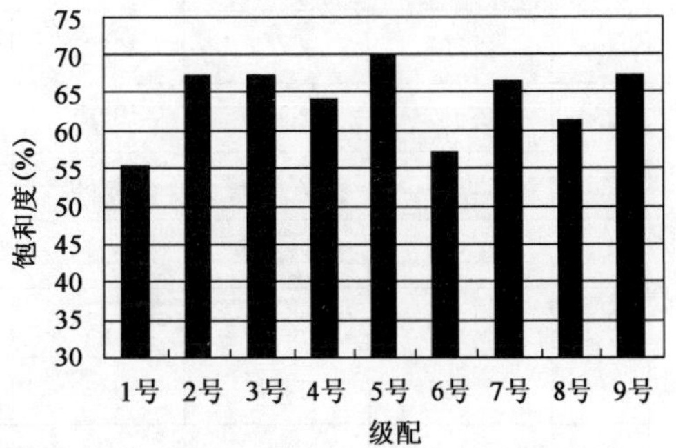

图 3-32 韩国 SK AH-70 号与 9 种级配最佳油石比时的沥青饱和度

②随着沥青用量的增加，空隙率和饱和度发生明显地变化；在确定沥青碎石混合料最佳沥青用量时，它们起主要控制作用。

沥青碎石混合料稳定度一般都较大，都能满足大于15kN的要求，满足流值指标要求沥青范围较大，对于确定最佳沥青用量时一般不起作用，所以在确定沥青碎石最佳沥青用量时，可不考虑这两个指标。

③沥青碎石的最佳油石比在3%左右时，集料级配对沥青碎石的最佳沥青用量有一定影响，级配越粗，最佳油石比越小。

· 对于ATB-25不同级配，其最粗的1号级配比最细的5号级配最佳油石比小0.3%。

· 对于ATB-30不同级配，其最粗的6号级配比最细的9号级配最佳油石比小0.1%。

· ATB-30级配一般比ATB-25级配的最佳油石比小，最大相差0.2%。不同级配沥青碎石，对最佳油石比时的密度、稳定度、流值、空隙率、饱和度、集料间隙率等关键指标具有影响，彼此之间均有一定的差异。

(4)综上所述，得出如下结论：

· 沥青碎石ATB-25级配中2号级配较优；

· 沥青碎石ATB-30级配中7号级配较优。

2)不同沥青品种、不同级配大型马歇尔试验

为了分析不同品种的沥青，对沥青碎石的性能影响，根据马歇尔法优选出的2号和7号级配，分别采用韩国SK AH-70、中海AH-70、大港AH-50三种沥青进行了大马歇尔试验。

(1)不同品种沥青大马歇尔试验技术性能测定

试验过程和方法同前。制备的大马歇尔试件，对它们的性能进行测定，其测定结果见表3-25～表3-27。沥青的最佳沥青用量及其马歇尔参数见表3-28。

韩国SK AH-70沥青大马歇尔试验结果 表3-25

级配	油石比(%)	毛体积密度(g/cm³)	最大理论密度(g/cm³)	空隙率(%)	沥青体积百分率(%)	饱和度(%)	矿料间隙率(%)	稳定度(kN)	流值(0.1mm)
2号	2.5	2.484	2.602	4.53	6.03	57.1	10.56	27.89	50.1
	3.0	2.492	2.582	3.49	7.23	67.4	10.72	28.36	53.0
	3.5	2.501	2.563	2.42	8.42	77.7	10.84	26.58	55.9
	4.0	2.507	2.544	1.45	9.60	86.9	11.05	23.89	61.2
	4.5	2.503	2.526	0.91	10.78	92.2	11.69	21.75	71.3
7号	2.0	2.467	2.619	5.81	4.82	45.3	10.63	28.12	48.5
	2.5	2.478	2.600	4.69	6.02	56.2	10.71	29.41	52.9
	3.0	2.498	2.578	3.17	7.25	69.6	10.42	28.87	55.4
	3.5	2.516	2.558	1.76	8.52	83.5	10.20	27.30	58.6
	4.0	2.521	2.543	0.83	9.66	92.7	10.42	25.50	64.5
	4.5	2.503	2.523	0.79	10.78	93.1	11.58	24.25	75.4

表 3-26

中海 AH-70 沥青大马歇尔试验结果

级配	油石比(%)	毛体积密度(g/cm³)	最大理论密度(g/cm³)	空隙率(%)	沥青体积百分率(%)	饱和度(%)	矿料间隙率(%)	稳定度(kN)	流值(0.01mm)
2号	2.0	2.446	2.622	6.71	4.78	41.6	11.49	26.62	41.6
	2.5	2.481	2.602	4.65	6.03	56.5	10.68	29.94	45.7
	3.0	2.504	2.584	3.02	7.26	70.6	10.28	29.71	48.9
	3.5	2.515	2.564	1.91	8.47	81.6	10.38	27.54	50.8
	4.0	2.509	2.543	1.34	9.62	87.8	10.96	25.04	55.6
7号	2.0	2.464	2.617	5.85	4.81	45.1	10.66	30.29	43.6
	2.5	2.484	2.598	4.38	6.04	58.0	10.42	31.17	51.5
	3.0	2.502	2.580	3.02	7.26	70.6	10.28	31.51	54.6
	3.5	2.509	2.558	2.03	8.45	80.6	10.48	28.78	55.5
	4.0	2.504	2.542	1.49	9.59	87.2	11.00	23.85	57.4

表 3-27

大港 AH-50 沥青大马歇尔试验结果

级配	油石比(%)	毛体积密度(g/cm³)	最大理论密度(g/cm³)	空隙率(%)	沥青体积百分率(%)	饱和度(%)	矿料间隙率(%)	稳定度(kN)	流值(0.01mm)
2号	2.0	2.462	2.625	6.20	4.80	43.6	11.00	33.80	46.4
	2.5	2.461	2.603	5.46	5.98	52.3	11.44	34.74	50.9
	3.0	2.478	2.584	4.10	7.19	63.6	11.29	33.74	57.4
	3.5	2.499	2.564	2.50	8.42	77.1	10.92	31.45	62.2
	4.0	2.504	2.542	1.49	9.60	86.6	11.09	28.34	65.4
	4.5	2.490	2.525	1.39	10.72	88.5	12.11	26.78	68.7
7号	2.5	2.476	2.598	4.77	6.01	55.8	10.78	34.14	52.1
	3.0	2.494	2.580	3.33	7.24	68.5	10.57	35.17	58.3
	3.5	2.505	2.558	2.19	8.44	79.4	10.63	31.86	61.9
	4.0	2.506	2.541	1.38	9.60	87.4	10.98	27.95	64.5
	4.5	2.491	2.522	1.23	10.73	89.7	11.96	26.45	68.8

表 3-28

不同沥青最佳用量试验结果及测定出马歇尔参数

技术性能	单位	沥青品种					
		韩国SK AH-70号		中海 AH-70号		大港 AH-50号	
级配		2号	7号	2号	7号	2号	7号
最佳油石比	%	3.0	2.9	2.9	2.8	3.0	2.9
密度	g/cm³	2.492	2.493	2.482	2.490	2.478	2.486
VMA	%	10.72	10.52	10.99	10.55	11.21	10.77
VV	%	3.49	3.52	4.02	3.79	4.02	3.79
VFA	%	67.4	66.5	63.4	64.1	64.1	64.8
VA	%	7.23	7.00	6.97	6.76	7.19	6.98
稳定度	kN	28.36	29.32	29.59	31.35	33.74	34.41
流值	0.1mm	53.0	53.1	47.8	53.4	57.4	56.1

(2)绘制不同沥青品种油石比与沥青碎石技术性能关系图

根据对大马歇尔试件测定的沥青碎石密度、空隙率、饱和度、稳定度和流值，绘制出油石比与其关系(图 3-33～图 3-37)。

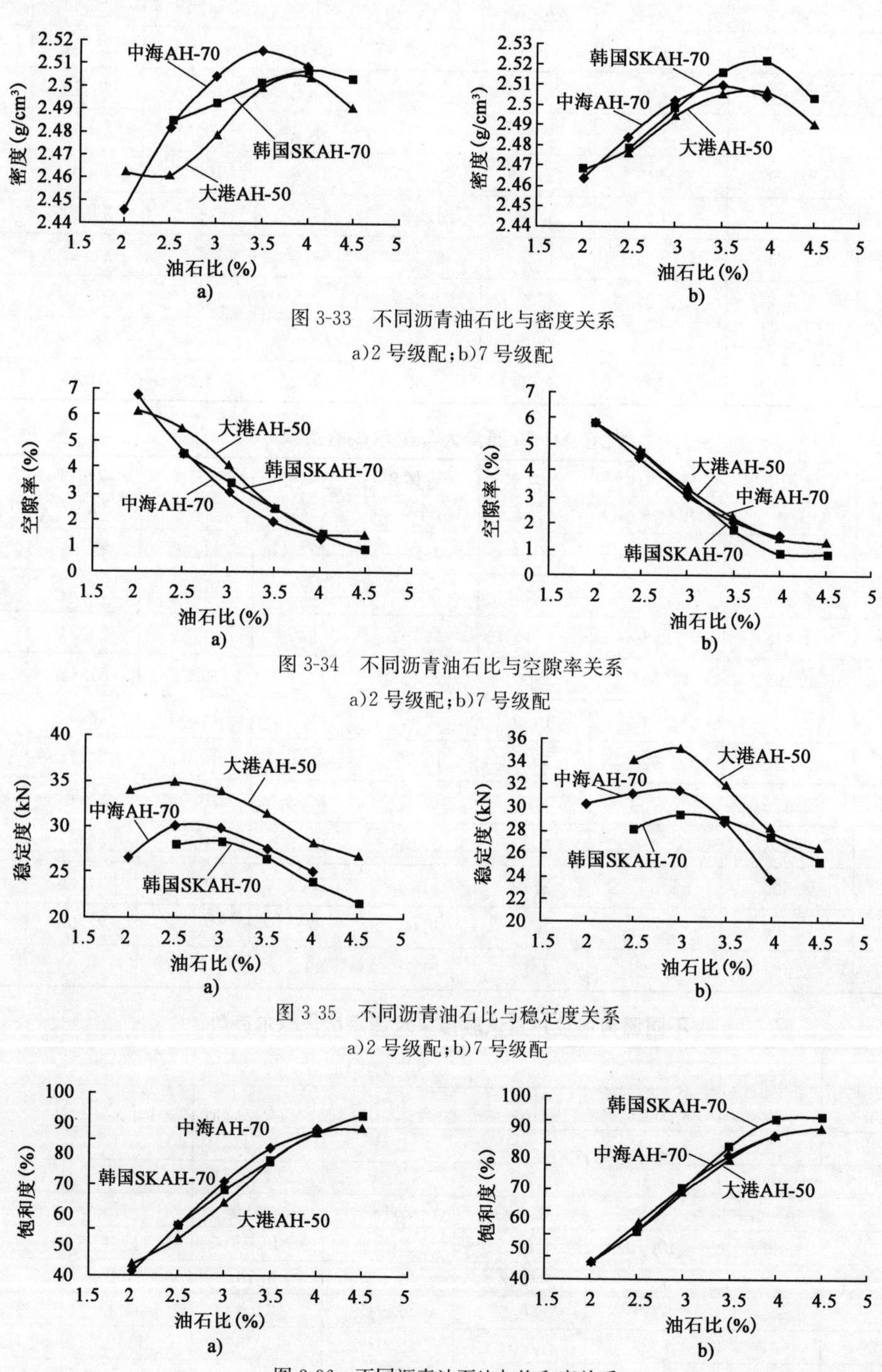

图 3-33　不同沥青油石比与密度关系

a)2 号级配；b)7 号级配

图 3-34　不同沥青油石比与空隙率关系

a)2 号级配；b)7 号级配

图 3-35　不同沥青油石比与稳定度关系

a)2 号级配；b)7 号级配

图 3-36　不同沥青油石比与饱和度关系

a)2 号级配；b)7 号级配

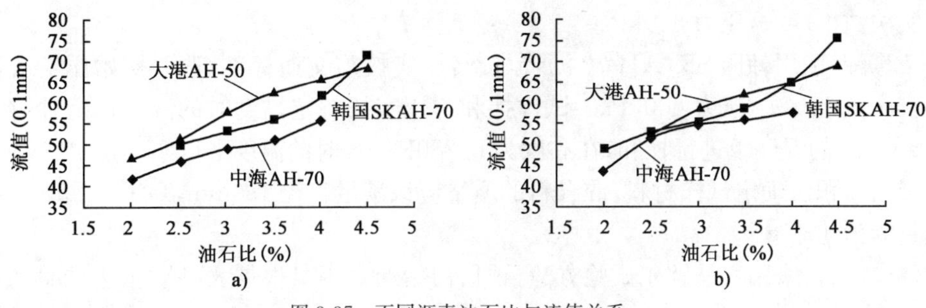

图 3-37 不同沥青油石比与流值关系

a)2 号级配;b)7 号级配

(3)不同品种沥青与不同级配(2 号、7 号)沥青碎石技术性能分析

根据上述不同品种的沥青试验结果(图 3-38)可以看出:

①不同品种的沥青、不同种类的级配,对沥青碎石的最佳沥青用量的影响不太明显;对 2 号和 7 号级配,中海 AH-70 沥青的最佳油石比最小,比韩国 SK-70 和大港 AH-50 小 0.1%。

②不同沥青拌制的沥青碎石,在最佳油石比时,其密度、空隙率、饱和度、矿料间隙率等规律不明显。

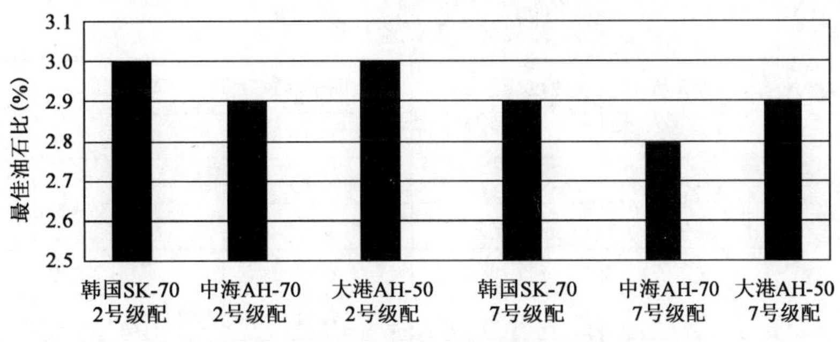

图 3-38 沥青碎石不同沥青品种与最佳沥青用量关系

值得注意的是:大港 AH-50 沥青的稳定度最大,但是,流值也最大,说明 50 号沥青在常温时具有较好的抗变形能力。为此,得出如下结论:

AH-50 沥青的沥青碎石的高温抗车辙性能最好,这说明流值等马歇尔试验参数,难以评价沥青混合料的高温稳定性。试验参数与混合料路用性能缺乏相关性,这是马歇尔方法的主要缺陷之一。

3)Superpave 旋转压实体积法

如上所述,马歇尔试验方法与路面设计无有相关性,不能精确判断不同交通荷载与混合料技术指标之间的不同要求,试件成型方法不能模拟当今施工现场,这些缺陷随着现代化高速公路路面施工发展日益凸现。

(1)Superpave 旋转压实试验

Superpave 旋转压实试验法,试件采用旋转压实机 SGC 成型体积法确定最佳沥青用量。该设计法能将室内混合料逼真的压实到实际路面施工条件下所达到的密实状态,同时压实试件能适应大尺寸集料,基本满足了试件仿真压实的目的。

对 2 号级配,采用大港 AH-50 沥青,旋转压实按特重交通标准,选取初始压实次数 9 次,设计压实次数125次，压力600kPa。

对7号配，采用韩国SK AH-70沥青，旋转压实按重交通标准，选取初始压实次数8次，设计压实次数100次，压力600kPa。试件拌和与压实按特定黏度时的温度进行，即在黏度为0.170Pa·s时的温度下进行拌和，在黏度为0.280Pa·s时的温度下压实。

由于用体积法确定试样材料，混合料的质量应该满足直径150mm，高115±5mm要求，集料的质量约为4500g。

试件成型时，采用大马歇尔试验方法，预估初始沥青用量根据大马歇尔法试验确定，油石比间隔0.5%。

为了与大马歇尔试验对比，拌和后不进行短期老化，直接装入试模中。旋转压实试验试件及其切割断面见图3-39。

图3-39 旋转压实试验试件及其切割断面

试件成型后，测定各项参数，根据沥青用量与空隙率的关系，按空隙率4%确定最佳沥青用量，得到2号级配的最佳沥青用量为3.0%，7号级配的最佳油石比为2.8%。其具体试验结果见表3-29。

旋转压实试验结果　　表3-29

级　配	油石比(%)	密度(g/cm³)	空隙率(%)	*VMA*(%)	*VFA*(%)
2号	2.0	2.424	7.59	12.2	37.8
	2.5	2.459	5.50	11.4	51.8
	3.0	2.478	4.03	11.2	64.0
	3.5	2.493	2.73	11.1	75.4
7号	2.0	2.425	7.44	11.8	37.0
	2.5	2.461	5.34	11.0	51.5
	3.0	2.497	3.22	10.1	68.1
	3.5	2.512	1.91	10.2	81.3

(2)大马歇尔试验与旋转压实试验的比较

为了比较两种不同成型方法的区别，首先，分别绘出2号和7号级配的油石比与密度、空隙率、饱和度和集料间隙率的关系图(图3-40～图3-43)。

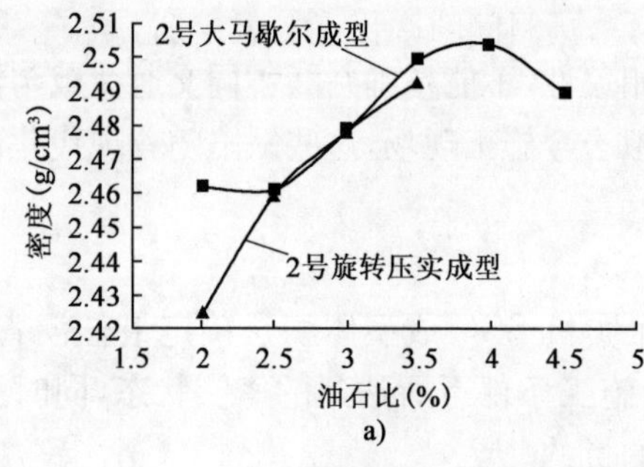

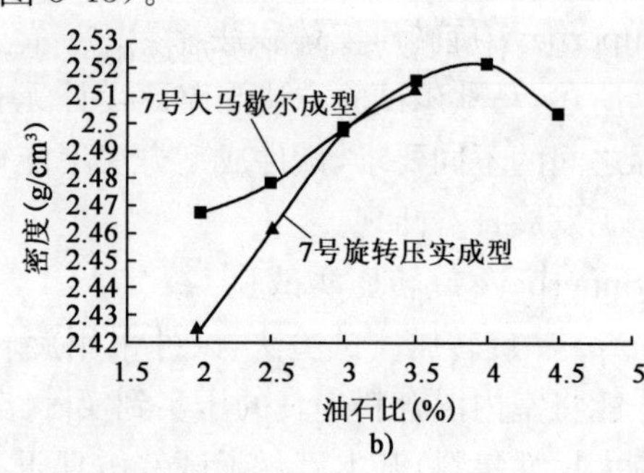

图3-40 沥青碎石不同成型方法油石比与密度关系

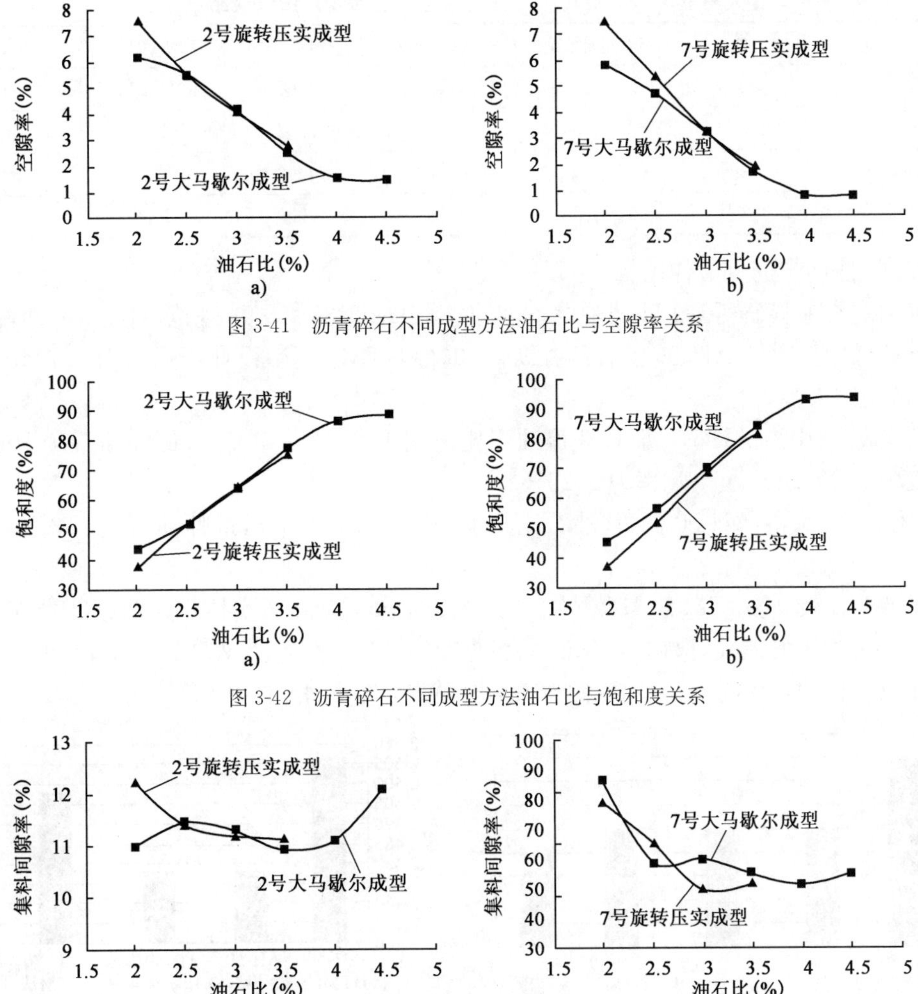

图 3-41　沥青碎石不同成型方法油石比与空隙率关系

图 3-42　沥青碎石不同成型方法油石比与饱和度关系

图 3-43　沥青碎石不同成型方法油石比与集料间隙率关系

从图 3-40～图 3-43 可知：

①在沥青用量小时，沥青碎石两种成型方法的密度、空隙率、饱和度和矿料间隙率差别较大。

②随着油石比的增大，这种差别逐渐减小，但是，集料间隙率仍有较大差别。因此，采用旋转压实比大马歇尔法更合理。分析其原因可能是：沥青用量小时，大马歇尔击实可能易击碎部分集料，使得密度变大，空隙率变小，饱和度增大。

③采用大马歇尔法与旋转压实体积法，确定的最佳沥青用量试验结果汇总于表 3-30。从该表中可以看出：

• 2 号级配：旋转压实体积法与大马歇尔法确定的最佳沥青用量几乎没有差别，最佳沥青用量时试件体积参数也基本相同。

• 7 号级配，两种方法试验结果也差别不大，旋转压实体积法确定的最佳沥青用量比大马歇尔法小 0.1%。

大马歇尔法与旋转压实方法确定最佳沥青用量试验结果　　表 3-30

试验方法	级配	油石比(%)	密度(g/cm³)	空隙率(%)	*VMA*(%)	*VFA*(%)
大马歇法	2号	3.0	2.478	4.02	11.21	64.1
	7号	2.9	2.493	3.52	10.52	66.5
旋转压实体积法	2号	3.0	2.478	4.03	11.2	64.0
	7号	2.8	2.484	4.00	10.9	61.7

4)GTM 法确定沥青最佳用量

借助河北交通科研所 GTM 试验设备，根据 ASTM D3387—96 规范，对于 2 号级配，采用中海 AH-70 沥青、大港 AH-50 沥青两种沥青，进行 GTM 试验，设计压强采用 0.7MPa，机器角 0.8°，试验结果：

· 2 号级配、中海 AH-70 沥青，获得油石比范围为 2.9%～3.3%，最佳油石比为 3.0%，相应密度为 2.498g/cm³，空隙率为 3.25%。

· 2 号级配、大港 AH-50 沥青，油石比范围为 3.1%～3.5%，最佳油石比为 3.3%，相应密度为 2.506g/cm³，空隙率为 2.53%。

为了便于比较，将 GTM 法与大马歇尔法、Superpave 旋转压实体积法两种沥青碎石最佳沥青用量确定方法的差异，根据 GTM 试验数据及表 3-26、表 3-27、表 3-28，绘出三种方法的最佳油石比及最佳油石比时的密度、空隙率关系柱状图(图 3-44～图 3-46)。

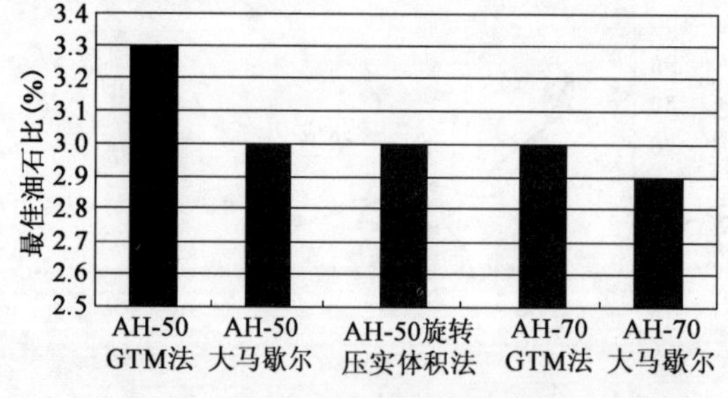

图 3-44　三种方法确定的最佳油石比关系

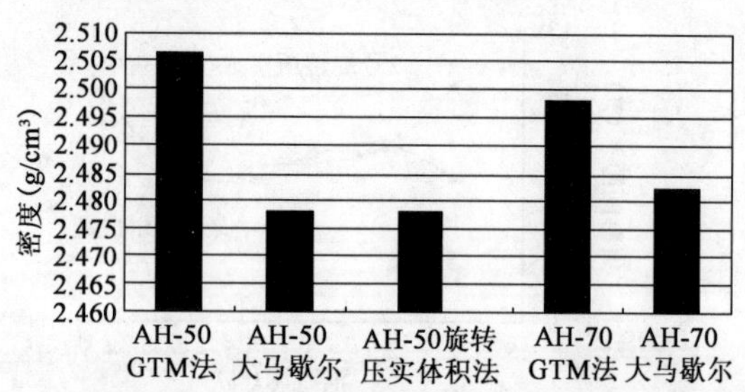

图 3-45　三种方法最佳油石比时密度关系

(1)从图 3-44 可知 2 号级配：

· 采用大港 AH-50 沥青，GTM 法确定的最佳沥青用量比大马歇尔法和 Superpave 旋转压实体积法大 0.3%。

· 采用中海 AH-70 沥青，GTM 法确定的最佳沥青用量比大马歇尔法大 0.1%，与国内研究结论有所差异。分析其原因可能是：因为试验所用集料不同所致，考虑到现场变异性，可以认为不同方法得到的最佳沥青用量的差别是比较小的。

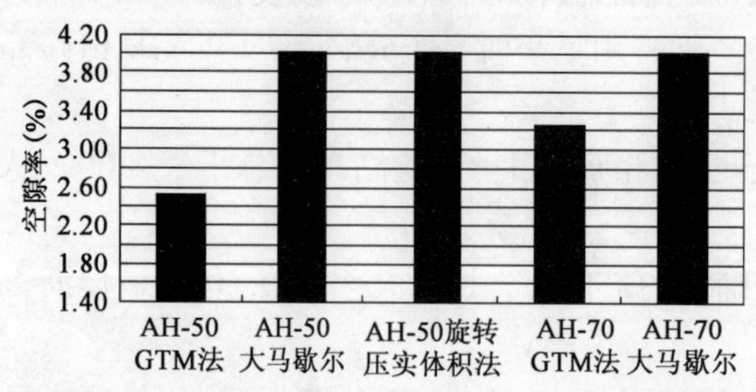

图 3-46　三种方法最佳油石比时的空隙率关系

(2)从图 3-44～图 3-46 可知：

· 采用 GTM 法最佳油石比时，密度和空隙率与大马歇尔法和 Superpave 旋转压实体积法的最佳油石比对比时，沥青碎石密度和空隙率有较大差异。

·对 AH-50 沥青,GTM 法密度比大马歇尔法和 Superpave 旋转压实体积法大 0.028g/cm^3,其空隙率比大马歇尔法小 1.49%,比 Superpave 旋转压实体积法小 1.48%。

·对 AH-70 沥青,GTM 法密度比大马歇法大 0.016g/cm^3,其空隙率分别比大马歇尔法小 0.77%。

综上所述,GTM 法、Superpave 旋转压实体积法、大马歇尔法确定的沥青稳定碎石基层混合料最佳沥青用量基本相同。但是,GTM 法在最佳沥青用量时混合料的密度最大、空隙率最小,也就是说 GTM 方法设计出的沥青混合料具有最大的密实度和最强的抗变形能力,因此,为了使重交通道路路面具有较好的抗车辙性能,其沥青碎石设计采用 GTM 方法具有一定优势。

2.归纳总结

根据沥青碎石基层技术性能要求,经过大量室内试验研究比选,提出如下成果:

1)沥青结合料

通过对韩国 SK AH-70、中海 AH-70 和大港 AH-50 三种重交通石油沥青进行了对比分析,选择中海 AH-70 和大港 AH-50 作为沥青碎石基层混合料结合料。

2)集料级配

在国内外现有级配研究成果的基础上,选择 5 种 ATB25 级配和 4 种 ATB30 级配,对其骨架结构进行分析。结果表明,在设计沥青碎石级配时,为了形成嵌挤骨架结构,4.75mm 通过率应接近 30%。

3)确定最佳沥青用量技术指标

用大马歇尔法确定沥青碎石基层最佳沥青用量时,空隙率和饱和度随沥青用量的增加变化明显,起主要控制作用,稳定度一般能满足大于 15kN 的要求,满足流值指标要求的沥青范围较大,一般对最佳沥青用量的确定不起控制作用,可只考虑密度、空隙率、饱和度、稳定度等四项指标。

4)沥青碎石混合料设计方法

通过大马歇尔法、Superpave 旋转压实体积、GTM 法三种方法对比研究表明,三种设计方法确定的沥青碎石基层混合料最佳沥青用量基本相同。但是,GTM 法确定最佳沥青用量时,混合料的密度最大、空隙率最小,也就是说,GTM 方法设计出的沥青混合料,具有最大密实度和最强的抗变形能力。

为了使重交通道路路面具有较好的抗车辙性能,推荐采用 GTM 方法设计沥青碎石混合料。

第三节 沥青碎石基层路用性能

在本书上一节中,对沥青碎石组成进行了研究。为了验证其材料组成设计的合理性,以获得沥青稳定碎石的设计参数,根据重交通荷载特点和沥青稳定碎石基层的性能要求,对沥青稳定碎石基层的力学强度参数、高温稳定性、水稳定性、低温抗裂性、疲劳特性等路用性能进行试

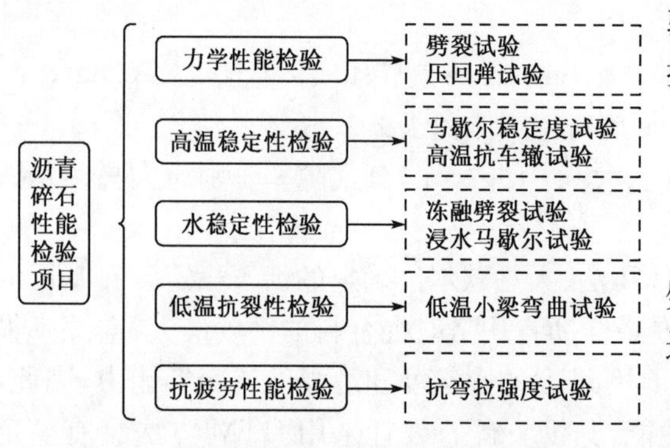

图 3-47　邯长路沥青碎石基层路用性能验证项目

验研究。邯长公路沥青碎石基层的路用性能，按照图 3-47 所示的项目进行验证。

一、沥青碎石力学性能验证

对于沥青碎石基层的力学性能，一般采用劈裂试验和抗压回弹模量试验，对其力学性能进行验证。

1. *沥青碎石混合料劈裂试验*

沥青碎石混合料劈裂试验装置见图 3-48。进行劈裂试验的试件，在对称径向压缩荷载作用下，试件沿垂直于荷载作用方向，产生间接拉应力，因而也称间接拉伸试验，通常称为劈裂试验。由于试件受力状态与路面实际受力方式、破坏形态比较接近。可用于评价沥青混合料处于弹性阶时力学性质及低温抗裂性能。

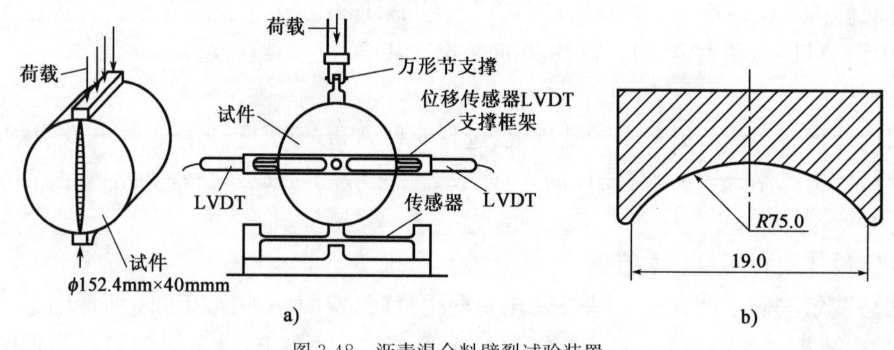

图 3-48　沥青混合料劈裂试验装置

a)劈裂试验装置；b)劈裂试验压条形状

1)试验参数选用

在进行劈裂试验时，根据试验目的与加载速率，考虑当地气候条件，选择试验参数，试验温度不得高于 30℃。如无特殊规定，宜采用试验温度 15℃，加载速率为 50mm/min。用于评价沥青混合料低温抗裂性能时，试验温度为－10℃、加载速率 1mm/min。

对沥青混合料进行劈裂试验时，其泊松比 μ，按表 3-31 选用。表中两温度之间内插选取。

泊松比 μ 除按上表选用外，还可由实测垂直变形及水平变形，计算出实际的 μ 值，但必须在 0.2～0.5 范围内。

劈裂试验使用的泊松比 μ　　表 3-31

试验温度(℃)	<10	15	20	25	30
泊松比 μ 值	0.25	0.30	0.35	0.40	0.45

2)试件尺寸

当集料公称最大粒径≤26.5mm 时，用马歇尔标准击实法成型 101.6mm×高为 63.5mm 圆柱体试件。本试验采用大马歇尔击实成型试件，尺寸为 ϕ152.4mm×95.3mm，试验温度采用 15℃，采用 19mm 宽圆弧形压条。

试件浸入恒温水槽中，保温不少于1.5h。当为恒温空气箱时，保温不少于6h，直至试件内部温度达到试验温度为止。

3)劈裂试验

劈裂试验操作规程，见 T 0716—2011。劈裂试验仪自动采集数据，记录荷载与水平或垂直位移，并绘制出荷载与跨中挠度曲线(图3-49)。启动试验机，同时采集或记录仪，按规定的加载速率，向试件施加劈裂至破坏。劈裂强度 R_T、泊松比 μ、破坏拉伸应变 ε_T 及破坏劲度模量 S_T，分别按下式计算：

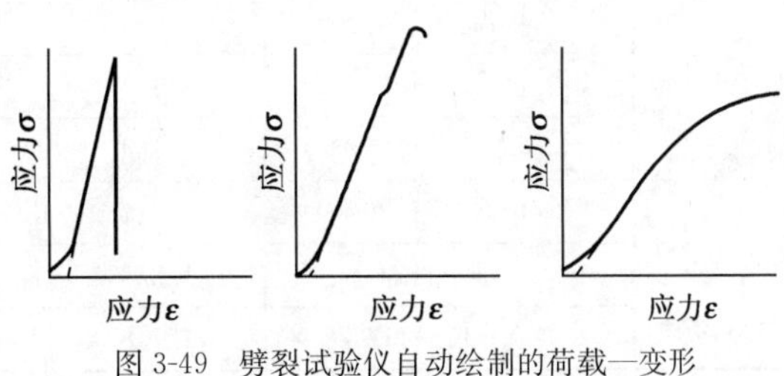

图3-49　劈裂试验仪自动绘制的荷载—变形(垂直或水平)曲线

$$R_T = 0.006\,287 P_T / h \text{(标准试件)}$$

$$R_T = 0.004\,25 P_T / h \text{(大型试件)}$$

$$\mu = (0.135A - 1.794\,9)/(-0.5A - 0.031\,4)$$

$$\varepsilon_T = X_T \times (0.030\,7 + 0.093\,6\mu)/(1.35 + 5\mu)$$

$$S_T = P_T \times (0.27 + 1.0\mu)/(h \times X_T)$$

式中：R_T——验荷载的最大值(N)；

ε_T——破坏拉伸应变；

S_T——破坏劲度模量(MPa)；

μ——泊松比；

h——件高度(mm)；

A——试件垂直变形与水平变形比值，$A = Y_T / X_T$；

P_T——试验荷载最大值(N)；

Y_T——相应于最大破坏荷载时的垂直方向总变形(mm)；

X_T——按图3-49量取的相应于最大破坏荷载时水平方向的总变形；当试验仪测定垂直方向变形 Y_T 或由实测的 Y_T、X_T 计算的 μ 大于0.5或小于0.2时，水平变形 X_T 由表3-43μ 值，按下式计算：

$$X_T = Y_T \times (0.135 + 0.5\mu)/(1.794 - 0.031\,4\mu)$$

如果记录的荷载变形曲线，在小变形区有一定的直线段时，可以(0.1～0.4)P_T 直线段部分的斜率计算弹性阶段的劲度模量，或以此范围内各测点的应力、应变 ε 数据计算的 $S = \sigma/\varepsilon$ 平均值作为劲度模量，并以此作为路面设计用的力学参数。

4)沥青碎石劈裂结果分析

按照 T 0716—2011 试验方法进行劈裂试验(间接抗拉强度)，采用大马歇尔试件，选用2号、7号级配，采用韩国 SK AH-70、中海 AH-70 和大港 AH-50 三种沥青，并按各自的最佳油石比成型试件进行劈裂试验，试验获得的劈裂强度见表3-32，极限拉应变见表3-33，并根据试验结果绘制出柱状图3-50。

沥青碎石劈裂试验间接抗拉强度试验结果(MPa) 表 3-32

级配	沥青	试件 1	试件 2	试件 3	试件 4	平均值
2 号	中海 AH-70	1.601	1.595	1.587	1.575	1.590
	大港 AH-50	1.151	1.184	1.194	1.187	1.179
	韩国 SK AH-70	1.764	1.807	1.713	1.744	1.757
7 号	中海 AH-70	1.617	1.608	1.642	1.635	1.626
	大港 AH-50	1.353	1.257	1.348	1.355	1.328
	韩国 SK AH-70	1.718	1.801	1.774	1.784	1.769

沥青碎石劈裂试验极限抗拉应变试验结果 表 3-33

级配	沥青	试件 1 (10^{-2})	试件 2 (10^{-2})	试件 3 (10^{-2})	试件 3 (10^{-2})	平均值 (10^{-2})
2 号	中海 AH-70	1.212	1.344	1.318	1.287	1.290
	大港 AH-50	1.211	1.177	1.151	1.315	1.213
	韩国 SK AH-70	1.261	1.413	1.324	1.451	1.362
7 号	中海 AH-70	1.370	1.222	1.389	1.343	1.331
	大港 AH-50	1.212	1.253	1.184	1.301	1.237
	韩国 SK AH-70	1.451	1.332	1.441	1.323	1.387

一般水泥稳定基层 90d 的劈裂抗拉强度在 0.48～0.87MPa 之间，平均值为 0.67MPa，二灰稳定类基层 180d 的劈裂抗拉强度在 0.52～0.80MPa 之间，平均值为 0.72MPa。沥青碎石基层劈裂抗拉强度与这两种基层的劈裂抗拉强度的对比结果见图 3-50。

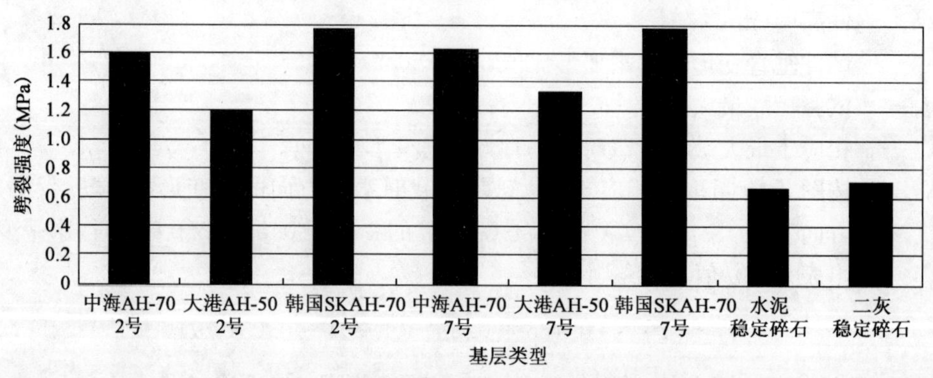

图 3-50 沥青碎石基层及半刚性基层劈裂强度

从图 3-50 可以看出：

(1)对于同一种沥青，7 号级配略大于 2 号级配的劈裂强度。

(2)密级配沥青碎石基层的劈裂强度在 1.179～1.769MPa 之间，平均值为 1.474MPa；比半刚性基层的劈裂抗拉强度都大，是水泥稳定土基层的 2.2 倍，是二灰稳定土基层的 2.1 倍。

(3)对于同一级配，韩国 SK AH-70 沥青的破坏拉应变最大，中海 AH-70 沥青破坏拉应变次之，大港 AH-50 沥青的破坏拉应变最小。三种沥青中，大港 AH-50 沥青的劈裂强度相对最小。

2. 沥青碎石抗压回弹试验

为了测定沥青碎石混合料抗压强度和抗压回弹模量，采用单轴压缩试验。

1)单轴压缩试验参数

(1)试验温度和加载速率

单轴压缩试验标准试验温度为 20℃；当检验或验证弯拉应力抗压回弹模量时，标准试验温度为 15℃。

试验加载速率一般为 2mm/min。除测定抗压强度和回弹模量外，还可同时测定试件密度、空隙率等物理指标。

(2)试件

根据沥青碎石特点，采用大马歇尔击实成型圆柱体试件，试件尺寸采用 ϕ152. 4mm×95. 3mm。试件成型后，不等完全冷却即可脱模，在室温条件下放置 24h，量取其高度和直径。

(3)试验装置和设备

试验用的万能材料试验机，应具有自动测定试件垂直变形或自动测记件的压力与变曲线功能。变形量测装置，安装上加载上、下压板，其直径为 120mm。

上压板直径线两侧装有千分表架，并与顶杆中心位置一致(图 3-51)。下压板下有带球面底座，其直径线两侧有立柱顶杆。

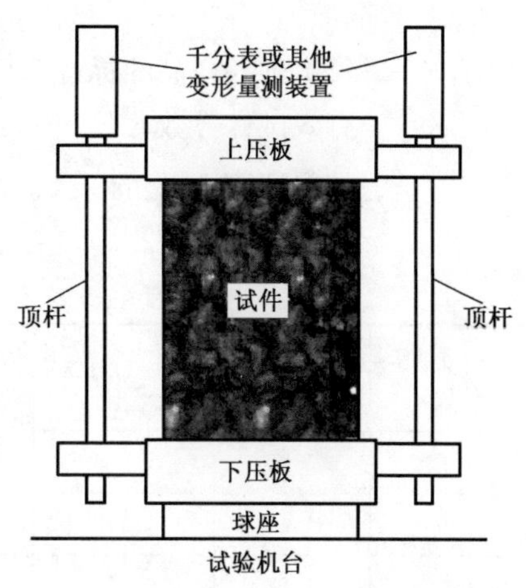

图 3-51　单轴压缩试验试件变形量测装置

2)试验

遵照 T 0713—2011 试验操作规程，见开动压力机试验，以 2mm/min 均匀加载，直至试件破坏，读取荷载峰值。

(1)先以 2mm/min 速率，预压加载至第 1 级，保持 1min，记取千分表读数及实际荷载数，测定试件大体平均值 P，然后分成 10 级，分别取 0. 1、0. 2、0. 3…0. 7P 七级作为试验荷载。若两个千分表读数相差大于 3 倍，表明系偏心受压，需卸载进行调整，重新预压。

(2)第一预压到 0. 1P，以同样速率卸载回零，开始启动秒表，待试件回弹变形 30s 后，再次记取千分表，加载与卸载两次读数之差，即为该级荷载下试件的回弹变形(ΔL_1)。

(3)依次进行 2、3…7 级荷载的加载卸载过程，分别记录各级荷载千分表读数及实际荷载，得出各级荷载回弹变形(ΔL_i)。

(4)试件抗压强度 R_c 计算

$$R_c = \frac{4P}{\pi d^2} \tag{3-51}$$

式中：P——试件破坏时的最大荷载(N)；

d——试件直径(mm)。

(5)试件抗压回弹模量 E' 计算

计算各级荷载下试件受压强度 q'，绘制出 $q'-\Delta L_i$ 曲线，按前述方法修正原点坐标，根据修正的原点，从第五级 0.5P 读取压强度 q_5 及相应的 ΔL_5，按下式计算抗压回弹模量：

$$q_i = \frac{4P_i}{\pi d^2}, E' = \frac{q_5 \times h}{\Delta L_5} \tag{3-52}$$

式中：q_i——相应于各级试验荷载 P 作用下的压强(MPa)；

P_i——施加于试件的各级荷载值(N)；

E'——抗压回弹模量(MPa)；

q_5——相应于第 5 级荷载(0.5P)时的荷载压强(MPa)；

h——试件轴心高度(mm)；

ΔL_5——相应于第 5 级荷载时经原点修正后的回弹变形(mm)。

试验数据去除某测定值与平均值大于临界值 k 倍(表 3-34)，取用有效试件，按下式计算路面抗压回弹模量 E：

$$E = E' - \frac{t}{\sqrt{n}}S \tag{3-53}$$

式中：S——每组试件样品的标准差(MPa)；

n——有效试件件数；

t——随保证率而变的系数，高速和一级公路为 95%，其他等级公路为 90%。$t/\sqrt{n}$ 查表 3-34。

有效试件数与 t 值关系 表 3-34

有效试件数 n	临界值 k	$t/\sqrt{n}$		有效试件数 n	临界值 k	$t/\sqrt{n}$	
		保证率 95%	保证率 90%			保证率 95%	保证率 90%
3	1.15	1.686	1.089	7	1.94	0.734	0.544
4	1.46	1.177	0.819	8	2.03	0.670	0.500
5	1.67	0.954	0.686	9	2.11	0.620	0.466
6	1.82	0.823	0.603	10	2.18	0.580	0.437

3)沥青碎石试验结果

按照上述试验要求，对 2 号、7 号级配，采用韩国 SK AH-70、中海 AH-70 和大港 AH-50 三种沥青，并按其各自最佳油石比成型试件，进行单轴压缩试验，不同沥青混合料的无侧限抗压强度试验结果见表 3-35 和图 3-52，抗压回弹模量试验结果见表 3-36 和图 3-53。

沥青无侧限抗压强度试验结果(MPa) 表 3-35

级配	沥青	试件 1	试件 2	试件 3	试件 4	平均值
2 号	中海 AH-70	8.37	8.68	7.95	8.17	8.29
	大港 AH-50	6.07	6.28	5.95	6.37	6.17
	韩国 SK AH-70	9.14	8.95	9.07	9.31	9.11
7 号	中海 AH-70	8.54	8.75	8.64	9.03	8.74
	大港 AH-50	6.95	7.12	7.08	6.97	7.03
	韩国 SK AH-70	10.27	10.34	9.98	10.24	10.21

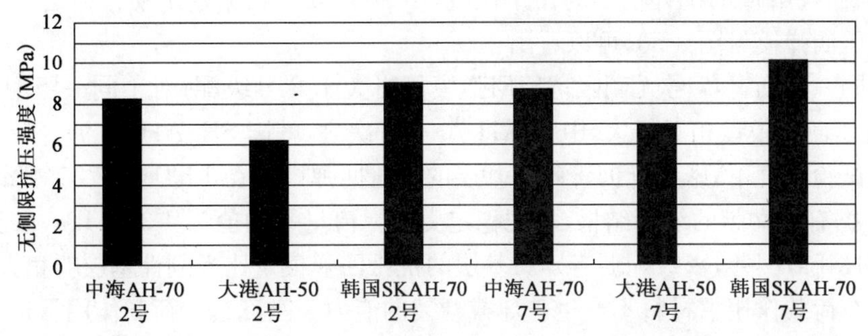

图 3-52　沥青碎石基层沥青混合料无侧限抗压强度

沥青碎石抗压回弹模量试验结果(MPa)　　表 3-36

级　　配	沥　　青	试 件 1	试 件 2	试 件 3	试 件 4	平 均 值
2 号	中海 AH-70	1 697	1 595	1 627	1 705	1 656
	大港 AH-50	1 695	1 719	1 706	1 741	1 715
	韩国 SK AH-70	1 505	1 573	1 497	1 548	1 531
7 号	中海 AH-70	1 632	1 598	1 753	1 675	1 664
	大港 AH-50	1 734	1 685	1 813	1 667	1 725
	韩国 SK AH-70	1 601	1 489	1 584	1 621	1 574

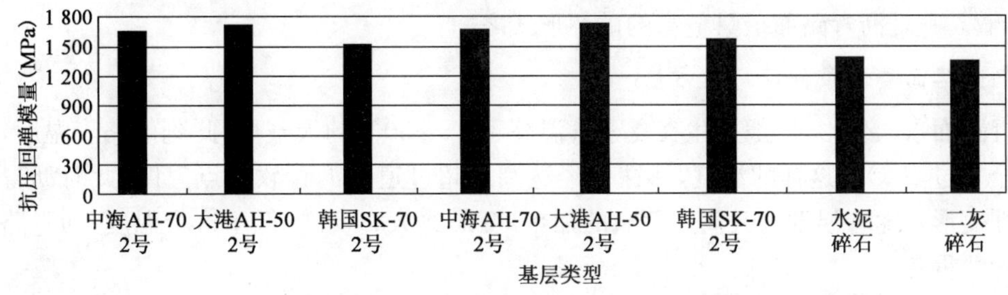

图 3-53　沥青碎石基层及半刚性基层的抗压回弹模量

4)抗弹性模量试验结果分析

从表 3-35、表 3-36 和图 3-53 可以看出：

(1)对于同一种沥青，7 号的无侧限抗压强度略大于 2 号级配；对于同一级配，韩国 SK AH-70 沥青的无侧限抗压强度最大，中海 AH-70 沥青次之，大港 AH-50 沥青相对最小。

(2)在 20℃试验温度下，密级配沥青碎石基层的无侧限抗压强度在 6.17～10.21MPa 之间，平均 8.19MPa。据沙庆林院士的试验统计结果，水泥稳定碎石 7d 无侧限抗压强度在 3～6MPa 左右，二灰稳定类基层 7d 无侧限抗压强度在 0.8～1.2MPa，考虑到二灰材料强度会随龄期增长，其后期强度达到 3～5MPa。因此，20℃时沥青碎石无侧限抗压强度比半刚性材料大，表明密级配沥青碎石基层混合料具有较好的抗压性能。

据文献[2]对 28 条高速公路、一级公路的水泥稳定类基层及 56 条高速公路、一级公路二灰稳定类基层回弹模量统计资料，水泥稳定类回弹模量平均值为 1 375MPa，二灰稳定类平均值为 1 351MPa，统计平均变异系数在 0.2～0.3 之间，其中水泥稳定类为 90d 龄期统计值，二灰稳定类为180d龄期的统计值。为便于比较，由表3-36中数据绘出沥青稳定碎石基层与半刚性材料抗压回弹模量图3-53，可以看出：

①对于同一种沥青，7号无侧限抗压回弹模量略大于2号级配；对于同一级配，大港AH-50沥青的抗压回弹模量相对最大，中海AH-70沥青次之，韩国SK AH-70沥青最小。

②20℃试验温度下，密级配沥青碎石基层的抗压回弹模量在1 531～1 725MPa之间，平均1 628MPa。据有关文献的统计结果，水泥稳定类回弹模量平均值为1 375MPa，二灰稳定类平均值为1 351MPa，因此，密级配沥青碎石基层的抗压回弹模量比半刚性基层要稍大些。

强度是在荷载作用下材料不产生破坏或开裂的能力。刚度是在荷载作用下材料不致产生过大变形的能力。沥青路面在荷载作用下结构层将产生一定的应力和变形，如果结构层的应力超过材料的容许应力，路面结构将出现开裂。如果结构层的刚度不满足一定的要求，超过材料的容许应变，或结构弯沉超过容许值，路面同样将出现开裂。从上述力学性能试验结果分析可知，密级配沥青碎石基劈裂强度比半刚性基层大，劈裂模量远比半刚性基层低，抗变形能力强，抗压强度大，抗压回弹模量不比传统的半刚性基层材料差，能够抵抗重载交通荷载的作用。

二、沥青碎石高温稳定性能验证

沥青混合料高温稳定性是指：在夏季高温（通常为60℃）条件下，经车辆荷载长期反复作用后，沥青路面不产生车辙、推移、壅包等永久变形性能。

在高温条件下，车辆荷载反复作用，沥青路面产生变形，其中不能恢复的部分成为永久变形，即车辙。它是沥青路面最具危害的破坏形式之一。

1.沥青路面高温条件及评价方法

沥青路面永久变形，一般发生在夏季气温高于25～30℃的天气里，此刻的路表温度，可能达到甚至超过50℃。这样的温度，往往已经达到或超过道路沥青软化点温度，此时沥青最易产生塑性变形。随着温度的升高和荷载的加重，变形愈大。反之，低于这个温度，沥青路面就不会产生严重变形。

1)沥青路面高温环境

对于沥青路面来说，一般将高于25～30℃气温，称为“高温环境”。在我国，大部分地区一年之中有数十天乃至一百余天超过这个温度，有些地方尽管一年之中也许仅仅只有几天，但是，也难逃高温变形破坏的厄运。

2)沥青时-温换算法则

根据研究知悉，长时间承受荷载沥青路面，与高温条件是等效的，而且随着时间推移是累积的。例如，在高速公路上，如果车辆以100km/h的速度行驶时，对路面沥青层的作用时间不超过0.02s，而在城市道路的交叉口、停车站，车辆停车时间1min，相当于正常行车3 000辆的情况。所以，高温稳定性能也包括长时间荷载作用的情况。

3)沥青路面高温稳定性评价方法

在我国现行的《公路沥青路面施工技术规范》（JTG F40—2004）中规定，采用马歇尔稳定度试验（包括稳定度、流值）进行验证。对高速公路、一级公路、城市快速路、主干路用沥青混合料，还要通过车辙试验，以验证其抵车辙的能力。

2. 马歇尔稳定度法验证法

在我国现行的《公路沥青路面施工技术规范》(JTG F40—2004)中规定,采用马歇尔和和浸水马歇尔稳定度试验(包括稳定度、流值)评价沥青混合料高温稳定性。对高速公路、一级公路、城市快速路、主干路用沥青混合料,还应通过车辙试验检验其抗车辙能力。

1)马歇尔稳定度法验证

(1)马歇尔稳定度定义

马歇尔稳定度包括稳定度(MS)、流值(FL)、马歇尔模数(T)。

·马歇尔稳定度(MS)是指:标准尺寸试件,在规定温度和加荷速度下,在马歇尔仪器中展示出的最大破坏荷载(kN)。

·流值(FL)是指:达到最大破坏荷重时试件的垂直变形(以 0.1mm 计)。

·马歇尔模数系稳定度除以流值的商,即:

$$T = \frac{MS \times 10}{FL} \tag{3-54}$$

式中:T——马歇尔模数,(kN/mm);

MS——马歇尔稳定度,(kN);

FL——流值,(0.01mm)。

现行的公路沥青路面施工技术规范上规定的标准,沥青混合料马歇尔稳定度技术标准见表 3-37。

密级配沥青混凝土混合料马歇尔稳定度试验技术标准

(本表适用于公称最大粒径≤26.5mm 的密级配沥青混合料) 表 3-37A

试验指标	单位	高速公路、一级公路				其他等级公路
		夏炎热区(1-1~1-4 区)		夏热区及夏凉区(2-1~2-4、3-2 区)		
		中轻交通	重载交通	中轻交通	重载交通	
击实次数(双面)	次	75				50
试件尺寸	mm	ϕ101.6mm×63.5mm				
稳定度 MS≮	kN	8				5
流值 FL	mm	2~4	1.5~4	2~4.5	2~4	2~4.5

沥青稳定碎石混合料马歇尔试验配合比设计技术标准 表 3-37B

试验指标	单位	密级配基层		半开级配面层
公称最大粒径	mm	26.5mm	≥31.5mm	≤26.5mm
马歇尔试件尺寸	mm	ϕ101.6mm×63.5mm	ϕ152.4mm×95.3mm	ϕ101.6mm×63.5mm
击实次数(双面)	次	75	112	50
稳定度,不小于	kN	7.5	15	3.5
流值	mm	1.5~4	实测	—

(2)马歇尔稳定度试件大小

马歇尔试件一般分为标准的圆柱体和大型马歇尔试件。

·当集料最大粒径≤26.5mm 时,采用标准试件 ϕ101.6mm×63.5mm,试验仪最大荷载＞25kN，加载速率 50mm/min。钢球直径 16mm，上下压头直径为 50.8mm。

·当集料最大粒径＞26.5mm 时，采用试件 ϕ152.4mm×95.3mm，使用大型马歇尔试验仪，最大荷载＞50kN，上、下压头曲率内径为 152.4mm、间距 19.05mm(图 3-54)。

(3)马歇尔试件类型

根据试验目的不同，马歇尔试件分为标准试件、浸水马歇尔试件、真空饱水马歇尔试件；大型马歇尔试件，路面钻芯马歇尔试件。

(4)马歇尔稳定度试验

马歇尔试验具体试验规程见 T 0709、0710—2011。采用自动马歇尔试验仪时，计算机自动绘制出压力与试件变形曲线，并按图 3-55 所示，沿曲线切线方向延长交于 O_1 点，以其为原点量取到最大荷载处，即为流值 FL，最大荷载即为稳定度 MS。

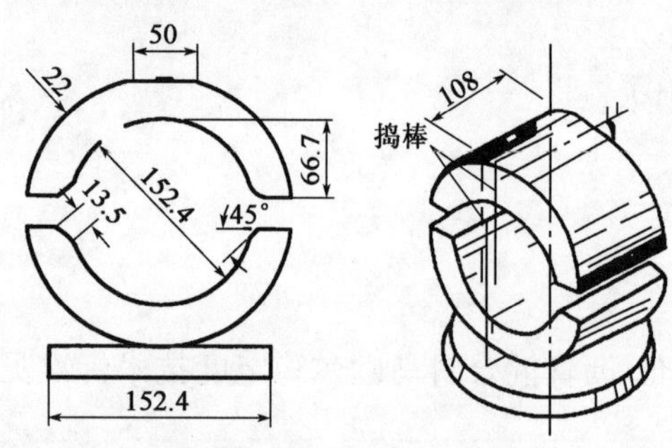

图 3-54 大型马歇尔试验压头

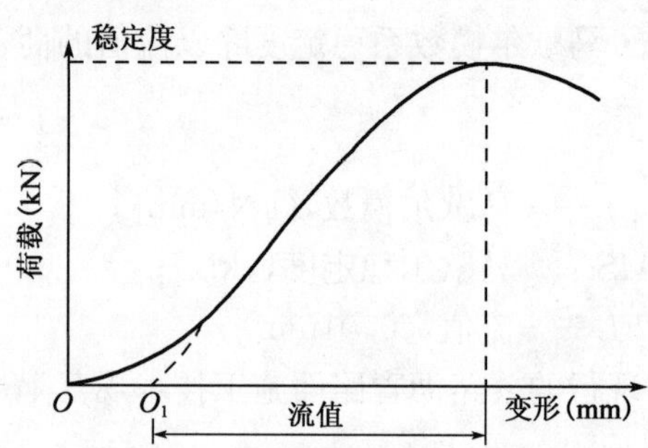

图 3-55 马歇尔试验结果修正方法

①试件浸水马歇尔残留稳定度，按下式计算：

$$MS_0 = \frac{MS_1}{MS} \tag{3-55}$$

式中：MS_0——试件浸水残留稳定度(%)；

MS_1——试件浸水 48h 后的稳定度(kN)。

②试件真空饱水马歇尔残留稳定度，按下式计算：

$$MS_0' = \frac{MS_2}{MS} \tag{3-56}$$

式中：MS_0'——试件真空饱水残留稳定度(%)；

MS_2——试件真空饱水后浸水 48h 后的稳定度(kN)。

③路面钻芯马歇尔试验：

钻孔试件直径为 100mm，试件高度为 30～80mm；大型钻孔试件直径 150mm，适用试件高度为 80～100mm，测得的稳定度需要乘以试件高度修正系数 K(表 3-38)。

现场钻孔试件高度修正系数 *K*(适用于直径 100mm 试件) 表 3-38A

试件高度(mm)	修正系数 K	试件高度(mm)	修正系数 K	试件高度(mm)	修正系数 K
2.47～2.61	5.56	4.21～4.36	2.08	5.95～6.10	1.09
2.62～2.77	5.00	4.37～4.51	1.92	6.11～6.26	1.04
2.78～2.93	4.55	4.52～4.67	1.79	6.27～6.44	1.00
2.94～3.09	4.17	4.68～4.87	1.67	6.45～6.60	0.96

续上表

试件高度(mm)	修正系数 K	试件高度(mm)	修正系数 K	试件高度(mm)	修正系数 K
3.10～3.25	3.85	4.88～4.99	1.50	6.61～6.73	0.93
3.26～3.40	3.57	5.00～5.15	1.47	6.74～6.89	0.89
3.41～3.56	3.33	5.16～5.31	1.39	6.90～7.06	0.86
3.57～3.72	3.03	5.32～5.46	1.32	7.07～7.21	0.83
3.73～3.88	2.78	5,47～5.62	1.25	7.22～7.37	0.81
3.89～4.04	2.50	5.63～5.80	1.49	7.38～7.54	0.78
4.05～4.20	2.27	5.81～5.94	1.14	7.55～7.69	0.76

现场钻孔试件高度修正系数 K(适用于直径 150mm 试件)　　表 3-38B

试件高度(mm)	试件体积(cm^3)	修正系数 K	试件高度(mm)	试件体积(cm^3)	修正系数 K
8.18～8.97	1 608～1 636	1.12	9.61～9.76	1 753～1 781	0.97
8.98～9.13	1 637～1 665	1.09	9.77～9.92	1 782～1 810	0.95
9.14～9.29	1 666～1 694	1.06	9.93～10.08	1 811～1 839	0.92
9.30～9.45	1 695～1 723	1.03	10.09～10.24	1 840～1 868	0.90
9.46～9.60	1 724～1 752	1.00			

3.沥青碎石车辙试验验证法

车辙试验用于验证设计沥青混合料高温抗车辙能力，或用于现场检验其高温稳定性能。抗车辙试验方法见 T 0719—2011，其方法虽然简单，但它与实际沥青路面车辙十分相似，其试验结果——动稳定度，与沥青路面车辙深度有着较好的相关性，因而，得到了世界各国的普遍使用。

车辙试验温度一般为 60℃、轮压为 0.7MPa。根据需要寒冷地区也可为 45℃、高温地区可采用 70℃，重载车轮轮压可为 1.4MPa。计算动稳定度时间开始后 45～60min。车辙试验系统设备如图 3-56 所示。

1)车辙试验原理

车辙试验试件尺寸：长 300mm×宽 300mm×厚 50～100mm。试件成型后连同试模在常温下放置 12h 以上，聚合物改性沥青混合料试件需 48h 以上。试验时，连同试模一起，将试件置于 60℃恒温中保持 5～12h，试验时并控制 60℃。车辙试验的橡胶轮，其国际标准硬度 20℃时为 84、60℃为 78，其行走距离 230mm。通过橡胶实心车轮在试件上以 42 次/min(21 次往返)往复运动，模拟路面结构实际受力状态，使试件在车轮荷载作用下产生压密、剪切、推移和流动。

车辙试机备有自动记录仪，记录试件变形和试件温度，观察和监测试件的变形规律(图 3-57)，待试验机行走 1h 或最大变形到 25mm 时停止试验。车辙试验可得到三个指标：动稳定度(DS)、总变形(车辙深度)、变形速率(RD)。

在图 3-57 中：试验时间为 1h，变形 d_1 对应的时间为 t_1 为 45min，变形 d_2 应的试验终止时

间 t_2 为 60min。如果未到 1h，总变形达到 25mm 终止试验，则变形 d_1 对应的试验终止前 15min 时间为 t_1，实际终止 d_2 变形时间为 t_2。

图 3-56　邯长公路使用车辙试验仪

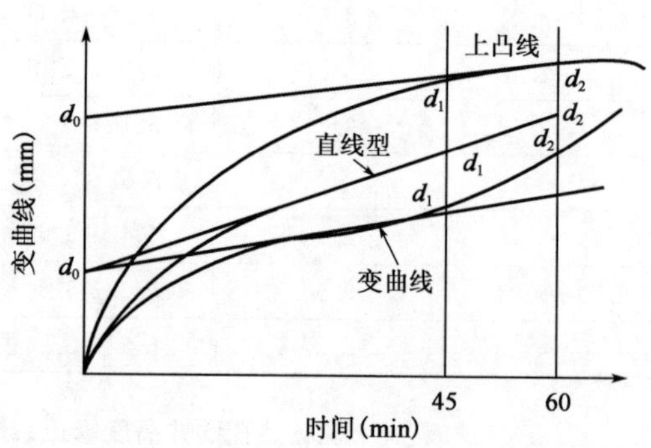

图 3-57　车辙试验自动记录的变形曲线

2）动稳定度（DS）

动稳定度（DS），通常求取 45min、60min 的变形，计算每产生 1mm 变形试验轮往返作用的次数，按下式计算 DS：

$$DS=\frac{(t_2-t_1)\times 42}{D_{60}-D_{45}}\times C_1\times C_2 \tag{3-57}$$

式中：DS——沥青混合料的动稳定度（次/mm）；

D_{60}——对应于时间为 60min 的变形量（mm）；

D_{45}——对应于时间为 45min 的变形量（mm）；

C_1——试验机类型修正系数，曲柄连杆驱动试件的变速行走方式为 1.0，链驱动方式试验轮的等速方式为 1.5；

C_2——试件系数，实验室制备的宽 300mm 的试件为 1.0，从路面切割的宽 150mm 的试件为 0.8。

我国《公路沥青路面施工技术规范》（JTJ 032—2004）规定：用于高速公路和一级公路沥青路面的上面层和中面层的沥青混合料在进行配合比设计时，应通过车辙试验机对沥青混合料进行抗车辙能力检验。对高速公路路面面层，动稳定度不小于 800 次/mm，对一级公路路面面层，动稳定度应不小于 600 次/mm。

河北省颁发的《旋转压实剪切试验法（GTM）沥青混合料设计与施工规范（DB13/T 978—2008）》中规定的路用性能标准，见表 3-39。

河北省地方标准：GTM 沥青混合料性能技术要求　　表 3-39

检验项目	单　位	技术指标		试验方法 *
		改性沥青混合料	普通沥青混合料	
动稳定度，不小于	次/mm	3 600	1 500	T 0719
低温弯曲，不小于	$\mu\varepsilon$	2 200	2 000	T 0728
冻融劈裂试验残留强度比，不小于	%	80	75	T 0729

续上表

检验项目		单 位	技术指标		试验方法*
			改性沥青混合料	普通沥青混合料	
渗水系数，不大于	上面层	ml/min	60		T 0791
	中、下面层	Ml/min	120		
剪切强度，不小于		MPa	0.3		GTM

注：1. 车辙试验不得采用二次加热的沥青混合料试验，试验必须检验车辙试件的密度是否符合试验规程要求。

2. 剪切强度是指沥青面层混凝土在60℃以上的高温条件下，由GTM直接测试混合料试件得出的，对于重载交通该指标根据荷载、气候等情况可适当提高。对于柔性基层混合料剪切强度，可以根据路面结构具体计算所在层内最大剪应力确定。

3. *表中试验方法一列，以公路工程沥青及沥青混合料试验规程(JTG E20—2011)为准。

4. 沥青碎石混合料车辙试验结果及分析

为了研究集料级配对沥青碎石的高温稳定性影响，现对前述选定的9种ATB-25和ATB-30集料级配，采用韩国SK AH-70沥青及各级配最佳油石比，在60℃试验温度条件下进行车辙试验，试件尺寸除采用300mm×300mm×50mm，还采用300mm×300mm×70mm进行对比研究，动稳定度试验结果见同级配的动稳定度对比见图3-58，并进行如下分析。

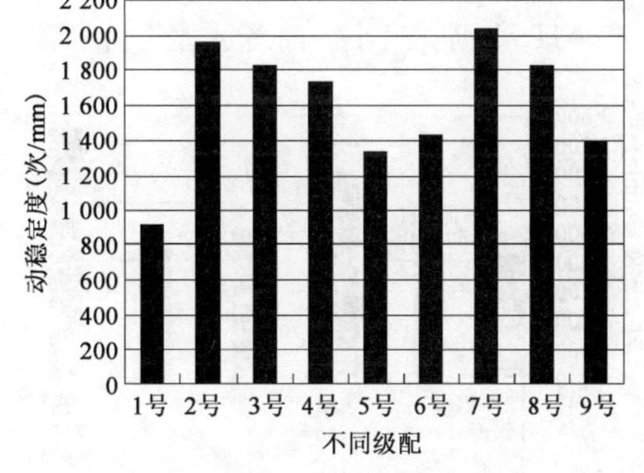

图3-58 不同集料级配沥青碎石的动稳定度

1)集料级配的影响

从3-58可看出：

(1)ATB-25试验级配，动稳定度的大小顺序为：

2号级配>3号级配>4号级配>5号级配>1号级配。

ATB-30试验级配，动稳定度的大小顺序为：

7号级配>8号级配>6号级配>9号级配。

动稳定度的大小顺序与级配粗细顺序并不完全一致，表明级配过粗和过细，动稳定度都会下降。

(2)形成骨架嵌挤结的2号、3号、4号、7号、8号级配的动稳定比未形成嵌挤骨架结构的5号、9号级配的动稳定度大40%左右，表明对沥青碎石来说，粗集料级配形成的嵌挤结构，能大大提高抗车辙能力。

(3)1号级配动稳定度最小，6号级配的动稳定度也不大，但是该两种级配形成了嵌挤结构，分别是ATB-25和ATB-30中最粗的，表明嵌挤结构对于沥青碎石十分重要，但是，级配不宜太粗。分析其原因：级配太粗时，粗集料太多，细集料太少，最佳沥青用量下的空隙率较大，1号级配空隙率最大，为5.33%，6号级配空隙率次之，为5.02%。这表明：沥青混合料的空隙率，对其抗车辙能力有着显著地影响。

2)不同沥青对动稳定度影响

为了研究不同沥青对沥青碎石高温稳定性的影响,对2号和7号级配分别采用中海AH-70沥青和大港AH-50沥青,在其最佳油石比条件下进行车辙试验,试验结果见表3-40和图3-59。

不同沥青车辙试验动稳定度(次/mm) 表3-40

沥青种类	级配	试件动稳定度(次/mm)				变异系数(%)
		试件1	试件2	试件3	平均值	
韩国SK AH-70	2号	1 838	1 911	2 142	1 964	7.7
	7号	2 038	1 911	2 142	2 030	7.7
中海AH-70	2号	1 630	1 437	1 739	1 602	9.5
	7号	1 854	1 901	1 784	1 846	3.9
大港AH-50	2号	2 849	2 736	2 981	2 855	4.7
	7号	3 693	3 192	3 435	3 440	7.3

从表3-40和图3-59看出:

(1)对于同种级配,大港AH-50沥青混合料的动稳定度最大,韩国SK AH-70沥青次之,中海AH-70沥青最小。前者远大于后二者。

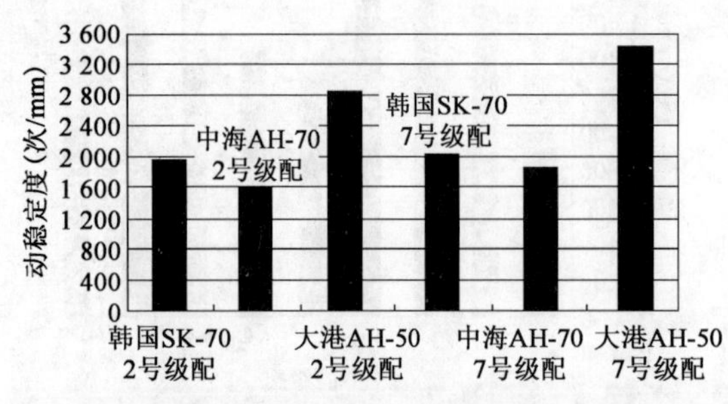

图3-59 沥青碎石不同沥青品种动稳定度

·2号级配,大港AH-50沥青比中海AH-70沥青的动稳定度大78.2%;

·7号级配,大港AH-50沥青比中海AH-70沥青的动稳定度大86.3%。

·韩国SK AH-70沥青和中海AH-70沥青混合料的动稳定度相差不大。

(2)7号级配(ATB-30)大于2号级配(ATB-25)的动稳定度,并且其影响程度与沥青有关;

·对于大港AH-50沥青,7号级配比2号级配的动稳定度大20.5%;

·对于韩国SK AH-70沥青,7号级配比2号级配的动稳定度大3.4%。

(3)试验评价结果与沥青SHRP指标检测结果所反映的沥青的高温稳定性结果基本一致,表明沥青对沥青碎石高温稳定性有一定影响,选用针入度小、稠度大、PG分级高温稳定性好的沥青,能明显提高沥青碎石高温稳定性。

3)沥青含量对动稳定度的影响

对2号和7号级配,采用韩国SK AH-70沥青,在不同沥青含量条件下的车辙试验结果见图3-59。

从图3-60可看出:动稳定随着沥青用量的增加而减小,在最佳沥青用量条件下,混合料的高温稳定性并不是最佳,适当减小沥青用量,能明显提高抗车辙能力。沥青用量过多,形成游离自由沥青,在荷载作用下发生明显的流动变形,导致其动稳定度快速减小。因此,在进行沥青碎石设计时,在满足其他路用性能的情况下,为提高混合料的高温性能,可适当降低沥青用量。

4)试验温度对动稳定度影响

对 2 号和 7 号级配，在不同试验温度条件下，其车辙试验结果见图 3-61。从该图看出：动稳定随着温度升高而迅速下降，温度对不同级配的影响是不同的，图中 7 号级配的动稳定度受温度影响比 2 号级配更显著。对于 2 号级配，30℃的动稳定度是 45℃动稳定度的 1.64 倍，是 60℃的动稳定度的 2.65 倍；对于 7 号级配，30℃的动稳定度是 45℃的动稳定度的 1.68 倍，是 60℃的动稳定度的 3.51 倍。

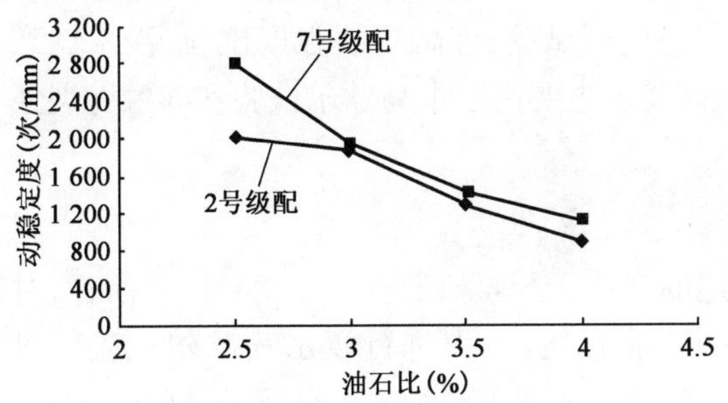

图 3-60　沥青含量对沥青碎石动稳定度影响

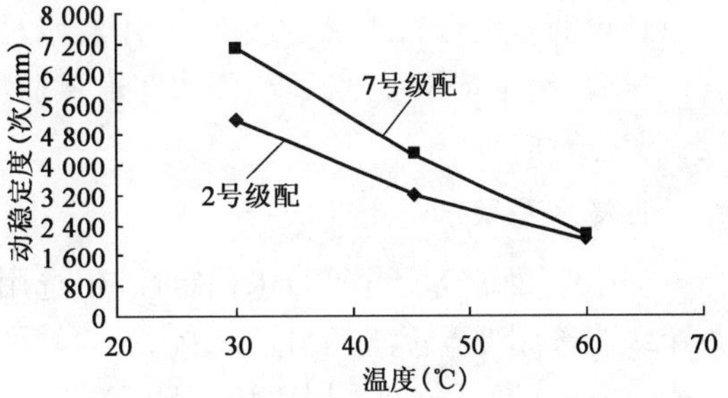

图 3-61　试验温度与动稳定度关系

5)车辙板厚度的影响

对于 2 号和 7 号级配，在不同车辙试件板厚度条件下，对其车辙试验结果见表 3-41。

不同车辙板厚度车辙试验动稳定度结果　　表 3-41

级　配	车辙板厚度(cm)	试件动稳定度(次/mm)				变异系数(%)
		试件 1	试件 2	试件 3	平均值	
2 号	5	1 838	1 911	2 142	1 964	7.7
	7	2 225	1 998	2 392	2 205	8.9
7 号	5	2 038	1 911	2 142	2 030	7.7
	7	2 346	2 198	2 455	2 333	5.5

从表 3-41 看出：随着车辙试件板厚度的增加，动稳定度有所增加。分析认为：因为沥青碎石是大粒径所致，它需要有一个最小压实厚度，当车辙板厚度小于它时，粗集料之间不能形成良好骨架嵌挤结构，在轮载的作用下，粗集料发生侧向推挤，永久变形大，动稳定度小。通过成型 5cm 和 7cm 厚车辙板进行的车辙试验表明，成型 7cm 厚车辙板进行的车辙试验更能反映沥青碎石沥青的高温稳定性能。

6)综合分析

综上所述，沥青碎石车辙试验，其动稳定与集料级配、沥青品种、沥青用量、试验温度、车辙板厚度等密切相关。

现行《公路沥青路面施工技术规范》规定，普通沥青混合料的动稳定度不应低于 800 次/mm，本试验各级配的动稳定度都超过该标准。

粗集料形成的骨架嵌挤结构 2 号、3 号、4 号、7 号、8 号级配的 60℃动稳定超过了 1 700 次/mm；采用大港 AH-50 沥青的 2 号级配 60℃动稳定为 2 855 次/mm，7 号级配 60℃的动稳定达 3 440 次/mm，都远远大于这个标准，加上沥青碎石所面临的应力水平小于面层，为此在进行车辙试验时采用 0.7MPa 的应力水平，应该说是保守的。因此，只要选用合适的级配、沥青及沥青用量，上述试验都说明，沥青碎石可以具有良好的高温稳定性。

三、沥青碎石水稳定性验证

沥青混合料抗水损害能力是决定路面水稳定性的根本性因素。对于沥青碎石基层而言，进入沥青碎石基层中的水分，同样会使沥青黏附性和沥青碎石基层强度降低，从而导致沥青碎石基层及面层在车辆荷载作用下产生过早破坏。因此，沥青碎石基层混合料的水稳定性十分重要。

评价沥青混合料水稳定性能，常用浸水马歇尔稳定度试验、冻融劈裂强度试验、浸水劈裂强度试验、浸水抗压强度试验、浸水车辙试验等。而我国主要用浸水马歇尔试验和冻融劈裂强度试验进行验证。

1. 浸水马歇尔稳定度试验

为了全面研究沥青碎石水稳定性，仍选用前述的 9 种级配，采用韩国 SK AH-70 沥青，对每个级配选用 2.5%、3.0%、3.5%、4.0%及其最佳油石比，分别进行浸水马歇尔试验。对 2 号、7 号级配，还分别采用中海 AH-70 沥青及大港 AH-50 沥青两种沥青进行了试验。

1)浸水马歇尔试验

浸水马歇尔试验，具体操作规程详见 T 0709—2011，试验结果见表 3-42。

韩国 SK AH-70 沥青碎石混合料浸水马歇尔稳定度试验结果 表 3-42A

级配类型	油石比(%)	稳定度 MS(kN)	浸水 48h 后的稳定度 MS_1(kN)	残留稳定度 MS_0(%)
1号	2.5	18.36	17.94	97.7
	2.8	19.45	19.46	100
	3.0	19.59	18.4	93.9
	3.5	18.23	16.93	92.9
	4.0	17.85	17.08	95.7
2号	2.5	27.89	25.39	91.0
	3.0	28.36	26.58	93.7
	3.5	26.58	25.47	95.8
	4.0	23.89	23.70	99.2
3号	2.5	29.09	25.56	87.8
	3.0	27.18	26.16	96.2
	3.1	27.07	26.84	99.1
	3.5	24.44	23.86	97.6
	4.0	23.31	22.00	94.3
4号	2.5	26.15	25.88	98.9
	3.0	25.37	25.21	99.4
	3.1	25.59	25.37	99.1
	3.5	23.90	23.43	98.0
	4.0	23.96	23.57	98.4

续上表

级配类型	油石比(%)	稳定度 MS(kN)	浸水 48h 后的稳定度 MS_1(kN)	残留稳定度 MS_0(%)
5号	2.5	30.53	27.77	83.8
	3.0	31.51	27.30	89.4
	3.1	30.55	30.29	99.1
	3.5	28.03	28.0	99.9
	4.0	29.39	27.20	98.1
6号	2.0	23.36	21.95	94.0
	2.5	24.15	24.05	99.6
	2.8	24.08	22.65	94.1
	3.0	21.01	20.95	99.7
	3.5	19.91	19.65	98.7
7号	2.5	29.41	28.50	96.9
	2.9	29.32	29.27	99.8
	3.0	28.87	28.04	97.1
	3.5	27.30	25.83	94.6
	4.0	25.50	22.97	90.1
8号	2.5	28.24	27.41	97.1
	2.9	28.20	27.62	97.9
	3.0	26.70	25.66	96.1
	3.5	25.09	25.07	99.9
	4.0	24.25	23.80	98.1
9号	2.5	33.84	30.78	90.0
	2.9	34.07	33.79	99.1
	3.0	34.19	33.44	98.8
	3.5	27.51	27.46	99.8
	4.0	22.67	22.26	98.2

中海 AH-70 沥青碎石混合料浸水马歇尔稳定度试验结果 表 3-42B

级配类型	油石比(%)	稳定度 MS(kN)	浸水 48h 后的稳定度 MS_1(kN)	残留稳定度 MS_0(%)
2号	2.5	29.94	29.18	97.4
	2.9	29.59	28.60	96.6
	3.5	27.54	25.66	93.2
	4.0	25.04	24.92	99.5

续上表

级配类型	油石比(%)	稳定度 MS (kN)	浸水 48h 后的稳定度 MS_1 (kN)	残留稳定度 MS_0 (%)
7号	2.5	31.17	26.71	85.6
	2.8	31.35	30.78	98.2
	3.0	31.51	30.82	97.8
	3.5	28.78	27.98	97.2
	4.0	23.85	22.85	95.8

大港 AH-50 沥青碎石混合料浸水马歇尔稳定度试验结果 表 3-42C

级配类型	油石比(%)	稳定度 MS (kN)	浸水 48h 后的稳定度 MS_1 (kN)	残留稳定度 MS_0 (%)
2号	2.5	34.74	33.16	95.4
	3.0	33.74	33.31	98.7
	3.5	31.45	31.24	99.3
	4.0	28.34	28.54	100
7号	2.5	34.14	33.54	98.2
	2.9	34.41	34.28	99.6
	3.0	35.17	34.38	97.7
	3.5	31.86	30.97	97.2
	4.0	27.95	28.13	100.6

2)浸水马歇尔试验结果分析

为了研究级配对沥青碎石水稳定性影响，根据表 3-42A 试验结果，采用韩国 SKAH-70 号沥青，绘制出不同级配最佳油石比浸水马歇尔柱状图(图 3-62)进行对比分析。

同样，为了研究不同沥青品种对沥青碎石水稳定性影响，对 2 号、7 号级配，采用不同沥青，在最佳油石比条件下，根据表 3-42 测定的残留稳定度，也绘制成柱状图(图 3-63)，以进行对比研究。

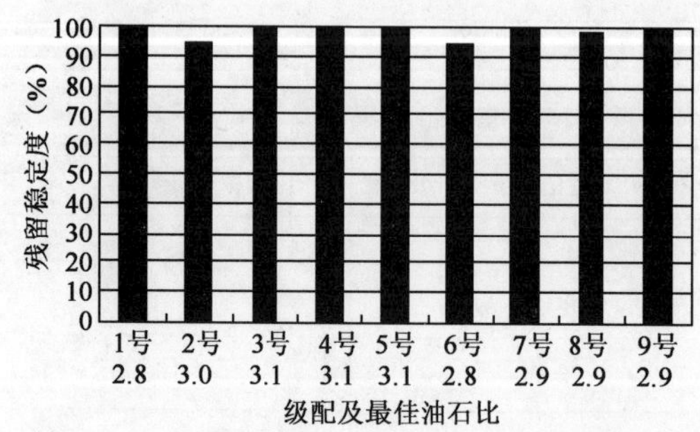

图 3-62 SKAH-70 号沥青不同级配最佳油石比浸水马歇尔残留稳定度

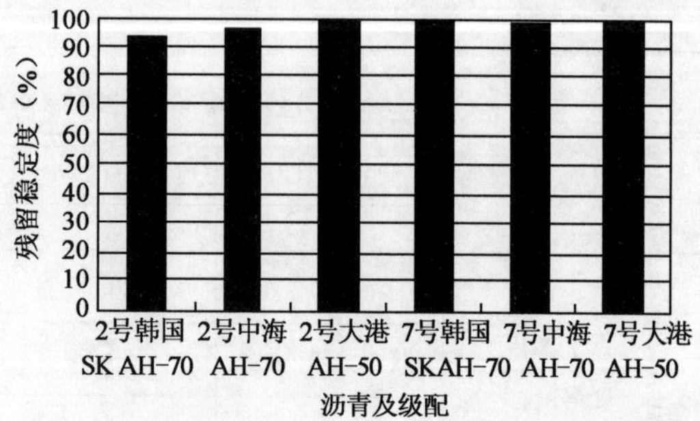

图 3-63 不同沥青最佳油石比浸水马歇尔残留稳定度

从图 3-62、图 3-63 以看出：

不同沥青、不同级配、不同沥青用量的沥青碎石，其浸水马歇尔的残留稳定度相差不大，浸水的残留稳定度都在 80％以上，其中 9 种试验级配最佳油石比的残留稳定度都在 90％以上，大于沥青路面施工技术规范的规定 75％的要求。这表明：采用满足沥青与集料黏附性要求的石料，其相同集料的混合料的残留稳定度比较接近，说明浸水马歇尔试验不能充分地反映出沥青碎石水稳定性真实情况。分析其原因：

(1)大型马歇尔试件比标准马歇尔试件更加密实，孔隙率较小，在该试验条件下，浸水 48h 后水分不能充分进入到试件孔隙中，也无法对沥青膜产生侵蚀作用；特别是闭合孔隙中所封闭的大量气体，进一步阻碍了水分浸入。

(2)在浸水马歇尔条件下，混合料内部的水是处于静止状态的，不能模拟出在车轮挤压下水分对沥青产生机械冲刷及反复吸压作用，而水压的作用是沥青混合料出现水损害的一个重要原因。

(3)在马歇尔稳定度测试中，试件呈环向挤压状态，试件的承载能力对集料的咬合情况敏感，而对沥青膜的黏附情况不敏感，沥青碎石大马歇尔试件是大变形而产生的破坏。因此，浸水马歇尔试验结果也不是评价沥青碎石水稳定性最有效指标。

2.沥青碎石冻融劈裂验证——冻融劈裂试验

沥青碎石冻融劈裂试验操作规程，见 T0729—2011。鉴于该方法明确规定要求集料公称最大粒径不大于 26.5mm，本试验的集料级配公称最大粒径分别为 37.5mm 和 31.5mm，需采用大马歇尔击实成型圆柱体试件，其尺寸为直径 152.4mm±0.2mm，高 95.3±2.5mm 的要求，击实次数双面各 75 次。

1)冻融劈裂试验结果，汇总于表 3-43。

沥青碎石冻融劈裂试验结果 表 3-43

沥青	级配	油石比(％)	冻融劈裂强度(MPa)	未冻融劈裂强度(MPa)	冻融劈裂试验强度比TSR(％)
韩国 SK AH-70	1号	2.8	0.84	1.08	77.8
	2号	3.0	1.03	1.18	87.2
	3号	3.1	0.97	1.16	83.6
	4号	3.1	0.88	1.07	82.2
	5号	3.1	0.94	1.17	80.3
	6号	2.8	0.92	1.19	77.3
	7号	2.9	1.07	1.27	84.3
	8号	2.9	0.94	1.15	81.7
	9号	2.9	0.91	1.13	80.5
中海 AH-70	2号	2.9	0.91	1.08	84.2
	7号	2.8	0.93	1.11	83.7
大港 AH-50	2号	3.0	0.89	1.01	88.1
	7号	2.9	0.91	1.04	87.5

2)冻融劈裂试验结果分析

通过对冻融劈裂试验结果分析,可以看出:

(1)级配对沥青碎石混合料的水稳定性有一定影响,7号级配的冻融劈裂强度最大,2号级配的冻融劈裂强度次之。

(2)沥青对沥青碎石混合料的水稳定性也有一定影响,中海AH-70沥青的冻融劈裂强度比TSR最小,韩国SKAH-70沥青的冻融劈裂强度比次之,大港AH-50沥青的冻融劈裂强度比最大,表明黏性大、稠度高的沥青能提高沥青稳定碎石基层混合料的水稳定性。

(3)与浸水马歇尔试验相比,冻融劈裂试验的残留强度比更小,表明冻融劈裂试验更能反映抗水侵蚀的稳定性。冻融劈裂试验经过真空饱水后,可以有效地提高水分在空隙中的填充程度,经过冻融,能模拟野外冻融条件,使集料表面的沥青膜在反复温度胀缩的作用下逐渐乳化,有利于反映水分对沥青膜的侵害的最不利情况,能较好地模拟野外现场温度变化对沥青混合料强度的影响。并且ASTM及日本的实践也证明,除非是酸性石料,浸水马歇尔试验测定的残留稳定度很少有达不到标准规定的75%要求。因此,推荐采用冻融劈裂试验评价大粒径沥青混合料的水稳定性。

(4)沥青碎石试验级配的冻融劈裂强度,都接近或大于80%,表明沥青碎石具有良好的抗水损害能力。

四、沥青碎石低温抗裂性能验证

沥青是一种温度敏感性材料,温度变化会使其力学性能发生很大的变化。随着温度降低,沥青混合料强度和劲度都会明显增大,但其变形能力却会显著下降,所以会出现脆性破坏。当温度下降时,沥青混合料产生收缩变形,特别是温度骤降,其应力松弛性能降低,温度下降产生的应力超过极限抗拉强度后,则沥青混合料产生开裂。

现在国内外评价沥青混合料低温抗裂性试验方法主要有:间接拉伸试验、直接拉伸试验、低温蠕变试验、受限试件温度应力试验(TSRST)、低温弯曲试验、三点弯曲J积分试验、收缩系数试验及应力松弛试验等。美国SHRP推荐TSRST试验作为评价沥青混合料低温抗裂性能方法,其试验结果与沥青路面低温抗裂性能有显著关系,能够较好地模拟路面开裂的真实状态;但该试验对试验设备要求极高,运转费用高昂,难以得到推广。

国内一般认为,低温弯曲试验可用于评价沥青混合料低温抗裂性能,方法直观,通过测定规定温度和加载速率。

1.沥青碎石低温抗拉——小梁弯曲试验

1)弯曲试验参数选定

(1)试验温度和加载速率:一般试验温度为15℃,当测定沥青混合料低温拉伸性能时,采用−10℃,加载速率宜为50mm/min。

(2)试件采用轮碾成型后,切制出长250mm、宽30mm、高35mm棱柱体小梁,其跨径为200mm,置于规定温度水槽中,不少于45min,直至试件达到试验温度。

2)低温抗拉伸试验

试验设备:一般使用万能材料试验机或压力机,荷载由传感器测定,数据自动采集和绘制荷载-变形曲线。试验时，在跨中施加集中荷载，以规定的速率施压，直到试件破坏，自动记录荷载-跨中挠度曲线（图 3-64）。然后，按下式计算试件破坏时的抗弯拉强度 R_B、梁底最大拉应变 ε_B 及弯曲劲度模量 S_B。具体操作规程见 T 0715-2011。

$$R_B = \frac{3 \times L \times P_B}{2 \times b \times h^2} \tag{3-58A}$$

$$\varepsilon_B = \frac{6 \times h \times d}{L^2} \tag{3-58B}$$

$$S_B = \frac{R_B}{\varepsilon_B} \tag{3-58C}$$

式中：R_B——试件破坏时的最大弯拉强度（MPa）；

ε_B——试件破坏时的最大弯拉应变（$\mu\varepsilon$）；

S_B——试件破坏时的弯曲劲度模量（MPa）；

b——跨中断面试件的宽度（mm）；

h——跨中断面试件的高度（mm）；

L——试件的跨径（mm）；

P_B——试件破坏时的最大荷载（N）；

d——试件破坏时的跨中挠度（mm）。

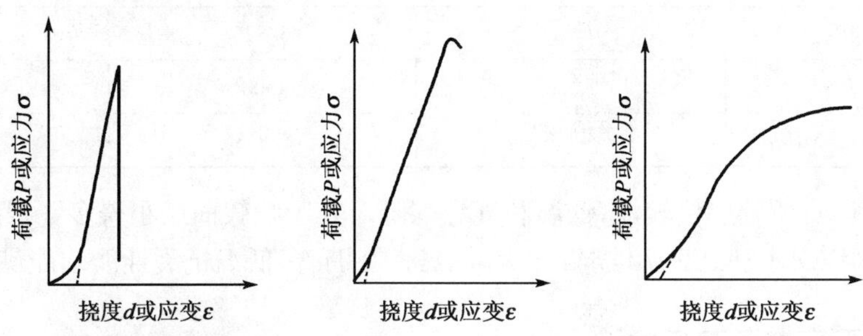

图 3-64　低温弯曲试验：荷载-跨中挠度曲线

当记录的荷载变形曲线在小变形区有一定的直线段时，可以（0.1～0.4）P_B 直线段部分的斜率计算弹性阶段的劲度模量，或以此范围内各测点的应力、应变 ε 数据计算的 $S=\sigma/\varepsilon$ 平均值作为劲度模量，并以此作为路面设计用的力学参数。

2. 小梁弯曲试验结果

邯长公路小梁弯曲试验，是在 MTS810 材料试验系统下进行的。按照马歇尔试验确定的密度，采用轮碾压成型 300mm×300mm×50mm 试块，再用切割机切割成 250mm×30mm×35mm 的小梁试件，一组试验用小梁 5 根。

试验温度－10℃，加载方式为单点集中加载，跨径 200mm，加载速率 50mm/min。采用 2 号、7 号级配：

- 2 号级配采用韩国 SKAH-70 沥青和大港 AH-50 沥青；
- 7 号级配为韩国 SKAH-70 沥青。

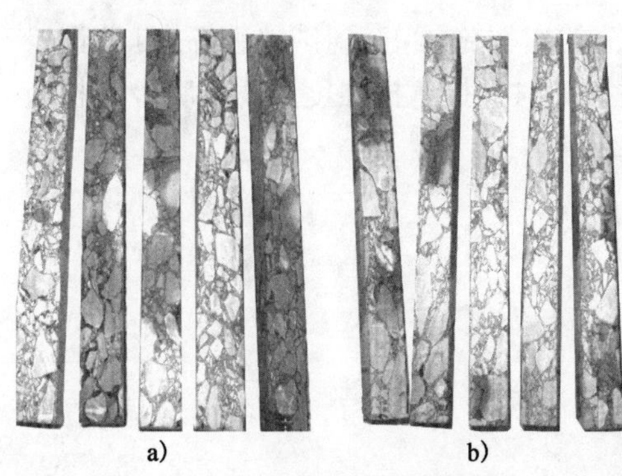

图 3-65 低温弯曲小梁试件

a)ATB-25 试件;b)ATB-30 试件

·每个级配都按大马歇尔法确定的最佳油石比成型小梁试件(图 3-65)。试验结果见表 3-44。

3.小梁弯曲试验结果分析

从表 3-44 可知:

(1)从最大弯拉应变及破坏时跨中挠度看,大港 AH-50、SKAH-70 两种沥青的三种混合料低温抗裂性能无明显差别,大港 AH-50 比韩国 SKAH-70 沥青稍好。

(2)从最大破坏荷载看,对于同种级配,韩国 SKAH-70 比大港 AH-50 沥青低温抗裂性能稍好。

−10℃小梁弯曲试验结果 表 3-44

项　目	沥青品种及级配		
	韩国 SK AH-70 2 号级配	大港 AH-50 2 号级配	韩国 SK AH-70 7 号级配
油石比(%)	3.0	3.0	2.9
破坏时最大荷载,N	839	783	1 015
破坏时跨中挠度,mm	0.238 7	0.258 4	0.242 5
弯拉强度,MPa	6.264	5.846	7.345
最大弯拉应变,10^{-6}	1 290	1 492	1 328
极限弯拉劲度模量,MPa	4 856	3 918	5 530

考虑到沥青碎石所处层位较深,低温和气温骤降对其影响较面层小得多。根据试验结果,沥青碎石基层采用韩国 SKAH-70 沥青和大港 AH-50 沥青,低温抗裂性能均能满足要求。

五、沥青碎石弯曲疲劳寿命验证

为了验证沥青混合料耐久性能,一般采用四点弯曲疲劳试验机,在规定试验条件下,测定压实的沥青混合料承受重复弯曲荷载的疲劳寿命。

1.弯曲疲劳试验

1)弯曲疲劳试验参数

(1)试验温度:一般为 15℃。

(2)疲劳试验试件:一般在试验室内,采取轮碾法将设计的沥青混合料成型为板块试件,或从现场路面钻取板块试件,然后切割成长 380mm、厚度为 50mm、宽度为 63.5mm 的小梁。试件制成后,存放在温度不超过 35℃,养生 4h 即可进行试验,并在 30d 内完成。

(3)加载装置:一般采用气动或者液压加载装置,为疲劳试验系统提供恒应变连续偏正弦循环动力加载模式,其加载频率为 10Hz。使用计算机控制和实时记录每次加载次数、荷载大小、试件位移、最大拉应力、最大拉应变、相位角、劲度模量、耗散能量及累计耗散能量等。

(4)试验终止条件:当试件的弯曲劲度模量降低到初始弯曲劲度模量50%对应的加载循环次数。

2)弯曲疲劳试验

将制备好试件,置于规定温度的水槽中,不少于45min,试验放入4点弯曲疲劳加载装置内,并加以固定。在目标试验应变水平下,加载50个循环,计算第50个加载循环量作为初始的劲度模量,作为试件疲劳失效判据的基准劲度模量。具体操作规程见T 0739—2011。

3)疲劳指标计算

最大拉应力σ_t(Pa)、最大拉应变ε_t(m/m)、弯曲劲度模量S(Pa)、相位角φ(°)、单个循环耗能E_D(J/m³)、累计循环耗散能量E_{CD}(J/m³),分别按式(3-59)计算:

$$\left.\begin{aligned}&\sigma_t=\frac{L\times P}{w\times h^2};\quad \varepsilon_t\frac{12\times\delta\times h}{3\times L^2-4\times a^2};\quad S\frac{\sigma_t}{\varepsilon_t};\\&\varphi\times 360\times f\times t;\quad E_D=\pi\times\sigma_t\times\varepsilon_t\times\sin\varphi;\quad E_{CD}=\sum_{i-1}^{n}E_{Di}\end{aligned}\right\}\tag{3-59}$$

式中:L——梁跨距,即外端两个夹具间距,一般为0.357m;

P——峰值荷载(N);

w——梁宽(m);

h——梁高(m);

δ——梁中心最大应变(m);

a——相邻夹头中心间距,为$L/3$,一般为0,119m;

f——加载频率(Hz);

t——应变峰值滞后于应力峰值时间(s)。

2. *沥青碎石弯曲疲劳试验结果*

为了分析沥青碎石疲劳性能及其影响因素,分别采用韩国SKAH-70、中海AH-70、大港AH-50沥青,对优选出的2号(ATB-25)和7号(ATB-30)级配进行了疲劳试验。

1)沥青碎石疲劳试验

疲劳试验试件,按照T 0703—2011规定的轮压法成型,并切割成50.0mm×63.5mm×381.0mm小梁。试验时,采用应力三分点加载,其加载波形和频率:10Hz连续式半正弦波荷载;试验温度:15℃;试验设备:UTM4材料试验机,试验结果见表3-45。鉴于应力比与疲劳寿命在双对数坐标上分别表现为直线关系,通常可用式(3-60)表示。

沥青碎石试件弯拉强度试验结果 表3-45

沥　青	集料级配	油石比(%)	弯拉强度(MPa)
韩国SK AH-70	2号	3.0	3.21
	7号	2.9	3.19
中海 AH-70	2号	2.9	3.14
	7号	2.8	3.07
大港 AH-50	2号	3.0	2.95
	7号	2.9	2.81

$$\lg N_f = k + n\lg\frac{\sigma}{\sigma_{\max}} \tag{3-60}$$

式中：N_f——试件破坏时荷载作用次数；

$\sigma/\sigma_{\max}$——小梁弯曲施加荷载的应力比；

k、n——回归常数。

根据试验级配类型应力比，导出的疲劳方程和疲劳寿命列于表 3-46。

韩国 SK AH-70 沥青室内沥青碎石试件疲劳试验结果　　表 3-46A

级配类型	应力比	疲劳寿命 N(次)	疲劳方程
2号	0.3	645 650	$\lg N_f = 1.04 - 3.887\lg\left(\frac{\sigma}{\sigma_{\max}}\right)$ $R^2 = 0.983$
	0.4	24 540	
	0.5	7 240	
	0.6	1 040	
7号	0.3	549 540	$\lg N_f = 1.049 - 3.789\lg\left(\frac{\sigma}{\sigma_{\max}}\right)$ $R^2 = 0.981$
	0.4	20 410	
	0.5	4 460	
	0.6	1 230	

中海 AH-70 沥青室内沥青碎石试件疲劳试验结果　　表 3-46B

级配类型	应力比	疲劳寿命 N(次)	疲劳方程
2号	0.3	776 240	$\lg N_f = 0.996 - 3.955\lg\left(\frac{\sigma}{\sigma_{\max}}\right)$ $R^2 = 0.978$
	0.4	22 900	
	0.5	6 450	
	0.6	1 170	
7号	0.3	407 380	$\lg N_f = 1.02 - 3.727\lg\left(\frac{\sigma}{\sigma_{\max}}\right)$ $R^2 = 0.988$
	0.4	18 620	
	0.5	3 800	
	0.6	1 020	

大港 AH-50 沥青室内沥青碎石试件疲劳试验结果　　表 3-46C

级配类型	应力比	疲劳寿命 N(次)	疲劳方程
2号	0.3	912 010	$\lg N_f = 0.662 - 4.306\lg\left(\frac{\sigma}{\sigma_{\max}}\right)$ $R^2 = 0.988$
	0.4	25 700	
	0.5	4 460	
	0.6	870	
7号	0.3	602 560	$\lg N_f = 0.766 - 4.072\lg\left(\frac{\sigma}{\sigma_{\max}}\right)$ $R^2 = 0.985$
	0.4	22 900	
	0.5	2 950	
	0.6	970	

根据表 3-46 绘制出不同沥青品种 2 号级配和 7 号级配疲劳试验结果，分别绘制出疲劳曲线对比图(图 3-66、图 3-67)，表 3-47 比较了相同级配采用不同沥青的 k、n 值。

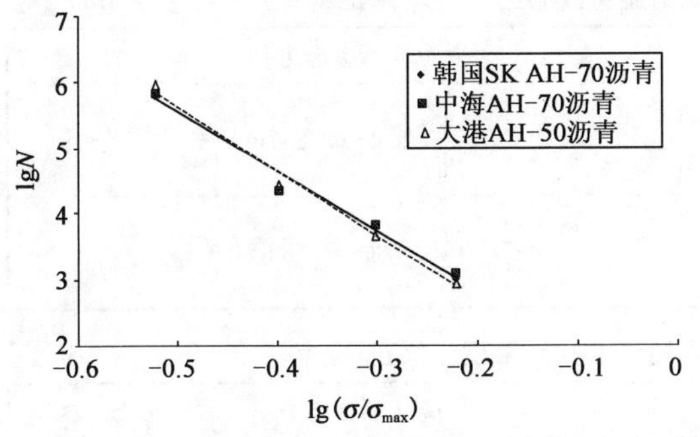

图 3-66 2 号级配(ATB-25)不同沥青的疲劳曲线对比

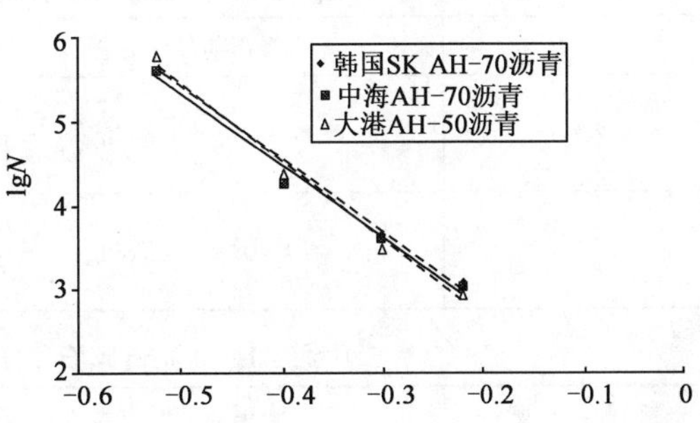

图 3-67 7 号级配(ATB-30)不同沥青的疲劳曲线对比

采用不同沥青的 k、n 值 表 3-47

级 配	沥 青	k	n	级 配	沥 青	k	n
2 号	韩国 SKAH-70	1.04	−3.887	7 号	韩国 SKAH-70	1.049	−3.789
	中海 AH-70	0.996	−3.955		中海 AH-70	1.02	−3.727
	大港 AH-50	0.662	−4.306		大港 AH-50	0.766	−4.072

从图 3-66、图 3-67 和表 3-47 可以看出：

(1)对于同一种沥青，2 号级配(ATB-25)比 7 号级配(ATB-30)粒径细，油石比稍大，因此 2 号级配抗疲劳性能略好于 7 号。

(2)采用韩国 SKAH-70 和中海 AH-70 不同品种的沥青，其相同级配的沥青碎石抗疲劳性能非常接近。但是，采用大港 AH-50 沥青的 n 值绝对值较大，说明采用低等级沥青的沥青碎石对应力水平变化更敏感一些。

(3)低应力比 $\sigma/\sigma_{max}<0.5$ 时，大港 AH-50 沥青碎石疲劳性能略好于 SKAH-70 和中海 AH-70 沥青；高低应力比 $\sigma/\sigma_{max}>0.5$ 时，韩国 SKAH-70 沥青和中海 AH-70 沥青碎石疲劳性能略好于大港 AH-50。

(4)沥青碎石层底拉应力水平较低，一般为 0.015～0.02MPa，因此，总体上中海 AH-70、大港 AH-50 沥青碎石均能满足抗疲劳性能要求。

2)沥青碎石疲劳模型及修正

鉴于室内疲劳试验条件与实际道路上的情况有较大差异，因此，在室内试验得到的沥青混合料疲劳方程，不能直接用于实际道路的疲劳设计，需要根据野外实际情况进行修正。

在进行修正室内疲劳方程时，主要考虑加载间歇时间、裂缝发展和荷载横向分布系数影响。对于横向分布影响系数，由于实际道路上车辆荷载的作用是有间隔的，这样沥青碎石损伤可以部分自愈。国外的研究认为，因荷载间隔影响，实际疲劳寿命可能增长 6 倍左右。

一般沥青碎石基层具有一定厚度的，其层底出现裂缝并不会导致路面的破坏，裂缝从下向路表面传播需要的时间，要比产生开裂的时间长很多。国外研究人员认为，可以达到 20 倍。对于四车道高速公路来讲，横向分布系数取 0.45。从而野外的疲劳寿命可能比室内的疲劳寿命高 15×20/0.45=667 倍，因此，对表 3-46 所示室内疲劳试验结果需进行现场修正，其修正结果见表 3-48。

韩国 SK AH-70 沥青碎石基层室内疲劳试验结果现场修正　　表 3-48A

级配类型	修正前疲劳方程	修正后疲劳方程
2 号	$\lg N_f = 1.04 - 3.887\lg\left(\frac{\sigma}{\sigma_{\max}}\right)$	$\lg N_f = 3.864 - 3.887\lg\left(\frac{\sigma}{\sigma_{\max}}\right)$
7 号	$\lg N_f = 1.049 - 3.789\lg\left(\frac{\sigma}{\sigma_{\max}}\right)$	$\lg N_f = 3.873 - 3.789\lg\left(\frac{\sigma}{\sigma_{\max}}\right)$

中海 AH-70 沥青碎石基层室内疲劳试验结果现场修正　　表 3-48B

级配类型	修正前疲劳方程	修正后疲劳方程
2 号	$\lg N_f = 0.996 - 3.955\lg\left(\frac{\sigma}{\sigma_{\max}}\right)$	$\lg N_f = 3.82 - 3.955\lg\left(\frac{\sigma}{\sigma_{\max}}\right)$
7 号	$\lg N_f = 1.02 - 3.727\lg\left(\frac{\sigma}{\sigma_{\max}}\right)$	$\lg N_f = 3.486 - 3.727\lg\left(\frac{\sigma}{\sigma_{\max}}\right)$

大港 AH-50 沥青碎石基层室内疲劳试验结果现场修正　　表 3-48C

级配类型	修正前疲劳方程	修正后疲劳方程
2 号	$\lg N_f = 0.662 - 4.306\lg\left(\frac{\sigma}{\sigma_{\max}}\right)$	$\lg N_f = 3.844 - 4.306\lg\left(\frac{\sigma}{\sigma_{\max}}\right)$
7 号	$\lg N_f = 0.766 - 4.072\lg\left(\frac{\sigma}{\sigma_{\max}}\right)$	$\lg N_f = 3.59 - 4.072\lg\left(\frac{\sigma}{\sigma_{\max}}\right)$

3)沥青稳定基层抗拉强度结构系数分析

综合上述分析，沥青碎石 ATB-25 和 ATB-30 的室内小梁疲劳试验结果表明，不同沥青和不同集料级配的沥青碎石，其疲劳性能相差不大。因此，取不同混合料的 k、n 值的平均值作为沥青碎石疲劳参数，因此，可以获得如下沥青碎石疲劳模型：

$$\lg N_f = 3.75 - 3.85\lg\left(\frac{\sigma}{\sigma_{\max}}\right) \tag{3-61}$$

沥青碎石容许拉应力，是路面承受行车荷载反复作用达到临界破坏状态时的最大疲劳应力。该应力值较一次荷载作用下的抗拉强度小，减小的程度同重复荷载次数有关，其关系可用下式表示：

$$\sigma_R = \frac{\sigma_{\max}}{K_s} \tag{3-62}$$

式中：σ_R——沥青碎石容许拉应力(MPa)；

$\sigma_{\max}$——沥青碎石极限抗拉强度(MPa)；

K_s——抗拉强度结构系数。

根据式(3-60)计算得沥青碎石抗拉强度结构系数为：

$$K_s = 0.106 \times N_e^{0.26} \tag{3-63}$$

六、沥青碎石基层综合结论

沥青稳定碎石，也是一种类型沥青混合料，与传统的沥青混凝土一样，其组成结构也有悬浮-密实结构、骨架-空隙结构及骨架-密实结构。其特点集料粒径较大,级配较粗,沥青用量少。

1. 沥青碎石研究成果

通过前述本章各节理论和试验研究,试验室内验证,对沥青碎石应用得出如下结论:

1)沥青碎石动稳定度

通过沥青碎石混合料车辙试验,为使其满足高温稳定性要求,以下研究成果,为沥青碎石工程实践提供了理论基础、试验依据及经验:

(1)在选择沥青结合料时,应当选用针入度小、稠度大的沥青,能明显提高沥青碎石高温稳定性,采用 50 号沥青比 70 号沥青,沥青碎石动稳定度高 80%左右。

(2)沥青碎石动稳定度,随着温度升高而迅速下降,对于 2 号级配,30℃的动稳定度是 45℃的动稳定度的 1.64 倍,是 60℃的动稳定度的 2.65 倍;对于 7 号级配,30℃的动稳定度是 45℃的动稳定度的 1.68 倍,是 60℃的动稳定度的 3.51 倍。

(3)通过成型 5cm 和 7cm 厚车辙板,进行车辙对比试验表明,成型 7cm 厚车辙板进行车辙试验,更能反映沥青碎石沥青混合料的高温稳定性能。

2)沥青碎石水稳定性能

通过浸水马歇尔和冻融劈裂试验,对沥青碎石水稳定性研究表明:

(1)9 种试验级配最佳油石比的残留稳定度都在 90%以上,远大于规范规定 75%的要求,浸水马歇尔试验的残留稳定度,不能充分反映沥青碎石在动水力反复作用下的受力特性与破坏情况,建议采用冻融劈裂试验评价沥青碎石的水稳定性。

(2)不同级配的沥青碎石,其冻融劈裂强度都接近或大于 80%,说明沥青碎石具有良好的抗水害能力。

3)沥青碎石力学性能

试验结果表明:密级配沥青碎石劈裂强度和抗压回弹模量,都比半刚性基层大,能够抵抗重载交通荷载的作用。

4)沥青碎石低温抗裂性能

选用小梁弯曲试验,对沥青碎石低温抗裂性研究表明,采用韩国 SKAH-70 沥青和大港 AH-50 沥青制备的沥青碎石试件,其低温抗裂性能均能满足要求。

2. 工程对沥青碎石性能要求

在车辆荷载的作用下,路面内部的应力状态非常复杂,根据理论分析,沥青路面中有上中下三个不同的应力区。

1)沥青路面应力状况

路面上层为三向受压区,既有压应力又有剪应力;路面中层为受压区,该区内荷载产生的剪应力已经很小,处于一种竖向受压的状态;路面下层为受拉区,在荷载的作用下会出现弯拉应力。

2)沥青碎石结构层位

一般沥青碎石位于面层以下 10cm 左右,或更下面层位,处于受压区和受拉区,换句话说,沥青碎石基层需要承受荷载压实作用,以及底面层传递的弯拉应力。因此,要求它应当具有足够的抗压强度和抗拉强度。

有研究表明，沥青碎石基层的应力水平大致在 0.3MPa 左右，在高温条件下，沥青碎石基层平均温度，可近似用气温来表示。

针对上述其所面临荷载条件和温度状况，以及结构功能的要求，在工程使用上，应对沥青碎石提出如下技术要求：

(1)沥青碎石应具有一定厚度

鉴于沥青碎石基层是路面的承重层，承受着面层传递的垂直力，并扩散到下底基层、垫层和路基中去，其强弱状况对路面承载能力、使用质量和使用寿命起着重要影响。因此，沥青碎石基层必须有一定的厚度，组成的材料应具备足够的强度，以避免它产生过多的残余变形，剪切或弯拉破坏。

(2)沥青碎石应具有一定的刚度

根据沥青碎石所处于的层位，其面临的应力水平和温度状况，虽然不如面层严峻，但是，其仍然有比较高的温域、低温温域和常温温度域。

·沥青稳定碎石，在比较高的温域里，其劲度模量随温度升高而降低，因此，要求其具备有足够刚度，以防止其产生诸如波浪、推移、车辙等病害。

·在常温温域里，沥青碎石也会发生塑性变形，因此要求它具有足够抗变形能力，以防止产生过量的不可恢复的变形。

·在低温温域里，特别是冬季气温急剧降低时，也可能会产生收缩裂缝，一旦反射到上面去，就会造成面层开裂，因此要求沥青稳定碎石基层应具有良好低温抗裂性。

(3)沥青碎石应具有一定的抗疲劳性能

沥青路面在使用期间，由于长期处于气温环境影响、车轮荷载反复交替变化作用，致使路面结构强度逐渐下降并出现裂纹，导致疲劳破坏。为此，在设计使用年限内，为了使路面满足使用性能要求，应保证沥青碎石基层具有良好的抗疲劳性能。

(4)沥青碎石应具有良好的施工和易性

沥青碎石良好的施工性能，是实现其一切路用性能前提和基础。影响施工性能因素甚多，诸如当地气温、施工条件及混合料性质等，其中级配是主要因素。

·粗细集料颗粒大小相距过大，缺乏中间尺寸，易发生粗集料集中表面，细集料集中底部的分层离析。

·如果细集料太少，沥青就不容易均匀地分布在粗颗粒表面；细集料过多，则拌和困难等。

·当沥青用量过少，或矿粉用量过多时，混合料容易产生疏松不易压实；反之，如沥青用量过多，或矿粉质量不好，容易使沥青碎石产生黏结成团块，不易摊铺。因此在设计沥青碎石时，应保证其具有良好的施工和易性。

3. 沥青碎石材料评价

根据本书对沥青碎石的研究成果，结合工程上的技术要求，设计出的沥青碎石基层，完全能满足当今重载交通沥青路面的使用要求。

1)沥青碎石摩阻力和嵌挤力大

通过对沥青混合料三轴剪切试验，可以获得沥青混合料黏结力 C 和内摩阻角 φ。根据伊万诺夫等人的研究资料显示：

(1)砂粒式沥青混凝土的内摩擦角 φ 约为 30°。

(2)细粒、中粒和粗粒式沥青混合料的内摩擦角 φ,可依次递增 3°左右。

(3)对于大粒径沥青混合料研究,其内摩阻角 φ 值为 42°左右。

由此可知,集料颗粒粒径越大,内摩擦角越大。所以,增大集料的粒径,也是提高其内摩擦角的一种途径。但是,应保证具有良好的级配,空隙率也应适当。根据国内外研究成果显示,作为基层的沥青碎石,也宜采用骨架-密实结构,其空隙率 3%~6%,以形成比较大的内摩擦力和嵌挤力。

2)沥青碎石承载能力大、高温稳定性强

沥青碎石集料粒径比较大,并能形成骨架-密实型结构,在荷载作用下,显示出具有较高的承载能力和较小的变形。

形成骨架-密实型结构沥青碎石,其粗集料相互接触点多,骨架密实,在荷载反复作用下,不会产生大的变形,其高温稳定性也就好。

如果沥青碎石没有形成骨架,其受力和传力作用不再由固体颗粒本身担当,而仅靠颗粒摩擦力和沥青黏结力承担,在高温、慢速超载、粗集料形成骨架层太厚时,有可能产生失稳破坏。因此,沥青碎石能否形成骨架—密实型结构,是它能否具有比较高承载能力的关键所在。

第四节　柔性基层——级配碎石设计

级配碎石和沥青碎石可以说是柔性基层的代表。它们与半刚性基层组成复合基层。

石灰稳定土、二灰稳定碎石、水泥稳定碎石,属于半刚性代表性基(底)层,其优势众所周知,其设计方法和施工技术也积累了丰富经验。本书不再赘述。

一、级配碎石基层

级配碎石亦称水稳碎石,是碎石基层的一种结构形式,已有成功应用的历史。在邯长公路上,级配碎石布设在下基层,与沥青碎石一起,与半刚性底基层组成复合式基层,作为上行车道路面基层。

1.级配碎石基层优势

铺筑在半刚性底基层上级配碎石的路面结构,具有以下优势:

1)克服半刚性基层弊端

在半刚性底基层上,铺筑上级配碎石,可以吸收和消除了半刚性底基层尖端应力,减少和延缓了反射裂缝发生。

级配碎石易获得较高的密实度,布设在半刚性基层之上,有利于扩散荷载应力,分散下卧层承受的车辆荷载应力,不仅吸收和消除了半刚性底基层尖端应力,减少和延缓了反射裂缝发生,提高了底基层抗疲劳能力,相对地也延缓了疲劳裂缝的产生,缓解路面不均匀沉降导致其各种破坏。

2)延长沥青路面使用寿命

级配碎石基层,可将面层渗透水排出,防止其下水分聚集,进一步改善面层使用品质,延长其使用寿命。

3)就地取材,重复利用

以级配碎石作为基层的路面,一旦进入大修期后,级配碎石基层可回收利用,对于节约资源、减少环境破坏具有积极意义。

2. 级配碎石强度形成

级配碎石的级配,可以是连续型、骨架密实型,其强度主要靠集料自身强度和颗粒之间的嵌挤作用形成强度。

二、不同成型方法设计指标比较

根据级配碎石的特点,工程确定其强度时,多采用重型击实法成型。随着科技进步,施工机械不断革新,笔者建议采用振动击实法成型,有条件的还可采用 GTM 试验机成型,以确定最佳含水率和最大干密度。

1. 不同的成型方法压实功比较

级配碎石基层设计,最主要的是确定其最大干密度和最佳含水率。不同的成型方式,可以获得不同值,这对提高其施工质量关系甚大。现通过振动和重型击实法两种方式比较,可以看出振动击实功明显高于重型击实功,约提高 2.19 倍,可以获得最大干密度较大,比较小空隙率(表 3-49、表 3-50)。

重型击实法试验参数和击实功　　表 3-49

类别		重击实法	类别	重击实法
锤质量(kg)		4.5	锤击层数	3
锤击面直径(cm)		5.0	锤击次数	98
落高(cm)		45	平均单位击实功(J)	2.677
试筒尺寸	内径(cm)	15.2		
	高(cm)	12.0		
	容积(cm^3)	2177		

振动击实试验参数及击实功　　表 3-50

试验方法	振动压实	试验方法	振动压实
振频(Hz)	30	静面压力(kPa)	140
振幅(mm)	1.4	击实时间(min)	2
激振力(N)	7612	击实功(J)	5.81

2. 不同成型方法最大干密度和最佳含水率

对于级配碎石,采用不同的成型方法,所获得的最大干密度和最佳含水率也不同。现选择最大粒径为 31.5mm 碎石的三种级配,分别采用重型击实法和振动成型法进行试验,其获得的最大干密度和含水率(表 3-51),以资进行比较。

级配碎石不同成型方式的最大干密度及最佳含水量比较 表 3-51

成型方式	级配类型序号					
	1	2	3	1	2	3
	最大干密度(g/cm^3)			最佳含水率(%)		
振动成型	2.530	2.495	2.532	5.0	4.6	4.8
重型击实	2.319	2.265	2.338	5.6	5.3	5.5
比值	1.091	1.102	1.083	0.893	0.868	0.873

由表 3-51 可见:

1)三种不同的级配碎石,在振动成型条件下,最大干密度比重型击实法大,二者的比值范围为 1.08~1.1。

2)振动成型方法下,最佳含水率比重型击实法小,二者差值范围为 0.6%~0.7%。

3)在振动击实过程中,被压材料不仅运动发生变化,同时还受到表面振动器的振动作用,材料颗粒之间更容易产生相对运动,相互填充。同时,在振动过程中,振动也会迫使水分运动,使其具有一定的动能,从而水分相对比较容易地挤入材料颗粒间的空隙中,故其需要少量的水就能使混合料易达到密实状态。当振动频率与散碎颗粒的固有频率相近时,产生共振,压实过程中颗粒间的静摩阻力转化成动摩阻力,更易于压实并形成结构。

4)在重型击实过程中,被压材料仅仅受到落锤的冲击作用,材料颗粒之间相对位移的幅度小,充填效果也相对较差。基于以上原因,振动成型以较小的含水量就能得到较大的干密度。

3. 不同成型方式对级配碎石的 CBR 值影响

CBR(California Bering Ratio)全称加州承载比,系测定土基和粒料基层材料相对强度试验方法,用于评估公路路面基层、底基层及垫层材料的潜在强度,应当说,它是柔性基层设计中的一个组成部分。

CBR 值是指:贯入量达 2.5mm 或 5mm 时,单位压力相对于标准碎石压到相同贯入量时的标准荷载强度比值,它是评价无黏结粒料力学性能的一个指标,也同时反映了材料的竖向刚度和局部抗剪强度。

根据库伦强度原理,级配碎石形成“碎石体”,在贯入试验中所反映的强度,实际上是它的局部抗剪切强度,可以采用库仑定律 $\tau=\sigma \text{tg}\varphi+c$ 表示。

对于表 3-51 中设置的三种级配,分别采用振动和重型击实下确定的最佳含水率、最大干密度,以 98%压实度控制施工质量,其效果显然是不同的。

鉴于级配碎石强度,既不受湿度影响,也与温度、龄期无关,所以在试件泡水 24h 后,以 1mm/min 的加载速度进行试验,其试验结果见表 3-52。

由表 3-52 看出:对于同一种级配,振动成型方式下的 CBR 值大于静压成型方式,例如:级配 1 和级配 3,其振动方式下 CBR 分别为 437、485,分别为重型击实的 2.05 和 2.15 倍。

由表 3-52 还看出,三种级配,静压下 CBR 数值差别不大,而振动作用下的数据差别大,这反映出振动成型对不同级配的差异性比较敏感,适宜作为优选级配的设计方法。通过上述对比分析,振动成型方法优于重型击实法,应优先选用。

不同的三种级配的 CBR 值　　表 3-52

成型方式	级配类型序号					
	1		2		3	
	振动	重型锤击	振动	重型锤击	振动	重型锤击
最大干密度(g/cm^3)	2.530	2.319	2.495	2.265	2.532	2.338
CBR(%)	437	213	288	193	485	226
CBR 比值	2.05		1.49		2.15	
C_V(%)	10	11	8	12	7	11

三、级配碎石配合比设计

级配碎石分为骨架密实型和连续级配，可由几种不同粒径碎石和石屑掺配而成。用其作为复合式基层组成部分时，其设计组成的混合料，应具有良好力学特性和稳定性，为此，可采取振动或 GTM 等方式成型，可以获得最大干密度。

1. 级配碎石力学性能控制指标

对级配碎石质量控制来说，使用合理的力学性能指标，对其质量控制极为重要。为了保证基层质量，笔者认为：应以 *CBR* 及抗剪切强度作为控制指标为宜。

鉴于级配碎石抗剪切强度，目前尚无有的标准实验方法，但可利用 *CBR* 与抗剪切强度理论上相关关系，通过对实验数据的统计分析，获得它们之间的相关关系(表 3-53)。

级配碎石 ***CBR*** 及抗剪切强度　　表 3-53

序　号	*CBR*(%)	抗剪强度(MPa)	序　号	*CBR*(%)	抗剪强度(MPa)
1	208	0.5376	17	144	0.5131
2	192	0.5578	18	192	0.5292
3	150	0.4758	19	141	0.5416
4	204	0.5283	20	206	0.4928
5	203	0.5600	21	166	0.6022
6	162	0.4519	22	197	0.5249
7	177	0.5169	23	190	0.5848
8	157	0.5560	24	145	0.5276
9	147	0.4447	25	166	0.5356
10	437	1.1160	26	221	0.5519
11	213	0.6010	27	194	0.5144
12	288	0.9200	28	192	0.4731
13	193	0.4800	29	204	0.5490
14	485	1.3150	30	209	0.5324
15	266	0.6050	31	169	0.6185
16	134	0.5092			

利用表 3-53 系试验统计数据，进行回归分析，可得出抗剪强度与 CBR 之间相关关系，即抗剪强度：

$$y = 0.3195e^{-0.0028 \cdot x} \tag{3-64}$$

式中：x ——检测的 CBR 值；相关系数 $R^2=0.8185$。

鉴于 CBR 与抗剪切强度具有良好的相关性，为此，级配碎石力学控制指标建议用 CBR 进行控制。

按照现行的公路沥青路面设计规范规定，使用配碎石用作基层时，CBR 值不应小于 100%；用作底基层时，CBR 值不应小于 80%。按照式(3-62)回归公式计算抗剪切强度列入表 3-54。

级配碎石抗剪强度计算表 表 3-54

CBR(%)	抗剪强度(MPa)	CBR(%)	抗剪强度(MPa)	CBR(%)	抗剪强度(MPa)
100	0.4237	80	0.4005	300	0.7452

根据表 3-54 计算结果，按照规范要求，级配碎石基层抗剪切强度最高只能达到 0.4237MPa。而根据理论计算，不考虑超载，标准轴载作用下级配碎石最大剪切应力达到 0.50467MPa。考虑材料、施工等的变异性，提出级配碎石抗剪度，不应小于 0.5205MPa。

另一方面，根据表 3-54 计算结果，CBR 在 300%时，振动成型的级配碎石混合料抗剪切强度达到 0.7452MPa，完全满足重载交通需要。因此，根据室内实验结果和理论分析，确定级配碎石力学性能控制指标为 CBR，其值必须达到 300%以上。

2. 级配碎石配合比设计方法

级配碎石配合比设计，应根据规定的材料和混合料指标要求，通过试验选取合理的集料配合比、混合料的最佳含水率和最大干密度。并保证强度(CBR)达到规定的要求。

1)材料要求

(1)碎石：宜采用反击式破碎机轧制的碎石，并满足表 3-55 的质量要求。

(2)水：凡饮用水皆可使用。

级配碎石材料质量要求 表 3-55

<table>
<tr><td colspan="2" rowspan="2">集料使用部位</td><td colspan="2">基 层</td><td colspan="2">底 基 层</td></tr>
<tr><td>高速、一级公路</td><td>二 级 公 路</td><td>高速、一级公路</td><td>二 级 公 路</td></tr>
<tr><td rowspan="6">技术要求</td><td>压碎值(%)</td><td>≤26</td><td>≤30</td><td>≤30</td><td>≤35</td></tr>
<tr><td>针片状(%)</td><td colspan="4">≤20 碎石中不能含有黏土块、植物等有害物质</td></tr>
<tr><td rowspan="2">塑性指数</td><td colspan="2">潮湿多雨地区小于 6</td><td>—</td><td>—</td></tr>
<tr><td colspan="2">非潮湿多雨地区小于 9</td><td>—</td><td>—</td></tr>
<tr><td rowspan="2">在塑性指数偏大的情况下，塑性指数与 0.5mm 以下细土含量的乘积</td><td colspan="2">在年降雨量＜600mm 的地区，地下水位对土基没有影响时，≯120</td><td>—</td><td>—</td></tr>
<tr><td colspan="2">非潮湿多雨地区≯100</td><td>—</td><td>—</td></tr>
</table>

2)级配碎石混合料组成设计

级配碎石强度,应满足表 3-56 的技术要求,成型试件应采用振动,有条件的建议采用 GTM 试验机成型。

级配碎石技术要求

表 3-56

项　目	设计强度 CBR(%)	项　目	设计强度 CBR(%)
底基层	≥250	基层	≥300

(1)取工地实际使用碎石,分别进行水洗筛分,按颗粒组成进行计算,确定各种碎石的组成比例和合成级配,现行的公路沥青路面设计规范,提出了基层与底基层级配碎石要求的范围,可结合具体工程参考(表 3-57)。

级配碎石混合料级配组成

表 3-57

层　位		上基层	基　层			底基层及垫层		
筛孔(mm)		—	1	2	3	1	2	3
通过相应筛孔质量的百分率(%)	37.5	—	100	—	—	95~100	100	—
	31.5		90~100	100	100	85~95	85~100	100
	26.5	100	79~95	90~100	85~95	75~90	65~85	80~100
	19		60~85	75~95	66~80	60~82		
	16	85~100	53~80	66~88	44~56	53~78	42~67	56~87
	13.2		48~74	59~82	37~48	48~74		
	9.5	60~80	40~65	46~71	31~41	40~65	20~40	30~60
	4.75	30~50	20~50	30~55	28~38	25~50	10~27	18~46
	2.36		18~40	18~40	18~28	18~40		
	1.18	15~30	13~32	13~22	12~20	13~22	8~20	10~33
	0.6	10~20	9~25	9~25	8~14	9~25	5~18	5~20
	0.3		6~20	6~20	5~11	6~20		
	0.15		3~13	3~13	3~9	3~13		
	0.075	0~5	0~7	0~7	0~6	0~7	0~10	0~10
液限(%)		<25						
塑指(%)		<8						
备注		*	连续型		骨架型	连续型	骨架型	连续型

注:①上基层指的是沥青面层下与半刚性基层之间设置的级配碎石,该层级配宜符合该规定。

②潮湿多雨地区的基层塑性指数不大于 4%。

③为排水与防冻层时,其 0.075mm 通过率不超过 5%。

④*为防止反射裂缝设置的过渡层。本表摘自公路沥青路面设计规范(JTG 50—2006)附录 D。

(2)选取符合适宜的合成级配,按不同含水率(按设计要求,分别选取 4~5 个含水率),用振动击实法或 GTM 试验机,分别确定各剂量混合料的最佳含水率和最大干密度。

(3)根据振动击实法或 GTM 试验机,确定的最佳含水率和 98%的最大干密度,拌制成级配碎石混合料,并振动制备 6 个试件,在标准条件下测定试件 *CBR*。

(4)*CBR* 代表值不小于设计值。

(5)为了提高工程质量,应做到两个限制:在合成级配满足要求的同时,限制细料、粉料用

量(合成级配中小于 0.075mm 颗粒含量宜不大于 5%);根据施工时气候条件限制含水率。

如设计过程或施工过程中强度若达不到设计要求,应采取调整级配和更换料源等措施。生产配合比调试时,应根据施工时的气候条件,通过试验确定混合料拌制用水量。

3. 铺筑级配碎石试验路

按一般要求铺筑级配碎石试验路段,根据生产设备确定出生产配合比,检验级配设计是否符合设计要求,确定其施工参数,如松铺系数、最佳含水率、碾压机械配置等。根据实际工程,检验其外观质量、压实度、承压板测级配碎石回弹模量、含水率,同时评价外观工程质量,确定级配碎石施工参数。

四、级配碎石施工技术要求

为了保证混合料拌和质量,碎石集料采用目标配合比设计用的原料,并按目标级配提供的级配范围进行控制。

1. 施工过程技术要求

对于高速公路,级配碎石施工,应采用集中厂拌,采用摊铺机摊铺,以保证拌和及摊铺质量。在这个施工过程中,有几个关键的技术问题,例如:含水率、防止集料离析、碾压、接缝处理,成品的养护,施工人员都必须高度重视。

1)含水率控制

级配碎石理论分析表明,控制适当的含水率,有助于降低碎石之间嵌挤,使碎石颗粒之间产生滑动,从而得到充分压实,保证在竖向荷载作用下结构不易产生变形,也有助于提高其回弹模量。

(1)室内试验研究表明,含水率为 3%~6%时,级配碎石的回弹模量随着含水率增加而增大。

(2)在拌和、运输、摊铺、碾压过程中,级配碎石混合料的含水率会有损失,为此,在拌和过程中,适当提高最佳含水率,以保证现场在接近最佳含水率下进行碾压。

(3)根据天气状况和气温高低,也应适当调整含水率。潮湿天气采用摊铺时,含水率宜高出 0.5%~1%。气温高、干燥天气,可高出 1%~2%。一般按在最佳含水率基础上,增加 1%进行控制。

在拌料过程中,按规定的方法,在运输送皮带上取样,进行级配检验,同时检测含水率。

2)混合料离析预防

拌和均匀的级配碎石混合料,在运输过程中装、卸环节,都有可能使混合料产生离析,即装料时集料在车厢内产生第一次离析,形成离析界面;卸料时,由于自卸车后倾和集料二次堆积,形成第二次离析。为了预防混合料产生离析,应采取以下预防措施:

(1)用装载机装料时,要采用侧向装载,在车厢内集料不要形成过高的锥体;卸料时,摊铺机摊铺时,卸料应快速,以减小第一次离析界面的滑动造成的第二次离析。

(2)级配碎石基层一般较厚,应采用两台摊铺机梯队形作业,全幅同时摊铺,可获得比较的效果。同时,要求摊铺机按以下要求进行操作:

①摊铺机进料口闸门开度要大,摊铺室涌料高度要没过螺旋叶片,且全长一致,螺旋布料器在全部工作时间内低速、匀速转动。

②摊铺速度，一般以 2.5m/min～3m/min 为宜。

③松铺系数根据试铺段确定，一般在 1.25～1.35 之间，双机摊铺容易离析，要派专人和三轮车备料补救。

3)级配碎石基层碾压

级配碎石层通过碾压，获得粗颗粒的嵌挤、锁结以及细集料的填充形成联结强度，所以碾压是保证级配碎石结构强度的关键手段。

(1)碾压方式选择

级配碎石碾压方式有：重型碾压法和振动碾压法。理论分析和现场试验表明，重型碾压法使碎石在不均匀的情况下容易破裂，从而破坏原有级配，不利于提高其弹性模量，其压实程度也不如振动碾压。因此，碎石级配层应采用振动碾压和轮胎碾压交叉作业方式为宜。

(2)碾压原则

级配碎石层碾压，应遵循“先轻后重、先弱后强、先慢后快、先边缘后中间”的原则，在设超高的平曲线段，由内侧路肩向外侧路肩进行碾压。对于级配碎石层，应根据层位、厚度和级配类型，采用不同碾压组合；碾压时，应以振动压路机和重型轮胎压路机为主，钢轮静碾为辅，三种压路机交叉作业的方式，充分发挥各种压路机的性能。

采用振动碾压时，应控制振动频率、振幅和碾压速度，压路机的起动、停止、变速要平稳，所有碾压均应控制速度不能太高。每层的压实厚度一般不宜超过 20cm，推荐采用 15～18cm。

(3)碾压工艺

碎石级配层碾压特点：一方面要提高压实度，另一方面应有利于形成嵌挤结构，同时压碎率最小。试验表明：通过试验路对级配碎石基层碾压工艺的检测总结表明，采用振动压碾压、胶轮压路机联合碾压，可以达到较好的碾压效果。

国内外的实践证明，弱振有利于中间到表面这部分的密实，强振一般最有利于结构层中间到层底密实，而胶轮可以使面层混合料颗粒发生搓揉，重新就位。因此，将它们结合起来，才能够到达级配碎石最有效的碾压效果。

对于级配碎石材料，开始宜先静压，使其大体稳定并具有一定的密实度：接着弱振、强振，使结构层内部密实，减小空隙率：最后采用胶轮碾压。

振动碾压次数应该根据摊铺厚度、级配碎石压实性能及施工机械确定，以保证达到最佳压实效果，同时避免过压。

(4)碾压工序

级配碎石碾压，也和其他混合料一样，分为初压（静压）、复压（振压）和终压（静压）3 道工序。不同碾压阶段，其碾组合见表 3-58。

级配碎石碾不同压实阶段碾压压组合 表 3-58

工　艺	初　压	复　压				终　压	
组合 1	静压 1 遍	胶轮 1 遍	弱振 1 遍	强振 1 遍	强振 1 遍	静压 1 遍	胶轮 1 遍
组合 2	静压 1 遍	弱振 1 遍	弱振 1 遍	强振 1 遍	弱振 1 遍	静压 1 遍	胶轮 1 遍

振动轮应重叠 1/2 轮宽：后轮必须超过两段的接缝处。后轮压完路面全宽即为一遍。碾压一直进行到要求的密实度为止。一般需碾压 6～8 遍，应使表面无明显轮迹。压路机的碾压

速度，头两遍采用 1.5～1.7km/h，以后用 2.0～2.5km/h。

复压时，振动压路机可边洒水、边碾压至压实面稳定。此时洒水可以减少石料间的摩阻力，通过碾压，进一步增加石料间的嵌紧程度，使碎石不再松动，不起波浪，无明显的轮迹为止。终压。采用光面压路机静压整平或胶轮压平即可。

4)级配碎石的接缝处理

(1)横缝的处理

级配碎石工作缝较为容易处理。一般在第一天完成级配碎石接缝处，留下 2～3m 不碾压；第二天洒水到最佳含水率后和新摊铺一起碾压。

(2)纵缝的处理

首先，应当避免纵缝，当必须时应采取搭接处理，即前一幅全宽碾压密实，在后一幅摊铺时，应将相邻前幅边部约 30cm 搭接，整平后一起碾压。

五、级配碎石施工质量控制

级配碎石基层，在施工过程质量管理，主要控制级配和压实度，成型后进行养护管理。

1.级配碎石质量管理

1)级配碎石施工过程质量管理

碎石级配层施工过程中，应按表 3-59 要求的频率和质量要求进行检测、管理。其中，对以下几个要点，加强质量控制：

振动成型法级配碎石基层质量检测标准　　表 3-59

检查项目	质量要求		检查规定	
	规定值或允许偏差	质量要求	最低频率	检测方法
压实度(%)	≥98	符合技术规范要求	4 处/200m/层	灌砂法检查，振动击实标准
平整度(mm)	8	平整、无起伏	2 处/200m	用三米尺连续量测 10 尺，每尺取最大间隙
纵横高程(mm)	+5，−10	平整顺适	1 断面/20m	每断面 3～5 点用水准仪测量
厚度(mm)	代表值−8	均匀一致	1 处/200m/车道	每处 3 点，路中及边缘任选挖坑丈量
	合格值−15			
宽度(mm)	不小于设计	边缘线整齐、顺适	1 处/40m	用皮尺丈量
横坡度(%)	±0.3%		3 个断面/100m	用水准仪测量
级配	见注 1	符合设计级配范围	每 2 000$m^2$1 次	水洗筛分
CBR(%)	符合设计	1 组/每天		
含水率(%)	±2%	最佳含水率	随时	烘干法
均匀性	见注 2		随时	

注：1.级配要求：19mm、4.75mm 通过率不超过中值要求的±0.3%。

2.均匀性是指：无灰条、灰团，色泽均匀，无离析现象。

(1)对混合料的级配,要控制 4.75mm 及 0.075mm 的通过率,必须符合标准设计。

(2)压实度采取灌砂法检测,随时目测观察含水率及压实过程中的不正常现象,同时不断取样进行含水率、筛分试验,在碾压完毕后,应进行压实度、*CBR*、平整度、结构厚度检测。

(3)压实度、*CBR* 双指标作为压实度的判定标准。

2)外观质量

级配碎石层外观质量,是指成品表面粗糙、均匀、平整、密实、无坑洼,无明显离析;施工接茬平整、稳定

2.级配碎石层型后管理

级配碎石层成型后的管理重点,有以下几点:

(1)在进入养护期前,严禁在静压后的路面上再进行振动碾压,因为对于无结合料,在静压下已趋于密实的表层,再进行振动不仅不会增加密实度,反而有破坏作用,降低密实度。

(2)养护期内管理,对碾压成型的级配碎石层,由于石粉的水化黏结作用,有一定的板结过程,必须保持表面湿润。一般当天的强度可达 80%左右,3~7d 可达 90%~100%左右。养护期内需要做到:禁止跑车扰动,保持含水率,按时喷雾洒水;防止大雨冲淋,细粒渗漏;用塑料布覆盖养护。

(3)级配碎石层施工完毕后,应立即喷洒透层油、石屑,并管制交通和及时铺筑沥青层。

(4)喷洒透层油、石屑的目的是防止雨水下渗和开放轻型交通。虽然级配碎石具有一定的排水功能,但过多雨水的浸泡、冲刷会使级配碎石层疏松;没有洒透层油的级配碎石,在车轮的作用下会造成局部松散。

(5)养护期内实行交通限制,严格限制通行量、车速控制在 20km/h、按规定路线行驶,禁止急刹车和急转弯,其中对路肩的保护尤为重要。

第四章 面层沥青混合料组成设计

沥青与集料选定后，以后则根据路用性能要求，进行面层沥青混合料组成设计，即确定矿质集料的级配和最佳油石比。

第一节 面层沥青混合料设计方法选用

一、面层沥青混合料设计基本要求

根据前述分析知悉，良好的集料级配，有利于形成密实骨架结构，不仅有利于提高沥青混合料的高温稳定性，还保证它的其他路用性能。首先，设计沥青面层混合料时，应当明确以下几点：

1. 集料级配作用

一般认为，粗型沥青混合料的集料级配，其抗车辙性能优于细型。

2. 油石比影响

研究和工程实践表明，油石比过大，导致混合料中存在游离沥青，集料间易相互滑动而降低混合料的抗剪强度；过多的沥青会进一步加重沥青混合料高温失稳，侧向流动更加显著。两方面综合作用的结果，必然导致严重的车辙病害。反之，油石比过小，集料颗粒缺少沥青裹覆，变得干涩，不易碾压密实，同样会降低其高温稳定性，也难以保证沥青混合料的其他路用性能。

3. 沥青面层混合料设计方法选用

目前，在沥青混合料设计方法多种并存情况下，邯长公路试验路段，采用常规马歇尔法的同时，也采用GTM法、SGC旋转压实法，分别确定出最佳油石比，以检验所设计混合料的抗车辙性能，推荐出适宜的设计方法。

二、面层沥青混合料设计方法优化

确定面层沥青混合料集料级配时，除考虑以上因素外，还需要结合当地材料供应情况，施工单位实际施工能力，决定选用规范规定级配范围中值。

1. 集料级配选用

邯长公路试验路段，上面层、中面层和底面层选用的集料和级配，分别叙述如下：

1)上面层集料、级配及沥青材料

上面层集料,采用玄武岩破碎而成,粒径为 10～15mm、5～10mm 碎石,机制砂、矿粉由石灰岩制成;沥青采用壳牌 SBS 改性沥青。根据前述研究成果,沥青混合料级配类型为AC-13C(表 4-1)。

AC-13C 沥青混合料集料级配表 表 4-1

筛孔(mm)	AC-13C(mm)	上限(mm)	下限(mm)
0.075	8	8	4
0.15	10.9	16	8
0.3	13.6	22	12
0.6	19.3	30	18
1.18	27.6	41	24
2.36	38.7	53	36
4.75	53.2	68	48
9.5	81.4	88	70
13.2	96.1	100	95
16	100	100	100

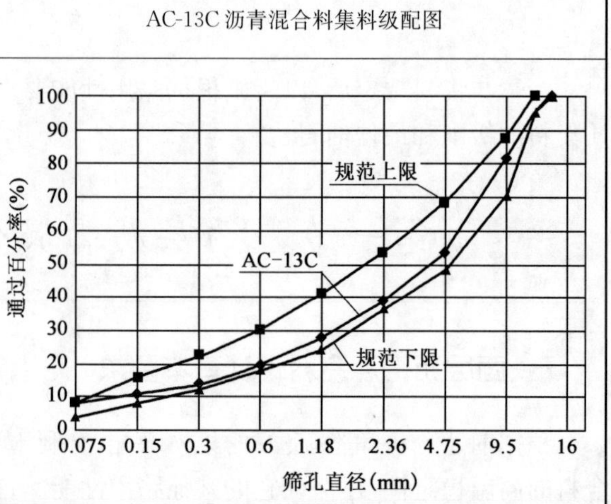

AC-13C 沥青混合料集料级配图

2)中面层集料、级配及沥青材料

中面层集料,采用石灰岩制成的碎石,其粒径为 10～20mm、5～10mm,机制砂和矿粉由石灰岩加工而成。根据前述研究成果,沥青采用 SBS 壳牌改性沥青,集料级配采用 AC-20C 型,选用规范规定级配范围中值(表 4-2)。

AC-20C 沥青混合料矿料级配表 表 4-2

筛孔(mm)	AC-20C(mm)	上限(mm)	下限(mm)
0.075	6	8	4
0.15	10	14	6
0.3	15	20	10
0.6	21	27	15
1.18	27	34	20
2.36	37	46	28
4.75	48	58	38
9.5	62	72	52
13.2	71	80	62
16	82.5	90	75
19	97.5	100	95
26.5	100	100	100

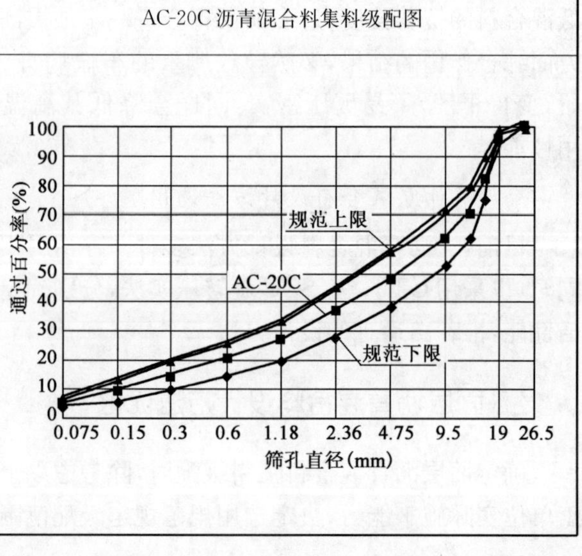

AC-20C 沥青混合料集料级配图

3)底面层集料、级配及沥青材料

底面层集料,采用石灰岩制成的碎石,其粒径为 10～30mm、5～10mm,机制砂和矿粉由石灰岩加工而成。同样根据前述研究成果，基质沥青选用AH-70基质沥青。集料级配选用规范规定级配范围中值(表4-3)。

AC-25C沥青混合料矿料级配表 表4-3

筛孔(mm)	AC-25C(mm)	上限(mm)	下限(mm)	AC-25C沥青混合料集料级配图
0.075	5	7	3	
0.15	9	13	5	
0.3	13	18	8	
0.6	19	25	13	
1.18	25	32	18	
2.36	33.5	42	25	
4.75	42	52	32	
9.5	53	63	43	
13.2	63	73	53	
16	71	80	62	
19	82.5	90	75	
26.5	97.5	100	95	
31.5	100	100	100	

2.最佳油石比

根据上述设计的面层集料级配，使用Marshall法、GTM试验机法、SGC旋转压实法等三种方法，分别优选上、中、下面层集料级配的油石比，经过比较，比选出沥青混合料最佳设计方法。

Marshall法是传统的、大家熟知沥青混合料设计方法。采用壳牌SBS改性沥青，根据经验选用油石比为3.0%～5.0%，间隔油石比为0.5%，采取Marshall成型试件，然后，按规定测定的物理指标，进行沥青混合料的Marshall指标试验，测定出试件稳定度、流值、密度、饱和度、集料间隙率等指标，绘制出与油石比的关系图，确定出油石比范围，再根据当地气候条件，最后确定出最佳油石比。

1)Marshall法确定最佳油石比

(1)上面层AC-13C、Marshall试验结果见表4-4和图4-1。

上面层AC-13C、Marshall试验数据表 表4-4

沥青用量(%)	油石比(%)	技术性质					
		毛体积密度(g/cm³)	空隙率*VV*(%)	集料间隙率*VMA*(%)	沥青饱和度*VFA*(%)	*MS*(kN)	流值*FL*(0.1mm)
2.91	3.0	2.450	5.5	12.6	56.3	7.52	18.4
3.38	3.5	2.458	4.7	12.6	62.7	8.02	22.1
3.85	4.0	2.467	3.6	13.1	72.5	8.09	27.5
4.31	4.5	2.470	2.7	13.5	79.7	7.52	32.8
4.76	5.0	2.459	2.3	13.8	83.3	6.47	37.1
技术标准			3～6		70～85	>7.5	20～40

依据图 4-1 所示的试验结果，确定的油石比范围为 3.6%～4.2%，最佳油石比为 3.90%，所对应的毛体积密度为 2.468g/cm^3。

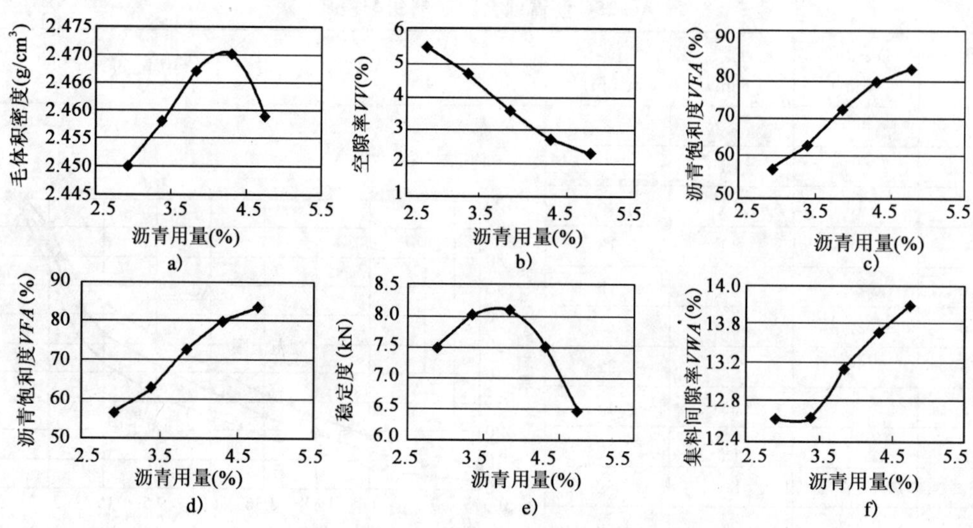

图 4-1　上面层沥青混合料油石比与 Marshall 指标关系图

(2)中面层 AC-10C、Marshall 试验结果见表 4-5 和图 4-2。

中面层 AC-20C、Marshall 试验数据表

表 4-5

沥青用量(%)	油石比(%)	技术性质					
		毛体积密度(g/cm³)	空隙率 *VV*(%)	集料间隙率 *VMA*(%)	沥青饱和度 *VFA*(%)	*MS*(kN)	流值 *FL*(0.1mm)
2.91	3.0	2.455	5.4	12.4	56.8	9.44	19.0
3.38	3.5	2.468	4.2	12.4	66.4	10.13	22.9
3.85	4.0	2.475	3.1	12.5	75.0	10.58	27.7
4.31	4.5	2.473	2.5	13.0	80.6	10.07	33.2
4.76	5.0	2.465	2.2	13.8	84.2	9.22	39.0
技术标准			3～6		70～85	>7.5	20～40

依据图 4-2 所示的试验结果，确定出中面层沥青混合料的油石比范围为 3.6%～4.1%，最佳油石比为 3.85%，其对应的毛体积密度为 2.474g/cm^3。

(3)底面层 AC-25C、Marshall 试验结果见表 4-6 和图 4-3。

底面层 AC-25C、Marshall 试验数据表

表 4-6

沥青用量(%)	油石比(%)	技术性质					
		毛体积密度(g/cm³)	空隙率 *VV*(%)	集料间隙率 *VMA*(%)	沥青饱和度 *VFA*(%)	*MS*(kN)	流值 *FL*(0.1mm)
2.91	3.0	2.467	4.9	12.0	59.2	7.52	20.0
3.38	3.5	2.478	3.8	12.1	68.6	8.02	23.7
3.85	4.0	2.480	3.0	12.4	75.8	8.03	28.1

续上表

沥青用量(%)	油石比(%)	技术性质					
		毛体积密度(g/cm^3)	空隙率 *VV*(%)	集料间隙率 *VMA*(%)	沥青饱和度 *VFA*(%)	*MS*(kN)	流值 *FL*(0.1mm)
4.31	4.5	2.478	2.4	13.0	81.8	7.52	34.8
4.76	5.0	2.471	2.0	13.6	85.7	6.47	43.7
技术标准			3～6		70～85	>7.5	20～40

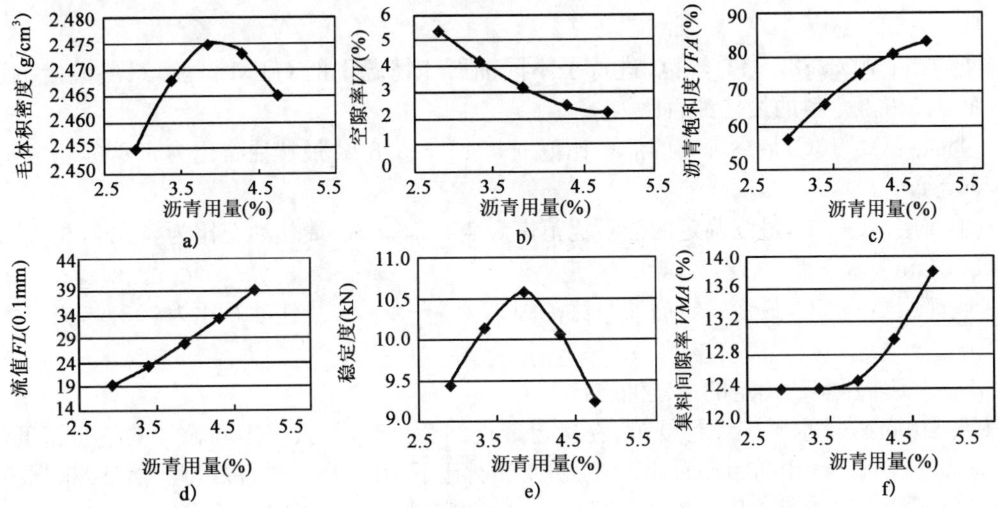

图 4-2　中面层沥青混合料油石比与 Marshall 指标关系图

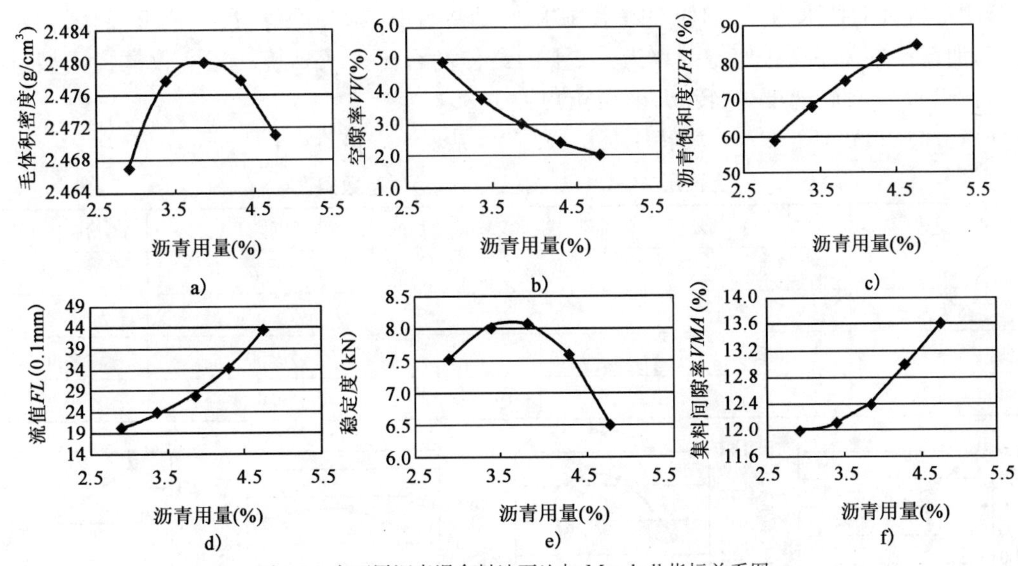

图 4-3　底面层沥青混合料油石比与 Marshall 指标关系图

依据图 4-3 所示的试验结果，确定出中面层沥青混合料的油石比范围为 3.6%～4.0%，最佳油石比为 3.7%，其对应的毛体积密度为 2.480g/cm^3。

2)GTM 试验机法确定最佳油石比

采用GTM 旋转压实法,对面层沥青混合料进行试验。设计参数为:设计压强为 0.7MPa,机械角为 0.8°。通过 GTM 试验,获得的最佳油石比的三个技术指标分别为:

(1)试件压实到平衡状态时的密度。

(2)旋转压实稳定值 *GSI*(即最终应变与中间最小应变之比,*GSI* 应该小于或等于 1.05),这是检验沥青混合料在被压实到平衡状态时是否会出现塑性变形的指标。

(3)安全系数 *GSF*,即抗剪强度除以剪应变,*GSF* 应该大于 1,检验沥青混合料被压实到平衡状态时的抗剪强度是否达到沥青路面所需的剪应力,这是评价沥青混合料工作适应性的指标。

根据 ASTMD33887—96 规范,进行了不同油石比情况下的 GTM 试验,最终确定的上、中、下面层沥青混合料的最佳油石比为:

· 上面层 AC-13C,最终确定的油石比范围 3.4%~3.8%,最佳油石比为 3.6%,相应密度为 2.530g/cm^3。

· 中面层 AC-20C,最终确定的油石比范围 3.4%~3.9%,最佳油石比为 3.6%,相应密度为 2.480g/cm^3。

· 底面层 AC-25C,最终确定的油石比范围 3.2%~3.5%,最佳油石比为 3.3%,相应密度为 2.500g/cm^3。

3)SGC 旋转压实法确定的最佳油石比

按照 Superpave 水平 1 设计规范,在确定最佳油石比时,先根据不同粒径的集料密度,采用 Superpave 法,计算出初始油石比,并在初始油石比下,旋转压实试件成型。然后,根据道路实际交通量,确定试件最小压实次数、设计压实次数和最大旋转压实次数;最后通过压实次数与高度的关系图确定出估算油石比。再在估算油石比范围内,选取四种不同油石比进行旋转压实,测定试件的技术指标,例如空隙率、矿料间隙率、沥青饱和度等,最后根据混合料的技术指标与油石比的关系图确定空隙率为 4%下的最佳油石比。SGC 旋转压实仪揉搓成型,加载压力为 600kPa,旋转速度 30 转/min,压实角为 1.25°。

(1)上面层 AC-13C、SGC 旋转压实试验结果,见表 4-7 和图 4-4。

上面层 AC-13C 旋转压实(SGC)试验数据表 表 4-7

沥青用量(%)	空隙率 *VV*(%)	集料间隙率 *VMA*(%)	沥青饱和度 *VFA*(%)	粉胶比 *PD*
3.3	5.29	12.73	68.57	2.42
3.6	4.20	13.58	70.54	2.22
3.9	3.51	13.56	70.50	2.05
4.1	3.12	13.16	69.61	1.95

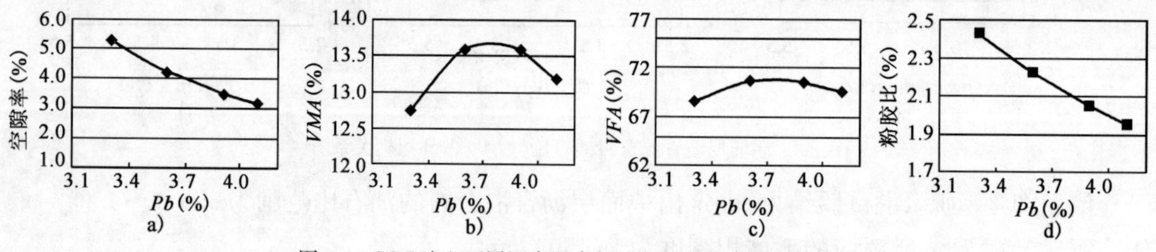

图 4-4 SGC 法上面层沥青混合料油石比与技术指标关系图

由图 4-4 关系图，确定出上面层沥青混合料最佳油石比范围为 3.41%～4.27%，最后确定的最佳沥青混合料油石比为 3.84%，其所对应的毛体积密度为 2.527g/cm^3。

(2)中面层 AC-20C、SGC 旋转压实试验结果，见表 4-8 和图 4-5。

中面层 AC-20C 旋转压实(SGC)试验数据表 表 4-8

沥青用量(%)	空隙率 *VV*(%)	集料间隙率 *VMA*(%)	沥青饱和度 *VFA*(%)	粉胶比 *PD*
3.4	4.47	13.74	70.89	1.76
3.6	3.95	14.08	71.59	1.67
3.9	3.20	14.27	71.97	1.54
4.1	2.62	14.19	71.81	1.46

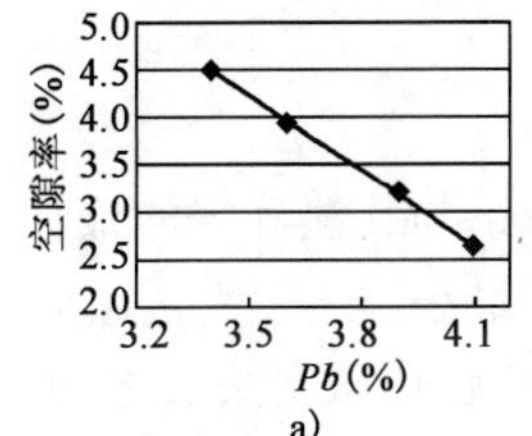

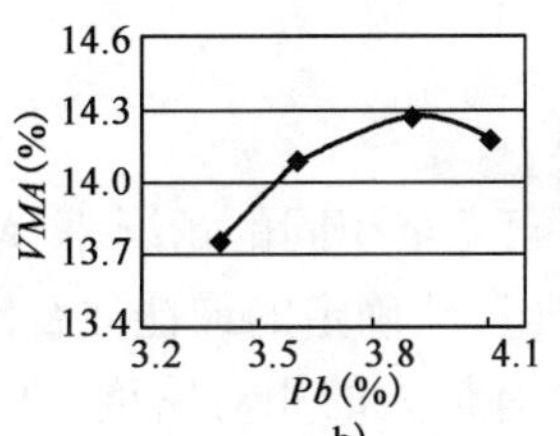

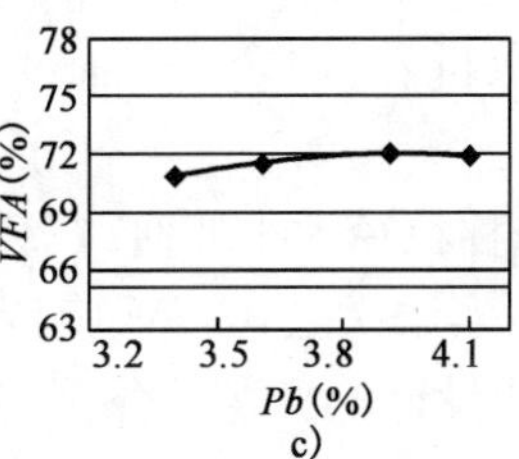

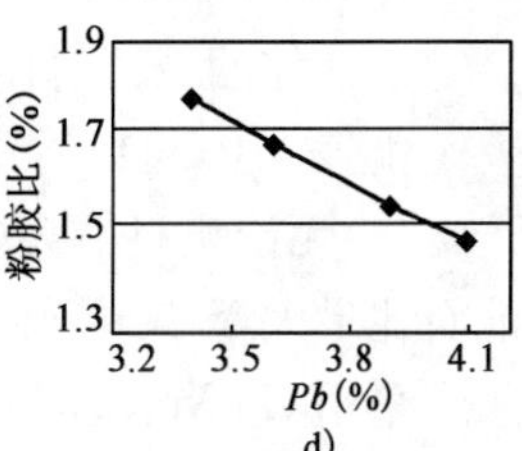

图 4-5 SGC 法中面层沥青混合料油石比与技术指标关系图

由图 4-5 关系图，确定中面层沥青混合料最佳油石比范围为 3.52%～4.27%，最后确定的最佳油石比为 3.73%，其所对应的毛体积密度为 2.529g/cm^3。

(3)底面层 AC-25C、SGC 旋转压实试验结果，见表 4-9 和图 4-6。

底面层 AC-25C、旋转压实(SGC)试验数据表 表 4-9

沥青用量(%)	空隙率 *VV*(%)	集料间隙率 *VMA*(%)	沥青饱和度 *VFA*(%)	粉胶比 *PD*
3.0	4.90	13.16	69.60	1.67
3.3	4.00	13.54	70.46	1.52
3.6	3.18	13.60	70.59	1.39
3.9	2.42	12.99	69.22	1.28

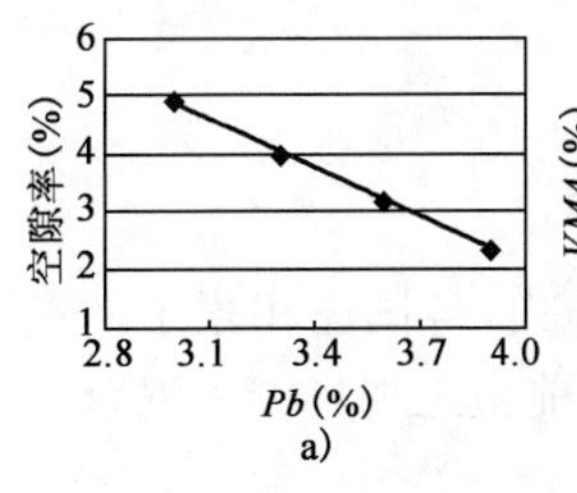

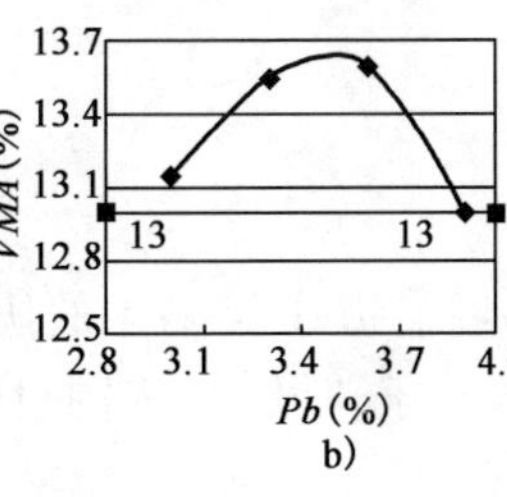

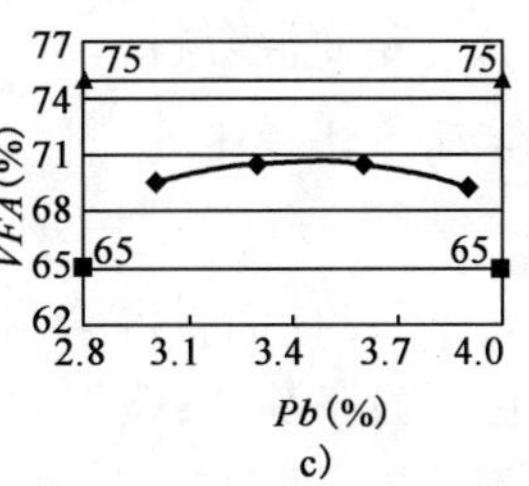

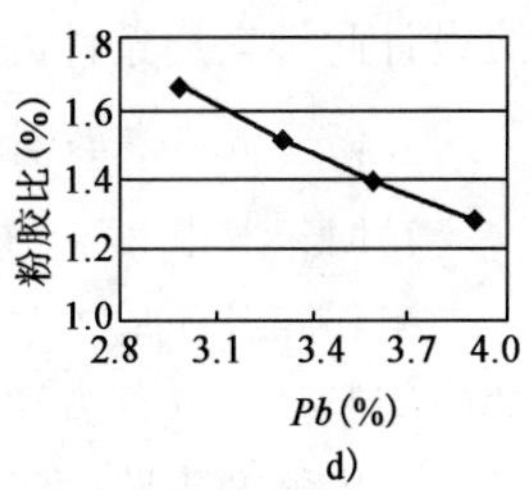

图 4-6 油石比与技术指标关系图

由图 4-6 关系图，确定底面层沥青混合料最佳油石比范围为 3.09%～4.06%，最后确定的最佳油石比为 3.41%，其所对应的毛体积密度为 2.533g/cm^3。

3. 面层沥青混合料最佳油石比分析

1)不同设计方法确定的油石比分析

上述采取三种沥青混合料设计方法，分别确定出了相应的油石比。为了便于分析、比较，寻找出最佳沥青混合料设计方法，现将以上各试验方法确定的最佳油石比汇总于表4-10，以资进行分析研究。

各试验方法确定最佳油石比汇总表 表4-10

试验方法	Marshall法		GTM法		SGC法	
	油石比(%)	对应密度(g/cm^3)	油石比(%)	对应密度(g/cm^3)	油石比(%)	对应密度(g/cm^3)
AC-13C	3.90	2.468	3.60	2.530	3.84	2.527
AC-20C	3.85	2.474	3.60	2.480	3.73	2.529
AC-25C	3.70	2.480	3.30	2.500	3.41	2.533

2)最佳油石比对比分析

由表4-10可以看出：

(1)无论集料最大公称粒径大小如何，在级配完全相同的情况下，Marshall法确定的最佳油石比最大，SGC旋转压实法次之，GTM旋转压实法确定的最佳油石比最小。

采用GTM试验机法设计的沥青混合料，拥有最大的相对密度，SGC旋转压实法次之，而Marshall法设计的混合料密度最小。

根据以上实验结果，就不难解释为什么采用Marshall法，难以设计出高温稳定性良好的沥青混合料。因为它设计的沥青混合料沥青用量偏大，相对密度偏小，较多的沥青致使混合料抗剪强度较低，在荷载作用下容易产生侧向流动，不利于提高沥青混合料的高温稳定性。

由于Marshall法设计的沥青混合料密度偏小，施工时可用较小的压实功能就能达到其标准，致使沥青混合料在开放交通后被继续压密的可能性增加，沥青路面就会出现较大的车辙。

(2)从试验结果还可看出，采用GTM旋转压实法设计的沥青混合料具有最大的相对密度和最小的沥青用量，这就要求在施工过程中需要施加较大的压实功能，以达到提高混合料集料颗粒间嵌挤锁结作用和抗剪强度，沥青路面表现出良好的抗车辙性能。

(3)采用SGC旋转压实法设计的沥青混合料，在抗车辙性能方面介于上述两种方法设计的沥青混合料之间。

从提高重载交通条件下沥青路面的抗车辙性能出发，为此，本书推荐采用GTM旋转压实法设计此类交通条件的沥青路面混合料。

4. *沥青混合料设计试验方法评述*

1)Marshall试验方法

Marshall试验方法，用于设计沥青混合料已经有五十年多年的历史，各国已积累了大量的应用经验。这种方法由于设备简单、操作方便，易于普及，是我国目前施工现场沥青混合料设计和检测沥青路面工程质量主要方法。

但是，Marshall试验采用的击实成型试件，与沥青混合料路面的碾压成型过程相差甚远，不能模拟路面的压实过程，它的试验指标：稳定度和流值，仅是一种经验性指标，与混合料的路用性能相关性很差，不能准确反映路面的实际性能。在当今沥青路面承受的交通量和轴载越来越大，对路面长期性能要求越来越高的情况下，这种方法已显露出明显的不适应。但是，作为路面施工质量的检测手段之一，在我国目前公路路面设计、施工整体技术水平不高，经济条

件有限的情况下,仍有继续使用的必要。

2)SGC 旋转压实试验方法

SGC 旋转压实试验方法,克服了 Marshall 试验的不足,将试件成型方式改为旋转压实成型方式,与沥青路面的碾压成型过程更为接近,同时,旋转压实的次数与路面承受的交通量联系起来,以路面使用性能要求来控制混合料组成设计,相关的设计指标与路面使用性能之间的关系更为密切,是一种基于路用性能的混合料设计方法。

SGC 旋转压实试验方法,在最大限度模拟行车荷载对路面作用的同时,增加了沥青结合料短期老化模拟和长期老化模拟试验,使压实和空隙率计算更符合施工现场。达到了路面材料设计与施工质量控制指标的统一,使沥青路面在向室内材料设计与施工质量控制指标一体化方向的发展方面更进了一步,有利于铺筑高质量、高性能的沥青路面。

3)GTM 试验机法

在上个世纪 60 年代,美国工程兵团为解决机场沥青混合料道面在重型轰炸机作用下的破损问题,专门研究开发的一种设计方法,称为 GTM 试验机法。尽管飞机轮载与汽车轮载明显不同,但是,机场跑道和公路路面上出现的永久变形却十分相似,将这种混合料设计方法移植到公路沥青路面混合料设计上来,对于防止高温稳定性破坏具有其合理性。

从 GTM 的设计原理和过程可知,该法摒弃了一些与其他路用性能有关的指标,用推理方法直接测量计算混合料试件在压实过程中的力学指标,以防止沥青混合料产生过大塑性变形为设计目标。

这种方法对于承受重载交通的高速公路沥青路面而言,使得混合料的设计更具针对性,主旨就是以提高沥青路面高温抗车辙性能主要设计出发点。相对而言,与 Marshall 法和 SGC 法相比,GTM 试验机法确定的最佳油石比最小,可以得到很密实的混合料,这要求在施工过程中增大压实功能,选用抗压碎性能好的集料,避免因压实功能的增加而出现压碎集料的现象。

综合研究,邯长公路沥青路面,最终采用由 GTM 试验机法设计的油石比,作为实验室目标配合比的最佳油石比,依此为据针对相应沥青混合料进行高温稳定性研究。

第二节 面层沥青混合料高温抗车辙性能

通常所说的“沥青路面高温稳定性”是指:在高温条件下,沥青路面能保持原有强度、刚度的性能。其高温稳定性不足,主要表现为产生了车辙。

在现阶段,沥青混合料高温稳定性,多采用室内车辙试验;但是,它还存在一些不足,主要表现为:采用轮碾法成型车辙试件,难以精确地控制车辙试件的厚度和孔隙率,其与路面的实际压实度存在一定的差距,它的试验结果与沥青混合料实际的高温稳定性存在一定出入。

国际上许多研究人员认为,蠕变试验比车辙试验更能真实的模拟路面结构的实际受力过程,它不但可以评价沥青混合料的高温稳定性,用以指导其组成设计,而且其获得的试验数据还可为车辙预估提供材料参数。

一、沥青混合料高温蠕变试验

在一定外荷载作用下，黏一弹性材料产生变形，且变形随时间增加而增大，撤销外力或荷载后，变形不完全恢复，有一部分变形永远保持，这种力学行为称为蠕变。

1.蠕变描述

1)蠕变过程可以分为三个阶段：

·第一阶段是压密阶段，此阶段混合料空隙减小，体积应变增大，变形速率逐渐减小，称为迁移蠕变；

·第二阶段的变形速率保持稳定，称为稳定蠕变阶段；

·第三阶段材料结构逐渐损坏，强度丧失，造成整体破坏，变形急剧增大，是破坏阶段的开始，称为加速蠕变阶段。

蠕变破坏通常是指稳定蠕变阶段与加速蠕变阶段的分界点，此时的时间经历称之为蠕变寿命，可用该点的应力和应变描述沥青混合料的蠕变破坏特性，评价其高温稳定性，常用劲度模量描述。

2)蠕变试验

为了模拟沥青混合料发生蠕变破坏的全过程，通过蠕变试验测定在试验过程中沥青混合料应力、应变而获得蠕变曲线，用以描述它的黏弹性变形特性。按照对试件加载方式的不同，蠕变试验可以分为以下三种：

(1)单轴应力试验：无侧限圆柱体试件的静力、重复或动力加载；

(2)三轴应力试验：有侧限圆柱体试件的静力、重复或动力加载；

(3)径向试验：圆柱体的径向静力或重复加载。

静载蠕变试验经过多年的试验研究已经总结出一套切实可行的试验方案，且操作方便，试验结果相对可靠。因此，本课题采用单轴静载蠕变试验及相应试验结果来评价混合料的高温稳定性。

3)蠕变劲度 S_{mix}

沥青混合料高温稳定性，常用蠕变劲度 S_{mix}（即应力与应变的比值）来表征。它反映其在给定温度和加载时间下应力、应变关系的参数，其值越大，则沥青混合料的高温稳定性就越好。

蠕变劲度 S_{mix} 计算公式为：

$$S_{mix}(t,T)=\sigma_0/\varepsilon(t,T) \tag{4-1}$$

式中：$\varepsilon(t,T)$——在温度 T 下随时间增长的轴向应变，$\varepsilon(t,T)=\Delta h/h$；它包括了弹性、黏性和黏一弹性三部分的综合影响。它可通过直接在蠕变试验过程中测量试件的变形获得；

σ_0——施加的应力，静载时为恒定值，动载时随时间而变化。

4)国内蠕变试验方法

沥青混合料蠕变试验见 T 0728—0211。其规定的蠕变试验参数如下：

(1)蠕变试验参数

·试验温度：如无规定时，低温试验宜采用 0℃，高温试验宜为 30～40℃。

·试件成型与尺寸：采用轮压成型试件，然后切割成长 250mm、宽 30mm、高 35mm 棱体

小梁，其跨径为200mm。

(2)试验设备

宜采用能施加恒定荷载的电液伺服万能材料试验机，也可采用砝码加载的杠杆式蠕变试验机，并能自动采集数据，能绘制出荷载与跨中挠度随时间变化曲线。

(3)蠕变试验

试验前，将试件置于规定温度恒温水槽中保温1h，取出后对称准确地安放在支座上，与试件成型方向一致。高温弯曲蠕变试验，必须在恒温水槽中进行，低温弯曲蠕变试验，可在试验机环境或恒温槽中进行。

采用万能材料试验机时，在规定温度条件下，加载速率为50mm/min。同时开动记录仪，记录荷载变化过程及跨中挠度曲线(图4-7)直到变形进入直线稳定发展，时间不少于0.5h，根据需要可试验直试件断裂为止。

从图4-7量取曲线进入稳定时的时间 t_1 和跨中挠度 d_1；当变形曲线到终点时记录时间 t_2 和跨中挠度 d_2。

(4)计算

①当进行低温试验，且在试验机环境下进行时(温度小于20℃)，小梁自重影响可略去不计，此时蠕变弯拉应力 σ_0(MPa)、梁底弯拉应变 ε_t 及弯曲蠕变劲度模量 $S(t)$(MPa)、弯曲柔变量 $J(t)$(1/MPa)、弯曲蠕变速率 ε_s (1/(s. MPa)，可按式(4-2)计算：

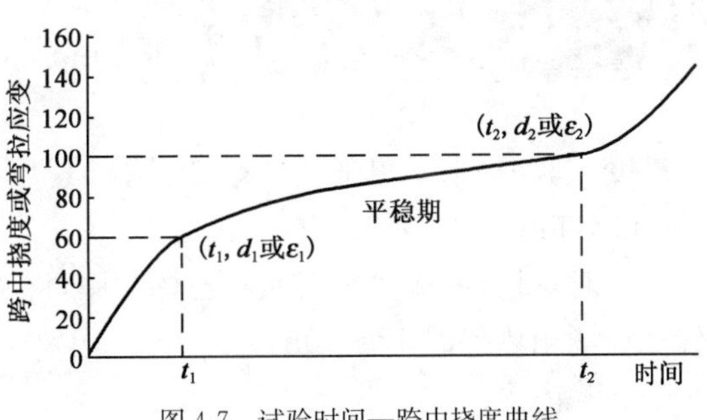

图4-7　试验时间—跨中挠度曲线

$$\left.\begin{aligned}&\sigma_0=\frac{3\times L\times F_0}{2\times b\times h^2}\times10^{-6};\qquad \varepsilon(t)=\frac{6\times h\times d(t)}{L^2}\\&S(t)=\frac{\sigma_0}{\varepsilon(t)};\quad J(t)=\frac{1}{S(t)};\quad \varepsilon_s=\frac{\varepsilon_2-\varepsilon_1}{(t_2-t_1)/\sigma_0}\end{aligned}\right\}\tag{4-2}$$

式中：t_1、t_2——分别为蠕变稳定期直线段起始点及终点的时间(s)；

ε_1、ε_2——分别为对应于时间 t_1、t_2 时的蠕变应变；

b、h、L——跨中断面试件的宽度(m)、高度(m)、跨径(m)；

F_0——试件在试验加载过程中承受的荷载(N)；

$d(t)$——试件在加载过程中随时间 t 变化的跨中挠度(m)。

②当在恒温槽中进行试验时，应计入小梁自重并考虑水的浮力，此时，蠕变弯拉应力 σ_0、梁底弯拉应变 ε_t 及弯曲蠕变劲度模量 $S(t)$、弯曲柔变量 $J(t)$、弯曲蠕变速率 ε_s，按式(4-3)计算：

$$\left.\begin{aligned}&\sigma_0\ \frac{3\times(2\times L\times F_0+q\times L^2-4\times q\times L_1^2}{4\times b\times h^2}\times10^{-6}\\&\varepsilon(t)=\frac{24\times h\times(2\times L\times F_0+qL^2-4qL_1^2)}{(8\times L^3\times F_0+5qL^4-24qL^2\times L_1^2)}\times d(t)=\alpha\times d(t)\\&S(t)=\frac{\sigma_0}{\varepsilon(t)};\quad J(t)=\frac{1}{S(t)};\quad \varepsilon_s=\frac{\varepsilon_2-\varepsilon_1}{(t_t-t_2)/\sigma_0}\end{aligned}\right\}\tag{4-3}$$

式中：L——试件跨径，一般为 0.2m；

L_1——试件的端部到支点的距离，一般为 0.025m；

q——小梁试件单位长度的质量(N/m)，由下计算：

$$q=(D-1)bh\times 1\,000\times 9.81$$

D——沥青混合料密度(t/m^3)；其余符号同式(4-2)。

2. 试验方案设计

在邯长公路沥青面层沥青混合料劲度蠕变试验时，采用美国生产的 810MTS(Material Test Systerm)材料试验机，该仪器利用电液伺服闭环系统对路面材料按静载的方式加载，加载、卸载和数据的采集均由计算机进行控制(图4-8)。

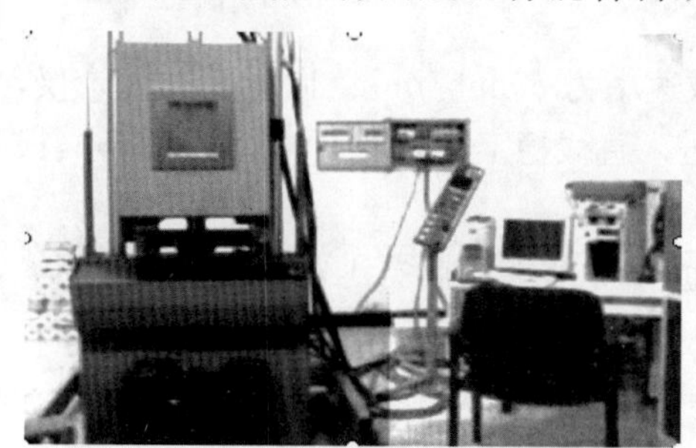

图 4-8 810MTS 材料试验机

1)试件制备

采用 GTM 法设计的最佳油石比，用 SGC 旋转压实仪成型试件，作为蠕变试验试件，其直径 150mm，高度 115±5mm 圆柱体。

2)试验方法

蠕变试验时，采用单轴静载蠕变试验，其加载应力σ_0=0.7MPa，试验温度 60℃，加载时间 t=60min，卸载时间 t=20min。

试验时，试件两端垫之聚四氟乙烯薄膜，以克服试件端面摩擦对试验结果的影响，试验前试件在环境箱内保温 12～20h。

3)试验内容

根据本章第一节选用的集料级配和推荐的最佳油石比，制备试件进行蠕变试验，以分析沥青混合料类型、沥青用量分别与沥青混合料高温稳定性的关系。

3. 蠕变试验结果分析

1)沥青混合料类型与高温稳定性关系

在最佳油石比条件下，AC-13C、AC-20C、AC-25C 三种面层混合料，采用 GTM 设计的最佳油石比下成型的试件，进行高温稳定性试验，其蠕变试验数据见表 4-11，根据试验结果绘制出蠕变曲线见图 4-9。

最佳油石比下的不同混合料类型蠕变试验数据表 表 4-11

加载时间(s)	AC-13C		AC-20C		AC-25C	
	3.6%-1	3.6%-2	3.6%-1	3.6%-2	3.41%-1	3.41%-2
2	0.000	0.000	0.000	0.000	0.000	0.000
150	2.132	1.923	2.195	1.847	1.813	2.012
420	2.325	2.133	2.353	1.971	2.020	2.274
960	2.453	2.284	2.453	2.047	2.171	2.440
1 500	2.501	2.357	2.495	2.067	2.257	2.546
2 040	2.532	2.405	2.532	2.095	2.323	2.608
2 580	2.566	2.450	2.557	2.126	2.374	2.677

续上表

加载时间(s)	AC-13C		AC-20C		AC-25C	
	3.6%-1	3.6%-2	3.6%-1	3.6%-2	3.41%-1	3.41%-2
3 120	2.597	2.484	2.588	2.140	2.430	2.705
3 660	2.594	2.519	2.601	2.136	2.454	2.753
3 930	2.187	2.091	2.157	1.737	2.006	2.267
4 200	2.177	2.084	2.140	1.730	1.992	2.247
4 884	2.170	2.078	2.129	1.730	1.964	2.229

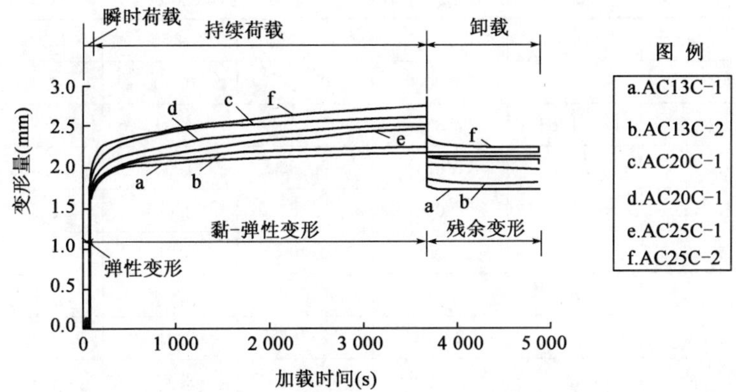

图 4-9　在最佳油石比条件下，不同混合料类型蠕变曲线

从表 4-11 和图 4-9 中看出：

(1)集料粒径对沥青混合料的高温稳定性有较大的影响。在最佳沥青用量时，不同粒径的混合料，有着不同的高温稳定性。这是由于路面成型时，集料在混合料中的存在状态完全是随机的。但是，随着行车荷载的不断作用，进行重新颗粒排列分布，并趋于稳定状态。在这个过程中，混合料必然发生变形，集料的粗细对混合料变形就起到了较大的影响。

(2)不同类型混合料，在最佳油石比条件下，其变形深度区别不是很明显，试件变形量基本上处于 2.0mm～2.5mm 之间，计算得出蠕变劲度：

· 上面层 AC-13C 的蠕变劲度 S_{mia} 为 44.26MPa；

· 中面层 AC-20C 的蠕变劲度 S_{mia} 为 37.11MPa；

· 底面层 AC-25C 的蠕变劲度 S_{mia} 为 37.18MPa。

以上试验结果，经与有关单位以往研究成果比较，不难发现：采用 GTM 试验机法设计的沥青混合料具有较高的蠕变劲度，表明其设计的沥青混合具有较高的抗永久变形能力。

(3)公称最大粒径比较小的 AC-13C，其蠕变劲度值是三种混合料中最高的，而 AC-20C 混合料与 AC-25C 混合料的蠕变劲度基本相同。如果考虑两种混合料的最佳油石比并不相同时，即 AC-20C 为 3.6%，AC-25C 为 3.3%，不难发现，在相同油石比的情况下，AC-20C 的蠕变劲度将会大于 AC-25C。

这一试验结果再次证明:在不同粒径的沥青混合料中,在最佳沥青用量条件下,偏粗集料的高温稳定性并不一定比偏细的好。这就进一步解释了为什么有的沥青路面车辙主要发生在中下面层之故。

2)不同油石比沥青混合料高温稳定性

依然选用 GTM 法设计上面层 AC-13C、中面层 AC-20C、下面层 AC-25C 三种沥青混合料,在不同油石比条件下,进行的单轴静载蠕变试验,分析其不同沥青用量与沥青混合料的高温稳定性关系。

(1)三种不同的油石比 GTM 设计沥青混合料蠕变试验

依据其试验结果绘制蠕变曲线,分别见表 4-12、表 4-13、表 4-14 和图 4-10、图 4-11、图4-12。

AC-13C 在不同沥青用量下的蠕变试验数据表 表 4-12

加载时间(s)	3.0%-1	3.0%-2	3.6%-1	3.6%-2	3.9%-1	4.1%-1	4.1%-2
2	0.000	0.000	0.000	0.000	0.000	0.000	0.000
150	1.009	1.178	1.822	2.195	1.847	2.343	2.464
420	1.099	1.271	1.971	2.353	1.971	2.533	2.667
960	1.154	1.313	2.050	2.453	2.047	2.646	2.788
1 500	1.189	1.351	2.095	2.495	2.067	2.719	2.860
2 040	1.216	1.361	2.119	2.536	2.105	2.770	2.901
2 580	1.240	1.378	2.143	2.557	2.126	2.805	2.939
3 120	1.254	1.395	2.160	2.588	2.140	2.836	2.981
3 660	1.268	1.402	2.167	2.601	2.136	2.850	3.018
3 930	0.885	1.027	1.726	2.157	1.737	2.381	2.509
4 200	0.879	1.023	1.716	2.140	1.730	2.381	2.509
4 884	0.879	0.999	1.719	2.129	1.730	2.364	2.505

AC-20C 在不同沥青用量下的蠕变试验数据表 表 4-13

加载时间(s)	3.4%-1	3.4%-2	3.6%-1	3.6%-2	3.9%-1	3.9%-2	4.1%-1	4.1%-2
2	0.000	0.000	0.000	0.000	0.000	0.000	0.000	0.000
150	1.526	1.537	2.132	1.923	2.436	2.243	2.629	3.018
420	1.702	1.681	2.325	2.133	2.726	2.719	3.098	3.507
960	1.805	1.775	2.453	2.284	2.905	3.146	3.473	3.783
1 230	1.826	1.806	2.480	2.326	2.943	3.297	3.594	3.873
1 500	1.853	1.826	2.501	2.357	2.970	3.387	3.697	3.924
2 040	1.884	1.854	2.532	2.405	3.025	3.552	3.849	4.024
2 580	1.912	1.885	2.566	2.450	3.060	3.676	3.973	4.083
3 120	1.936	1.892	2.597	2.484	3.084	3.787	4.069	4.107
3 660	1.933	1.902	2.594	2.519	3.098	3.876	4.176	4.159
3 930	1.547	1.482	2.187	2.091	2.578	3.225	3.473	3.528
4 884	1.516	1.468	2.170	2.078	2.536	3.201	3.422	3.497

AC-25C在不同沥青用量下的蠕变试验数据表　　表4-14

加载时间(s)	3.0%-1	3.0%-2	3.3%-1	3.3%-2	3.6%-1	3.6%-2	3.9%-1	3.9%-2
2	0.000	0.000	0.000	0.000	0.000	0.000	0.000	0.000
150	1.313	1.623	1.813	2.012	2.543	2.036	2.883	2.981
420	1.609	1.881	2.020	2.274	2.987	2.467	3.466	3.711
960	1.861	2.095	2.171	2.440	3.342	2.918	4.389	4.566
1 500	2.012	2.222	2.257	2.546	3.594	3.228	5.388	5.465
2 040	2.116	2.340	2.323	2.608	3.776	3.514		
2 580	2.219	2.433	2.374	2.677	3.935	3.852		
3 120	2.284	2.539	2.430	2.705	4.073	4.155		
3 390	2.322	2.574	2.443	2.726	4.142	4.320		
3 660	2.350	2.619	2.454	2.753	4.200	4.503		
3 930	1.902	2.123	2.006	2.267	3.490	3.641		
4 200	1.885	2.105	1.992	2.247	3.477	3.624		
4 740	1.874	2.102	1.971	2.226	3.459	3.607		
4 884	1.871	2.092	1.964	2.229	3.453	3.614		

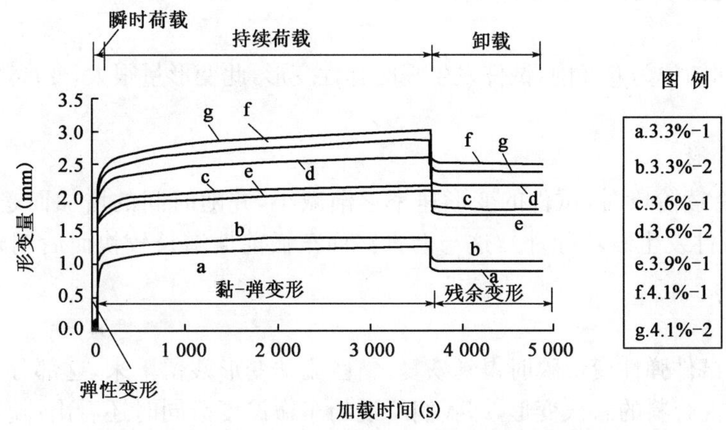

图4-10　AC-13C在不同沥青用量下的蠕变曲线

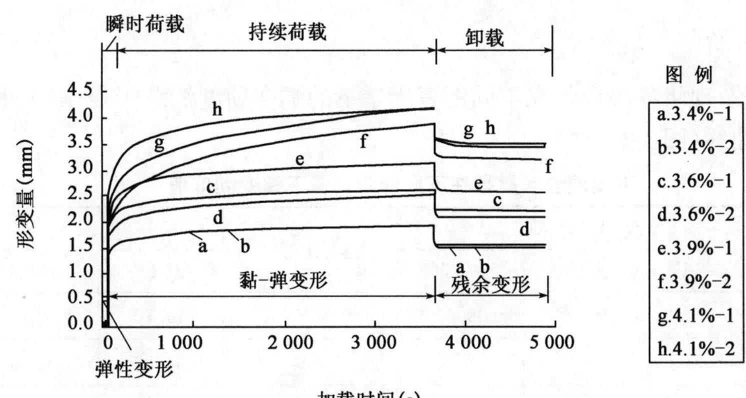

图4-11　AC-20C在不同沥青用量下的蠕变曲线

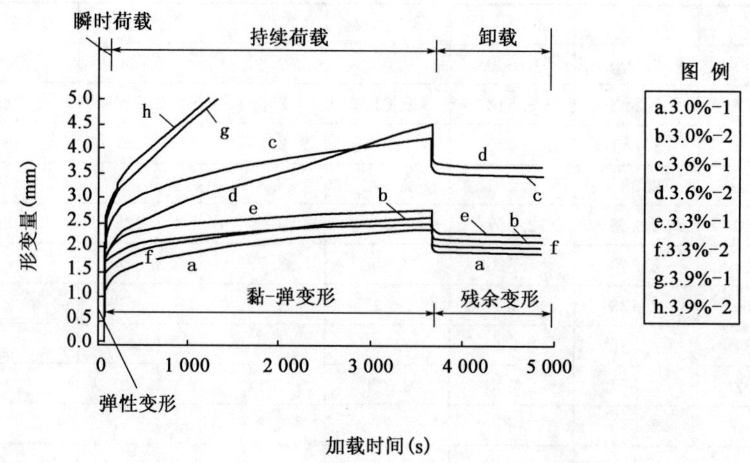

图 4-12　AC-25C 在不同沥青用量下的蠕变曲线

(2)蠕变试验结果分析

由表 4-12～表 4-14 和图 4-9～图 4-12 可以看出:沥青混合料的变形由瞬时弹性变形,延迟弹性变形和黏性流动变形三部分组成。

①加载瞬间变形

在加载的瞬间图中为 60s 内,试件发生瞬时弹性变形,此变形量很大,变形速率很快,曲线斜率接近 90°。

②持续阶段变形

当荷载进入持续阶段时,试件的变形速率逐渐减小,并随时间的增加而趋于稳定,试件变形量很小(当试件发生破坏除外),这与沥青路面车辙前期增长较快而后期较慢的情况相吻合。

③卸载阶段

在卸载阶段,试件弹性变形瞬时得到恢复,黏性流动变形残留下来,这部分不能恢复的变形,就形成了沥青混合料的永久变形,即我们所说的车辙深度。同时还看出:随着沥青用量的增加,其变形深度也随之越大。

4. 蠕变试验评价

为了便于比较,现将各混合料在不同沥青用量下的蠕变劲度汇总于表 4-15 并绘制成沥青用量与蠕变劲度曲线(图 4-13)。

不同混合料类型在不同沥青用量下蠕变劲度值　　表 4-15

油石比(%)	级配类型			油石比(%)	级配类型		
	AC-13C	AC-20C	AC-25C		AC-13C	AC-20C	AC-25C
3.0	—	—	39.56	3.6	44.72	37.11	22.13
3.3	82.74	—	37.18	3.9	35.80	26.38	—
3.4	—	53.57	—	4.1	31.83	23.99	—

由表 4-15 和图 4-13 可以看出：

(1)沥青用量与混合料蠕变劲度有很好的相关性。

(2)同一类型沥青混合料，随着沥青用量的增加，蠕变劲度 S_{mix} 逐渐减小。这说明沥青用量小的混合料变形量小于沥青用量大的混合料。但是，若以蠕变劲度 S_{mix} 作为衡量沥青混合料抗车辙能力的指标是一种简化处理，实际上 S_{mix} 反映的是沥青混合料抗变形的能力，而并非抗永久变形的能力。

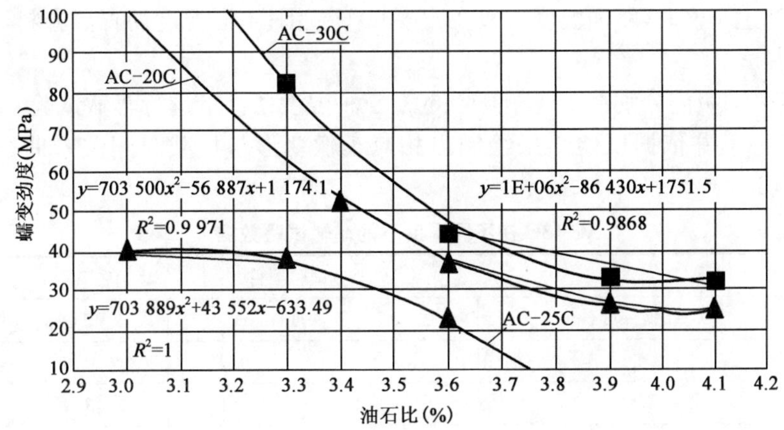

图 4-13 不同类型沥青混合料蠕变劲度与沥青用量关系

总的来讲，沥青混合料的蠕变劲度 S_{mix} 值，可作为评价沥青混合料高温稳定性的指标。换句话说，沥青混合料的蠕变劲度 S_{mix} 值越大，沥青混合料的变形深度也就越小，可以说明沥青混合料的高温稳定性好。所以，沥青混合料的蠕变劲度 S_{mix} 值，可以作为评价沥青混合料高温稳定性的指标。

但是，对于不同等级路面结构，沥青混合料的劲度模量仍没有全国性的统一标准，有待进一步研究。采用这种试验指标进行评价，只能横向比较几种沥青混合料之间高温稳定性的差异，所测定的蠕变劲度可用于相应流变模型的车辙预估。

二、沥青混合料高温车辙试验

1. 车辙试验方法

车辙试验设备采用从日本进口的车辙试验仪，进行非浸水条件下的车辙试验，见本书第三章第二节第二款(前图 3-56)。

1)试件

面层车辙试验，采用轮碾机碾压成型试件，尺寸为 300mm×300mm×50mm 板块，采用 GTM 旋转压实试验方法获得其密度进行控制。

2)车辙试验内容

(1)通过 60℃、50℃、40℃ 三种温度下车辙试验，分析温度与沥青混合料高温抗车辙能力关系。

(2)在不同沥青用量条件下，进行车辙试验，分析沥青用量与沥青混合料高温抗车辙能力关系。

(3)不同级配及对应的最佳油石比条件下,对沥青混合料进行车辙试验,分析沥青混合料类型与其高温抗车辙能力关系。

2.车辙试验结果分析

1)温度与沥青混合料高温抗车辙能力关系

温度属于外部条件,对沥青混合料高温抗车辙能力的影响是不可避免的。由于一年四季温度变化,所以要求沥青混合料既要具有抗高温能力,也要具有低温抗裂的能力。

沥青路面产生车辙时,路面温度一般在40～60℃范围;不同温度沥青混合料,其高温抗车辙能力却大相径庭。

为此,选定不同级配分别在40℃、50℃、60℃三种温度条件下进行车辙试验。其试验结果见表4-16～表4-18,并依据试验结果绘制出相应车辙变形与加载时间关系曲线,分别详见图4-14～图4-16。

AC-13C在不同温度下的车辙试验数据 表4-16

加载时间(min)	AC-13C试验项目					
	60℃车辙深度(mm)		50℃车辙深度(mm)		40℃车辙深度(mm)	
0	0	0	0	0	0	0
5	0.932	0.930	0.642	0.701	0.343	0.317
10	1.227	1.271	0.804	0.934	0.507	0.452
15	1.430	1.494	0.918	1.083	0.616	0.548
20	1.592	1.701	1.004	1.199	0.702	0.618
25	1.712	1.844	1.076	1.294	0.734	0.675
30	1.841	1.982	1.132	1.379	0.815	0.721
35	1.919	2.133	1.201	1.447	0.841	0.764
40	2.034	2.247	1.250	1.505	0.905	0.798
45	2.106	2.360	1.311	1.561	0.925	0.830
50	2.201	2.473	1.370	1.612	0.960	0.854
55	2.271	2.545	1.414	1.658	0.998	0.875
60	2.351	2.623	1.460	1.705	1.008	0.893
动稳定度 *DS*	2571	2395	4228	4375	7590	10000
平均值	2483		4302		8795	

AC-20C在不同温度下的车辙试验数据 表4-17

时间(min)	AC-20C试验项目					
	60℃车辙深度(mm)		50℃车辙深度(mm)		40℃车辙深度(mm)	
0	0	0	0	0	0	0
5	1.334	0.916	0.780	0.545	0.326	0.193
10	1.889	1.221	1.049	0.891	0.442	0.305
15	2.195	1.463	1.231	1.039	0.524	0.383

续上表

时间(min)	AC-20C 试验项目					
	60℃车辙深度(mm)		50℃车辙深度(mm)		40℃车辙深度(mm)	
20	2.520	1.664	1.328	1.166	0.617	0.430
25	2.705	1.832	1.424	1.235	0.673	0.469
30	2.910	1.954	1.486	1.293	0.728	0.518
35	3.097	2.060	1.556	1.364	0.768	0.567
40	3.254	2.146	1.569	1.431	0.814	0.617
45	3.404	2.265	1.625	1.484	0.917	0.768
50	3.513	2.364	1.664	1.527	0.938	0.817
55	3.668	2.437	1.701	1.552	1.014	0.850
60	3.773	2.510	1.712	1.585	1.038	0.885
动稳定度 *DS*	2 614	2 571	7 241	6 238	4 961	5 385
平均值	2 593		6 726		5 173	

AC-25C 在不同温度下的车辙试验数据　　表 4-18

时间(min)	AC-25C 试验项目					
	60℃车辙深度(mm)		50℃车辙深度(mm)		40℃车辙深度(mm)	
0	0	0	0	0	0	0
5	0.644	0.921	0.633	0.678	0.286	0.326
10	0.887	1.279	0.853	0.952	0.449	0.509
15	1.067	1.496	1.007	1.100	0.574	0.620
20	1.237	1.701	1.160	1.238	0.674	0.737
25	1.358	1.921	1.272	1.336	0.751	0.819
30	1.492	2.063	1.358	1.460	0.800	0.837
35	1.643	2.187	1.466	1.544	0.882	0.863
40	1.793	2.360	1.528	1.610	0.942	0.965
45	1.944	2.487	1.589	1.681	0.979	1.080
50	2.114	2.600	1.682	1.752	1.022	1.115
55	2.276	2.768	1.714	1.802	1.071	1.180
60	2.406	2.864	1.787	1.826	1.098	1.214
动稳定度 *DS*	1 363	1673	3 188	4 335	5 292	4 691
平均值	1 518		3 762		4 992	

2)由表 4-16～表 4-18 和图 4-14～图 4-16 可以看出：

(1)随着试验温度降低，沥青混合料的动稳定度(*DS*)迅速增大，车辙变形逐渐减小，表明沥青混合料的抗车辙能力逐渐增强。

(2)在 40℃、50℃时混合料的车辙变形区别不大。

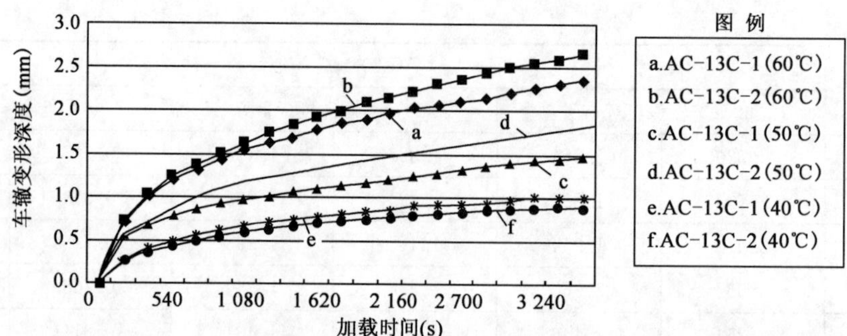

图 4-14　AC-13C 沥青混合料在不同温度下的车辙变形与加载时间关系

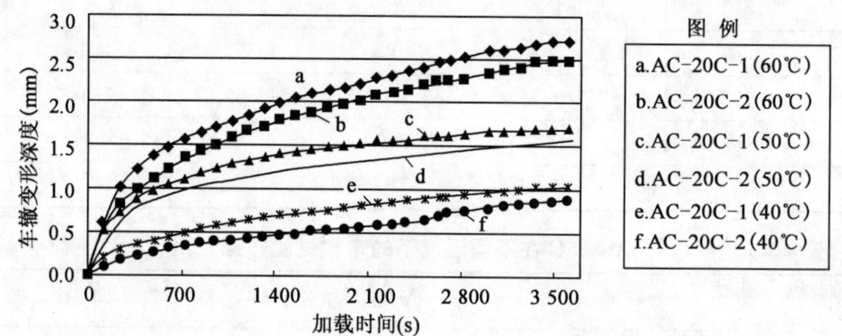

图 4-15　AC-20C 沥青混合料在不同温度下的车辙变形与加载时间关系

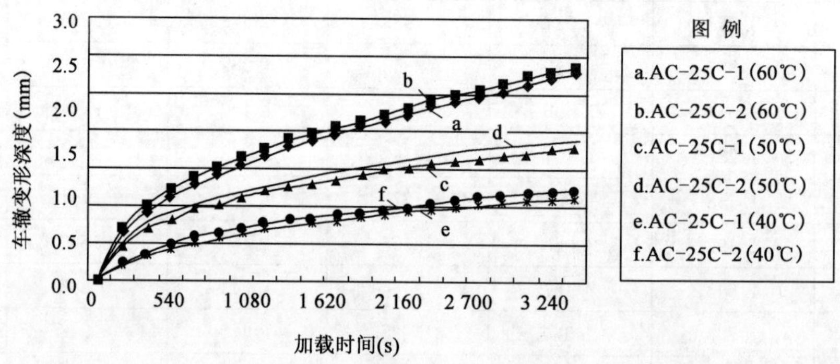

图 4-16　AC-25C 沥青混合料在不同温度下的车辙变形与加载时间关系

(3)当温度升高到 60℃时,车辙变形迅速增加,其级配间出现明显的差别;这说明:此温度对沥青混合料的变形影响很大。这也解释了为何沥青路面在低温或中等温度时基本不会发生车辙破坏,而在夏季高温时短短几天就能产生很深车辙的现象。

3)车辙变形曲线分析

通过对以上车辙变形曲线的分析可知:

(1)不管是采用基质沥青作为黏结材料的混合料,还是采用改性沥青作为黏结材料的混合料,车辙变形在初始阶段发展较快,随着荷载作用时间的增加,沥青混合料的空隙越来越小,车辙变形趋于稳定,并出现固结现象。

(2)对沥青混合料整体变形曲线来说,沥青混合料在试验初始阶段车辙变形曲线的斜率

$d\Delta/dt$ 较大，这是由于混合料被进一步压密所致。而后随时间的增加其斜率减小，曲线逐渐变平坦，车辙深度几乎不增加或缓慢增加。

如 40℃、50℃时的车辙变形曲线在加载 1 200s 即 20min 后，斜率逐渐变小，这表明车辙在这一阶段已趋于稳定，沥青混合料出现固结现象。

对于 60℃的变形曲线，其斜率在车辙发展的后期仍然较大，这表明在 60℃以上的温度区，一些混合料可能不会出现固结现象，而直接产生流动变形破坏。

4)沥青混合料相对变形指标 δ

我们已经注意到：动稳定度 DS 虽然比较大时，其车辙变形不一定会小。若在 45min 后变形趋于稳定时，其动稳定度值也会很大。因此，单纯采用动稳定度值 DS 评价，其评价的混合料高温抗车辙性能是不完全准确的，建议应结合沥青混合料的相对变形指标 δ 评价沥青混合料高温抗车辙能力。

相对变形指标 δ，其计算如公式(4-4)：

$$\delta = \frac{\Delta l}{l} \times 100\% \tag{4-4}$$

式中：δ——车辙试件的相对变形(%)；

Δl——车辙试件产生的总变形；

l——车辙试件的厚度。

为了便于研究，现选取车辙试验进行到 60min 时，测定出不同温度下的动稳定度 DS 和相对变形 δ，汇总于表 4-19，并绘制出车辙试验的相对变形与动稳定度之间的关系(图 4-17)，然后进行分析研究。

车辙试验的动稳定度与相对变形率汇总表　　表 4-19

沥青混合料类型	温度(℃)	动稳定度(DS)	相对变形 δ(%)	沥青混合料类型	温度(℃)	动稳定度(DS)	相对变形 δ(%)
AC-13C	40	8 795	1.90	AC-20C	60	2 593	6.30
AC-13C	50	4 302	3.20	AC-25C	40	4 992	2.30
AC-13C	60	2 399	5.00	AC-25C	50	3 762	3.70
AC-20C	40	5 173	2.00	AC-25C	60	1 518	5.30
AC-20C	50	6 726	3.30				

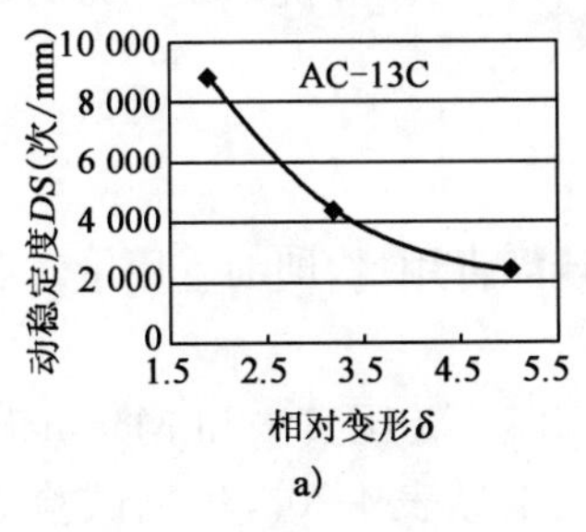

a)

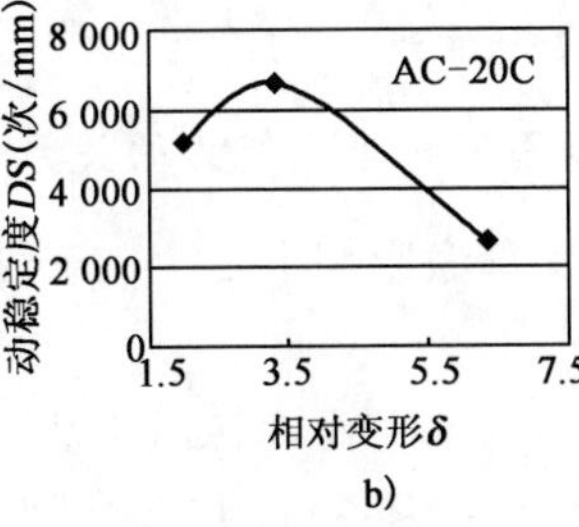

b)

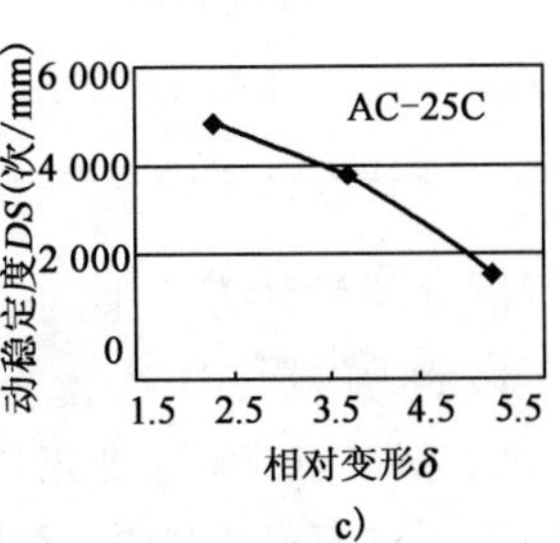

c)

图 4-17　车辙试验相对变形与动稳定度之间的关系

从表 4-19、图 4-17 看出：

(1)AC-13C 和 AC-25C 的动稳定度 DS 和相对变形 δ 的相关性，混合料的动稳定度大时，对应的相对变形小。但是，AC-20C 的动稳定度 DS 和相对变形 δ 线形相关性却比较差，相对变形和动稳定度之间基本上没有什么关系。

(2)相对变形和动稳定度，均可评价沥青混合料的高温稳定性，其间没有关联，可分别作为评价指标。相对变形 δ 在评价沥青混合料的高温抗车辙性能上，主要是对其试件总变形的一种评价。

3. 混合料类型与沥青混合料高温抗车辙能力的关系

现从另一个角度进行分析，将不同类型的沥青混合料，在同一温度下的进行车辙试验，其测得的沥青混合料与变形曲线，绘于图 4-18～图 4-20。

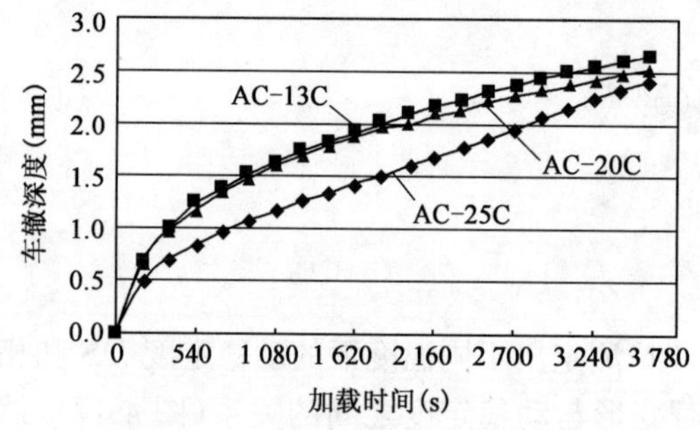

图 4-18　60℃时不同级配沥青混合料车辙变形曲线

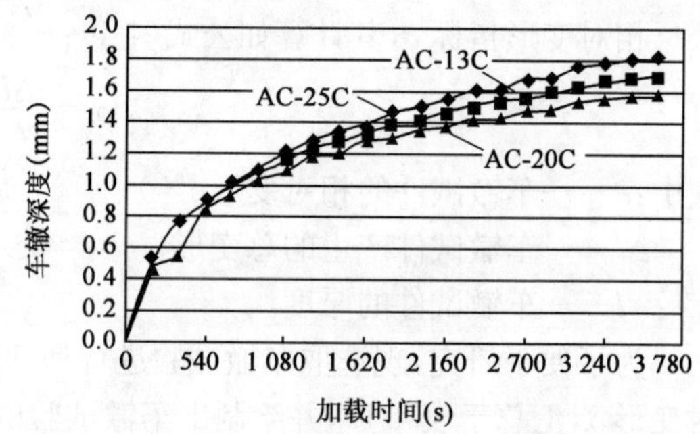

图 4-19　50℃时不同级配沥青混合料车辙变形曲线

由图 4-18 可以看出：

(1)随着集料最大公称粒径的增大，对应的车辙变形也逐渐减小，表征其抗车辙性能随之增强。虽然增大最大公称尺寸是增加沥青混合料抗车辙能力的一种有效方法，但是，只有在沥青混合料形成良好骨架作用时，才会有更好的高温抗车辙能力。

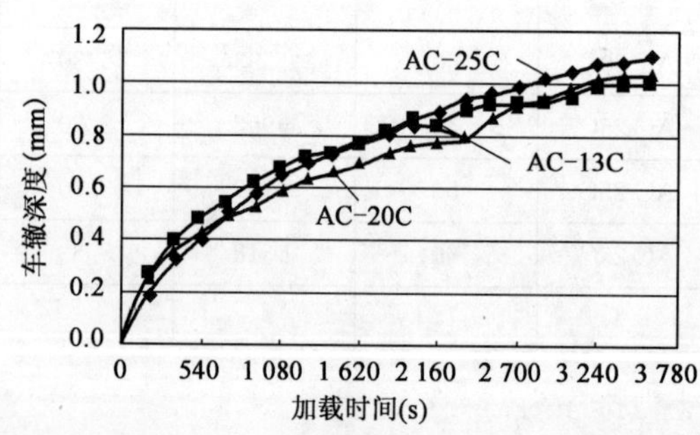

图 4-20　40℃时不同级配沥青混合料车辙变形曲线

(2)图 4-18 中却没有得到上述结论。前面已经论述，在 40℃和 50℃试件没有发生明显的破坏，不同级配混合料之间的变形差别也不是很大，导致沥青混合料的高温抗车辙能力的好坏区分不是很明显。

4. 不同设计方法与沥青混合料高温抗车辙能力的关系

沥青混合料设计方法不同，对其车辙影响主要源自于最佳沥青用量，即沥青用量对混合料高温抗车辙能力的影响。

现选取 AC-20C 作为研究代表，对 GTM 旋转压实法、SGC 旋转压实法和 Marshall 法最佳沥青用量下抗车辙性能进行比较。它们各自的车辙试验结果见表 4-20。依据试验结果绘制出不同设计方法下的车辙变形(图 4-21)。

AC-20C 在不同设计方法下的车辙试验数据　　表 4-20

试验项目 时间(min)	AC-20C					
	GTM 车辙深度(mm)		SGC 车辙深度(mm)		击实车辙深度(mm)	
0	0.000	0.000	0.000	0.000	0	0
5	0.220	0.280	0.653	0.800	1.334	0.916
10	0.357	0.441	0.970	1.130	1.889	1.221
15	0.490	0.566	1.130	1.350	2.195	1.463
20	0.572	0.695	1.270	1.500	2.520	1.664
25	0.642	0.750	1.430	1.670	2.705	1.832
30	0.697	0.797	1.530	1.770	2.910	1.954
35	0.720	0.879	1.670	1.910	3.097	2.060
40	0.767	0.914	1.730	2.000	3.254	2.146
45	0.779	1.054	1.830	2.050	3.404	2.265
50	0.802	1.102	1.910	2.150	3.513	2.364
55	0.837	1.189	1.970	2.200	3.668	2.437
60	0.927	1.205	2.050	2.270	3.773	2.510
动稳定度 *DS*	4 257	4 172	2 864	2 864	2 614	2 571
平均值	4 214		2 864		2 593	

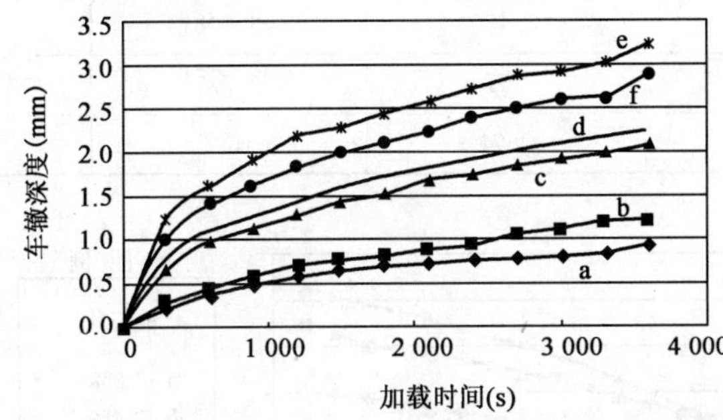

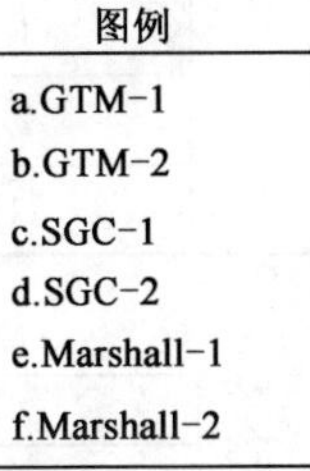

图 4-21　AC-20C 在不同设计方法下的车辙变形图

由图 4-21 和表 4-20 可以看出：

(1)不同的设计方法，按沥青混合料的抗车辙能力排序为：

GTM>SGC>Marshall。

(2)对于相同级配，采用 GTM 试验机和 SGC 旋转压实法确定的沥青混合料的抗车辙能力要优于 Marshall 法。

上述结论与试件压实方法密切相关，GTM 和 SGC 法的压实方法具有较大的压实功能，由此设计确定得到的最佳沥青用量，一般比马歇尔法确定的最佳沥青用量低 0.2%～0.5%左右。沥青用量的适当降低，有利于提高沥青混合料的高温抗车辙能力。

5. 沥青用量与沥青混合料高温抗车辙能力的关系

沥青用量的多少，也直接影响着沥青混合料中集料骨架嵌挤作用，对其抗车辙能力有着至关重要的作用。沥青用量过大，存在游离沥青，会削弱集料之间的嵌挤力，从而使其易产生流动变形而形成车辙；沥青用量过低，导致沥青混合料干涩难以压实，也必将影响混合料的高温抗车辙能力。现仍选用 AC-20C 作为研究代表，其车辙试验数据见表 4-21。依据试验数据绘制的不同沥青用量下的车辙深度曲线(图 4-22)。

AC-20C 在不同沥青用量下的车辙试验数据 表 4-21

时间(min)	试验项目——AC-20C、油石比			
	3.4%	3.6%	3.9%	4.1%
0	0.000	0.000	0.000	0.000
5	0.778	0.796	1.229	1.131
10	0.998	1.196	1.608	1.482
15	1.146	1.463	1.895	1.890
20	1.261	1.666	2.181	2.168
25	1.347	1.816	2.273	2.341
30	1.460	1.954	2.431	2.621
35	1.576	2.019	2.584	2.866
40	1.642	2.208	2.706	3.008
45	1.760	2.265	2.858	3.173
50	1.851	2.351	2.911	3.362
55	1.973	2.456	3.008	3.476
60	2.084	2.510	3.230	3.635
动稳定度 *DS*	1944	2571	1694	1364

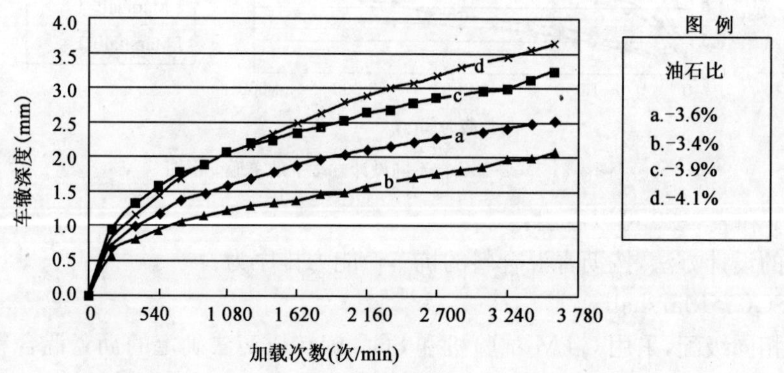

图 4-22 AC-20C 在不同沥青用量下的车辙试验图

由表 4-21 和图 4-22 可看出：

(1)随着沥青用量的增加，沥青混合料的车辙变形逐渐减小。当沥青混合料处在最佳沥青用量时，其动稳定度 *DS* 大于其他沥青用量下的动稳定度 *DS*。这是因为沥青用量过少，会使沥青不足以裹覆矿料全部表面积，导致沥青膜太薄，使集料间的黏结力降低，且不易压实，动稳定度下降。

(2)过多的沥青用量,会使混合料中存在游离沥青,这些游离沥青在集料间起到润滑的作用,降低了集料间的嵌挤力,导致动稳定度降低。

6.结论

通过高温蠕变试验和高温车辙试验,得出如下结论:

1)按照蠕变劲度 S_{mix} 值大小排序:

AC-13C>AC-25C>AC-20C。

AC-13C 的高温稳定性,明显好于 AC-20C 与 AC-25C。集料偏粗的沥青混合料的高温稳定性,并不一定比集料偏细的好。

2)随着试验温度的降低,沥青混合料的动稳定度 *DS* 迅速增大,车辙变形逐渐减小。在40℃、50℃时混合料的车辙变形区别不大,当温度升高到 60℃时车辙变形迅速增加。这说明:在该温度范围内,沥青混合料具有很大的高温永久变形能力。

3)对于相同级配的沥青混合料,采用 GTM 法设计的混合料的最佳沥青用量,一般要比马歇尔法确定的最佳沥青用量低 0.2%~0.5%左右,抗车辙能力要优于 Marshall 法和 SGC 旋转压实法。

4)沥青混合料存在对应于最大动稳定度的最佳沥青用量,对于 AC20C 此最佳沥青用量在 3.6%。

第五章　动载作用下沥青路面有限元分析与车辙预估方法

本章之前，从材料角度出发，对重载交通条件下沥青碎石基层和沥青面层高温稳定性进行了研究，本章则从路面结构出发，在动力荷载条件下，对沥青路面进行有限元分析，建立车辙与材料和路面结构关系，预估车辙深度。

第一节　车辆动载模型及振动方程

车辆荷载是一种典型的随时间、空间位置、路表特征等因素变化的复杂动荷载，想要建立起一个精确的汽车荷载模型，以描述车辆—路基路面的相互作用关系，就显得十分困难。因此，在理论分析过程中，往往采用简化方法来近似进行表述。

一、车辆振动原因及振动方程建立

在路面上行驶的车辆，总会对路面产生竖直方向振动。这种竖向振动，一方面降低了乘客舒适度，危及行车安全，而且，还增加了车辆的疲劳破坏和油耗。另一方面，这种竖向振动对路面施加了除静力荷载之外的动荷载，它加速了路面的破坏。

引起车辆振动的原因很多，归纳起来有如下两点：

第一点：路面不平整，引起车辆行驶振动。

第二点：车辆自身原因引起的振动。这种振动包括汽车发动机偏心转动引起的周期性振动等。

以上两种因素，虽然同时作用，我们假定车辆自身因素与路面不平整引起的振动相比可以忽略不计，从而只考虑由于路面不平整引起的振动，这样对研究的问题进行了简化。

1. 汽车荷载模型

汽车动力荷载，一般包含两层意思：一是力的作用位置改变；二是力的大小改变。作为一种动力荷载，根据其特性可分为以下四种典型情况，如图 5-1 所示。

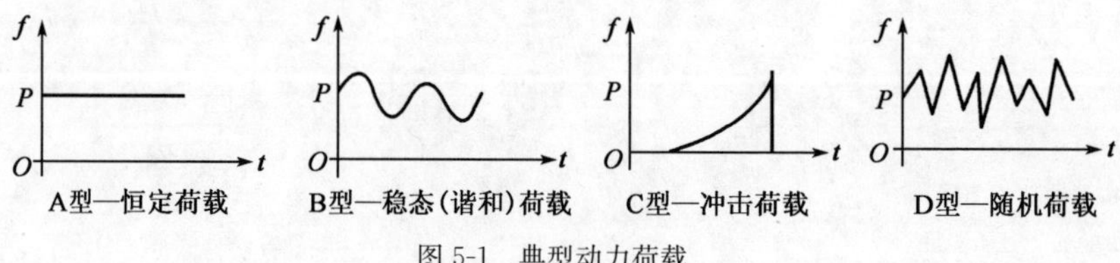

图 5-1　典型动力荷载

· 若地面相当平整，车辆振动很小，可以用图 5-1A 型荷载描述；

· 简单描述车辆波动时，可以用图 5-1B 型荷载；

· 行驶中突然出现剧烈振动时，可以用图 5-1C 型荷载描述；

· 最完善的描述，则属于图 5-1D 型荷载所示的随机荷载。

2. 实际汽车荷载模拟

在理论分析过程中，可以用下述的几种汽车荷载模型，以近似模拟实际的汽车荷载。

1)半波正弦荷载

在路面结构层和土基材料参数的测量方面，国内外都十分重视材料参数的无损检测方法(NDT)。因此，诸如落锤式弯沉仪(FWD)等一系列路面路基测试仪器被广泛使用。由于大多数路面路基动态测试仪器施加的都是半波正弦荷载，而一般的冲击荷载均可表示为若干个半波正弦荷载的线性组合，故可将汽车动荷载表示为半波正弦荷载，见图 5-2。

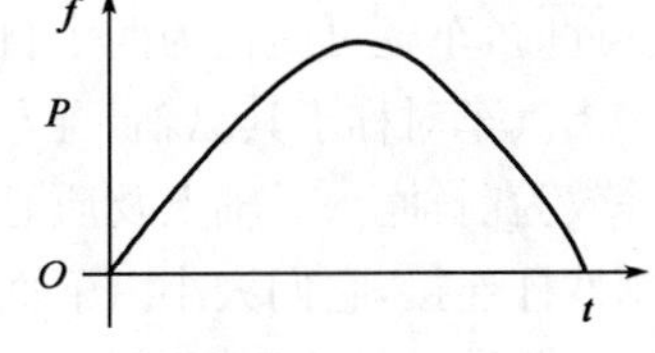

图 5-2 落锤式(FWD)时间荷载曲线

2)双圆垂直荷载

使用双圆垂直荷载模拟汽车荷载，荷载圆半径 10.65cm；荷载集度峰值取为 0.7MPa，即车轮与路面间随机动压力的均值；荷载时间历程取半正弦、Haversine 波、三角波等三种形式。

3)傅立叶级数形式

利用波动的可叠加性，用 Fourier 级数形式来表达汽车荷载；Fourier 级数形式表达的车辆荷载一般适用于波传导单元。

4)随机荷载模型

路面沿行车方向的平整度，以单位长度范围内累积的波峰幅值来表示，如国际道路平整度指标 IRI 的单位为 m/km。可将路面平整度模型化为随机场，用路面功率谱密度(PSD)代替 *IRI*，把车辆与地面结构视为综合体系，用随机振动激励描述汽车荷载。

5)多自由度模型

汽车是一个复杂的多自由度的振动系统。实际应用时可进行一些简化处理，如图 5-3 所示。

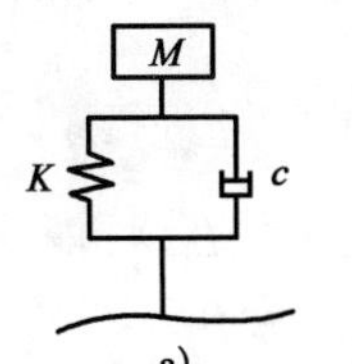

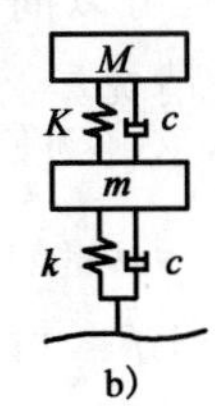

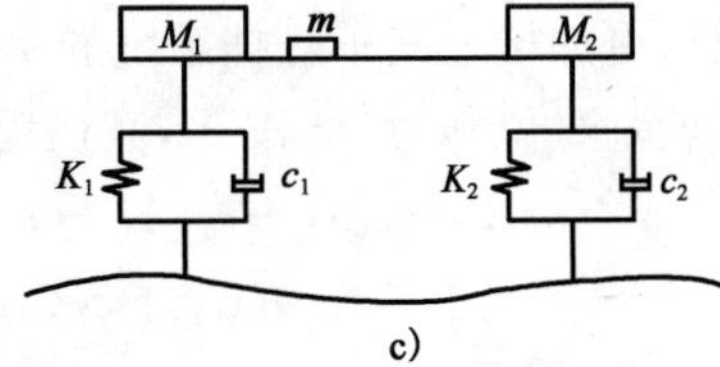

图 5-3 多自由度汽车荷载图示

a)汽车单轴荷载简化模型；b)简化的双自由度的汽车模型；c)简化的汽车 4 个自由度模型：K_1 为前轴，K_2 为后轴，m 为质心质量，M_1+M_2 为车身质量

3. 振动方程的建立

1)振动方程建立

汽车是一个复杂的多自由度的振动系统。为了研究方便起见，同时又尽可能的与汽车的

实际运行情况相适应，作了如下假设：

(1)车身为刚体而对称于铅垂面；

(2)由于载重汽车的大部分荷载集中在后轮上，所以只考虑竖直方向的振动和车辆的侧斜振动；

(3)车辆等速直线行驶，轮胎与地面始终保持接触；

(4)路面不平整度较小，汽车振动不大；

(5)汽车悬架刚度、轮胎刚度为位移的线性函数，悬架阻尼、轮胎阻尼为相对速度的线性函数；

(6)路面输入函数作用在路面与轮胎的接触点中心上。

此时，车辆可简化为四个自由度的模型，见图5-4。

当汽车对称于其纵轴，且左右车辙的不平整函数 $X\cdot(I)=Y\cdot(I)$ 时，此时的汽车车身质量等效为前轴上、后轴上及质心上的三个集中质量 m_{2f}、m_{2r} 和 m_{2c}。这三个集中质量由无质量的刚性杆连接，它们大小由下面三个条件决定：

①总质量保持不变，即 $m_{2f}+m_{2r}+m_{2c}=m$；

②质心位置不变，即 $m_{2f}a-m_{2r}b=0$；

③转动惯量 I_y 的值保持不变，即 $I_y=m\rho_y^2=m_{2f}a^2+m_{2r}b^2$。

式中：ρ_y——绕行轴的回转半径；

a，b——车身质心至前后轴的距离。

由上述三个条件得到三个集中质量的值为：

$$m_{2f}=m\frac{\rho_y^2}{aL};m_{2r}=m\frac{\rho_y^2}{bL};m_{2c}=m\left(1-\frac{\rho_y^2}{ab}\right)$$

在通常的情况下令：

$\varepsilon=\dfrac{\rho_y^2}{ab}$为悬挂质量的分配系数。

根据统计分析，大部分的汽车悬挂系统都接近于1。在此种情况下，前轴上车身部分的集中质量 m_{2f} 和 m_{2r} 垂直方向振动是独立的。所以在这种情况下，可分别讨论 m_{2f} 和前轴以及 m_{2r} 和后轴构成的两个双质量系统的振动。

图5-4所示的双轴汽车四个自由度的振动模型，可以简化为图5-5所示的两个自由度的振动系统，而且，更加接近汽车悬挂系统的实际运行情况。

车身与车轮垂直位移为 x_1 和 x_2，其运动方程为：

$$m_1x_1+c_1x_1+c_2(x_1-x_2)+k_1x_1+k_2(x_1-x_2)=f(t) \tag{5-1}$$

$$m_2x_2+c_2(x_2-x_1)+k_2(x_2-x_1)=0 \tag{5-2}$$

上式振动方程可改写为下式：

$$Mx+Cx+Kx=f(t) \tag{5-3}$$

式中：质量矩阵 $M=\begin{bmatrix} m_1 & 0 \\ 0 & m_2 \end{bmatrix}$；

阻尼矩阵 $C=\begin{bmatrix} c_1+c_2 & -c_2 \\ -c_2 & c_2 \end{bmatrix}$；

刚度矩阵　$K=\begin{bmatrix} k_1+k_2 & -k_2 \\ -k_2 & k_2 \end{bmatrix}$；

位移列阵 $x=\begin{bmatrix} x_1 \\ x_2 \end{bmatrix}$；　激励列阵 $f(t)=\begin{bmatrix} f(t) \\ 0 \end{bmatrix}$。

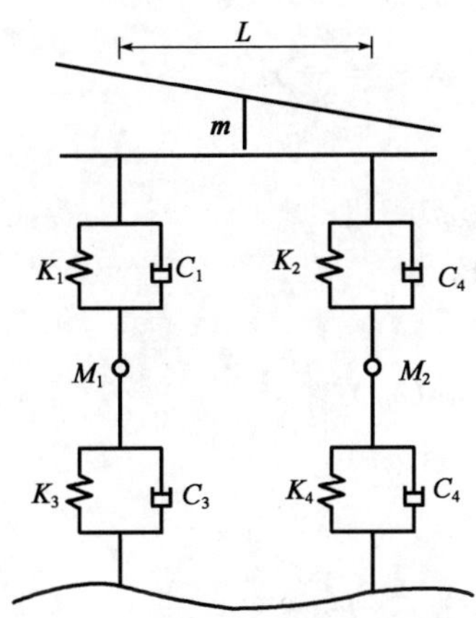

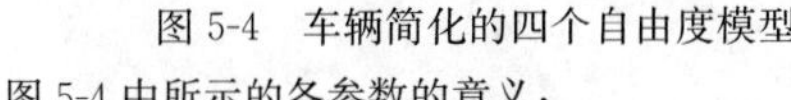
图 5-4　车辆简化的四个自由度模型

图 5-4 中所示的各参数的意义：

L-标准车的前后轴距；M_1-标准车的前轴质量；

M_2-标准车的后轴质量；m-标准车的车身质量；

C_1-标准车的前轮胎阻尼；C_2-标准车的后轮胎阻尼；

C_3-标准车的前悬挂阻尼；C_4-标准车的后悬挂阻尼；

K_1-标准车的前轮胎刚度；K_2-标准车的后轮胎刚度；

K_3-标准车的前悬挂刚度；K_4-标准车的后悬挂刚度。

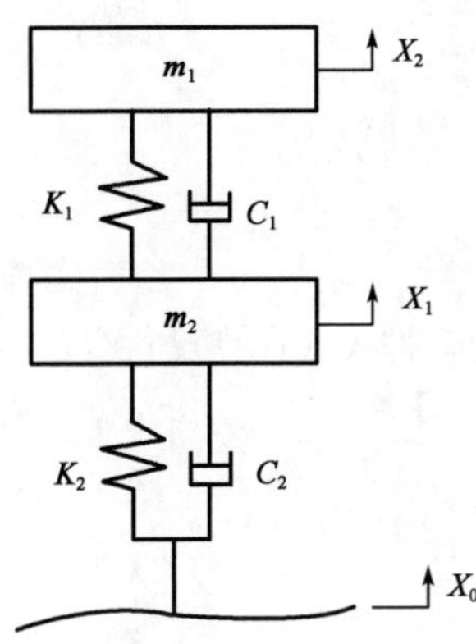

图 5-5　两个自由度的简化模型

图 5-5 中各参数的意义：

m_1-非悬挂系统质量(车轮质量)；

m_2-悬挂系统质量(车身质量)；

K_1-轮胎刚度；

C_1-轮胎阻尼；

K_2-悬架刚度；

C_1-悬架阻尼。

二、振动方程求解

假定路面波形是服从正弦函数的，$x_0=h\sin\omega t$，其中 h 为路面不平整度，$\omega=2\pi v/\lambda$，ν 为车速，λ 为路面不平整度波长。将其作为荷载激励输入，即：

$$f(t)=c_1x+k_1x_0=k_1h\sin(\omega t)+c_1h\cos(\omega t) \tag{5-4}$$

对振动方程进行整理后，变为：

$$m_1x+c_1(x_1-x_0)+k_1(x_1-x_0)+k_2(x_1-x_2)=0 \tag{5-5}$$

$$m_2x_2+c_2(x_2-x_1)+k_2(x_2-x_1)=0 \tag{5-6}$$

再作以下替换：

$$z_1=x_1-x_0, z_2=x_2-x_1$$

并令：

$$\omega_1^2=\frac{k_1}{m_1}\qquad \omega_2^2=\frac{k_2}{m_2}$$

$$\xi_1=\frac{c_1}{(2\sqrt{k_1m_1})};\quad \xi_2=\frac{c_2}{(2\sqrt{k_2m_2})};\quad \mu=\frac{m_1}{m_2}$$

则振动方程可改写为：

$$z_1+2\xi_1\omega_1 z_1+\omega_1^2 z_1-2\mu\xi_2\omega_2 z_2-\mu\omega_2^2 z_2=-x_0 \tag{5-7}$$

$$z_1+z_2+2\xi_2\omega_2 z_2+\omega_2^2 z_2=-x_0 \tag{5-8}$$

其稳定振动解为：

$$z_1=A_1\cos(\omega t)+A_2\sin(\omega t)$$
$$z_2=A_3\cos(\omega t)+A_2\sin(\omega t)$$

将上式解带入式(5-7)与式(5-8)得：

$$\begin{bmatrix}A_{11} & A_{12}\\ A_{21} & A_{22}\end{bmatrix}\begin{bmatrix}\cos(\omega t)\\ \sin(\omega t)\end{bmatrix}=h\omega^2\begin{bmatrix}\sin(\omega t)\\ \cos(\omega t)\end{bmatrix} \tag{5-9}$$

其中：

$$A_{11}=(\omega_1^2-\omega^2)A_1+2\xi_1\omega_1\omega A_2-\mu\omega_2^2A_3-2\mu\xi_2\omega_2\omega A_4$$
$$A_{12}=(\omega_1^2-\omega^2)A_2-2\xi_1\omega_1\omega A_1-\mu\omega_2^2A_4+2\mu\xi_2\omega_2\omega A_3$$
$$A_{21}=-\omega^2A_1+(\omega_2^2-\omega^2)A_3+2\xi_2\omega_2\omega A_4$$
$$A_{22}=-\omega^2A_2+(\omega_2^2-\omega^2)A_4-2\xi_2\omega_2\omega A_3$$

要使对任何 ωt 式(5－9)均成立，则：

$$H[A_1\quad A_2\quad A_3\quad A_4]^T=[0\quad h\omega^2\quad 0\quad h\omega^2]^T \tag{5-10}$$

式中：

$$H=\begin{bmatrix}\omega_1^2-\omega^2 & 2\xi_1\omega_1\omega & -\mu\omega_2^2 & -2\mu\xi_2\omega_2\omega\\ 2\xi_1\omega_1\omega & \omega_1^2-\omega^2 & -2\mu\xi_2\omega_2\omega & -\mu\omega_2^2\\ -\omega^2 & 0 & \omega_2^2-\omega^2 & 2\xi_2\omega_2\omega\\ 0 & -\omega^2 & -2\xi_2\omega_2\omega & \omega_2^2-\omega^2\end{bmatrix}$$

用 MATLAB 编程后由式(5-10)可得 A_1 与 A_2。

A_1，A_2 带入 z_1，可得：

$$z_1=Z_1\sin(\omega t+\theta) \tag{5-11}$$

式中：

$$Z_1=\sqrt{A_1^2+A_2^2}$$
$$\theta=\arctan\frac{A_1}{A_2}$$

则由路面不平整产生的附加动荷载为：

$$p_f(t)=k_1z_1=k_1z_1\sin(\omega t+\theta) \tag{5-12}$$

式中各符号同前。

由此可见，车辆在不平的路面上行驶，车轮以一定的频率和振幅以正弦的形式在路面上跳动。

三、路面不平整度波长与车速对汽车动载的影响

以某载重汽车为研究对象，利用 Matlab 对上述附加动荷载其进行编程，汽车各参数见表 5-1。

1. 动荷载变化规律

图 5-6 系在路面不平整波长为 3m 和 10m 的条件下，附加动荷载的幅值随着车速变化的情况。从该图看出：动荷载并不是随车速的增大而无限增大，一般在车速较小时，即 10m/s 以下，随着车速的增加，动荷载会出现一个峰值。随着波长的增大，出现峰值的车速也在增大；在车速较大时，动荷载随车速的增加并不明显，甚至还在减小；在车速较大时，不同波长的路面对动荷载的影响很小。

汽 车 参 数　表 5-1

$m_1=481\text{kg}$
$m_2=2\ 880\text{kg}$
$k_1=48\ 000\text{N/m}$
$k_2=19\ 000\text{N/m}$
$c_1=8\ 000\text{N. s/m}$
$c_2=14\ 000\text{N. s/m}$

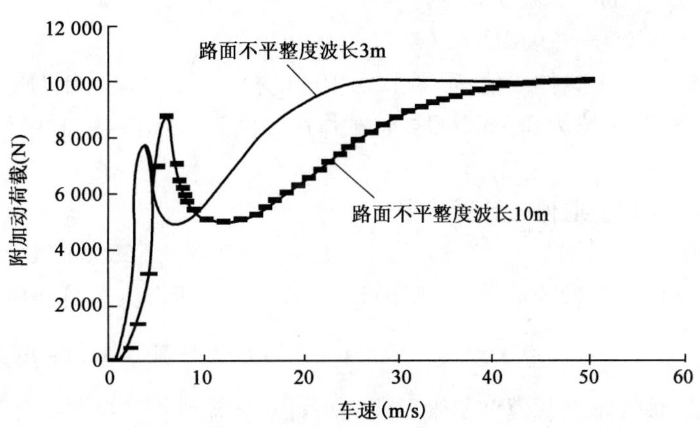

图 5-6　汽车附加动荷载幅值随车速变化规律

现计算上述附加动荷载，分别在车速为 36m/s 和 180m/s 的情况下，动荷载幅值随路面波长的变化规律，如图 5-7 所示。

由图 5-7 可以看出：

(1)随着路面的不平整度变化，即路面不平整波长发生的变化，有两个峰值出现在动荷载上；出现该峰值时的波长，因车速不同而发生变化；车速对峰值的大小没有明显的影响；波长很大时，动荷载趋于 0，则可以认为当路面波长足够大时，路面是平整的，即没有附加动荷载的发生。

(2)附加动载的最大值约为 10 000N，而车辆作用的静载为 32 908.4N，因此总的动载约为静载的 1.3 倍。

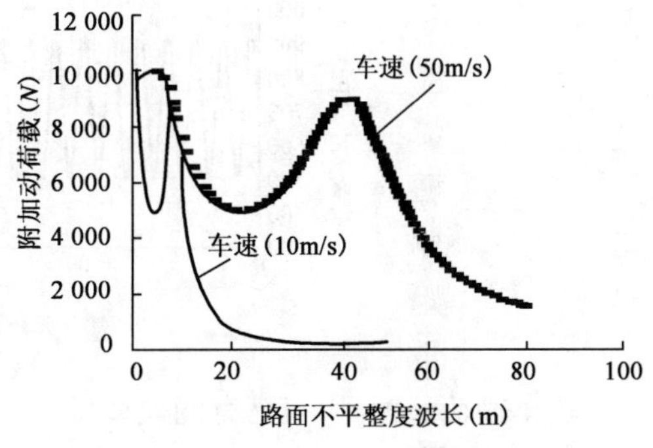

图 5-7　汽车附加动荷载幅值随路面波长变化规律

2. 汽车荷载应用模型

由路面不平整度产生的附加动荷载，再进一步进行简化，使其形式更便于应用于进行沥青路面车辙计算。

在现行路面设计方法中，采用的是竖向静载作用下弹性多层体系的理论模型。对于实际行驶的车辆，由于路面不平整而产生振动，路面受到的车辆荷载随时间和路表特性而变化，是一个典型的动力荷载。

根据有关文献的研究成果，汽车振动荷载的幅值，一般是静载的 0.05～0.6 倍；这主要与车辆悬架特性、车速和路面不平整度等有关。为了计算简便且具有代表性，也通过上述计算分析验证，考虑到研究对象为柔性基层沥青路面，结构具有较好的柔性。为此，取汽车振动荷载幅值为静载的 0.3 倍，并根据上述附加动荷载，得出如下的汽车动载模型方程：

$$F(t) = P_0 + P'_f(t) \tag{5-13}$$

式中：$F(t)$——汽车荷载；

P_0——车轮静载；

ω——振动频率；

$P'_f(t)$——$0.3P_0\sin(\omega t)$。

上式中具体取值：根据 BZZ-100 的标准，取单边单轴静载轮重 $P_0=25\text{kN}$，根据有关论文知悉，当车速为 80km/h 时，轮载作用时间为 0.015s，由此可算出 $\omega=2\pi/T$，于是计算得到 $T=0.015\text{s}$。

由以上取值经计算可得：

$$F(t) = 25\,000 + 7\,500\sin(419t) \tag{5-14}$$

由于当量圆半径 $\delta=0.106\,5\text{m}$，式(5-14)所得汽车荷载换算为接地压强可得：

$$F(t) = 701\,062 + 210\,318.6\sin(419t) \tag{5-15}$$

该汽车动载模型尽管形式简单，但是，却对汽车特性、几何线形、路况、车速等多方面因素进行了综合考虑，计算简便，可以用来模拟汽车荷载。通过 ANSYS 有限元分析软件中 APDL (ANSYS Parametric Design Language)参数化设计语言，对汽车动载模型函数进行输入，即可得到与图 5-8 汽车荷载与时间的关系一致的荷载曲线。

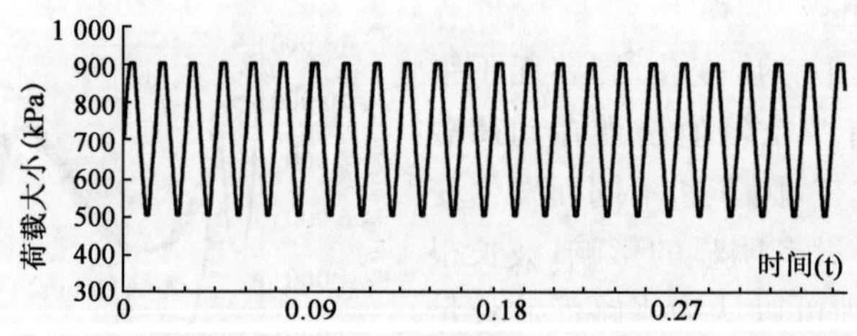

图 5-8 汽车荷载与时间的关系

上述车辆荷载模型，与已有的模型相比，具有形式简单，便于计算的优点，且与几何曲线、路况、车速关系密切，可以用来模拟汽车荷载。对沥青路面进行加载，以便于进行车辙的分析。

第二节 沥青路面力学模型及有限元分析

复合式基层沥青路面是一个层状体系，它是由多层材料铺筑而成。采用层状体系进行分析，这是目前《公路沥青路面设计规范》所采用的力学模型。

一、路面层状体系基本假设及应用软件

1. 基本假设

沥青路面层状体系计算图示如图 5-9 所示。对于层状弹性体系力学，一般作出如下假设：

(1)各层都由均匀、各向同性材料组成。

(2)土基在水平和深度均为无限，在其上铺筑的路面结构层，在水平方向无限，深度上为有限。

(3)在路表作用的垂直荷载和水平荷载，假定水平方向和深度方向无限远处的应力形变和位移均等于零。

(4)在层次之间接触面上有三种假定：层间完全连续，层间完全滑动和层间产生相对水平位移。

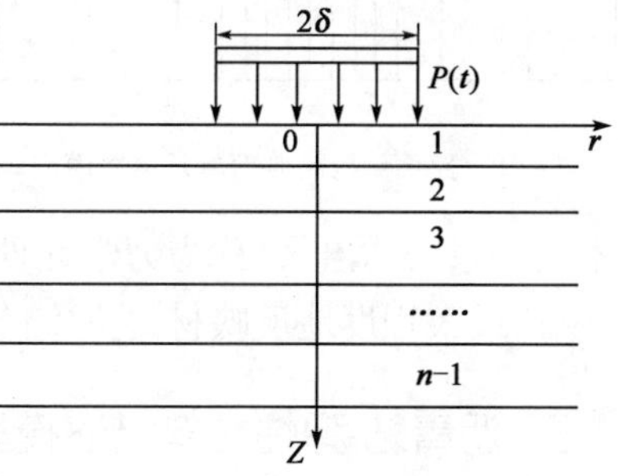

图 5-9 沥青路面层状弹性体系计算图式

在轴对称荷载作用下，其沥青路面结构可采用柱坐标，且其理论解都已经求出。不过，理论解需要进行 hankel 和 laplace 积分变换及其反变换，因此，早期应用上受到了限制。随着计算机技术的发展，目前，对多层体系已经有很多优秀的计算软件，本文利用 ANSYS 的参数化编程技术，编制了易于应用的程序。

2. ANSYS 软件

ANSYS 软件是融结构、流体、电磁场、声场和耦合场分析为一体的大型通用有限元分析软件。该软件主要包括三个部分：

·前处理模块；

·分析计算模块；

·后处理模块。

前处理模块提供了一个强大的实体建模及网格划分工具，用户可以方便地构造出有限元模型；分析计算模块包括结构分析、流体动力学分析、电磁场分析、声场分析、压电分析以及多种物理场的耦合分析，可模拟多种物理介质的相互作用，具有灵敏度及优化分析能力；后处理模块可将计算结果，并以彩色等值线、梯度、矢量、粒子流、立体切片、透明及半透明等图形方式显示出来，也可将计算结果以图表、曲线形式显示或输出。

二、层状黏-弹性体系有限元分析

在多数情况下，沥青路面承受的是动荷载，且为多次重复的瞬时荷载。其在高温季节呈黏-弹性体，在荷载作用下具有明显的应变滞后与应力松弛现象。因此，考虑时间和温度两大因素，运用黏-弹性力学理论进行分析，导出则更为完善设计方法。

1. 沥青路面有限单元离散模型建立

在有限元分析中，离散模型的数据是保证分析准确可靠的关键。一般来说，建立离散模型时，根据问题精度要求确定网格的疏密。根据误差分析可知，单元分的越细，计算的结果也越精确。在单元大小的选取时，在边界比较曲折的部位、对于应力和位移状态需要详细了解的部

位、及应力和位移变化比较剧烈的部位，单元必须要划分细一些；反之，则可以考虑单元相应的大一些。针对地基问题，为了反映半无限地基的变形性质，必须把设定的人工边界与路面结构上方相连的有限部分地基取出，与结构共同组成分析对象。路面模型的尺寸，根据分析问题的需要而定。沥青路面结构的典型单元离散模型，如图 5-10 所示。

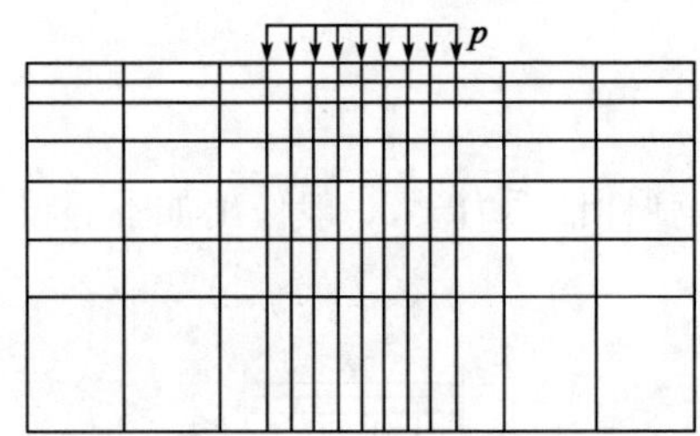

图 5-10 路面结构的典型单元离散模型

2. 黏-弹性理论材料模型分析

根据流变学模型理论，弹、黏、塑性是认识材料力学特性的最基本单元。这些基本单元用一定的力学模型及本构关系表达出来，称为力学元件。力学元件通过并联和串联组合，形成更为复杂的组合模型，从而最大程度地反映材料真实的力学特性。

三、沥青黏-弹性材料描述模型

流变学认为：任何物体都具有弹性、黏性和塑性；而沥青材料集弹性、黏性、塑性为一体，在外力作用下，既产生弹性变形，又表现出流动变形的性质，所以称沥青为黏-弹性材料。探讨其黏-弹材料变形规律，对于研究车辙变形具有直接意义。

1. 黏-弹性材料基本概念

1)D 黏-弹性材料特点

沥青材料是一种典型的黏-弹材料，其变形具有以下特点：

· 蠕变：黏-弹性沥青材料，在应力保持不变的情况下，应变随时间增加而增加的这种现象。

· 松弛：在保持应变不变的情况下，应力随时间的增加而逐渐衰降，这一现象称为应力松弛。

· 触变性：在一种等温条件下，经过搅动和静置后，沥青能产生凝胶-溶胶-凝胶的可逆互变的特性“称为触变性”。

触变性与结构黏性，虽然都是一种可逆互变过程，但是其不同之处在于：触变性的可逆转变是缓慢的，而结构黏性的互变是瞬间的。

2)黏-弹性材料基本元件

流变学认为，弹、黏、塑性是表述和认识黏-弹性材料力学特性的最基本单元，其表述方法如图 5-11所示。

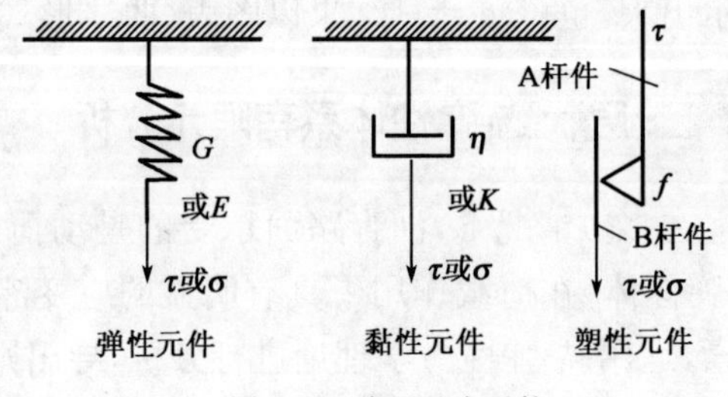

图 5-11 常用基本元件

(1)弹性元件

作为黏-弹性材料的沥青，可以认为其弹性部分是完全的弹性体，用一般用弹簧表示，即为弹性元件。它的本构方程就是虎克定律，即弹性元件在受到瞬间应力作用时，产生瞬间应变，但是，不会出现蠕变、应力松弛或滞后等现象。

用弹簧表示，以 σ 表示拉伸应力，ε 表示伸长，E 与弹性有关的常量。

$$\sigma = E\varepsilon \tag{5-16}$$

式(5-16)中,σ 表示正应力,ε 表示正应变,则 E 即为杨氏弹性模量。

如果用 τ 表示剪应力,ε 表示剪应变 γ 之半,则式(5-16)中的 E 为 2G,故

$$\tau_H = G\gamma \tag{5-17}$$

式中:τ_H——弹性元件的剪应力。

(2)黏性元件

黏性元件用黏壶表示。它是一个带孔的活塞,在充满牛顿液体的圆筒中运动,以 σ 表示拉应力,以 ε 表示伸长,以 ε',表示伸长速率,即活塞伸长速率为 ε' 则:

$$\sigma = \eta \cdot \varepsilon' \tag{5-18}$$

式中:η——与黏性有关的常数,单位 Pa・s。

(3)塑性元件

塑性元件:意为一固结于 A 杆件上的滑块,与 B 杆件间有摩擦力,其最大值为 f。当拉力 σ 小于 f 时,伸长 $\varepsilon=0$;当 σ 达到 f 时,ε 为任意值,直至∞,故:

$$\sigma = f \tag{5-19}$$

沥青材料在低温(高黏度)和瞬时荷载作用下,弹性变形占主要地位;而在高温(低黏度)和长时间荷载作用下,它的变形几乎完全接近黏性。而在大多数实际使用情况下,沥青的变形行为,可以采用应力(σ)与应变(ε)的比值"劲度 S_E"表示,于是,对于黏-弹性材料变形行为用式(5-20)形式表述。

$$\sigma(t) = S_E \cdot \varepsilon(t) \tag{5-20}$$

式中:S_E——劲度模量。

3)材料流变模型建立原则

材料流变模型建立,一般应遵循两个原则:

(1)模型能够较好地反映材料的力学特性。

(2)模型应尽可能简单直观,便于工程应用。

2. 描述黏-弹性材料流变模型

对于黏-弹性材料常用流变模型有:Maxwell 模型、Kelvin 模型、Zener 模型、Burgers 模型、修正的 Burgers 模型、Delft-xahu 等模型。现简要介绍如下:

1)麦克斯韦尔(Maxwell)模型

麦克斯韦尔模型,是由一个弹性元件和一个黏性元件串联而成(图 5-12)。串联模型的特征,表示各个元件的应力都相等,而其总应变为各个元件应变之和。

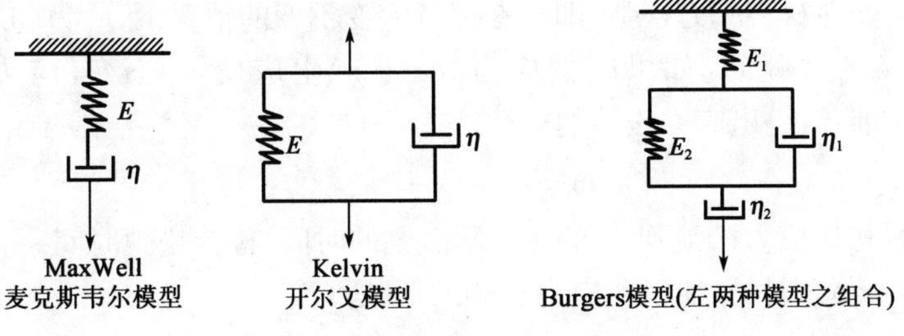

图 5-12 描述黏-弹材料流变模型

(1)对于弹性元件：

用正应力表示时，其应变为

$$\varepsilon'_1=\sigma/E$$

用剪应力表述时，其应变为

$$\gamma'_H=\gamma/G$$

(2)对于黏性元件：

用正应力表示时，其应变 $\varepsilon'_2=\sigma/K$ ；

用剪应力表述时，其应变为 $\gamma'_N=\tau/\eta$

(3)总应变速率

由弹性元件和黏性元件串联而成的麦克斯韦尔模型，其变形(或变形速率)由两部分组成，即弹性元件变形和黏性元件变形。

用正应力表示时，总应变速率 ε'：

$$\varepsilon'=\varepsilon'_1+\varepsilon'_2=\frac{\sigma}{E}+\frac{\sigma}{K} \tag{5-21}$$

用剪应力表述时，总应变速率 ε'：

$$\gamma=\gamma_H+\gamma_N\text{ 或 }\gamma'=\gamma'_H+\gamma'_N\text{ 或 }\gamma'=\frac{\gamma}{G}+\frac{\tau}{\eta} \tag{5-22}$$

上面式(5-21)、(5-22)即为麦克斯韦模型的本构方程。

(4)蠕变试验

现用式(5-21)、(5-22)描述黏-弹性材料蠕变变形。前已有述，在应力保持不变的情况下，黏-弹性材料应变随时间增加而增加，即为蠕变。在进行蠕变试验时，应力为常数，$t=0$，$\sigma=\sigma_0=\text{const}$ 或 $t=0$，$\tau=\tau_0=\text{const}$，由式(5-21)、(5-22)得到总变形 ε：

$$\varepsilon(t)=\frac{\sigma_0}{E}+\frac{\sigma_0}{K}t \tag{5-23}$$

$$\gamma\cdot(t)=\tau_0\left(\frac{\gamma}{G}+\frac{t}{\eta}\right) \tag{5-24}$$

由上两式可知，黏-弹性材料在蠕变过程中，总变形等于瞬间弹性变形和黏性流动变形之和。且随着时间的延长，黏性变形匀速增加。当卸载后，弹性变形立即恢复，而黏性流动变形成为不可恢复的永久变形，这就是形成车辙的部分永久变形。

(5)松弛试验

前也有述，黏-弹性材料应力松弛，即是在保持应变不变的情况下，应力随时间的增加而逐渐衰降。在时间 $t_0=0$ 瞬间，如果施加应力 σ_0，并产生应变 ε_0 不变，应力出现松弛。由式(5-23)通过数学推导，得出应力松弛的规律：

$$\sigma(t)=\sigma_0e^{-t\frac{E}{K}}=\sigma_0e^{-\lambda\cdot t} \tag{5-25}$$

式中：$\lambda=E/K$——初始应力松弛到 σ_0 的 $1/e$ 所需要的时间，称为松弛时间。

同样道理，$\tau=\text{const}$ 时，导出以剪应力表述的松弛方程：

$$\tau(t)=\tau_0e^{-\frac{G}{\eta}t}=\tau_0e^{-\lambda\cdot t} \tag{5-26}$$

式中：$\lambda=\frac{G}{\eta}$——松弛时间。

从上面两式可知，λ 值愈大表明应力松弛愈快；反之值小松弛慢。因此说，λ 是黏-弹性材料的一种属性，用其可评价材料的松弛能力。该模型称为麦克斯韦流变模型，也称为松弛模型。

在某些特定条件下，例如，观测时间 λ 非常小，那么，即使对于像水一样的流体，也可以认为它的弹性比黏性强，而表现为弹性性质。反之，如果观测时间 λ 非常大，表现出黏性比弹性强，从而表现出黏性流动的特性。从流变学的角度分析，任何物体都具有黏性，它们之间没有明显的界限。

2)开尔文(Kelvin)模型

与麦克斯韦尔(Maxwell)模型不同的是：开尔文模型是由一个弹性元件和一个黏性元件并联而成，如图 5-12 所示。两个元件实行并联，表示各个元件应变是相同的，$\varepsilon_1=\varepsilon_2$，总应力等于各个元件所受应力之和。其本构方程为：

$$\sigma=\sigma_1+\sigma_2=E\varepsilon+K\varepsilon' \tag{5-27}$$

(1)用式(5-27)描述黏-弹性材料蠕变特性时，当 $t=0,\sigma=\sigma_0,\varepsilon=0$ 时，则蠕变变形为：

$$\varepsilon=\frac{\sigma_0}{E}(1-e^{-t\frac{E}{\eta}})=\frac{\sigma_0}{E}(1-e^{-\frac{t}{\tau_k}}) \tag{5-28}$$

开尔文模型在施加荷载的瞬间，由于黏性元件的制约，弹性元件不能立即产生变形，故没有瞬时应变。

随着时间的延长，黏性元件逐渐产生黏性流动，弹性元件也随之相应变形。当变形续增大达到极限应变 σ_0/E 时，反过来弹性元件限制黏性元件的变形继续增加，这样总应变就有极限值。

由于黏性元件牵制，使整个模型的变形延迟，故开尔文模型又称之为延迟模型。

在该模型中，$\tau_k=\eta/E$ 称之为延迟时间，这是材料的固有属性，它表示位移衰减的速度。

卸载后，应变 ε 随时间的延长而逐渐减小，当时间延长至无限长时，应变全部恢复，故开尔文模型所产生的变形是能够全部恢复的，属于弹性变形。但是，由于黏性元件黏滞作用，弹性恢复需要有一个时间过程，这一现象称之为弹性后效应。

(2)松弛试验

对开尔文模型施加一个恒定的应变 $\varepsilon=\varepsilon_0$，则式(5-28)中黏性元件的应力为 0，方程式就变成了弹性方程。故开尔文模型中，应力是常数，存在大应力松弛现象。

同理，开尔文模型用剪应力描述时，则该模型的剪应力 $\tau=\tau_H+\tau_N$。弹性元件的剪应力 $\tau_H=G\gamma$，黏性元件的剪应力 $\tau_N=\eta\cdot\gamma'$，故开尔文模型本构方程为：

$$\tau=G\gamma+\eta\cdot\gamma'$$

当 $t=0,\tau=\tau_0$ 时，由它的流变方程可推导出其蠕变方程：

$$\gamma(t)=\tau_0 J(1-e^{-\frac{G}{\eta}t}) \tag{5-29}$$

同样，当 $\gamma=\gamma_0=$常数，剪应力 $\tau=$常量，故其为非松弛体。

麦克斯韦尔模型虽可描述蠕变和松弛的概念，但是，在描述蠕变时并未能反映材料的滞后性；同样开尔文模型虽可描述弹性后效应，但属于非松弛体，未能描述出松弛特性。所以以上两种模型均不能真实地描述沥青材料的流变行为，故不宜采用。

3）四元模型—伯格斯（Burgers）模型

由于以上模型存在不足，包括三元模型，均不能全面反映黏-弹性材料的流变特性，为此，伯格斯模型是由一个麦克斯韦尔模型与一个开尔文模型串联起来，组成了四元的伯格斯模型（见前图 5-12）。克服了上述模型存在不足，或者说吸取了各家之长，成为当前分析沥青材料中最常用的模型。

根据伯格斯（Burgers）模型，假若进行蠕变试验，施加了应力 σ_0，则加载过程中总应变为麦克斯韦尔（Maxwell）和开尔文模型的应变之和：

$$\varepsilon(t)=\sigma_0\left[\frac{1}{E_1}+\frac{1}{\eta_1}+\frac{1}{E_2}(1-e^{-t\frac{E_2}{\eta_2}})\right]\qquad \text{加载}(0<t<t_1)\tag{5-30A}$$

相应的卸载过程总应变为：

$$\varepsilon(t)=\sigma_0\left[\frac{t_1}{\eta_1}+\frac{1}{E}(1-e^{\frac{E_2}{\eta_2}}-1)e^{-\frac{E_2}{\eta_2}t}\right]\qquad \text{卸载}(t>t_1)\tag{5-30B}$$

在进行松弛试验时，施加应变 ε_0，应力随时间衰减的流变本构方程为：

$$\sigma(t)=\frac{\varepsilon_0}{\sqrt{p_1^2-4p_2}}\left[(-q_1+q_2\cdot\alpha)e^{-\alpha\cdot t}+(q_1-q_2\beta)e^{-\beta\cdot t}\right]\tag{5-31}$$

式中：

$$p_1=\frac{\eta_1}{E_1}+\frac{\eta_1+\eta_2}{E_2};\qquad p_2=\frac{\eta_1\cdot\eta_2}{E_1E_2};\qquad q_1=\eta_1;\qquad q_2=\frac{\eta_1\cdot\eta_2}{E_2}\tag{5-32}$$

$$\alpha=\frac{1}{2p_2}(p_1+\sqrt{p_1^2+4p_2})\tag{5-33}$$

$$\beta=\frac{1}{2p_2}(p_1-\sqrt{p_1^2-4p_2})\tag{5-34}$$

若用剪应力表述伯格斯模型蠕变方程和松弛方程，则式（5-30）、（5-31）分别改写为下两式：

$$\gamma(t)=\tau_0\left[\frac{1}{G_1}+\frac{1}{\eta_1}+\frac{1}{G_2}(1-e^{-t\frac{G_2}{\eta_2}})\right]\tag{5-35}$$

$$\tau(t)=\frac{\gamma_0}{\sqrt{p_1^2-4p_2}}\left[(-q_1+q_2\cdot\alpha)e^{-\alpha\cdot t}+(q_1-q_2\beta)e^{-\beta\cdot t}\right]\tag{5-36}$$

式中符号意义同前。

为了更精确的描述黏-弹性材料的流变性质，许多学者还提出更为复杂的流变模型，但是求解难度更大，对于沥青材料使用四元模型已可满足要求。

四、车辙分析中模型应用

通过对不同弹-性材料模型及其本构方程对比分析，在对沥青路面车辙预估分析中，我们选用了既能反映沥青路面材料非线性及黏弹性特性，同时又能有效方便运用 Burgers 模型。

沥青路面结构面层混合料，在外力作用下的变形，不仅与荷载的大小、荷载的作用时间有关，而且具有较高的温度敏感性，所呈现出来的弹-黏性性质。在车辆荷载的反复作用下，当沥青混合料开始屈服进入流变阶段时，考虑到它的受力变形特点，所以采用了 Burgers 模型。

对于沥青路面结构的地基部分，考虑到在外力作用下产生较大弹塑性变形，在建立模型是按照弹塑性材料 D—P(德鲁克—普拉格)模型对待。

沥青路面结构基层分为两种情况：当基层为半刚性材料时，则按线弹性问题进行考虑；当基层为柔性基层时，与地基一并作为弹塑性材料处理。

实际应用中，得到沥青路面黏-弹性参数是 E_1，E_2，η_1，η_2，而在 ANSYS 中所要输入的是剪切模型的 prony 级数的形式，因此，需要将其转化为 ANSYS 中所需要的形式。于是弹性模量转化为剪切模量：

$$G_1 = \frac{E_1}{2(1+\mu)}; \qquad G_2 = \frac{E_2}{2(1+\mu)} \tag{5-37}$$

相应的式(5-32)变为：

$$p_1 = \frac{\eta_1}{G_1} + \frac{\eta_1 + \eta_2}{G_2}; \qquad p_2 = \frac{\eta_1 \eta_2}{G_1 G_2} \tag{5-38A}$$

$$q_1 = 2\eta_1; \qquad q_2 = \frac{2\eta_1 \eta_2}{G_2} \tag{5-38B}$$

$$\tau_1 = \frac{1}{\beta}; \qquad \tau_2 = \frac{1}{\alpha} \tag{5-38C}$$

于是可以获得 Burgers 模型在 ANSYS 中需要输入的 Burgers 模型的 prony 级数参数 g_1，g_2，τ_1，τ_2 。

第三节　沥青路面车辙计算与预估方法

为了预估沥青路面车辙，需要采用恰当的实验方法，以确定本构方程中的材料参数，从而可以较为准确地模拟实际沥青路面的应力和变形状态。

一、沥青路面材料 Burgers 模型参数获取

邯长公路试验路段的上、中和下面层的三种沥青混合料级配类型，在不同沥青用量下，采用美国生产的 810MTS(Material Test System)材料试验机，对直径 150mm，高度 115±5mm 旋转压实(SGC)成型的圆柱体试件，在 60℃、50℃、35℃、20℃时 0.7MPA 压强条件下进行了单轴静载蠕变试验。上、中面层沥青采用壳牌 SBS70 号改性沥青，底面层采用中海 70 号沥青。

由静态蠕变试验所得到蠕变曲线关系图以及获得的大量数据，根据 Burgers 模型加载卸载过程中的蠕变关系方程式(5-30)，利用最小二乘法原理进行编程分析计算，输入蠕变实验数据(应变 ε 及时间 t)数据，并根据已有文献参考初值，即可得到不同温度下材料的 Burgers 的模型参数(E_1、η_1、E_2、η_2)，见表 5-2。

AC-13C 级配不同油石比、不同温度下的 Burgers 模型参数　表 5-2A

油石比 (%)	温度 (℃)	E_1 (kg/cm²)	E_2 (kg/cm²)	η_2 (kg/cm²·s)	η_1 (kg/cm²·s)
3.30	60	1 000	508	40 196	2 326 073
	50	1 200	637	46 123	1 744 878
	35	3 000	685	137 047	1 536 127
	20	4 000	1 738	17 368	3 160 975
3.60	60	1 000	402	29 532	1 384 922
	50	1 200	542	47 810	1 240 781
	35	3 000	583	108 865	1 830 425
	20	4 000	712	111 402	3 870 712
3.90	60	1 000	450	34 652	1 684 652
	50	1 200	612	54 982	1 559 747
	35	3 000	597	111 357	1 641 532
	20	4 000	1 365	74 856	3 270 865
4.10	60	1 000	534	31 955	1 951 612
	50	1 200	748	77 513	1 354 966
	35	3 000	462	128 465	1 461 258
	20	4 000	1 933	94 652	3 065 411

AC-20C 级配不同油石比、不同温度下的 Burgers 模型参数　表 5-2B

油石比 (%)	温度 (℃)	E_1 (kg/cm²)	E_2 (kg/cm²)	η_2 (kg/cm²·s)	η_1 (kg/cm²·s)
3.40	60	800	493	11 465	1 497 851
	50	1 450	677	32 013	1 163 210
	35	2 200	505	113 490	1 712 311
	20	3 500	1 452	49 751	2 946 573
3.60	60	800	511	9 761	1 412 325
	50	1 450	707	29 345	1 333 541
	35	2 200	461	99 462	1 806 501
	20	3 500	1 647	50 317	2 334 658
3.90	60	800	487	12 753	1 533 112
	50	1 450	741	30 051	1 070 321
	35	2 200	529	109 432	1 973 641
	20	3 500	1 275	51 513	2 886 413
4.10	60	800	508	10 214	1 642 231
	50	1 450	729	31 465	1 445 267
	35	2 200	611	98 815	1 714 658
	20	3 500	1 541	50 473	2 771 689

AC-25C 级配不同油石比、不同温度下的 Burgers 模型参数　　表 5-2C

油石比(%)	温度(℃)	E_1 (kg/cm²)	E_2 (kg/cm²)	η_2 (kg/cm²·s)	η_1 (kg/cm²·s)
3.00	60	600	515	7 864	1 654 921
	50	1 200	762	10 295	1 442 227
	35	2 050	1 165	6 692	2 094 620
	20	2 800	1 448	14 480	2 607 209
3.30	60	600	494	8 890	1 532 292
	50	1 200	821	11 006	1 297 562
	35	2 050	1 322	9 057	2 003 491
	20	2 800	1 597	16 652	2 628 311
3.60	60	600	507	8 345	1 599 713
	50	1 200	790	14 561	1 275 954
	35	2 050	1 257	7 497	1 998 943
	20	2 800	1 462	13 465	2 655 641
3.90	50	1 200	612	17 387	1 256 274
	35	2 050	904	10 433	2 034 131
	20	2 800	1 358	17 975	2 746 811

二、试验路段交通条件

道路交通条件直接影响着路面车辙的深度，一般应以交通量大小或荷载重复作用次数作为控制车辙计算的交通参数。

目前，各种轴载等效换算的方法，多以轴载对路面产生的效应为依据进行计算。为了计算沥青路面的车辙，计算不同轴载作用次数，必须按以车辙等效为原则进行轴载换算。

通过比较和总结国内外主要的车辙等效轴载换算公式，本书采用类似 AASHTO 公式形式车辙等效换算系数：

$$EF=\frac{N_0}{N_i}=\left(\frac{P_i}{P_0}\right)^A \tag{5-39}$$

式中：P_0、N_0——标准轴载(100kN)及作用次数；

P_i、N_i——某一轴载和作用次数；

A——参考各国对系数 A 的取值，发现绝大多数集中在 4 左右，因此本文将 A 值定为 4。

获得了上述等效系数后，依据交通量大小、各种车型轴载作用次数，按下式换算成标准轴载的当量作用次数。

$$N=\sum_{i=1}^{k}C_1\cdot C_2\cdot n_1(EF) \tag{5-40}$$

式中：N——标准轴载的当量轴次(次/日)，$EF=(P_i/P_0)^4$；

n_1——被换算车型的各级轴载作用次数(次/日);

C_1,C_2——轴数系数与轮组系数,按现行的沥青路面设计规范确定。

根据邯长公路实际观测资料,我们摘汇了2005年1月至12月该路的交通量资料,见表5-3。

邯长公路试验路2005年全年交通量统计　　表5-3

载重(t)	1月		2月		3月		4月	
	上行	下行	上行	下行	上行	下行	上行	下行
1.5	8 945	9 122	9 144	9 295	17 535	16 299	20 697	20 370
2	1 825	988	1 075	1 000	1 875	1 556	2 215	1 784
2.5	883	795	768	714	1 340	1 112	1 582	1 275
4	1 156	1 099	1 228	1 142	2 143	1 779	2 532	2 039
5	955	897	820	953	1 667	1 808	1 625	1 728
8	1 819	1 725	1 912	2 225	3 891	4 218	3 791	4 032
10	895	767	641	759	1 698	1 639	1 638	1 525
11.5	708	777	706	835	1 868	1 802	1 802	1 677
14.5	899	912	791	936	2 094	2 021	2 021	1 881
15	4 565	4 321	3 935	4 831	6 665	7 513	6 955	6 587
20	6 067	6 925	5 509	6 763	9 331	10 518	9 737	9 221
>20	7 034	8 227	6 296	7 730	10 664	12 020	11 128	10 539
载重(t)	5月		6月		7月		8月	
	上行	下行	上行	下行	上行	下行	上行	下行
1.6	19 253	19 281	19 009	18 095	19 349	18 570	21 269	20 791
2	1 878	1 831	1 859	1 701	1 736	3 327	1 965	2 004
2.5	1 342	1 308	1 328	1 215	1 240	2 377	1 403	1 432
4	2 146	2 092	2 124	1 944	1 984	3 802	2 245	2 290
5	1 506	1 588	1 406	1 425	1 007	1 160	1 105	1 071
8	3514	3 704	3 282	3 325	2 349	2 706	2 577	2 499
10	1 319	1 452	1 283	1 365	1 699	1 603	2 059	1 850
11.5	1 451	1 597	1 412	1 502	1 869	1 764	2 265	2 035
14.5	1 627	1 791	1 583	1 684	2 095	1 977	2 540	2 282
15	5 955	7 417	5 920	7 608	9 827	10 905	13 320	14 215
20	8 337	10 383	8 287	10 651	13 757	15 267	18 648	19 901
>20	9 528	11 867	9 471	12 173	15 722	17 448	21 312	22 744
载重(t)	9月		10月		11月		12月	
	上行	下行	上行	下行	上行	下行	上行	下行
1.7	20 009	21 535	19 807	17 035	19 780	211 63	19 908	20 053
2	1 987	3 663	1 843	2 176	2 052	2 833	1 915	3 495
2.5	1 419	2 616	1 317	1 554	1 399	2 024	1 368	2 496

续上表

载重(t)	9月		10月		11月		12月	
	上行	下行	上行	下行	上行	下行	上行	下行
4	2 270	4 186	2 106	2 487	2 189	3 238	2 188	3 994
5	1 619	3 594	1 412	1 562	1 515	2 332	1 515	2 377
8	3 777	8 385	3 296	3 644	3 446	5 442	3 536	5 546
10	1 778	1 793	1 377	1 428	1 897	1 822	1 577	1 698
11.5	1 956	1 973	1 514	1 571	2 046	2 004	1 735	1 868
14.5	2 193	2 212	1 698	1 761	2 466	2 247	1 945	2 095
15	14 147	13 133	16 129	12 043	15 089	13 674	15 138	12 019
20	19 806	18 386	22 581	16 860	20 004	19 143	21 194	16 826
>20	22 636	21 012	25 807	19 268	22 068	21 878	24 221	19 230

注：上行指邯郸～长治方向；下行指长治～邯郸方向。

邯长公路试验路段上下行各为3km，位于其重要路段上，其行车车速均≥80km/h。根据相关研究资料表明，在该行驶速度下轮载作用沥青路面时间，简化为0.015s，于是，每一点的累计加载时间，就取决于车道轮载的横向分布。

在车道内的横向分布，一般取为0.25～0.56，根据相关研究资料，结合河北试验路情况，取之为0.43。由此，便可以得到轮载对路面的累加作用时间为：

$$t_t = 0.43 \times 0.015 \times N(s) \tag{5-41}$$

式中：N——累计当量轴次。

根据邯长公路一年来的交通量统计，根据式(5-40)式即可计算出试验路上下行的轮载当量作用次数，再运用式(5-41)便可以得到的轮载对路面的累加作用时间，见表5-4。

轮载对路面的累加作用时间　　表5-4

计算项目	车道	
	上行(万次)(邯郸～长治方向)	下行(万次)(长治～邯郸方向)
累计当量轴次	42	95
累加作用时间(s)	2 700	6 100

三、试验路段路面计算温度

沥青路面车辙病害产生于高温季节。研究表明，在温度低于20℃时，沥青混合料的永久变形可以忽略，即几乎不产生车辙。因此，在车辙计算中，只考虑路面温度高于20℃的月份。

沥青混合料的变形，同温度之间不存在明确的线性关系，因而不能用不同温度算术平均值作为车辙计算温度。为了确保测定结果具有代表性，在邯长公路试验路段，在不同深度处埋设了JMT-36X电阻类温度传感器，以测定沥青路面不同深度的温度，并用气温计测定每日气温。为此，车辙计算的温度问题，最终都将归结为确定一个代表性温度，或取温度平均值，或取温度有效值，两种方法各有优缺点。出于计算方便以及精度考虑，对代表温度采用以下计算分析方法。

1. 沥青碎石基层代表温度的确定

根据当地实地温度的调查、收集的资料，统计出各月的平均气温与沥青路面材料在不同温度下车辙试验得到的动稳定度的倒数值进行加权平均，由此得出以动稳定度的倒数值为权数的年代表气温与年代表路面温度。

对于较薄的半刚性基层沥青路面，可用单一的代表沥青层的温度场，但是，对于沥青碎石基层沥青路面，由于沥青层的厚度较大，一般达到25cm以上。在如此厚的沥青层内，由于温度梯度的存在，沥青层本身温度相差较大，单一的代表温度不能准确表示温度场。因此，对于沥青碎石基层，需要确定沥青碎石基层上表面和下表面的温度，从而可以得出沥青碎石基层的代表温度的范围。从而在合理的温度下进行相应的性能试验，如模量以及蠕变等，才有实际的价值。结合邯长公路实际情况，对沥青碎石基层试验路实际温度场观测，获得在不同气温下，路面结构不同深度的温度。

图5-13为气温分别为26℃和34℃时，路面结构不同深度的温度状况。由实测数据可见，在路面以下10cm范围内，温度随深度的降低速度较大，当达到路面下10cm深度后，降温速度明显减小。

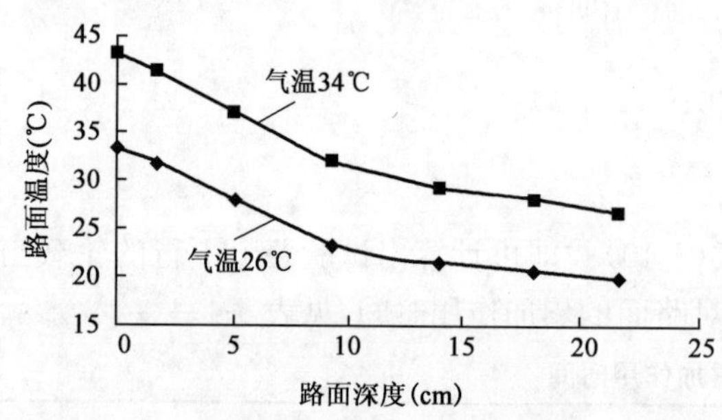

图5-13 沥青碎石定基层试验路在不同深度时温度分布

从图5-13中还可以发现，常温时对于位于沥青路面下10cm左右处，路面温度已经接近并略低于气温。当气温较高时，10cm下的路面温度接近并略高于气温，因此可以认为：在较高温度下，沥青碎石基层的平均温度可以近似用气温表示，而面层温度在高温季节，顶面温度平均比气温高10℃以上。虽然该结论是依据邯长公路统计得出的，但是，根据Superpave代表温度的经验，可以看出这样做是合理的。

根据以上理由，可以将沥青碎石基层简单的划分为两层：

· 路面下沥青层10cm，取高于气温值10℃作为该厚度路面代表温度；

· 路面10cm下沥青结构层，则取气温值，作为进行沥青路面车辙预估时的控制温度。

2. 试验路段的气温

根据以上方法，在2004年11月～2005年10月期间，每天11:30及17:30两个时间段，通过对气温观测气温进行一年多观测，计算出了该试验路一年中各月的平均气温(表5-5)。同时，在气温40℃、50℃、60℃时，还对试验路的结构层上、中、下面层沥青混合料进行车辙试验，得到相应沥青混合料的动稳定度(表5-6)，并由此回归得到AC-13C面层动稳定度与温度的关系式曲线(图5-14)。

邯长公路试验路段当地一年气温汇总　　表 5-5

各月份气温	最高气温(℃)	最低气温(℃)	平均气温(℃)	各月份气温	最高气温(℃)	最低气温(℃)	平均气温(℃)
1月	10.5	−9.2	5.4	7月	39.8	30.7	37.2
2月	13.5	−4.2	8.2	8月	36.8	25.3	32.7
3月	21.4	5.3	14.6	9月	38.6	26.1	31.9
4月	33.4	15.4	25.8	10月	30.2	19.5	23.4
5月	34.2	25.7	30.4	11月	24.2	6.8	15.3
6月	41.5	32.2	33.4	12月	15.2	−7.6	7.7

不同面层结构、不同温度下车辙试验路段动稳定度　　表 5-6

混合料类型	AC-13C	AC-20C	AC-25C
	动稳定度 DS(次/mm)		
60℃	2 397	2 595	1 518
50℃	4 310	6 731	3 762
40℃	8 830	5 171	4 992

据此,对所得试验路段各月的平均气温,与经过插值后该温度下的动稳定度的倒数进行加权平均,于是求得与车辙相关的全年代表温度(表 5-7)。

$$T_d = \frac{\sum_{i=1}^{K} \overline{T}_i \frac{1}{(DS)_i}}{\sum_{i=1}^{K} \frac{1}{(DS)_i}} \tag{5-42}$$

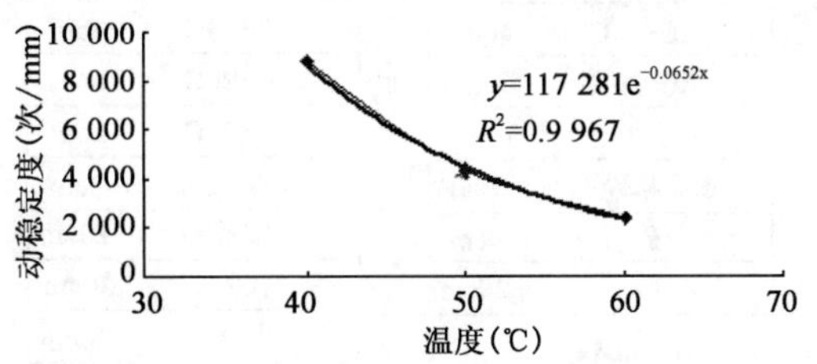

图 5-14　AC-13C 车辙试验动稳定度回归曲线图

式中:T_d——全年代表温度(℃);

$\overline{T}_i$——各月平均温度(℃);

$(DS)_i$——各月路面平均温度下上面层动稳定度值(次/mm)。

邯长公路试验路段各月路面代表温度　　表 5-7

平均气温(℃)	3月	4月	5月	6月	7月	8月	9月	10月	11月
	14.6	25.8	30.4	33.4	37.2	32.7	31.9	23.4	15.3
路面温度(℃)		35.8	40.4	43.4	47.2	42.7	41.9	33.4	25.3
动稳定度(次/mm)	23 590	11 366	8 421	6 925	5 406	7 249	7 637	13 291	22 538
年代表气温(℃)	30.3								
年路面代表温度(℃)	40.3								

3.路面温度的划分

一旦,求得该地区全年路面代表温度后,即可以通过前述方法,对不同基层沥青路面进行简单区分:

1)半刚性基层沥青路面结构

半刚性基层沥青路面结构,其面层代表温度即为全年路面代表温度。

2)柔性基层沥青路面

柔性基层沥青路面，由于沥青层相对较厚，将整个沥青层温度分为两层：

(1)路表下 10cm 温度，同年路面代表温度；

(2)路表 10cm 以下整个沥青层则统一与年代表气温一致。

根据代表温度，即可通过插值得到在该代表温度下通过前述蠕变试验得到的沥青混合料的 Burgers 模型参数，由此将温度问题转换为模型参数中各代表温度下的模量来进行计算。

四、沥青混合料路面各结构层加载修正系数

实际的沥青路面结构，承受的是反复的动态车辆荷载。在 ANSYS 软件中，可以对其模拟进行车辙计算。

利用 ANSYS 软件进行动力黏弹性有限元计算时，对瞬态动力学完全法的计算，需要选取适当的步长与精度。步长选取的太长，会影响计算结果的精度，反之，选取的太短又加大计算时间，降低工作效率。

车辙产生、形成与发展，与轮载作用次数密切相关。采用 ANSYS 进行计算时，如果模拟轮载全年上百万次的反复作用，对沥青路面的实体模型进行加载与卸载，仅计算一年沥青路面产生的车辙深度，也将耗费相当长的时间，且对计算机的硬件要求相当高，不利于该算法的实施。为此，将轮载的重复作用次数 N 用轮载的累加作用时间 t_t 来代替，以简化计算，但是，出现误差难以避免。为了尽可能的减小这种误差，必须考虑加载方式对计算结果的影响，即需要对计算结果进行修正。

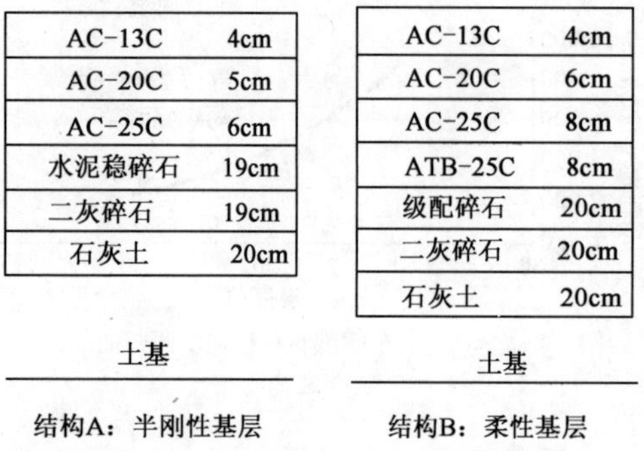

AC-13C	4cm
AC-20C	5cm
AC-25C	6cm
水泥稳碎石	19cm
二灰碎石	19cm
石灰土	20cm

土基

结构A：半刚性基层

AC-13C	4cm
AC-20C	6cm
AC-25C	8cm
ATB-25C	8cm
级配碎石	20cm
二灰碎石	20cm
石灰土	20cm

土基

结构B：柔性基层

图 5-15　选取的邯长公路试验路段路面结构

在邯长公路试验路段上，选取两种代表路面结构，即结构 A：半刚性基层沥青路面；结构 B：柔性基层沥青路面(图 5-15)，分别对上、中、下面层三种典型沥青混合料，且考虑不同沥青用量，进行不同轴载作用次数(10 000 次与200 000次)以及相对应轮载累加作用时间的车辙计算。当面层某一结构层混合料的油石比发生变化时，其他结构层均按最佳油石比的情况对材料模型参数进行取值。通过 ANSYS 计算对沥青路面的实体模型进行重复加载、卸载以及采用累加时间对沥青路面进行加载，然后，再对其进行累加时间的卸载，重复加载卸载所得到的车辙变形值用 RD 表示，累加作用时间加载卸载所得的车辙变形值用 RD' 表示，两种计算方法所得车辙变形值表 5-8。

各种情况沥青混合料路面的车辙计算值　　表 5-8

沥青层类型		结构 B 车辙(mm)				结构 A 车辙(mm)			
		1 万次		20 万次		1 万次		20 万次	
级配	油石比(%)	RD'	RD	RD'	RD	RD'	RD	RD'	RD
AC-13C	3.3	1.088	1.314	3.092	3.590	0.643	0.913	2.700	3.610
	3.6	0.846	1.121	2.437	3.061	0.517	0.779	2.302	3.367
	3.9	1.024	1.320	3.211	3.605	0.621	0.917	2.618	3.679
	4.1	1.018	1.330	3.019	3.635	0.620	0.924	2.865	4.008

续上表

沥青层类型		结构 B 车辙(mm)				结构 A 车辙(mm)			
		1 万次		20 万次		1 万次		20 万次	
级配	油石比(%)	RD'	RD	RD'	RD	RD'	RD	RD'	RD
AC-20C	3.4	1.026	1.289	3.072	3.521	0.636	0.895	3.020	3.938
	3.6	1.184	1.313	3.345	3.586	0.670	0.912	2.913	3.606
	3.9	1.072	1.195	3.160	3.264	0.636	0.830	2.605	3.282
	4.1	1.052	1.252	3.036	3.422	0.611	0.870	2.517	3.441
AC-25C	3.0	1.499	1.516	4.129	4.141	0.803	1.053	2.862	3.611
	3.3	1.193	1.257	3.315	3.435	0.668	0.873	2.888	3.454
	3.6	1.148	1.297	3.205	3.544	0.670	0.901	2.879	3.564
	3.9	1.244	1.403	3.491	3.833	0.693	0.975	3.157	3.927

根据表 5-8，通过对 RD/RD' 计算，得到每种混合料不同油石比下的系数 C' 即加载修正系数，见表 5-9。由此可以归纳总结出不同情况下沥青混合料路面各结构层的加载修正系数 C'。

各种沥青混合料路面加载修正系数 C'　　表 5-9

沥青混合料		加载修正系数 C'			
		柔性基层沥青碎石		半刚性基层沥青碎石	
级配	油石比(%)	1 万次	20 万次	1 万次	20 万次
AC-13C	3.3	1.208	1.161	1.419	1.337
	3.6	1.325	1.256	1.507	1.463
	3.9	1.289	1.123	1.476	1.405
	4.1	1.307	1.204	1.492	1.399
AC-20C	3.4	1.256	1.146	1.407	1.304
	3.6	1.109	1.072	1.361	1.238
	3.9	1.114	1.033	1.305	1.26
	4.1	1.191	1.127	1.424	1.367
AC-25C	3.0	1.012	1.003	1.312	1.262
	3.3	1.054	1.036	1.308	1.196
	3.6	1.131	1.106	1.346	1.238
	3.9	1.128	1.098	1.407	1.244

分析加载修正系数，可以得到柔性基层和半刚性基层 C' 的取值范围(表 5-10)。

不同沥青混合料加载修正系数　　表 5-10

沥青混合料	加载修正系数 C'	
	柔性基层沥青路面	半刚性基层沥青路面
AC-13C	1.123～1.325	1.337～1.507
AC-20C	1.033～1.256	1.260～1.424
AC-25C	1.003～1.313	1.196～1.407

通过表 5-10 归纳总结出的沥青面层各结构层加载修正系数后，便可以根据各结构层的厚度 h_i 对加载修正系数进行加权平均，最终得到整个沥青路面总的加载修正系数：

$$C = \frac{\sum_{i=1}^{n} C' h_i}{\sum_{i=1}^{n} h_i} \tag{5-43}$$

式中：C——整个沥青路面的加载修正系数；

C'——沥青面层各结构层不同混合料的加载修正系数；

h_i——沥青路面各沥青结构层厚度 cm。

通过邯长公路试验路两种典型结构的加载修正系数计算，对于常规典型半刚性基层沥青路面结构 A，加载修正系数 C' 为大致可取 1.335，柔性基层沥青路面结构 B，加载修正系数 C' 大致可取 1.119。

五、沥青路面车辙预估公式

1. 沥青路面车辙预估计算公式

通过上述车辙计算参数选取分析，本试验路段研究报告提出沥青路面车辙预估模型的公式：

$$RD = C \cdot RD' \tag{5-44}$$

式中：RD——最终车辙预估值(mm)；

C——加载修正系数；

RD'——采用累加加载时间计算所得车辙值(mm)。

2. 车辙预估计算流程

根据以上计算过程，归纳出车辙计算流程框图 5-16。

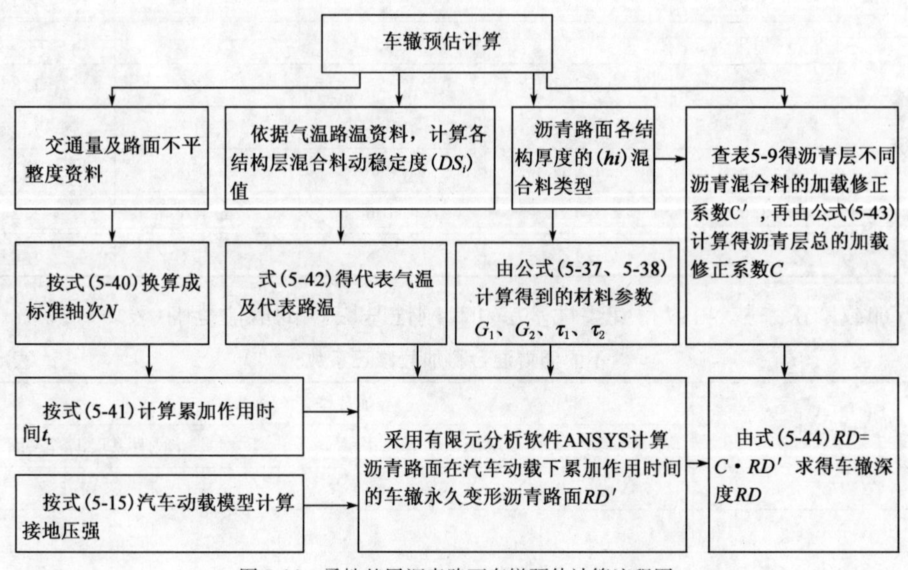

图 5-16　柔性基层沥青路面车辙预估计算流程图

第四节 沥青路面车辙预估实例及影响因素分析

采用动力学弹黏塑性有限元方法，结合本试验路段，选取两种不同基层类型典型路面结构，现对沥青路面进行预估计算，然后通过实测值进行验证。

一、沥青路面车辙预估计算实例

1. 建立有限元计算模型

利用ANSYS有限元计算程序，建立路基路面三维计算模型。考虑到结构及荷载作用的整体性，建立沥青路面结构实体模型进行分析，模型尺寸为6m×6m×5.86m，其中土基经试算取值为5m。

模型建立后，计算单元沥青层，采用SOLID186；基层及土基，采用SOLID45。该种类有限单元能够较好地模拟沥青混凝土和土体的力学性能。面层及柔性基层视为黏-弹性材料，采用Burgers模型作为材料本构模型。在使用ANSYS计算时，模型参数采用Prony级数形式输入，半刚性基层和垫层视为完全弹性体系。材料本构模型采用广义虎克定律，路基填料本构模型采用Drucker-Prager准则，其优点是一方面克服了库仑准则在角点处导数不连续的问题，另一方面也容易与库仑准则结合起来确定计算参数，即假定填料为理想弹—塑性材料，不产生硬化。本章选用路面结构的各层参数如表5-11、表5-12所示。

试验路半刚性沥青路面结构A各层参数 表5-11

结构A	厚度(cm)	弹性模量(MPa)	泊松比	内摩擦角(°)	黏聚力(kPa)	密度(kg/m^3)
AC-13C	4	1 400	0.25	—	—	2 600
AC-20C	5	1 200	0.25	—	—	2 500
AC-25C	6	1 000	0.25	—	—	2 500
水稳碎石	19	1 500	0.25	—	—	2 400
二灰碎石	19	1 400	0.25	—	—	2 000
石灰土	20	550	0.35	22	55	1 930
土基		48	0.4	16	30	1 900

试验路柔性基层沥青路面结构B各层参数 表5-12

结构B	厚度(cm)	弹性模量(MPa)	泊松比	内摩擦角(°)	黏聚力(kPa)	密度(kg/m^3)
AC-13C	4	1 400	0.25	—	—	2 600
AC-20C	6	1 200	0.25	—	—	2 500
AC-25C	8	1 000	0.25	—	—	2 500

续上表

结构 B	厚度(cm)	弹性模量(MPa)	泊松比	内摩擦角(°)	黏聚力(kPa)	密度(kg/m³)
ATB-25	8	1 200	0.25	—	—	2 500
级配碎石	20	350	0.25	42	0	1 950
二灰碎石	20	1 400	0.25	—	—	2 000
石灰土	20	550	0.35	22	55	1 930
土基		48	0.4	16	30	1 900

根据工程计算精度要求和有效利用计算资源，划分网格时在荷载处沿路基路面的 X、Y、Z 方向，通常由密到疏原则进行自由网格划分，其中在施加荷载处再进行局部单元的细化，并且将各层应用 merge 方法连接到一起，以满足各层连续接触的条件。划分单元总数为 7 419 个，路面有限元模型见图 5-17、图 5-18。

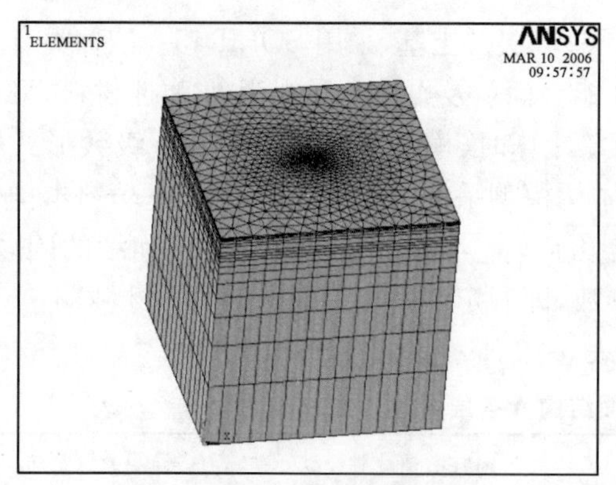

图 5-17　ANSYS 中沥青路面实体加载模型

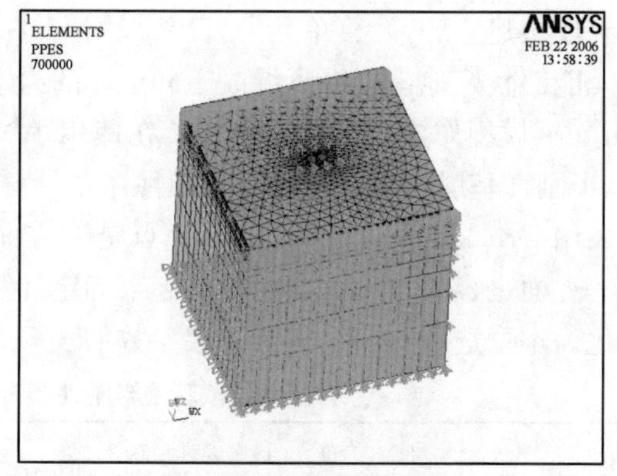

图 5-18　计算模型(约束及荷载布置)单元划分

鉴于边界条件对计算结果有较大影响，正确的选定边界条件是非常重要的。当车辆行驶在路面行车道中央时，路面两侧以及两端基本上没有响应，因此，对模型两侧相应水平方向的位移进行约束，对模型底部采用固定约束。

在有限元求解时，对实体模型上模拟车轮接触面积(0.036m^2)进行双圆动态函数加载。鉴于作用于路面上的汽车荷载为函数形式为半正弦波，因此必须对 ANSYS 进行二次开发，利用 APDL 的函数编辑器，对其进行汽车动载模型加载函数的编辑。又因路面上的车辆荷载作用具有瞬时性，故采用 ANSYS 程序求解器中提供的瞬态分析模块，并用 full 法，首先对模型进行模态分析，确定模型的固有频率，以确定有限元模型的阻尼矩阵；在求解动力方程时，采用 Newmark-β 时间积分法，需要保证求解过程稳定。由于路基土在荷载的反复作用下会产生一定的塑性变形，使的刚度矩阵产生随位移矢量的变化，具有了非线性。所以，在使用 Newmark-β 时间积分法求解时，每次求解前，程序选择 Newton-Raphson 方法，首先估计荷载的残差是否满足收敛条件，如果不满足收敛条件，应重新估计荷载的残差量，修改刚度矩阵，获得新解。持续这种迭代过程直到问题收敛，最后解出所有节点的位移，进行叠加后便可以得到沥青路面在重复荷载作用下的累积变形值。求解前的计算模型如图 5-18 所示。

2.有限元计算结果

采用上述模型，计算出半刚性基层路面结构A及柔性基层沥青路面结构B上行方向(邯郸—长治)车辙深度，然后用实测数据进行验证。

按照前述车辙计算理论与方法，根据已知交通量、累加作用时间、路面代表温度等计算条件，采用上述计算模型及材料试验模型参数，利用ANSYS计算得到K9＋226～K10＋226与K13＋226～K14＋226)上行方向两种典型沥青路面的车辙，见图5-19、图5-20。

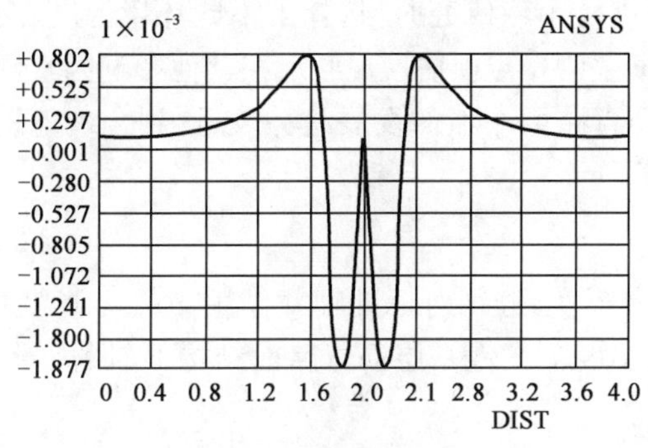

图5-19　结构A(半刚性基层沥青路面)车辙(RD')计算结果

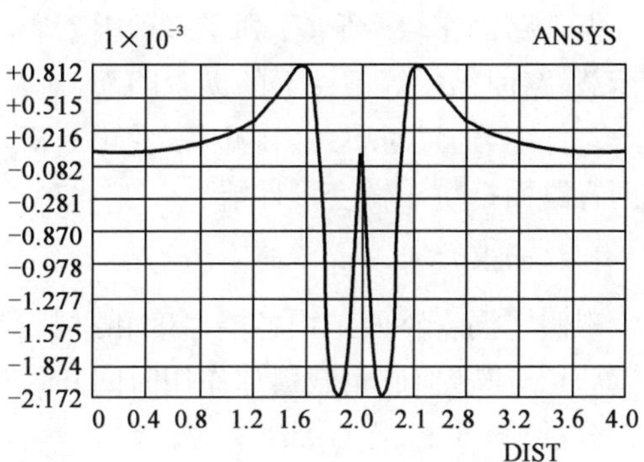

图5-20　结构B(柔性基层沥青路面)车辙(RD')计算结果

根据计算的车辙深度，并按下式进行修正后，得出最终车辙深度如图5-21、图5-22；根据同一路段实际检测车辙深度见图5-23、图5-24。

$$RD = C \cdot RD'$$

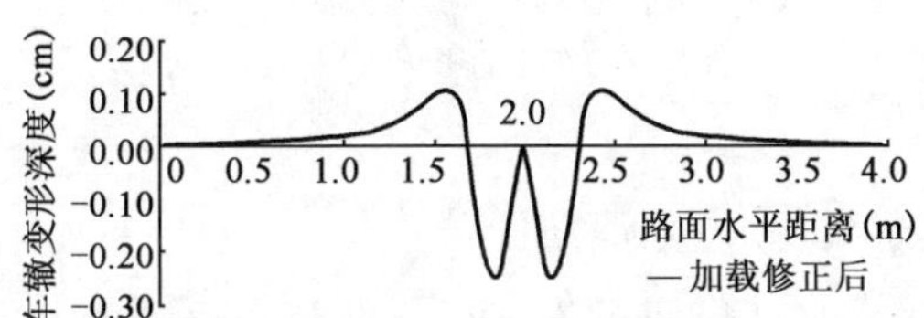

图5-21　结构A(半刚性基层沥青路面)加载修正后的车辙变形值(RD)

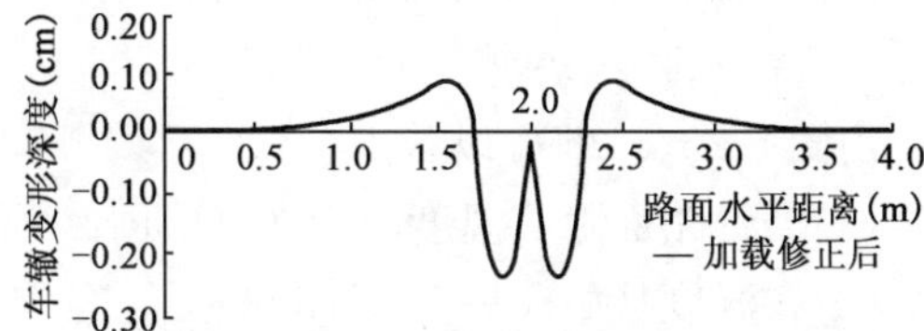

图5-22　结构B(柔性基层沥青路面)加载修正后的车辙变形值(RD)

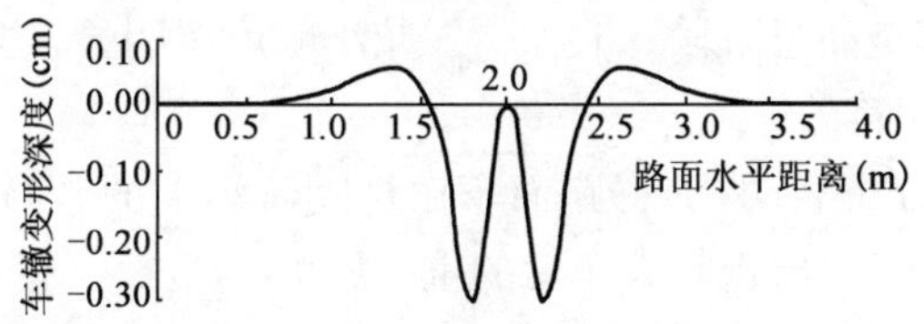

图5-23　结构A(半刚性基层沥青路面)实测车辙变形值

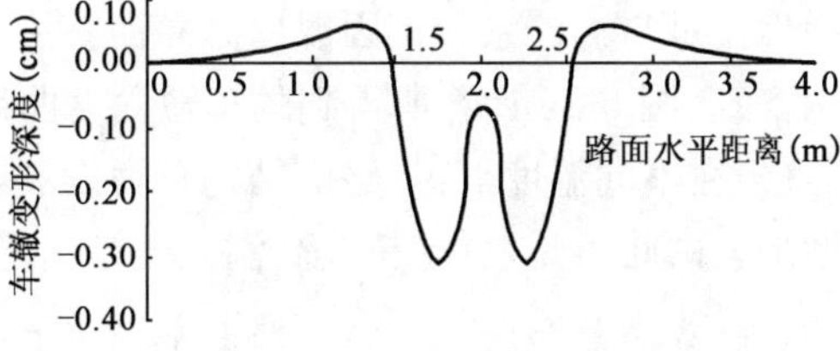

图5-24　结构B(柔性基层沥青路面)实测车辙变形值

从图5-21～图5-24计算车辙辙深度与实测的车辙深度值相比较可知，预估变形值略小于实测的变形，其相对误差为8%～9.5%。对于车辙预估这一极为复杂的课题，这种误差是可以接受的。车辙变形的形状也不完全相同，误差的来源是多方面的，有理论本身的问题(如假设的合理性)，也有相关参数的选取与确定精度的问题(如材料性能参数、交通量、温度等)。

总之，基于动载的车辙计算与预估方法，并对河北邯长公路半刚性基层及柔性基层沥青路面的车辙进行计算与实测验证，计算结果与实测值基本吻合，说明了该预估方法是有效的。

二、沥青路面车辙影响因素分析

沥青路面车辙变形，受到了多种因素影响。在进行车辙研究时，选择了不同环境温度、交通荷载、路面结构等条件下的沥青路面，对其进行车辙计算与预估。现假定在其他影响因素都一致条件下，通过对单一影响因素变化分析，探讨沥青路面车辙的发展趋势，以达到合理地提高沥青路面抵抗车辙变形性能。

1. 路面温度对沥青路面车辙影响

现假定沥青路面结构各层厚度和材料参数固定不变，分别对标准轴载作用 10^4 及 10^6 次(计算时车速转换成轮载累加作用时间)时，对不同温度下柔性基层沥青路面结构 B 计算结果进行分析(图 5-25、图 5-26)。

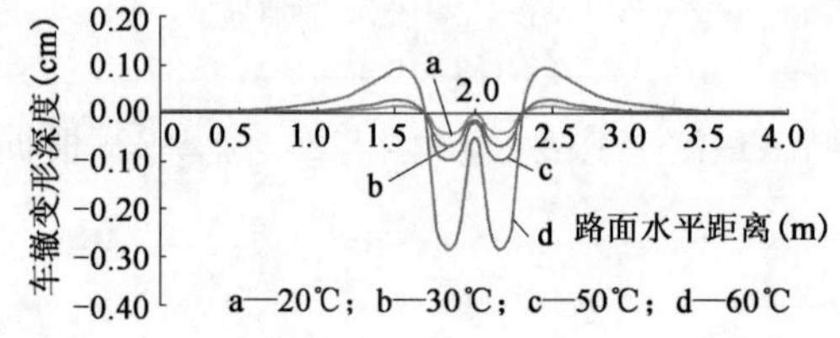

图 5-25 轴载作用 10^4 次时，不同温度对柔性基层沥青路面车辙的影响

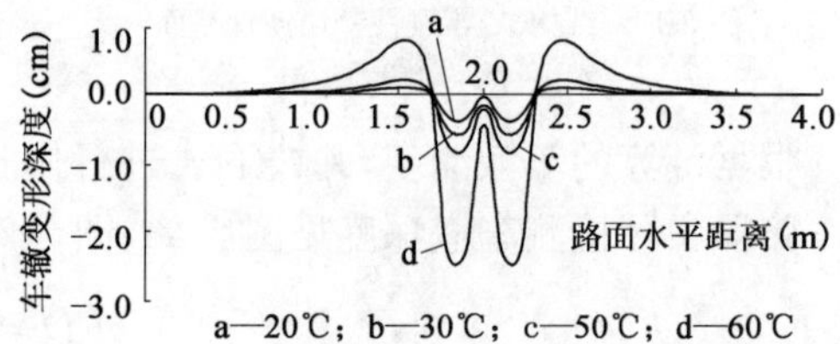

图 5-26 轴载作用 10^6 次时，不同温度对柔性基层沥青路面车辙的影响

由图 5-25、5-26 可以看出：

(1)沥青路面随着温度由 20℃增加到 60℃，其永久变形逐渐增加。

(2)在温度从 20℃～50℃、50℃～60℃变化中，从沥青路面永久变形量变化过程中发现：当温度较高时，>50℃时，沥青路面永久变形量急剧增加，与 20℃～50℃相比，50℃～60℃车辙发展更加明显而迅速。

(3)分析沥青混合料不同温度下蠕变试验数据可知，当温度逐渐升高时，沥青混合料材料的弹性模量与黏滞系数都因温度升高而减小，尤其是高温阶段、如>50℃，减小幅度更明显，这与图 5-25、图 5-26 计算所得到的车辙深度曲线是相符的。

(4)在不同温度下，从路面结构车辙发展对比分析表明，沥青路面车辙量随着温度的升高而增加。由此可见，夏季持续高温天气是引起沥青路面出现较大车辙的重要原因。

2. 轴载次数和胎压对沥青路面车辙影响

假定柔性基层沥青路面各层结构组成及材料参数不变，利用动力弹-黏性有限元方法计算不同的轴载作用次数、不同车速和不同加载时间条件下沥青路面的车辙深度。本例采用了车辆静载时轮压为 0.7MPa 以及 0.9MPa 的汽车动载模型，对沥青路面实体模型进行加载，计算结果分别如图 5-27、图 5-28。

1)从图 5-27 看出：

(1)随着轴载作用次数增加，沥青路面车辙深度逐渐增大。在轴载作用次数较小（$<10^4$次）时，车辙深度增长缓慢；当超过 10^6 次后，则急速增长。

(2)比较 0.7MPa 和 0.9MPa 两种胎压，在汽车动载作用下沥青路面车辙深度，随轴载作用次数增加的发展趋势可以看出：

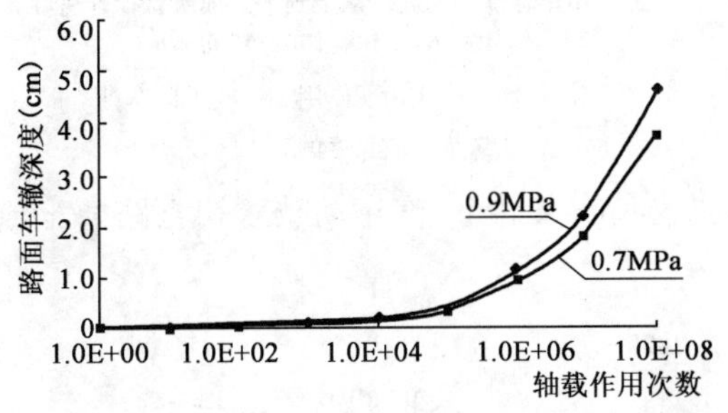

图 5-27　轴载作用次数对沥青路面车辙深度的影响

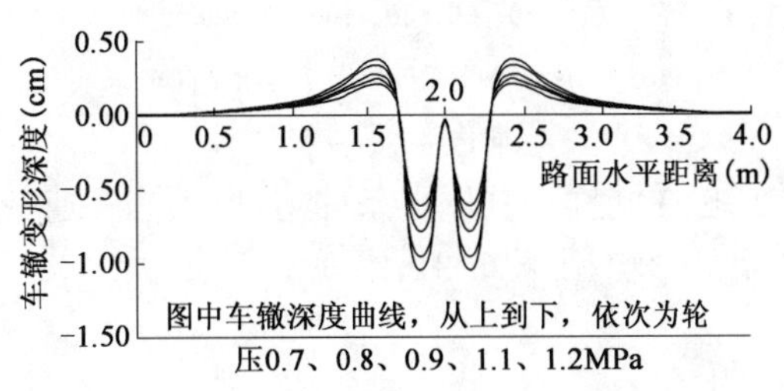

图 5-28　不同胎压动载作用 10^6 次，柔性基层沥青路面的车辙值

在 0.9MPa 胎压动载作用下，随着轴载作用次数增加，沥青路面的车辙增量要大于 0.7MPa的胎压动载作用下的车辙增量。表明在重荷载作用下当轴载作用次数达到较大数量时，$>10^6$ 次，沥青路面的车辙深度将急剧增加，从而造成路面的严重车辙病害，甚至造成路面结构破损。这种现象与实际沥青路面车辙的发展情况是一致的。

2)从图 5-28 看出：

图 5-28 为轴载作用 10^6 次情况下，不同轮胎压力动荷载作用下柔性基层沥青路面车辙计算结果。

(1)随着胎压由 0.7MPa 增加到 1.2MPa，沥青路面的永久变形逐渐增加。而且，比较图中胎压 0.7～0.9Mpa、0.9～1.1MPa 的永久变形量变化过程可以发现：当胎压较大时，>0.9MPa，沥青路面的永久变形量明显增加，尤其是路面上方的隆起车辙增加更加明显，这种隆起车辙是由于横向剪切过大所引起的。

(2)对沥青路面来说，超重交通荷载不仅有较大的竖向压力，而且还有很大的横向剪力，其对车辙量增加有较大的影响，随着超重交通荷载车辆增加，车辙量不断增加。

(3)有研究资料表明，若车辆组成中胎压 1.0MPa 超重车占 10%时，路面第 1 年车辙发展量已超过标准车 15 年累计车辙总量；而胎压增加到 1.2MPa 时，其第 1 年产生的车辙已达标准车累计车辙总量的 2.31 倍。不同胎压下沥青路面永久变形的对比分析表明，沥青路面车辙量随着胎压的增加而增加，可见超重载车辆是引起路面早期损坏的重要原因。

3.汽车速度与轮载作用时间对路面车辙的影响

针对上述柔性基层沥青路面结构，在胎压为 0.7MPa 及 0.9MPa 的汽车动载作用下，对不同车速及不同轮载作用时间情况下的沥青路面永久变形进行了计算，结果如图 5-29、图 5-30所示。

在轮胎压强为 0.7MPa 与 0.9MPa 条件下，汽车动载以 10^6 次，在不同车速下，作用在柔性基层沥青路面上，其沥青路面车辙深度值，见图 5-29、图 5-30。

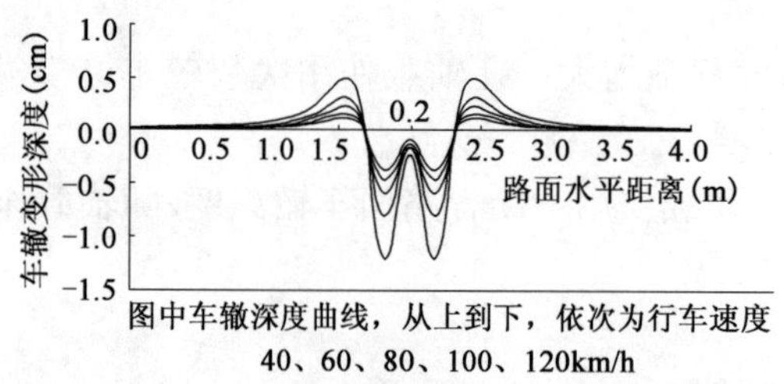

图 5-29 胎压 0.7MPa 作用 10^6 次不同车速对路面车辙深度的影响

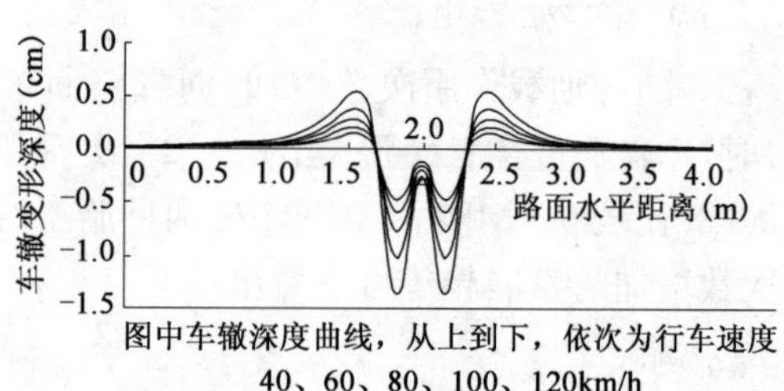

图 5-30 胎压 0.9MPa 作用 10^6 次不同车速对路面车辙深度的影响

也在同样动载压强条件下，以不同车速、不同加载时间条件下，汽车动载对沥青路面车辙产生的影响，如图 5-31、图 5-32 所示。

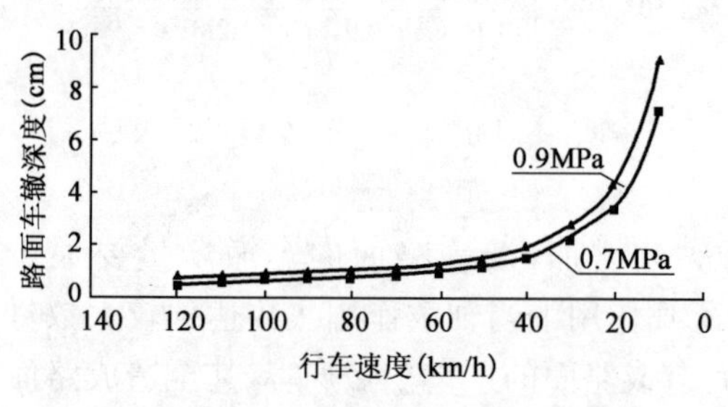

图 5-31 不同胎动荷载下行车速度对路面车辙的影响

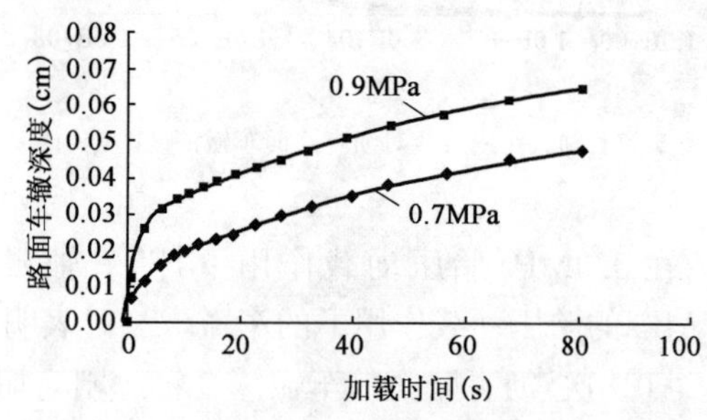

图 5-32 不同胎动荷载下加载时间对路面车辙的影响

从该图中车辙发展趋势可见：沥青路面车辙深度，随着轴载作用加载时间的增长、即速度降低而增加。根据曲线的斜率可以看出：在加载过程的前期，沥青路面的车辙深度以较快的速度增加，随着加载过程的持续，即行车速度逐渐减慢与加载时间的延长，路面车辙深度的增加速度逐渐变慢，车辙深度逐渐趋于固定值，曲线也呈现出一种趋于稳定的势态。

图 5-32 中所表现出的沥青路面车辙深度的发展趋势，与沥青混合料的弹黏塑性受力变形特性一致。

通过上图 5-29～图 5-32，在轮胎压强 0.7MPa 和 0.9MPa 作用下，通过车辙深度随加载时间变化趋势的比较，可以看出：在 0.9MPa 胎压的作用下，低速、即长时间加载下，沥青路面车辙深度的增长速度，明显大于 0.7MPa 胎压作用下的值；如在相同车速下 0.9MPa 胎压的车辙是 0.7MPa 胎压的 1.5～1.8 倍左右；而在 30～40km/h 低速行驶下，沥青路面车辙是 80km/h 车速下的 2～3 倍。表明重载车辆及慢速情况下行驶条件下，易造成沥青路面严重车辙。

4. 不同路面基层结构对沥青路面车辙的影响

不同基层结构，即半刚性基层和柔性基层，对沥青路面的车辙深度有一定影响，针对邯长公路所示的路面结构 A 与 B，利用 ANSYS 程序，对其车辙进行动力弹-黏塑性有限元计算与预估，展现在图 5-33、图 5-34 上。然后再进行对比分析。

从图 5-33 中看出：两种路面结构车辙深度绝对值相差不大；半刚性基层沥青路面侧向隆起高度、即外侧壅包大于柔性基层沥青路面，而柔性基层沥青路面的外侧壅包比较缓和；中间痈包高度也比半刚性沥青路面平缓。

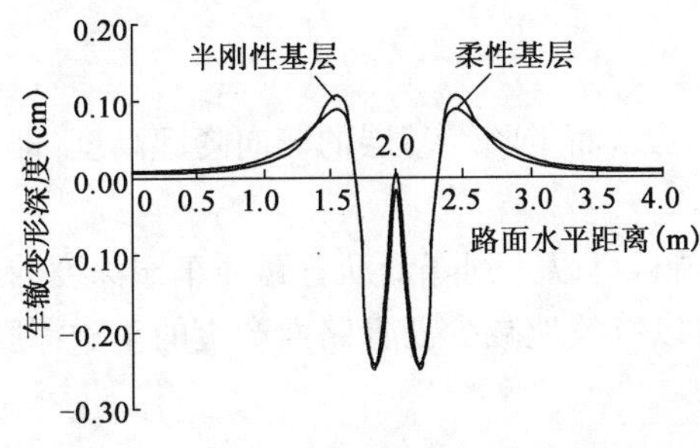

图 5-33　两种典型路面结构车辙变形比较

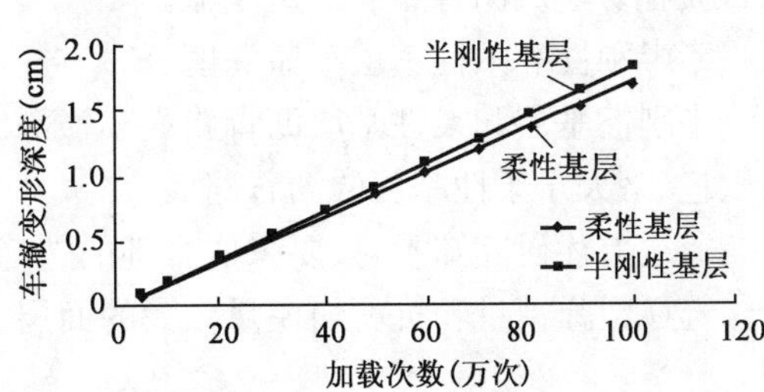

图 5-34　随着加载次数增大两种路面结构车辙发展过程

对于柔性基层沥青路面，在肯定其抗裂性及抗水损坏性能、全面提高路用性能的同时，人们普遍关注其抗变形性能，担心过大的车辙。但是，通过计算可以看出：两种结构的车辙发展规律相当，而柔性基层沥青路面抵抗车辙变形的能力略强于半刚性基层。该计算结果不仅在邯长公路柔性基层试验路上得到了证实，而且与其他大型环道实验的实测车辙结果也相吻合。

因此，对柔性基层沥青路面抗车辙能力担心是不必要的，只要选择合理的柔性基层沥青路面结构，并保证柔性基层材料的组成与路用性能，柔性基层沥青路面具有良好的抗车辙能力。

5. 车辙随外界条件变化特征

根据上述理论建立的沥青路面车辙预估模型，采用动力有限元的方法，对不同环境温度、交通荷载、路面结构等条件下沥青路面车辙深度计算与预估，分析了不同因素对沥青路面车辙影响，获得以下结论。

1）车辙随温度变化特征

随着温度由 20℃增加到 60℃，沥青路面的永久变形逐渐增加。而且比较温度为 20℃～50℃、50℃～60℃的永久变形量变化过程，可以发现当温度较高时（>50℃）沥青路面的永久变形量急剧增加，相比 20℃～50℃的车辙发展趋势，50℃～60℃车辙发展更加明显而迅速。

2）车辙随轴载作用次数变化特征

随着轴载作用次数的增加，沥青路面的车辙深度逐渐增大。在轴载作用次数较小时（$<10^4$），路面车辙深度增长缓慢，当轴载作用次数达到 10^6 后车辙深度急速增长。当胎压较大时（>0.9MPa），沥青路面的永久变形量明显增加，尤其是路面上方的隆起车辙增加更加明显，这种隆起车辙是由于横向剪切过大所引起的。说明超重交通荷载（高压轮胎）对沥青路面不仅有较大的竖向压力而且有很大的横向剪力作用，对沥青路面车辙量的增加有较大的影响，随着超重交通荷载车辆增加，沥青路面的车辙量不断增加。

3）车辙随随加载时间变化特征

沥青路面随着轴载作用加载时间的增长（及车速减少），车辙深度而增加。在加载过程的前期，沥青路面的车辙深度以较快的速度增加，随着加载时间的延长，路面车辙深度的增加速度逐渐变慢，车辙深度逐渐趋于稳定。

4）车辙随轮胎压力变化特征

在相同车速下，0.9MPa 胎压的车辙是 0.7MPa 胎压的 1.5～1.8 倍左右；而在 30～40km/h 低速行驶下，沥青路面车辙是 80km/h 车速下的 2～3 倍。表明重载车辆及慢速情况下行驶容易造成沥青路面严重车辙。

5)半刚性和柔性基层车辙深度

半刚性基层和柔性基层沥青路面车辙深度相差不大，而半刚性基层的侧向隆起高度(即外侧壅包)略大于柔性基层的沥青路面。

通过上述研究知悉，只要采取合理的选择面层材料，可以达到降低沥青路面车辙深度的目的。选择回弹模量和抗剪切模量较大的面层材料，可以有效地减少沥青路面产生的车辙深度。

第六章　复合式基层沥青路面工程实例

为了验证本章以前所述的理论，为此，在邯长公路上，选择合计 6.4km 长的工程试验路段，采用复合式基层沥青路面，对其车辙进行长期跟踪观测，以评价复合基层沥青路面使用效果。

第一节　工程试验路段基本情况

邯长公路东起涉县昭岗，西接山西黎城县，地处太行山东麓，属山岭重丘区。路线走向沿石河右岸与原 309 国道并行。从清漳河特大桥桥面平坡段高程算起至省界处，相对高差 251m，平均纵坡 2.27%，两省交界处最大纵坡为 5%。

整条公路长 13.1km，按山区路段进行设计，全封闭、全立交、四车道。邯长公路连接线长 2.672km，按二级公路标准设计建设。2003 年正式开工，2004 年 12 月竣工通车，实际工期 1 年 7 个月。

一、工程所在地自然概况

按公路自然区划，工程所在地为一级区划，属Ⅱ东南湿润季冻区、部分路段为Ⅲ类黄土高原干湿过渡区。

工程试验路段位于河北涉县、太行山区，与豫西北部及晋东南接壤。涉县一级自然区划，属于Ⅲ黄土高原干湿过渡区，二级自然区划属于$Ⅲ_1$类区划。

邯长公路所经地地势，由西向东南倾斜，多为低于 1 000m 的中低山脉，河谷纵横，属山岭重丘区。

1. 沿线气候

自然气候属北温带大陆性季风气候，年平均气温 12.4℃，一月平均气温－2.8℃，七月平均气温 25.5℃，早霜始于 10 月中旬，晚霜终于 4 月上旬，无霜期约 180 天。年降水量 570mm 左右，雨量多集中在 7、8 月份，冬春易旱。年日照 2 600h。

工程试验路段Ⅰ选于一期工程 K11＋829～K14＋925，长度为 3 096m；工程试验路段Ⅱ选于 K15＋075～K18＋384，长度 3 309m。

2. 试验路筑路材料

试验路所用矿质材料，采取就地取材原则，选用当地石灰岩破碎成碎石，砂料选用涉县的武安白沙。矿粉选用涉县出产的石灰岩矿粉。

沥青结合料：大港 AH-50 重交石油沥青，用于 K15＋075～K18＋384 段右幅沥青碎石基层。中海 AH-70 重交石油沥青，用于 K11＋829～K14＋925 段双幅及 K15＋075～K18＋384

段左幅沥青碎石基层。

二、工程试验路段方案

为了验证前述理论实际效果，在确定试验路方案时，尽可能考虑气候、交通、施工水平和要求的路用性能。

1. 选定工程试验路段考虑的因素

1)气候和自然条件

不同省区水文气候、地质和筑路材料，一般都有一定差异，甚至还有很大局部差异。因此，选择试验路方案时，必须考虑气候、自然条件及特点对路面结构的影响。

2)交通条件

交通量大小、交通的组成，极大地影响路面结构。随着道路修筑完成，一般来说交通量会迅速增长。因此，选择试验路方案时，应当考虑该路的交通快速发展这一特征。

3)路用性能

邯长公路，承担着重载交通。因此，在路面结构和材料组成上，应重点突出路面抗车辙及抗疲劳性能。

4)施工技术水平

在确定试验路路面结构时，充分考虑了现阶段公路施工企业施工技术水平，使试验路的方案不仅具有技术上的先进性，同时在施工工艺上切实可行。

2. 工程试验路段路面结构方案

为了使选定的工程试验路段具有代表性，符合当前需要，适应未来的发展，通过调查研究，在总结已有经验教训，学习兄弟省市区的成功经验，吸收国外的先进成果基础上，初步提出适用于河北省公路路面的柔性基层材料和结构形式。

在初步方案基础上，通过大量室内马歇尔试验、车辙试验、GTM 试验、混合料路用性能研究，结合理论研究与分析，并根据交通特性、气候条件，经过充分论证，提出四种不同类型复合基层沥青路面结构方案(图 6-1、图 6-2)。

左幅 I_a

重车方向(长治～邯郸)	
厚度(cm)	路面结构名称(I_a)
4	沥青混凝土(AC13C)
	SBS 改性沥青黏层
6	沥青混凝土(AC20C)
8	沥青混凝土(AC25C)
8	沥青稳定碎石(ATB25)
0.2	改性沥青下封层
	透层
20	水泥稳定碎石
20	二灰稳定碎石
20	石灰稳定土

分隔带

右幅 I_b

轻车方向(邯郸～长治)	
厚度(cm)	路面结构名称(I_b)
4	沥青混凝土(AC13C)
	SBS 改性沥青黏层
6	沥青混凝土(AC20C)
8	沥青混凝土(AC25C)
8	沥青稳定碎石(ATB25)
0.2	改性沥青下封层
	透层
20	级配碎石
20	二灰稳定碎石
20	石灰稳定土

图 6-1　工程试验路段路面结构 I(K11＋829～K14＋925)

左幅Ⅱa

重车方向(长治～邯郸)	
厚度(cm)	路面结构名称(Ⅱa)
4	沥青混凝土(AC13C)
	SBS改性沥青黏层
8	沥青混凝土(AC25C)
8	沥青稳定碎石(ATB25)
10	沥青稳定碎石(ATB25)
10	沥青稳定碎石(ATB25)
0.2	改性沥青下封层
	透层
20	二灰稳定碎石
20	石灰稳定土

分隔带

右幅Ⅱb

轻车方向(邯郸～长治)	
厚度(cm)	路面结构名称(Ⅱb)
4	沥青混凝土(AC13C)
	SBS改性沥青黏层
8	沥青混凝土(AC25C)
8	沥青稳定碎石(ATB25)
10	沥青稳定碎石(ATB25)
0.2	改性沥青下封层
	透层
10	级配碎石
20	二灰稳定碎石
20	石灰稳定土

图6-2　工程试验段路面结构Ⅱ(K15＋075～K18＋384)

铺筑试验路段的目的,在于研究沥青面层和沥青碎石基层路面施工工艺,通过对实际工程车辙、裂缝和疲劳性能的长期观测和分析,检验复合式基层。

第二节　工程试验路段柔性基层设计

为了获得修筑试验路的一系列参数,在室内对工程试验路段柔性基层所用的原材料及其混合料性能进行了详细地研究。室内试验所用的材料,全部来自于工地,以其尽量相近于工程实际情况,室内试验研究结果分述如下。

一、级配石配合比设计

在工程试验路段Ⅰ、Ⅱ的上行路段,即轻车方向,其基层为级配碎石和沥青碎石复合。级配碎石基层所用的原材料同沥青碎石,使用同一料场生产的5～10mm石灰岩碎石、10～30mm石灰岩碎石、石屑三种不同规格的集料。

1.级配碎石基层原材料

级配碎石集料技术要求,其质量检测结果见表6-1。石灰岩碎石5～10mm、10～30mm两种规格的碎石与石屑,组成的料混合料和级配曲线见表6-2。

2.级配碎石基层配合比设计

邯长公路级配碎石级配,在现行的公路路面基层规范的基础上,参考国外级配范围,初步提出级配碎石混合料级配,其最大公称粒径为26.5mm(表6-3)。

在初步配合比基础上,采用旋转压实剪切实验机GTM,设计压强0.6MPa,根据ASTMD 3387—96规范,进行不同含水率下GTM试验,进行级配设计,初步确定的最佳含水率为3.5%,最大干密度为2.380g/cm^3,集料掺配比例为:10～30mm∶5～10mm∶石屑＝36%∶19%∶45%。合成级配和合成曲线见表6-4。最后经过试铺路段,现场确定级配碎石最佳含水率为4%,最大干密度为2.330g/cm^3。

工程试验路段级配碎石基层所用集料检测结果　　表 6-1

序号	检测项目	技术要求	检测结果	序号	检测项目	技术要求	检测结果
1	颗粒分析	要求范围	见表 6-2	8	相对毛体积密度	＞2.5g/cm³	2.735
2	针片状含量	碎石混合料（不含石屑）＜15％	13.6	9	吸水率	＜3％	1.1
3		9.5～31.5mm＜14％	13.2	10	含水率	每天使用前实测 2 个样品	—
4		2.36～9.5mm＜17％	15.7	11	洛杉矶磨耗值	＜35％	23.7
5	液限	＜25％	17.6	12	坚固性试验	＜12％	5.6
6	塑性指数	＜4％	1.5	13	4 天饱水 CBR	＞100％	492
7	压碎值	＜26％	19.5				

注：1. 表中序号 1～7 项检测频率：使用前测 2 个样品、使用过程中每 2000m³ 测 2 个样品或视情况而定。

2. 表中序号 8～10 项检测频率：使用前检测 2 个样品、使用过程中视情况而定。

3. 表中序号 11～13 项检测频率：试验段检测 1～2 次或视情况而定。

三种不同规格碎石的颗粒组成范围　　表 6-2

筛孔尺寸（mm）		集料规格			级配碎石原材料筛分曲线
		30～10mm	10～5mm	石屑	
37.5	通过质量百分率（％）	100			
31.5		100			
19.0		68.0	100		
9.5		7.6	95.1	100	
4.75		0	8.1	98.5	
2.36			0	67.8	
0.6				33.6	
0.075				11.5	

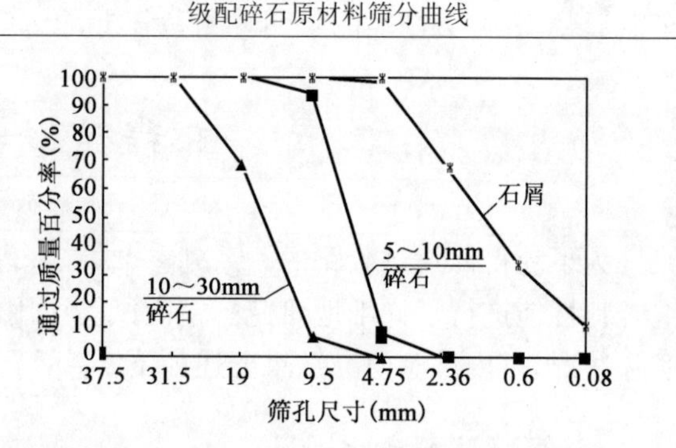

级配碎石组成设计表　　表 6-3

筛孔（mm）	31.5	19	9.5	4.75	2.36	0.6	0.075
10～30mm（45％）	45	30.6	3.4	0	0	0	0
5～10mm（15％）	15	15.0	14.3	1.2	0	0	0
石屑（40％）	40	40.0	40.0	39.4	27.1	13.4	4.6
合成级配	100	85.6	57.7	40.6	27.1	13.4	4.6
级配范围	100	80～90	52～63	35～46	24～33	12～18	4～7

级配碎石合成级配　　表 6-4

筛孔（mm）	合成级配	级配范围	GTM 设计的级配碎石合成级配曲线
31.5	100	100	
19	80.2	80～90	
9.5	61.8	52～63	
4.75	42.6	35～46	
2.36	33.0	24～33	
0.6	12.0	12～18	
0.075	4.3	4～7	

通过质量的百分率(%)　级配上限　合成级配　级配下限　筛孔尺寸(mm)

二、沥青碎石配合比设计

1. 沥青碎石原材料

沥青碎石原材料：中海 AH-70 和大港 AH-50 沥青及集料，分别进行入场检测，以保证原材料质量。

1)沥青

ATB-25 沥青碎石基层，采用中海 AH-70 和大港 AH-50。为了确保沥青材料质量，凡进场的沥青均进行一次全项指标检验，其检验结果见表 6-5。

沥青碎石基层所用沥青质量检测结果　　表 6-5

试验项目		单位	技术要求		实测结果	
			AH-50	AH-70	AH-50	AH-70
针入度(25℃,100g,5s)		0.1mm	40～60	60～80	56	62
延度(15℃,5cm/min)		cm	≥100	≥100	>100	>100
延度(10℃,5cm/min)		cm	≥15	≥15	18.2	23.5
软化点(R&B)		℃	≥49	≥46	51.0	50.0
针入度指数 PI		—	−1.5～+1.0	−1.5～+1.0	0.81	−0.90
溶解度(三氯乙烯)		%	≥99.5	≥99.5	99.76	99.59
闪点(开口)		℃	≥260	≥260	306	278
含蜡量(蒸馏法)		%	≤3.0	≤3.0	2.7	2.3
密度(15℃)		g/cm^3	实测记录	实测记录	1.004	1.014
动力黏度(60℃)		pa·s	≥200	≥160	—	—
薄膜加热试验 163℃,5h	质量损失	%	≤±0.8	≤±0.8	−0.29	−0.18
	残留针入度比	%	≥60	≥58	65.2	62.5
	残留延度*	cm	≥4	≥6	6.6	8.0

注：* 残留延度的试验条件为：10℃，5cm/min。

进场的沥青材料若发生较大变化或有异常时，应随时进行抽检。整个试验段所用的原材料-沥青的针入度、延度、软化点三个指标。均需要进行多次检测，以确保达到要求的技术指标。

2)沥青碎石集料

沥青碎石集料，从临近涉县武安白沙采石场里，选用石质坚硬、清洁、强度高的石灰岩，采用反击式或锤式破碎机轧制成碎石。

(1)粗集料

在碎石成品中，应不含风化颗粒，其颗粒近似立方体。对运进现场的粗集料，每批按表6-6全项指标检验一次。当材料发生较大变化或异常时还应随时抽检。在整个试验段施工过程中，对所用集料的级配、压碎值、针片状颗粒含量、<0.075mm(水洗法)颗粒含量等四个指标还要进行多次检测。进入现场的粗集料技术性能检测结果，见表 6-6。

试验路段粗集料性能指标检测结果 表 6-6

试 验 项 目	技术要求	实测结果	试 验 项 目	技术要求	实测结果
石料压碎值(%)	≤26	20.0	针片状颗粒含量(%)	≤15	12.9
洛杉矶磨耗损失(%)	≤28	19.5	粒径>9.5mm 针片状颗粒含量(%)	≤12	12.6
视密度(t/m^3)	≥2.60	2.725	粒径≤9.5mm 针片状颗粒含量(%)	≤18	13.1
吸水率(%)	≤2.0	0.36	水洗法<0.075mm 颗粒含量(%)	≤1	0.6
对沥青的黏附性	≥4	4	软石含量(%)	≤3	2.0
坚固性(%)	≤12	4.5			

(2)细集料

细集料也是采用坚硬、洁净、干燥、无风化、无杂质的石灰岩石料，在采石场破碎而成，并有适当的级配。对进入现场的细集料，每批按表 6-7 技术要求进行一次全项指标检验。同样，当材料发生较大变化或异常时，还要随时进行抽检。整个试验段所用原材料的级配、水洗法<0.075mm 颗粒含量两个指标要检测多次。

试验路段细集料性能指标检测结果 表 6-7

试 验 项 目	技术要求	实测结果	试 验 项 目	技术要求	实测结果
视密度(t/m^3)	≥2.50	2.739	坚固性(>0.3mm 部分)(%)	≥12	6.5
砂当量(%)	≥60	67.5	含泥量(<0.075mm 的含量)(%)	≤3	2.1

(3)矿粉

矿粉也是采用涉县出产的石灰岩等碱性石料由施工单位加工磨细而成。磨制成的矿粉，必须干燥、清洁，其技术要求符合规范标准。在混合料拌和过程中，由拌和机回收的粉料，均全部弃掉，以确保沥青混合料的质量。

对于进场的矿粉，每批按表 6-8 规定的指标进行一次全项目检验。当材料发生较大变化或异常时，还要随时进行抽检。在整个试验段所用矿粉级配、含水率两个指标检测多次，其性能检测结果见表 6-8。

工程试验路段矿粉性能指标检测结果 表 6-8

试 验 项 目	技术要求	实测结果	试 验 项 目		技术要求	实测结果
视密度(t/m^3)	≥2.50	2.757	粒度范围	<0.6mm(%)	100	95
含水率(%)	≤1	0.3		<0.15mm(%)	90~100	75
亲水系数	<1	0.75		<0.075mm(%)	70~100	48.9

2.沥青碎石基层集料级配设计

在本书前述理论基础上，借鉴国内外科研及工程实践成果，根据现行沥青路面施工技术规范，结合工程试验路段的具体工程，对沥青碎石基层集料级配进行设计。

1)设计依据

沥青碎石集料级配设计，主要依据如下：

·公路等级：高速公路，工程性质：新建公路。

·气候条件:年最高温度约 35℃,年极端最低温度−20℃左右。

·交通条件:晋煤外运通道,交通量大,单轴轴载大。

·设计交通量,重车方向累计当量轴次 11 775 万次;轻车方向 3 686 万次。

·路面结构层:半刚性底基层、沥青碎石、级配碎石柔性基层之上,铺筑沥青面层。

·材料品种:粗集料、细集料均由石灰岩轧制而成,但是,当地产量较小,需要部分外运。

2)沥青碎石集料级配

根据上述条件和路面结构组合,设计集料级配时,主要考虑以下几点:

(1)作为路面基层,沥青稳定碎石混合料要有较高的强度。

(2)考虑到试验方案路面结构柔性基层整体较厚,须防止路面出现较大的永久性变形,混合料应具有良好的高温稳定性及重交通抗车辙性能。

(3)施工过程中不易出现离析现象。

根据前面几章论述,沥青碎石 ATB-25 中的 2 号级配和 ATB-30 中的 7 号级配性能较优,从高温稳定性、抗压回弹模量、劈裂强度等参数研究结果,表明 ATB-30 中 7 号沥青碎石级配略优于 ATB-25 中的 2 号级配,但二者差距并不明显。

从便于施工考虑,基于上述室内研究成果,鉴于 ATB-30 型沥青碎石由于粒径较大,施工中比 ATB-25 易发生严重的离析,会造成沥青碎石质量不稳定问题。

综上所述,综合考虑各方面因素,经过反复比选,最后选择沥青碎石 ATB-25 型中的 2 号级配作为试验路级配,确定采用的集料级配范围,如表 6-9 作为施工过程中的控制依据。

沥青碎石基层 ATB-25 型 2 号集料级配范围　　表 6-9

孔径(mm)	通过百分率(%)		沥青碎石基层 ATB-25 集料级配曲线
	上　限	下　限	
31.5	100	100	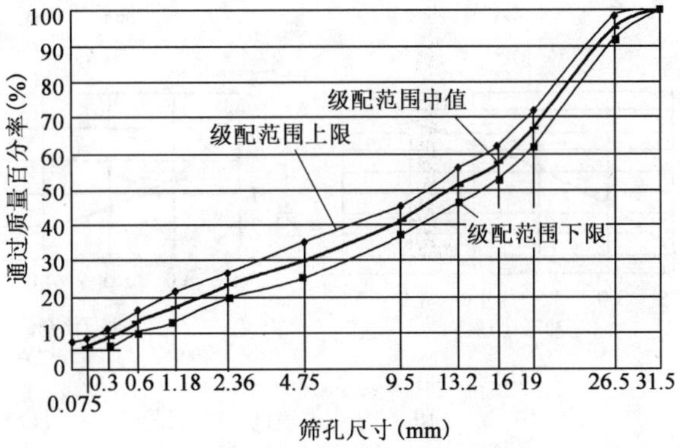
26.5	98	92	
19	72	62	
16	62	53	
13.2	56	46	
9.5	45	37	
4.75	35	25	
2.36	27	20	
1.18	21	13	
0.6	16	10	
0.3	11	6	
0.15	8	4	
0.075	7	2	

3. 沥青碎石混合料设计

在表 6-9 集料级配范围的基础上,选中集料级配范围中值进行马歇尔试验,混合料马歇尔试验指标见表 6-10。

沥青碎石基层马歇尔试验技术要求　　表 6-10

试验指标	单位	技术要求	
公称最大粒径	mm	≤26.5mm	≥31.5mm
马歇尔试件尺寸	mm	ϕ101.6mm×63.5mm	ϕ152.4mm×95.3mm
击实次数(双面)	次	75	112
稳定度	kN	≥7.5	≥15
流值	mm	1.5~4	—
空隙率 *VV*	%	3~6	
沥青饱和度 *VFA*	%	55~70	
VMA	%	≥12	

沥青碎石用作基层，其动稳定度要求达到 800 次/mm。浸水马歇尔残留稳定度应达到 75%。

1)沥青碎石(ATB-25)目标配合比

根据拟定的集料级配，选择油石比分别为 2.5%，3.0%，3.5%，4.0%，4.5%，采用进行马歇尔试验，确定最佳沥青用量。

(1)中海 AH-70 沥青材料——沥青碎石混合料目标配合比设计

中海 AH-70 沥青碎石混合料，马歇尔试验结果见图 6-3。

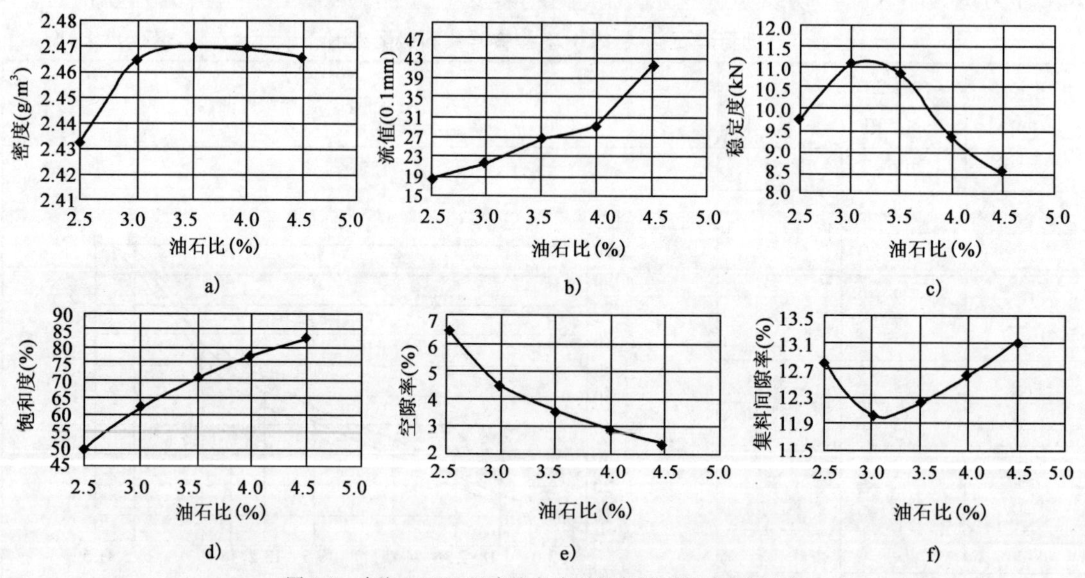

图 6-3　中海 AH-70 沥青稳定碎石混合料马歇尔试验结果

按现行《公路沥青路面施工技术规范》(JTG F40—2004)规定方法，计算最佳沥青用量为 3.1%(最佳油石比为 3.2%)，相应马歇尔试验密度为 2.469(g/cm^3)，空隙率为 4.1%，相应理论密度为 2.574(g/cm^3)。

由于马歇尔试验客观存在的缺陷，在上述试验基础上，同时用具有旋转压实效果 GTM 试验机进行试验，最终确定沥青碎石 ATB-25 油石比范围 2.9%~3.3%，最佳油石比 3.0%，相应密度 2.498g/cm^3，用于指导施工。

(2)大港 AH-50——沥青碎石(ATB-25)混合料目标配合比设计

同样的方法,对大港 AH-50 沥青碎石混合料设计,最终确定油石比范围 3.1%～3.5%,最佳油石比 3.3%,相应密度 2.506g/cm³。

根据确定的中海 AH-70 和大港 AH-50 沥青混合料的沥青用量,进行车辙试验和马歇尔残留稳定度试验,试验结果如表 6-11。

中海 AH-70 马歇尔残留稳定度与车辙试验结果　　表 6-11

中海 AH-70				大港 AH-50			
沥青用量(%)	油石比(%)	残留稳定度(%)	动稳定度(次/mm)	沥青用量(%)	油石比(%)	残留稳定度(%)	动稳定度(次/mm)
2.44	2.5	57.8	1 057	2.63	2.7	78.1	1 562
2.91	3.0	83.01	1 104	2.91	3.0	86.8	2 013
3.30	3.4	84.95	1 605	3.19	3.3	92.5	1 465
3.85	4.0	—	869	3.47	3.6	87.5	1 380

在目标配合比设计阶段,所确定的集料级配和最佳沥青用量,据此作为目标配合比,供拟定拌和楼冷料仓供料比例、进料速度及试拌使用。

2)生产配合比设计

生产配合比设计,则是将二次筛分后进入热料仓的材料取出筛分,再次审定各热料仓的材料比例,同时反复调整冷料仓进料比例,以达到供料均衡,并以目标配合比设计的最佳用沥青用量及最佳沥青用量的−0.3%、+0.3%三个沥青用量进行马歇尔试验,检验各项指标是否满足规范要求,不满足要求应重新调整热料仓比例,进行配合比设计,直到满足要求为止。沥青碎石施工配合比,所用集料级配见表 6-12,马歇尔试验结果见表 6-13。

沥青碎石(ATB-25)基层施工配合比中集料级配　　表 6-12

筛孔尺寸(mm)	31.5	26.5	19	16	13.6	9.5	4.75	2.36	1.18	0.6	0.3	0.15	0.075
24～32	100	82.2	4.6	0.5	0.5								
15～24	100	100	73.4	39.6	4.8	0.6	0.6						
10～15	100	100	100	95.0	85.8	20.0	2.2	0.4	0.4	0.4	0.4		
5～10	100	100	100	100	100	96.8	7.1	1.8	0.5	0.5	0.5		
<5	100	100	100	100	100	100	98.4	76.0	58.2	31.4	12.0	5.6	2.6
矿粉	100	100	100	100	100	100	100	100	100	100	98.6	87.8	69.8
掺配率	31.5	26.5	19.0	16.0	13.6	9.5	4.8	2.4	1.2	0.6	0.3	0.15	0.075
25	25.0	20.6	1.2	0.1	0.1	0							
24	24.0	24.0	17.6	9.5	1.2	0.1	0.1	0					
14	14.0	14.0	14.0	13.3	12.0	2.8	0.3	0.1	0.1	0.1	0.1	0	
7	7.0	7.0	7.0	7.0	7.0	6.8	0.5	0.1	0				
25	25.0	25.0	25.0	25.0	25.0	25.0	24.6	19.0	14.6	7.9	3.0	1.4	0.7
5	5.0	5.0	5.0	5.0	5.0	5.0	5.0	5.0	5.0	5.0	4.9	4.4	3.5
合成级配	100	95.6	69.8	59.9	50.3	39.7	30.5	24.2	19.6	12.9	8.0	5.8	4.1
级配范围	100	92～98	62～72	53～62	46～56	37～45	25～35	20～27	13～21	10～16	6～11	4～8	2～7
级配中值	100	95	66	57.5	51	41	30	23.5	17	13	8.5	6	4.5

施工配合比马歇尔试验结果　　表 6-13

检测项目	单位	施工配合比:中海 AH-70			施工配合比:大港 AH-50		
		油石比			油石比		
		2.7	3.0	2.3	3.0	3.3	3.6
稳定度	kN	16.32	16.69	12.78	14.48	16.27	15.13
流值	1/10mm	24.18	28.63	34.32	19.9	24.28	29.67
浸水后稳定度	kN	14.55	15.12	11.07	12.95	14.33	13.98
浸水后流值	1/10mm	28.55	32.43	40.03	22.63	29.44	37.42
残留稳定度	%	89.2	90.6	86.6	89.4	88.1	92.4
孔隙率	%	4.9	4.3	4.2	5.4	4.5	4.2
毛体积密度	g/cm³	2.441	2.463	2.465	2.445	2.461	2.465
理论密度	g/cm³	2.594	2.582	2.571	2.583	2.572	2.560
沥青体积百分率	%	6.3	6.3	7.8	7.1	7.8	8.5
集料间隙率	%	11.2	11.4	12.0	12.5	12.3	12.7
沥青饱和度	%	56.4	62.3	65.1	56.6	63.4	67.0

从表 6-12、表 6-13 知悉，沥青碎石基层施工配合比满足要求，可以进行沥青碎石试拌试铺。

4. 生产配合比验证

大规模正式施工之前，在现场确定生产配合比后，从拌和成的混合料中，抽样进行马歇尔试验、车辙试验、浸水马歇尔试验、抽提试验等试验验证，以考察生产配合比是否满足设计目标要求。

通过对生产配合比验证，达到了设计要求，为此，固定生产设备相应参数，作为控制工程施工质量的依据。

通过生产配合比验证，各项指标满足要求，最后确定 AH-70 沥青碎石(ATB-25)基层的拌和沥青用量按油石比 3.0%控制，AH-50 沥青碎石基层的拌和沥青用量按油石比 3.3%控制。

5. 两种沥青碎石混合料性能比较

室内用 AH-70 和 AH-50 两种沥青稳定同一级配集料级配，从试验结果可知：

(1) AH-70 沥青碎石最佳油石比 3.0%，比 AH-50 沥青碎石最佳油石比 3.3%减少 0.3%。

(2)油石比 3.0%时，AH-50 沥青碎石的动稳定度为 2013 次/mm；比油石比 3.0%时 AH-70 沥青碎石的动稳定度为 1 104 次/mm，两者相比提高了近一倍。

(3)两种沥青碎石的残留稳定度，分别为 86.8%、83.1%，均>75%，混合料综合性能均满足设计要求。

第三节　复合式沥青路面施工

试验路段施工程序，按照路面结构施工进行，先阐述级配碎石基层施工，然后介绍沥青碎石基层施工及技术要求。

鉴于半刚性基层施工，国内外已积累了丰富的经验，其技术要求和施工技术标准和质量控制方法，大多数路面施工者已很熟悉，在此不在冗述。

一、级配碎石基层施工

级配碎石基层施工方法，时年按照《公路路面基层施工技术规范》(JTJ 034—2000)要求执行的，在拌和厂集中拌和，使用摊铺机摊铺，采取振动压路机碾压法施工。

1.级配碎石拌和

级配碎石集中厂拌，根据料场取料进行筛分，将9.5～31.5、4.75～9.5及5mm以下石屑，按计划进场后，各级料均须隔离，分别堆放；细集料采取覆盖措施，以防遭受雨淋。

拌和机保持良好工作状态，并根据最大粒径情况，适当调整叶片，使其具有适当尺度及净空。同时，调整各料仓开度，使拌和后的混合料满足级配碎石的级配要求。

级配碎石俗称水结碎石，在拌和过程中，应该均匀喷入适量的水，使级配碎石能够在最佳含水率下碾压，其含水率应较最佳含水率稍高一些，但不宜超过最佳含水率的2%。

2.现场施工前准备工作

恢复中线，进行高程控制，底基层的坡度、高程、横断面应满足设计要求。同时，在摊铺前视现场情况，在底基层上洒水，使其顶面保持适宜的湿度。

正式摊铺前应进行试铺，松铺系数先拟定1.25～1.35，然后，根据碾压后实际情况，再确定出松铺系数，作为正式摊铺时标准。

3.级配碎石现场摊铺

采用两台摊铺机一前一后，相隔约5～8m，按梯队形作业同步向前，进行全幅摊铺(图6-4)。

图6-4　邯长公路工程试验路段级配碎石的拌和、摊铺和碾压施工现场

摊铺时，设专人组成跟碾小组，及时消除粗细集料离析现象。对于粗集料“窝”和粗集料“带”，应添加细集料，并拌和均匀；对于细集料“窝”，应添加粗集料，并拌和均匀。摊铺厚度，应

根据压实机具而定，每层的最大压实厚度不得超过 20cm。

4. 级配碎石碾压

摊铺成的级配碎石混合料，采用重型振动压路机、重型三轮压路机或重型胶轮压路机共同碾压。碾压后的混合料必须达到规定的压实度要求，同时坡度、高程及横断面必须达到设计要求。

1)级配碎石压实要求

(1)级配碎石摊铺后，立即用压路机碾压，以振动压路机为主。先静压一遍，振动碾压四遍，最后光轮静压收迹，压路机的吨位：静压 18t、振动压实 30t。

(2)碾压时，根据实际情况可用喷雾式洒水车适当补充洒水，使其在最佳含水率下进行碾压，一直碾压到表面无明显轮迹，达到要求的压实度(压实度代表值≥98%)。

(3)如果现场实测压实干密度与室内标准干密度有较大出入，可以根据施工现场实际情况，采用试铺路段确定的标准干密度，以保证施工质量。

(4)如果含水量过多，待其干到接近最佳含水率时，再进行碾压。

(5)直线和不设超高的平曲线段，由两侧路肩开始向路中心碾压；在设超高的平曲线段，由内侧路肩向外侧路肩进行碾压。碾压不平之处，应由跟碾力组人员耙松补充材料，或移除多余部分，然后碾压整平。

(6)施工后的级配碎石层的高程及横断面坡度必须达到设计要求。

2)级配碎石基层接缝处理

第一天完成的级配碎石接缝处的混合料，可以留 5～8m 长度不碾压，第二天洒水后和新摊铺的混合料一起碾压，必要时补充洒水，使含水率达到规定的要求。

5. 现场质量控制及相关试验

级配碎石基层施工质量，最关键的问题是集料是否形成嵌挤。如果不能形成嵌挤，就会导致结构承载能力不足。至于级配碎石是否形成了嵌挤，取决于集料级配。在施工时，观察压路机碾压情况，可大体上做出判断。

1)级配碎石承载能力检验

级配碎石的承载能力，采用 *CBR* 表示，并用承载法进行检测。公路沥青路面设计规范规定，用作基层的级配碎石，压实度应大于 98%，*CBR* 值不用小于 100%。

2)级配碎石质量检验

压实后的级配碎石，必须进行材料含水率、现场压实度、筛分析、平整度检验，同时检测压实后的结构厚度，检测项目、方法及检测标准见表 6-14。

级配碎石基层施工质量检验技术要求 表 6-14

试验内容	质量要求	试验方法	试验频度
施工含水率	与要求含水率相差不超过 2%	烘干法	随时观测，发现有异常时随时试验
级配	符合级配范围	筛分析	1 次/2 000m^2 或每天 2～3 次
针片状含量	碎石混合料(不包含石屑)<15%	游标卡尺法	每天 1 次
拌和均匀性	基本上无粗细集料离析情况	目测	随时观察

续上表

试验内容	质量要求	试验方法	试验频度
现场压实度	≥98%	挖坑灌砂法	每 200m 每车道 2 处
现场 CBR 试验	实测	承载板法	每车道 100m 一个测点(试验段内 1 000m)
弯沉	实测	贝克曼梁	每车道 50m 一个测点
平整度	8mm	3m 直尺	每 200m 两次,每次连续 10 尺
	标准差不大于 3mm	连续式平整度仪:全路段	
厚度	平均值−8mm,单点−15mm	挖坑	每车道 200m 一个测点

注:1. 贝克曼梁检测弯沉时,刚施工结束测定由于含水率很大,弯沉会很大,可做记录,然后,干燥一段时间后再测,比较其变化过程,在上面加铺沥青层后还需要测,得到弯沉变化规律。

2. 代表弯沉值 $L_r=\overline{L}+Z_aS$ 计算,Za 取 2.0。

3. 压实度和厚度代表值按 $X_L=\overline{X}-t_aS/\sqrt{n}$计算,保证率取 99%。

3)级配碎石外观质量检验

在施工中,从外观检验铺筑的级配碎石,不能离析,要均匀。

4)级配碎石基层顶面回弹弯沉和当量回弹模量

(1)级配碎石不同路段弯沉检测结果,见表 6-15。

级配碎石基层回弹弯沉测试结果(单位:0.01mm)　　表 6-15

测试层位置		测点数	平均值	标准偏差	变异系数	代表弯沉值
K11+829~K14+925 试验路段Ⅰ:右幅①	行车道	153	17.6	3.3	0.187	29.0
	超车道	143	17.8	3.5	0.197	29.8
K15+075~K18+384 试验路段Ⅱ:右幅②	行车道	156	18.5	4.1	21.2	32.0
	超车道	154	18.7	3.9	20.9	31.9

注:①试验路段Ⅰ:右幅、厚度 20cm;

②试验路段Ⅱ:右幅、厚 10cm。

从表 6-15 看出,级配碎石基层强度较高,基层顶面回弹弯沉代表值均控制在设计弯沉内。其顶面行车道和超车道的回弹弯沉十分接近,各车道左侧轮迹带与右侧轮迹带的回弹弯沉值也无大的差别,说明级配碎石基层施工质量较好,强度分布均匀。

(2)当量回弹模量与弯沉关系

时年,按照公路路基路面现场测试规程(JTJ 059—95)规定,采用承载板法测定级配碎石基层回弹模量。承压板为 ϕ30cm、厚 2cm 刚性承载板,通过承载板对级配碎石顶面逐级加载、卸载的方法,测出每级荷载下相应的结构层回弹变形值。加载汽车后轴重 100kN,前后轴距 3.83m,加劲小梁距后轴 1.05m。测得的沥青碎石基层顶面当量回弹模量值:

$$E_0=\frac{\pi D(1-\mu^2)}{4}\times\frac{\sum P_i}{\sum L_i}\tag{6-1}$$

式中:D——承载板直径,30cm;

μ——泊松比,计算时石灰土底基层取 0.30,二灰稳定碎石、水泥稳定碎石、级配碎石、沥青稳定碎石层取 0.25;

P_i——回弹弯沉小于 0.5mm 时的各级荷载(MPa);

L_i——相应于各级加载 P_i 时的回弹弯沉值(cm)。

通过现场测试级配碎石当量回弹模量,并与测定的弯沉值数据回归分析和显著性检验,推荐出级配碎石基层顶面实测当量回弹模量 E_t 和回弹弯沉 L_s 之间关系式:

$$E_t = 2\,441.9\exp\cdot(-0.069\,5L_s) \tag{6-2}$$

相关系数:$R^2=0.82$

5)级配碎石压实度

采取上述压实工艺,测得的级配碎石压实度见表 6-16,同时采取试坑法检查其厚度,均全部合格。

试验路段Ⅰ、Ⅱ级配碎石压实度 表 6-16

测试层位置	测点数	最大值	最小值	平均值	标准偏差	代表值
试验路段Ⅰ:右幅	61	99.8	98.2	99.1	0.41	99.0
试验路段Ⅱ:右幅	68	99.9	98.1	99.1	0.47	98.9

从图 6-1、图 6-2 可知,两个工程试验路段的级配碎石厚度不同,试验路段Ⅰ右幅为 20cm、验路段Ⅱ为 10cm,但是,测得的压实度却非常接近,全部满足要求。若以室内重型击实试验结果 2.282g/cm^3 为标准干密度,则压实度全部超百,均值达到 101.1%。这表明,级配碎石基层施工质量达到了设计要求。只要采用了正确的施工工艺,保证有足够的压实功,10~20cm 厚度范围内级配碎石基层,都能获得理想的压实效果,其厚度对压实结果影响不大。

二、沥青碎石施工工艺

工程试验路段沥青碎石施工,主要研究它的拌和温度和碾压工艺等,以便为正式施工提供施工参数。

1. 沥青碎石拌和

在沥青碎石混合料配合比确定出,施工准备工作就绪后,根据沥青路面施工规范,参考已有的施工经验试验资料,确定出沥青碎石混合料拌和温度,见表 6-17。

沥青稳定碎石混合料拌和温度 表 6-17

沥 青 类 型	沥青加热温度(℃)	矿料加热温度(℃)	出料温度(℃)	混合料废弃温度(℃)
大港 AH-50 沥青	160~170	170~200	150~170	200
中海 AH-70 沥青	155~165	165~195	145~165	195

沥青碎石混合料拌和,采用间歇式拌和机。在开机之前,检查沥青温度、集料温度,机械运转和打印仪表,一切正常如故,然后开机空运、注入材料进行拌和。由于沥青碎石 ATB-25 较 AC-25 粗,沥青用量相对较低,所需拌和时间比一般沥青混合料长,以集料表面全部裹覆上沥青为度。

拌和成的沥青碎石混合料,应均匀一致,无结团成块,无花白料、无粗细集料离析,符合出场温度。拌和成的沥青碎石混合料,应及时运输到现场摊铺,不得在储料仓中储存过夜。

2. 沥青碎石混合料压实

沥青碎石混合料运输和摊铺,其技术要求同一般沥青混凝土,在此不再赘述。但是,最重

要的是无论在装运、卸料和摊铺过程中，一定要采取技术措施，防止混合料发生离析，否则，使精心设计沥青混合料达不到预期目的。

沥青碎石混合料的压实，是保证施工质量、并获得良好路用性能的关键环节之一，应当选择合理的压路机组合方式及碾压步骤。

1)沥青碎石压实

沥青碎石压实也分为初压、复压、终压等三个阶段。根据邯长公路工程试验路段的经验，对摊铺的沥青碎石混合料，建议的碾压工艺为：

(1)初压

沥青碎石基层第一次碾压，应采用钢轮稳压；使用振动方式时应先轻压后振压。胶轮压路机虽然搓揉作用较好，初压时不宜采用，其稳压作用效果不及钢轮好。初压温度高，沥青碎石尚未成型，需要对它进行稳压(图 6-5)。

图 6-5 邯长公路工程试验路段沥青碎石拌和、摊铺和碾压施工现场

(2)复压

沥青碎石复压时，采用一次振动压实后，再采用 25t 以上胶轮压实、或者全部采用胶轮碾压。虽然振动压实的压实效果比胶轮好，但是，过多的振动压实会导致压碎密实骨架结构，使沥青膜发生磨损而表面发白，采用 4～5 遍胶轮压实，既可以很好地压实，又不至于压碎沥青碎石石料颗粒。

(3)终压

采用钢轮压路机静压，主要目的是消除轮迹。

2)压实速度

沥青碎石碾压速度，可按表 6-18 选用。在碾压过程中，应尽量采取技术措施，避免出现温度离析现象。在施工中，宜按以下方法控制温度离析：

沥青碎石混合料压路机碾压速度(km/h) 表 6-18

压路机类型	初压		复压		终压	
	适宜	最大	适宜	最大	适宜	最大
钢轮式压路机	1.5～2	3	2.5～3.5	5	2.5～3.5	5
轮胎压路机	—	—	3.5～4.5	8	4～6	8
振动压路机	1.5～2(静压)	5(静压)	4～5(振动)	4～5(振动)	2～3(静压)	5(静压)

(1)控制混合料拌和温度；

(2)运输过程尽量覆盖保温；

(3)施工过程中,采用红外温度探测器,检测混合料温度,其温差不应超过20℃;

(4)向压路机碾压轮洒水,应尽可能少,避免出现防黏轮水在路面上集聚而使混合料局部温度骤降。

3)压实度质量控制指标

现场压实度采用双控指标,按马歇尔标准密度控制时,压实度不小于98%;按GTM密度控制时,压实度不小于97%;按最大理论密度控制时,压实度不小于94%,不得大于97%;实测空隙率在3%~6%之间。现场采用钻孔法检测密度。

3.沥青碎石施工质量检测

为了保证工程试验路段施工质量,为此,对施工过程建立了一整套质量控制体系,这些质量控制体系可以概括如下:

1)沥青碎石施工中材料检测项目、方法及检测标准

(1)质量检查项目

施工质量检测,包括以下项目:

①原材料检查:沥青、粗集料、细集料、填料的质量。

②混合料质量检查:油石比、矿料级配、稳定度、流值、空隙率、残留稳定度;混合料拌和均匀性;混合料出厂温度、运到现场温度、摊铺温度、初压温度、碾压终了温度。

③铺筑层质量检查:摊铺的均匀性,厚度、平整度、宽度、高程、横坡度、压实度、横向偏位。

(2)测试项目

①弯沉测试:试验段沥青碎石基层铺筑完成,并且路面温度降低到常温后,即进行施工层顶面弯沉测定,测定位置为预先标定并与上一个结构层测试位置相同,每隔50m测试一个数据。

②承载板试验:各试验方案作10个点以上的承载板试验。

③车辙深度观察:全部试验路竣工通车一定时间后,在标定位置测量各断面车辙深度。考察沥青碎石基层实际路用性能。

④路面结构温度场及温度经历观测:在铺筑过程中,选定适合的地点,在路面各结构层位埋设温度传感器,分季节、分时段连续观测路面内各层位温度并作详细记录,用于沥青路面车辙深度预估计算。

⑤交通调查:现场调查本路段交通量,包括通行车辆数、车型、装载情况、轮压等参数。

(3)检查方法、检查频率和质量要求

原材料:沥青、集料技术性能,应符合表6-5~表6-6所列要求,施工过程中的检测按表6-19要求执行。

2)沥青碎石混合料检测项目和技术要求

(1)沥青碎石混合料质量标准

拌和出的沥青碎石混合料质量要求和马歇尔试验技术要求,分别见表6-20、表6-21。

(2)混合料质量检测方法

①从料堆和皮带运输机上,应随时目测各种材料的质量和均匀性,检查泥块及超粒径碎石,检查冷料仓有无有窜仓现象。

施工过程中材料质量检查的内容与要求　　表 6-19

材　料	检 查 项 目	检 查 频 度	平行试验次数或一次试验的试样数
粗集料	外观(石料品种、含泥量等)	随时	—
	针片状颗粒含量	随时(不少于每周 2 次)	2～3
	颗粒组成(筛分)	随时(不少于每周 1～2 次)	2
	压碎值	必要时	2
	洛杉矶磨耗值	必要时	2
细集料	颗粒组成(筛分)	随时(不少于每周 2 次)	2
	砂含量	必要时	2
矿粉	外观	随时	—
	＜0.075mm 含量	必要时	2
	含水率	必要时	2
沥青	针入度	每天 1 次	3
	软化点	每天 1 次	2
	延度	每天 1 次	3
	含蜡量	必要时	2～3

注:①表列中所列的检测内容,系在材料进场时已按“批”进行了全面检查的基础上,然后,在日常施工过程中继续进行检查项目。

②“随时”是指需要经常检查的项目;“必要时”是指对材料质量发生怀疑,提出需要检查时,或是指根据需要商定的检查频度。

沥青碎石混合料的质量要求　　表 6-20

项　目		检查频度及单点检验评价方法	质量要求或允许偏差	试 验 方 法
拌和温度	沥青、集料的加热温度	逐盘检测评定	符合本规范规定	传感器自动检测、显示并打印
	混合料出厂温度	逐车检测评定	符合本规范规定	传感器自动检测、显示并打印,人工检测
		逐盘测量记录,每天取平均值评定	符合本规范规定	
集料级配	0.075mm	逐盘在线监测	±2.5%	计算机采集数据计算
	⩽2.36mm		±3.5%	
	⩾4.75mm		±4%	
	0.075mm	每台拌和机 1～2 次/日	±2%	抽提筛分与标准级配比较的差
	⩽2.36mm		±3%	
	⩾4.75mm		±4%	
沥青用量(油石比)		逐盘在线监测	±0.3%	计算机采集数据计算
		逐盘检查,每天汇总 1 次取平均值评定	±0.15%	总量检验
		1～2 次/日	±0.3%	抽提试验

续上表

项　目	检查频度及单点检验评价方法	质量要求或允许偏差	试验方法
马歇尔试验：空隙率、稳定度、流值	每台拌和机每天1～2次，以4～6个试件的平均值评定	符合规定	马歇尔试验
浸水马歇尔试验	必要时（试件数同马歇尔试验）	符合规定	浸水马歇尔试验
车辙试验	必要时（取3个试件平均值）	根据科研需要	车辙试验

沥青碎石基层马歇尔试验技术要求　表6-21

试验指标	单　位	技术要求	
公称最大粒径	mm	≤26.5mm	≥31.5mm
马歇尔试件尺寸	mm	ϕ101.6mm×63.5mm	ϕ152.4mm×95.3mm
击实次数（双面）	次	75	112
稳定度	kN	≥7.5	≥15
流值	mm	1.5～4	—
空隙率VV	%	3～6	
沥青饱和度VFA	%	55～70	
集料间隙率VMA	%	不小于11	

②目测混合料拌和是否均匀，有无花白料，油石比是否合理，检查集料和混合料的离析情况。

③检查拌和机控制室内各项参数设定值、控制屏的显示值，核对计算机采集和打印记录的数据与显示值是否一致。

④按规范规定的方法，进行沥青混合料生产过程的在线监测和总量检验及质量动态管理。

⑤检测沥青混合料的材料加热温度、混合料出厂温度，取样抽提、筛分检测混合料的集料级配、油石比。抽提筛分应至少检查0.075mm、2.36mm、4.75mm、公称最大粒径及中间粒径等5个筛孔的通过率。

⑥取样成型试件进行马歇尔试验，测定空隙率、稳定度、流值，计算合格率。对集料间隙率*VMA*、沥青饱和度*VFA*指标可只作记录。按规范规定的方法，确定压实度的标准密度。

沥青混合料存放时间，对体积指标有一定影响，从拌和厂取样后立即成型试件为准，成型温度和试件高度必须符合试验要求。

3）沥青碎石施工过程质量检测

沥青碎石基层施工质量，按《公路沥青路面施工技术规范》（JTG F40—2004）要求进行检查，其质量控制标准见表6-22。

4）结构层参数

分层铺筑的沥青碎石，待各层施工完毕后，应需进行相关参数实测，其中包括：施工层顶面弯沉值、压实度及承载板测试，以建立弯沉与当量回弹模量关系。

沥青碎石基层混合料施工过程中的工程质量控制标准 表6-22

项目		检查频度及单点检验评价方法	质量要求或允许偏差	试验方法
外观		随时	表面平整密实，不得有轮迹、裂缝、推挤、油丁、油包等缺陷，且无明显离析	目测
接缝		随时	紧密平整、顺直、无跳车	目测
		逐条缝检测评定	5mm	T 0931
施工温度	摊铺	逐车检测评定	不低于140℃	实测
	碾压	随时	符合本前述规定	插入式温度计实测
厚度	每一层	随时	设计值的8%	施工时插入改锥量测松铺厚度及压实厚度
	总厚度	每2 000m² 一点	设计值的−5%	T 0912
压实度		每2 000m² 检查1组逐个试件评定并计算平均值	实验室标准密度的98%；最大理论密度的94%；GTM密度的97%；试验段密度的99%	钻孔检测
平整度		随时	5mm	T 0931
宽度		检测每个断面	±2cm	T 0911
纵断面高程		检测每个断面	±10mm	T 0911
横坡度		检测每个断面	±0.3%	T 0911

注：1. 厚度检测，通常采用压实度钻孔检测，其检测频度是指成型后的钻孔频度。

2. 压实度检测为钻孔试件，数量按规范规定执行。进行核子仪等无破损检测时，每13个测点的平均数作为一个测点进行评定。实验室密度指与配合比设计相同方法成型的试件密度。以最大理论密度作标准密度时，通过真空法实测确定。

(1)沥青碎石基层顶面，不同路段弯沉检测结果，经过整理见表6-23。

沥青碎石(ATB-25)基层顶面弯沉测试结果(单位：0.01mm) 表6-23

测试层位置	工程试验路段Ⅰ：K11+829～K14+92				工程试验路段Ⅱ：K15+075～K18+420			
	左幅		右幅		左幅		右幅	
	行车道	超车道	行车道	超车道	行车道	超车道	行车道	超车道
测点数	149	149	147	144	158	150	158	160
平均值	5.1	5.2	12.1	12.0	11.6	10.6	10.4	9.9
标准偏差	1.4	1.3	2.6	2.9	2.8	2.9	1.9	2.1
变异系数	0.266	0.247	0.266	0.238	0.244	0.272	0.188	0.213
代表弯沉值	9.5	9.4	20.8	21.3	20.7	19.6	17.1	16.9

从表6-23看出：

①沥青碎石基层的强度较高，基层顶面回弹弯沉代表值，都控制在设计弯沉以内。

②行车道和超车道的回弹弯沉十分接近，各车道左侧轮迹带与右侧轮迹带的回弹弯沉值，也无多大差别；说明沥青碎石基层施工质量较好，强度分布均匀。路面结构并没有因为采用了

厚的柔性基层而削弱了整个路面结构的强度和刚度，从而也不会减少路面结构的疲劳寿命。

(2)沥青碎石基层压实度

为了保证施工质量，在沥青碎石施工中，现场对压实度实施双控指标。按马歇尔标准密度，控制压实度不小于98%；按GTM密度控制，其压实度不小于97%；按最大理论密度控制，其压实度不小于94%，不得大于97%，实测空隙率在3%～6%之间。通过现场钻芯后用蜡封方法，测得沥青碎石压实度，汇总于表6-24。

沥青碎石(ATB-25)压实度检测结果汇总(单位：%) 表6-24

测试层位置		测点数	最大值	最小值	平均值	标准偏差	代表值
试验路段Ⅰ	左幅	39	99.8	97.4	98.8	0.59	98.5
	右幅	31	99.5	98.0	98.6	0.45	98.4
试验路段Ⅱ	左幅	111	99.7	98.0	98.8	0.48	98.7
	右幅	111	99.8	98.0	98.9	0.46	98.7

试验路段Ⅰ左右两幅沥青碎石均为8cm，采用一次摊铺碾压成型。试验路段Ⅱ$_a$左幅(全厚式)沥青碎石基层厚28cm，分为三层(10cm+10cm+8cm)施工；Ⅱ$_b$右幅沥青碎石基层厚度18cm，分为二层(10cm+8cm)施工。从表6-24看出：由于采用适当的碾压工艺，压实功也满足要求，最终测得的压实度，全部满足原设计要求；按GTM试验的标准，均超过98%，使沥青碎石基层也可获得较高的强度和刚度，从而发挥其良好的路用性能。

(3)沥青碎石基层弯沉值与当量回弹模量

时年，同样按照式6-1条件和方法，测得复合式基层顶面当量回弹模量(表6-25)，并经回归分析和显著性检验，推荐出不同结构的沥青碎石基层顶面的当量回弹模量与弯沉之间关系：

当量回弹模量测试结果汇总(单位：MPa) 表6-25

测试段		测点数	标准差	变异系数(%)	模量平均值
试验路段Ⅰ	K13+810～K14+795左幅	11	1 181.1	51.7	2 285.8
	K13+810～K14+810右幅	10	125.4	25.2	498.5
试验路段Ⅱ	K15+300～K16+200左幅	10	167.0	28.1	593.8
	K15+300～K16+200右幅	9	187.0	29.5	634.2

①复合式基层结构Ⅰ：

石灰土+二灰稳定碎石+水泥稳定碎石+级配碎石+沥青碎石

推荐出的基层顶面实测当量回弹模量E_{t-1}(MPa)与弯沉L_s(0.01mm)之间关系：

$$E_{t-1} = -4\,330.9\ln(L_s) + 9\,002.9 \quad (6\text{-}3)$$

相关系数：$R^2=0.82$

②复合式基层结构Ⅱ：

石灰土+二灰稳定碎石+水泥稳定碎石+沥青碎石(左幅Ⅱ$_a$为全厚式沥青碎石)

推荐出的基层顶面实测当量回弹模量E_{t-2}(MPa)与弯沉L_s(0.01mm)之间关系：

$$E_{t-2} = -512.7\ln(L_s) + 1\,747.3 \quad (6\text{-}4)$$

相关系数：$R^2=0.79$

(4)沥青碎石基层厚度

沥青碎石基层厚度,每一层用钻芯取样法量测。厚度代表值采用平均值的置信下限作为否决指标,单点极值作为扣分指标其,其检测结果汇总于表6-26。从该表可知:沥青稳定基层厚度全部合格。

沥青碎石(ATB-25)基层厚度测试结果汇总　　表6-26

测试段		测点数	平均值(mm)	标准差(mm)	变异系数(%)	代表值(mm)
试验路段Ⅰ K11+829~K18+925	右幅	32	81.0	0.97	1.19	80.6
	左幅	40	81.4	1.36	1.67	80.9
试验路段Ⅱ:右幅 K15+275~K18+384	右幅一层	36	101.3	1.06	1.05	100.9
	右幅二层	36	81.0	0.88	1.09	80.6
试验路段Ⅱ:左幅 K15+075~K18+384	左幅一层	36	101.9	1.47	1.44	101.3
	左幅一层	37	101.2	1.16	1.15	100.7
	左幅三层	38	80.9	0.91	1.12	80.5

三、沥青面层施工及质量控制要点

工程试验路段面层,选用的是普通沥青混凝土。试验路段Ⅰ为三层结构,即:上面层采用AC-13C,中面层采用AC-20C,下面层采用AC-25C;试验路段Ⅱ为两层结构,即上面层为AC-13C,下面层采用AC-25C。

上面层所用的集料为邯郸武安的玄武岩碎石;中下面层为涉县的武安白沙石灰岩碎石;矿粉为涉县出产的石灰岩矿粉;沥青为中海AH-70号重交石油沥青和壳牌SBS70号改性沥青。

面层施工按照公路沥青施工技术规范规定进行施工的,在此不再重述。以下仅对施工特殊要求和施工要点分述如下:

1.沥青混合料生产配合比

沥青混合料生产配合比,应尽可能与目标配合比一致。按目标配合比设计比例,从热仓取料,经烘干和二次筛分后进行生产配合比设计。

为了严格控制热拌沥青混合料质量,使其在试验室设计的沥青混合料能真正地实现在路面上。按照正常工作进度与工作程序,对根据目标配合比设计阶段确定的集料料堆比例送料,经烘干二次筛分后进入各热料仓的集料进行了筛分和相对密度试验。

经二次筛分后进入热料仓的集料,在进入干燥鼓内进行烘干处理的过程中,大部分粉料通过高温热气流排出,其中较粗部分回流进入热料提升机,较细部分则进入集尘回收系统,使得合成集料中的矿粉含量减少,按工程要求,回收粉尘不允许用于表面层。为此,为获知热料仓集料中矿粉的损失量和残存量,以确定矿粉的补充数量,对热料仓集料进行水洗筛分。

混合料生产配合比的设计,按目标配合比进行调整,在调整时主要要求三个关键筛孔通过率接近设计级配,即:0.075mm、2.36mm和4.75mm。

2. 沥青混凝土面层施工要点

1)沥青混合料拌和与运输

在用间歇式拌和机拌和沥青混合料时,拌和机应具备防止矿粉飞扬散失的密封性能及除尘设备,并有检测拌和温度和自动打印装置。混合料的拌和温度见表6-27。

面层沥青混合料拌和温度

表6-27

沥青类型	沥青加热温度	矿料加热温度	出料温度	混合料废弃温度
壳牌SBS改性沥青	160~170℃	170~200℃	150~170℃	200℃
中海AH-70沥青	155~165℃	165~195℃	145~165℃	195℃

沥青混合料拌和技术要求、注意事项及质量检测同沥青碎石。拌和出的符合质量要求的沥青混合料,采用载重量不低于16t的自卸汽车运输。运输过程技术要求同沥青碎石。

运料车到达铺筑现场,由现场质检员对沥青混合料温度及外观进行检查,填写检查记录,对于温度过低的材料坚决不使用。采用数字显示插入式热电偶温度计检测运到现场材料温度时,插入深度要大于150mm。

2)沥青面层的摊铺与碾压

沥青面层混合料摊铺,采用两台摊铺机同时进行,靠中央分隔带侧摊铺机在前,左侧架设钢丝,摊铺机上安装横坡仪控制摊铺层横坡;后面摊铺机右侧架设钢丝,左侧在摊铺好的层面上走"雪撬"。两台摊铺机摊铺层的纵向接缝,采用斜接缝,以避免出现缝痕。两台摊铺机梯形作业距离不应超过30m,摊铺速度根据拌和机的产量、施工机械配套情况及摊铺厚度、摊铺宽度,按2~4m/min予以调整进行,做到缓慢、均匀、不间断地摊铺(图6-6)。

图6-6 时年邯长公路试验路段面层沥青混合料摊铺和碾压实况

在摊铺过程中遇到下雨时,立即停止工,并清除未压成型的混合料。对遭受雨淋的混合料废弃丢掉,不得卸入摊铺机进行摊铺。

为了保证面层压实度和平整度,初压在混合料不产生推移、开裂等情况下,尽量在摊铺后高温度下碾压。碾压时以轮胎压路机碾压为主,用20t~25t轮胎压路机,紧随其后进行复压。终压时用较宽的钢轮压路机碾压,找平路面,以使路面平整度达到设计要求。

压路机以缓慢而均匀的速度碾压,其适宜碾压速度,随初压、复压、终压和压路机类型而别,见表6-28。

无论是初压、复压、终压,都要设置明显标志,以便于司机辨认。对松铺厚度、碾压顺序、压路机组合、碾压遍数、碾压速度及碾压温度，设有专岗管理和检查，使面层做到既不漏压也不超压，不得将集料颗粒压碎。

沥青面层压路机碾压速度(km/h) 表6-28

压路机类型	初压		复压		终压	
	适宜	最大	适宜	最大	适宜	最大
钢轮式压路机	1.5～2	3	2.5～3.5	5	2.5～3.5	5
轮胎压路机	—	—	3.5～4.5	8	4～6	8
振动压路机	1.5～2(静压)	5(静压)	4～5(振动)	4～5(振动)	2～3(静压)	5(静压)

沥青面层压实度提高，对路面的使用寿命将产生深远的影响。对于用GTM设计的沥青路面，为了尽量提高其压实度，在沥青未达到终压控制温度之前，不得停止碾压，以争取获得更高的压实度。

在碾压过程中，注意碾压温度和碾压程序。碾压终了温度应不低于75℃(振动压路机)。压实完成12h后，方能允许施工车辆通行。现场压实度采用双控指标，按马歇尔标准密度控制的压实度不小于98%，按GTM密度控制的压实度不小于97%，按最大理论密度控制的压实度不小于94%，不得大于97%，实测空隙率在3%～6%之间。采用钻孔法及核子密度仪检测密度。

3)施工接缝处理

纵向施工缝处理，采用两台摊铺机，成梯队联合摊铺方式的纵向接缝，采用斜接缝处理。在前部已摊铺混合料部分留下10～20cm宽暂不碾压，作为后高程基准面，并有5～10cm左右的摊铺层重叠，以热接缝形式在最后作跨接缝碾压以消除接缝痕迹。

横向施工缝处理，全部采用平接缝。用三米直尺沿纵向位置，在摊铺段端部用直尺呈悬臂状，以摊铺层与直尺脱离接触处定出接缝位置，用锯缝机割齐后铲除；继续摊铺时，锯切摊铺层时留下的灰浆应擦洗干净，涂上少量黏层沥青，摊铺机熨平板从接缝处起步摊铺；碾压时用钢轮压路机进行横向压实，从先铺路面上跨缝逐渐移向新铺面层。

第四节 工程试验路段长期观测

复合式基层沥青路面，在国内应用还是少见的。为了探讨它的路用状况，对在重载交通作用下的试验路段，进行连续长期跟踪观测，测试及分析，以研究在实际环境、交通荷载等因素作用下，其结构的受力状况、强度、变形特性、承载能力、路用性能及其衰变规律，然后对使用效果进行综合评价。

一、试验路段使用概况

邯长公路2004年12月正式通车，即时成为晋煤东运通道，载重大于20t特大型运煤货车，多为1.22.222、1.2.222、1.1.22等轴型。通过实际调查发现，重车方向货车几乎全部超载，有些车载重达百吨以上。轻车方向的货车约有60%空车，20%满载，20%超载。

1. 通车后的换算交通量

汽车轴载与通行次数，按照等效原则换算为标准轴载的通行次数，其换算公式如式(6-3)。换算后轴次交通量统计情况，见表6-29。

$$\frac{N_0}{N_i}=\left(\frac{P_i}{P_0}\right)^{4.35} \tag{6-5}$$

式中：N_0，P_0——标准车的通行次数及轴载；

N_i，P_i——标准车的通行次数及轴载。

标准轴次月交通量(万次)　　表6-29

时　间	重车方向	轻车方向	合　计
2005年3月	18.9436	11.7213	30.6649
2005年4月	22.6616	13.2844	35.9460
2005年5月	21.5886	12.1148	33.7034
2005年6月	20.1781	11.8824	32.0605
2005年7月	22.4861	11.7410	34.2271
2005年8月	22.7810	13.0327	35.8137
2005年9月	28.0857	12.8626	40.9483
平均月交通量	22.3892	12.3770	34.7662

从表6-29中看出：邯长公路交通量很大，通车一年来平均月交通量约为35万轴次。重车方向的车辆数与轻车方向相差不大，但是，重车方向的标准轴次为轻车方向的1.8倍，主要是运煤重车超载所致。

试验路通车使用两年后，在重载交通作用下，通过跟踪观测发现，没有出现裂缝、变形、坑槽及水损害等早期破坏现象，车辙深度小于4mm，使用状况良好，表现出优良的抗重载疲劳性能和抗车辙性能(图6-7、图6-8)。

图6-7　路面使用1年后路面实况

图6-8　路面使用2年后实况

2. 交通量发展情况

根据运营管理部门提供的2005～2009年邯长公路交通量发展情况，并对重型车辆的变化进行分析，到2009年重车比例占73.57%，见图6-9。虽然年总量走出了一个由低渐高，有逐

步降低的过程，但是重车所占比例在逐年增加。

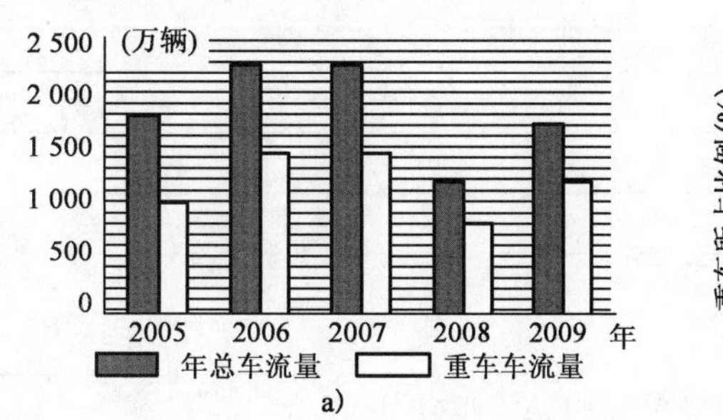

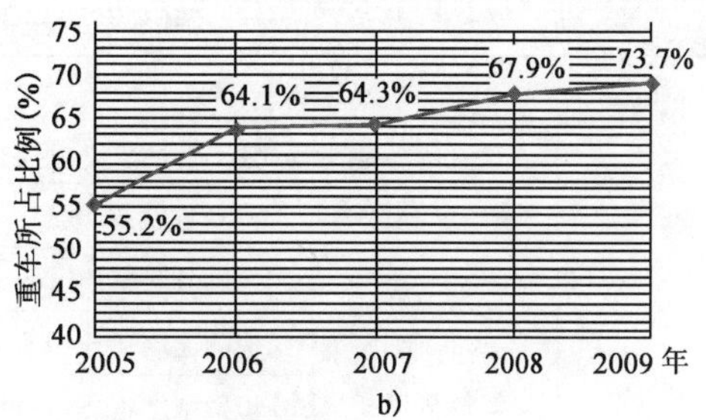

图 6-9　2005～2009 年邯长公路车流量变化图示

a)年总车流量变化；b)重车车流量所占比例

二、试验路段跟踪观测方法及结果

邯长公路通车后，对路面结构承载能力、路面平整度、路面抗滑性能、路面渗水性能、路面车辙等进行跟踪观测，并进行现场钻芯检测，其观测方法和观测结果分述如下。

1. 观测路段划分

在对邯长公路路用性能跟踪观测时，使用公路资产管理系统（CPMS）软件，按照软件的要求，将被观测的路段划分若干单元。在进行单元划分时，考虑了以下几个原则。

(1)根据《公路技术状况评定标准》(JTG H20—2007)，结合邯长公路实际和里程桩设置，原则上以 1 000m 路段长度作为一个基本单元。

(2)当遇到路面类型、交通量、路面宽度等因素发生变化处，施工工段及需要特殊处理的路段，单元长度可不受上述限制，但是，不超过 2 000m。

(3)当遇到部分大桥或特大桥，视相邻路段具体情况和后续养护分析需要，确定是否单独划分路段。

(4)对全线技术状况评定时，采用所有路段评定指标的算术平均值作为评定结果。

2. 跟踪观测项目

根据《公路技术状况评定标准》(JTG H20—2007)评定规定，路面部分损坏状况、路面行驶质量、路面车辙、路面抗滑性能，路面结构强度五部分。

3. 路面部分检测方法

对整条公路技术状况检测，采用人工检测和自动化检测两大类。对于路面质量检测采用自动化设备。这些设备包括：

1) 多功能路况快速检测系统（以下简称 CiCS)

CiCS 检测系统设备如图 6-10。该设备能够在正常车流速度下，一次性能完成路面损坏状况、路面平整度和前方景观图像等多项技术指标的检

图 6-10　多功能路况快速检测系统(CiCS)

测工作,其主要性能见表6-30。

CiCS系统主要技术性能指标　　表6-30

	检验指标	技术性能
CiCS主要技术指标及性能	路面损坏(裂缝、坑槽等)	技术性能
		检测宽度:2.6～3.6m
		裂缝分辨率:<1mm
		检测速度:0～100km/h
		识别精度:正常路面裂缝识别率达到95%以上
		图像处理:自动识别处理
		图像存储:每2m存一帧,每帧图像不少于2 048像素(纵向)×2 968像素(横向),以黑白图像JPEG格式纵向连续存储
	道路平整度	国际平整度指标(IRI)
		检测速度:0～100km/h
		数据处理方式:实时处理
	前方图像	图像格式:以彩色图像按PEG格式存储
		分辨率:不小于1 600像素(宽)×1 200像素(高)
		检测频率:50～100帧/km
		检测速度::0～100km/h

(1)路面破损率(DR)

路面损坏数据处理,根据图像采取自动识别方法,获取路面损坏类型、损坏程度和损坏数量,然后计算得到路面破损率(DR)。CiCS系统配套有"路面损坏自动识别系统(CiAS)",它能够识别1mm以上的路面裂缝,识别准确率达到95%,能够满足《公路技术状况评定标准》(JTG H20—2007)的相关要求。为保证数据质量,在数据处理过程中,还按一定比例进行抽样,采用人工方法对计算机自动识别结果进行复核。路面损坏状况检测数据(DR),可以直接导入公路资产管理系统(CPMS),按车道以10m为单位记录保存,再按上行和下行方向分别统计为100m和1 000m路段的代表值。

(2)国际平整度指数(IRI)

路面平整度检测指标,采用世界银行的国际平整度指数(IRI)。利用CiCS系统配备的高性能激光传感器,获得精确的路面纵断面高程数据,然后通过世行提供的标准计算程序,可以计算出IRI。

原始IRI_b检测结果,还需要通过式6-4换算成标准的IRI_a值。

$$IRI_a = 0.9215 \times IRI_b + 0.2539 \tag{6-6}$$

相关系数:$R^2 = 0.9946$

式中:IRI_a——国际平整度指数标定值;

IRI_b——国际平整度指数检测值。

路面平整度检测数据(IRI)可以直接导入公路资产管理系统(CPMS),按车道20m为单位记录保存,然后按上行和下行方向分别统计100m和1 000m路段的代表值。

2)激光车辙检测仪

路面车辙深度检测，采用激光车辙检测仪(MLS-13PTR)，如图 6-11。该种车辙深度检测仪，属于共梁多传感器车辙检测设备，总共配备了 13 个激光传感器和 2 个加速度计，最外侧 2 个激光传感器采用斜角测量方式，可将横断面检测宽度扩大到 3.6m。

图 6-11　车载式激光路面车辙检测仪(MLS-13PTR)

路面车辙检测系统，按车道连续采集横断面高程数据，然后，根据 CPMS 提供的标准计算方法，计算出左右轮迹处的车辙深度(RD_L 和 RD_R)、最大车辙深度(RD_{max})和平均车辙深度($RD_{平均}$)。检测的路面车辙深度，可直接导入公路资产管理系统(CPMS)，按车道以 10m 为单位记录保存，然后，按上行和下行方向分别统计 100m 和 1 000m 路段的代表值。在计算路段代表值时，取两个轮迹处车辙深度的最大值。

3)路面横向力系数检测车(RiCS)

路面抗滑性能检测，采用路面横向力系数检测车(RiCS)(图 6-12)，其工作原理是:设定测试轮与行车方向成一定偏角;当车辆前进时，就会产生一个同测试轮平面垂直的横向摩阻力，它与移测试轮承受垂直荷载的比值，即为横向力系数(*SFC*)。

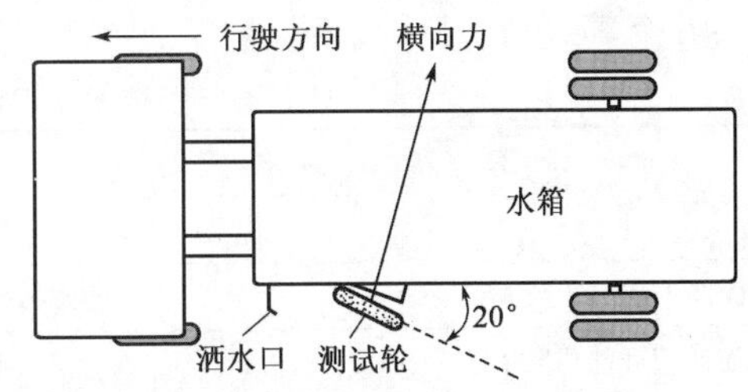

图 6-12　路面横向力系数检测车(RiCS)

路面抗滑性能检测，按车道连续采集 *SFC*，其检测数据可以直接导入公路资产管理系统(CPMS)，以 20m 为单位记录保存，并按上行和下行方向分别统计 100m 和 1 000m 路段的代表值。

4)连续式路面自动弯沉仪(JG—2005)

路面结构强度(弯沉)检测，采用连续式路面自动弯沉仪(JG—2005、图 6-13)，它属于行驶采样、静态弯沉设备，其工作原理与贝克曼梁相似，检测速度每时 3～5km，自动记录总弯沉值和弯沉盆曲线。

图 6-13　连续式路面自动弯沉仪(JG—2005)

自动弯沉仪采样频率及自动化程度较高，同时与贝克曼梁测试结果(回弹弯沉)还具有良好的相关性。

路面回弹弯沉，按车道连续采集，其检测数据可以直接导入 CPMS 系统，以 20m 为单位记录保存，然后，按上行和下行方向分别统计 100m 和 1 000m 路段的平均值、标准差和变异系数，最后经过温度和季节修正，于是得到路段代表弯沉值，具体计算方法公式如下：

$$L_0 = (\overline{L} + Z_a S) \cdot K_T \cdot K_s \tag{6-7}$$

式中：L_0——路段代表弯沉值，0.01mm；

$\overline{L}$——路段内实测弯沉平均值，0.01mm；

S——路段内实测弯沉标准差，0.01mm；

Z_a——证率系数，高速公路采用 1.645；

K_s——季节修正系数，根据当地经验确定；

K_T——温度修正系数，其修正方法，可按照《公路路面现场测试规程》中的规定或根据条文说明或当地的实测资料进行修正。

由于自动弯沉仪的测试结果为静态总弯沉，按照我国相关规范的要求，还要通过标定方程式(6-8)，将其换算为标准回弹弯沉值。

$$L_B = 1.17 \times L_A + 3.648\,5 \tag{6-8}$$

相关系数： $R^2 = 0.989\,7$

式中：L_B——贝克曼梁标准回弹弯沉值，0.01mm；

L_A——自动弯沉仪检测总弯沉值，0.01mm。

三、沥青路面技术状况评定标准

根据公路技术状况评定标准(JTG H20—2007)规定，沥青路面技术状况划分为优、良、中、次、差五个等级，其具体技术标准见表 6-31。

沥青路面技术状况和等级评定标准 表 6-31

评价项目	评价等级				
	优	良	中	次	差
路面技术状况指数 *MQI*	≥90	≥80，<90	≥70，<80	≥60，<70	<60
路面使用性能指数 *PQI*	≥90	≥80，<90	≥70，<80	≥60，<70	<60
路面损坏状况指数 *PCI*	≥90	≥80，<90	≥70，<80	≥60，<70	<60
路面行驶质量指数 *RQI*	≥90	≥80，<90	≥70，<80	≥60，<70	<60
路面车辙深度指数 *RDI*	≥90	≥80，<90	≥70，<80	≥60，<70	<60
路面抗滑性能指数 *SRI*	≥90	≥80，<90	≥70，<80	≥60，<70	<60
路面结构强度指数 *PSSI*	≥90	≥80，<90	≥70，<80	≥60，<70	<60
路面破坏率 *DR*	≤0.4	>0.4，≤2.0	>2.0，≤5.5	>5.5，≤11.0	>11
路面国际平整度指数 *IRI*	≥90	≥80，<90	≥70，<80	≥60，<70	<60
路面车辙深度 *RD*	≤5	>5，≤10	>10≤15	>15，≤20	>20
路面横向力系数 *SFC*	≥48	≥40，<48	≥33.5，<40	≥27.5，<33.5	<27.5
路面结构强度系数 *SSI*	≥0.95	≥0.80，<0.95	≥0.69，<0.8	≥0.61，<0.69	<0.61

四、沥青路面质量评价模型

按照公路技术状况评定标准(JTG H20—2007)规定，沥青路面使用性能评价，包括：路面

损坏状况、行驶质量、车辙、抗滑性能和结构强度等五项指标，其中结构强度为抽样指标。沥青路面综合使用性能采用 PQI 指标表征，其计算方法如下：

$$PQI = w_{PCI} \cdot PCI + w_{RQI} \cdot RQI + w_{RDI} \cdot RDI + w_{SRI} \cdot SRI \tag{6-9}$$

式中：w_{PCI}、w_{RQI}、w_{RDI}、w_{SRI}——路面各分项指标的权重系数，依次为 0.35、0.40、0.15、0.10。

其余符号的意义见表 6-31。路面结构强度（$PSSI$）单独计算和评定。式(6-9)中各分项指标评定方法分述如下：

1. 路面损坏状况指数（PCI）

沥青路面损坏状况，采用 PCI 进行评定。PCI 被定义为沥青路面破损率（DR）的函数，具体计算方法见式(6-10)，其评价模型见图 6-14。

$$PCI = 100 - a_0 \cdot DR^{a_1} \tag{6-10}$$

$$DR = \frac{D}{A} \times 100 = \frac{\sum\sum A_{ij} w_{ij}}{A} \times 100$$

式中：DR——路面破损率，即路面各种损坏的折合损坏面积之和与调查面积之百分比（%）；

D——路面折合破损面积之和（m^2）；

A——路面实际调查总面积（m^2）；

A_{ij}——第 i 类损坏、第 j 类严重程度的实际破损面积（m^2）；

w_{ij}——第 i 类损坏、第 j 类严重程度破损权重系数，按标准取值（见表 6-32）；

a_0、a_1——模型参数，沥青路面 a_0＝15.00；a_1＝0.412。

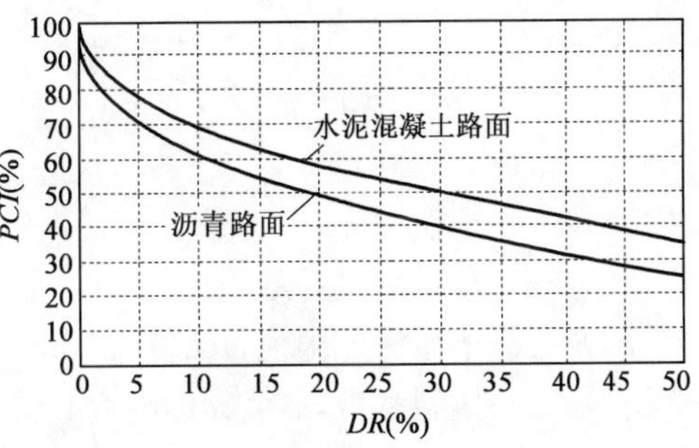

图 6-14　路面损坏状况评价模型（PCI）

沥青路面损坏类型和权重　　表 6-32

类型(i)	损坏名称	损坏程度	权重 w	计量单位	类型(i)	损坏名称	损坏程度	权重 w	计量单位
1	龟裂	轻	0.6	面积 m^2	12	松散	轻	0.6	面积 m^2
2		中	0.8		13		重	1.0	
3		重	1.0		14	沉陷	轻	0.6	
4	块状裂缝	轻	0.6	面积 m^2	15		重	1.0	
5		重	0.8		16	车辙	轻	0.6	长度 m 见注②
6	纵向裂缝	轻	0.6	长度 m 见注①	17		重	1.0	
7		重	1.0		18	波浪壅包	轻	0.6	面积 m^2
8	横向裂缝	轻	0.6		19		重	1.0	
9		重	1.0		20	泛油		0.2	
10	坑槽	轻	0.8	面积 m^2	21	修补		0.1	
11		重	1.0						

注：①纵横向裂缝影响宽度长度：0.2m。

②车辙影响宽度：0.4m。

2. 沥青路面行驶质量指数(RQI)

沥青路面行驶质量,采用 RQI 指标进行评价。路面平整度是影响行驶质量的一项重要因素。因此,RQI 指标被定义为国际平整度指数(IRI)的函数,其计算公式见 6-11,评价模型见图 6-15。

$$RQI = \frac{100}{1 + a_0 \cdot e^{a_1 \cdot IRI}} \tag{6-11}$$

式中:IRI——国际平整度指数(m/km);

a_0、a_1——模型参数,对于高速公路 $a_0 = 0.026$,$a_1 = 0.650$。

3. 路面车辙深度指数(RDI)

为了应对高速公路日益严峻的路面车辙问题,新颁标准将路面车辙列为一项独立检测和评定指标,并用 RDI 指数进行评价。RDI 被定义为路面车辙深度(RD)的函数,其具体计算见公式(6-12),其评价模型见图 6-16。

$$RDI = \begin{cases} 100 - a_0 RD & RD \leqslant RD_a \\ 6 - a_1(RD - RD_a) & RD_a < RD < RD_b \\ 0 & RD > RD_b \end{cases} \tag{6-12}$$

式中:RD——车辙深度,mm;

RD_a——车辙深度参数,$RD_a = 20$mm;

RD_b——车辙深度限值,$RD_b = 35$mm;

a_0、a_1——模型参数,$a_0 = 2.0$,$a_1 = 4.0$。

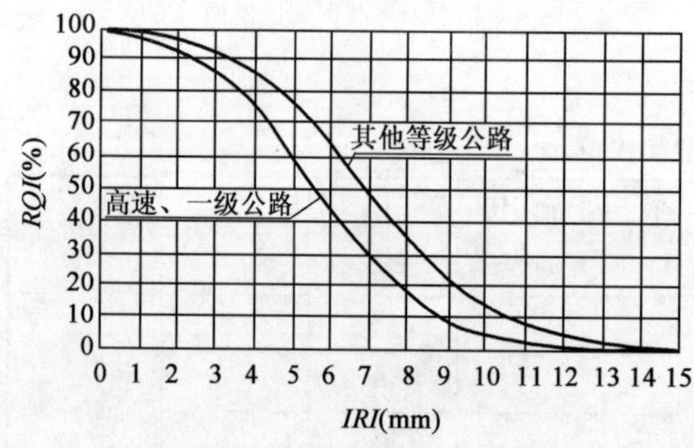

图 6-15 沥青路面行驶质量评价模型(RQI)

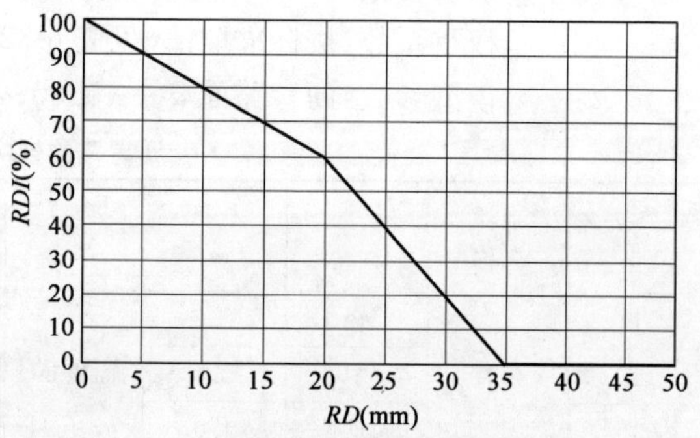

图 6-16 沥青路面车辙评价模型(RDI)

4. 沥青路面抗滑性能指数(SRI)

沥青路面抗滑性能,采用 SRI 指标进行评价。SRI 被定义为横向力系数(SFC)的函数,其具体计算见公式(6-13),评价模型如图 6-17。

$$SRI = \frac{100 - SRI_{\min}}{1 + a_0 \cdot e^{a_1 SFC}} + SRI_{\min} \tag{6-13}$$

式中:SFC——横向力系数,实测数据;

$SRI_{\min}$——路面抗滑性能限值,$SRI_{\min} = 35$;

a_0、a_1——模型参数,$a_0 = 28.6$,$a_1 = -1.05$。

5.路面结构强度指数(*PSSI*)

从沥青路面设计所依据(即弯沉标准)出发,沥青路面采用 *SSI*(沥青路面结构强度系数)指标和 *PSSI*(沥青路面结构强度指数),对沥青路面结构性能进行评价,具体计算方法如下见式(6-14)。

$$PSSI = \frac{100}{1 + a_0 \cdot e^{a_1 \cdot SSI}}$$

$$SSI = \frac{L_d}{L_0} \qquad (6\text{-}14)$$

式中:*SSI*——路面结构强度系数;

L_d——面设计弯沉,0.01mm,按照现有路面结构反算;

a_0、a_1——模型参数,$a_0=15.71$,$a_1=-5.19$。

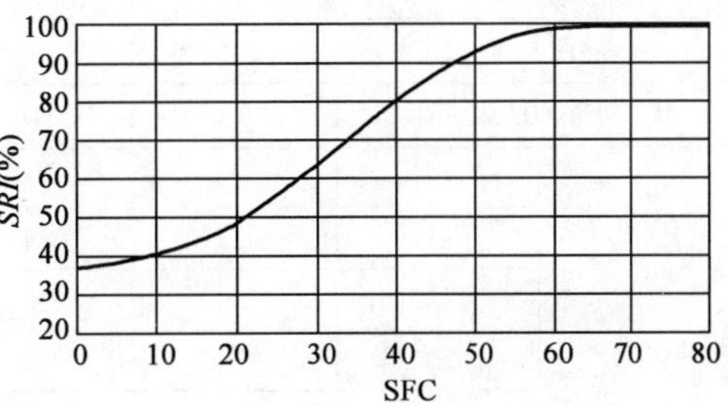

图 6-17 沥青路面抗滑评价模型(*SRI*)

五、邯长公路试验路段通车五年质量评价

邯长公路试验路段通车后,对于铺筑的试验路段,按照公路技术状况评定标准(JTG H20—2007),采取前述方法和设备,分别在通车半年、1 年、2 年、5 年,分别进行了弯沉、平整度、抗滑性能、车辙、渗水性能检测。鉴于篇幅关系,现只将通车五年后的路面质量检测结果介绍如下。

1.通车五年路面结构强度—弯沉跟踪检测

1)检测设备和主要技术指标

邯长公路通车五年后,对全部车道强度进行连续检测。采用的检测设备:法国洛克鲁瓦式路面连续自动弯沉仪,检测设备主要技术指标:

(1)轴载:100kN;轮胎压力,0.7MPa。

(2)检测速度:3.5km/h,连续采样,相关系数;0.99。

(3)检测布距:每 7m 测定一次(左右轮各一个测点),与贝克曼梁对应关系:$y=x+6$。

(4)检测设备自动记录路表温度和空气温度,然后,对弯沉结果进行了温度补偿及修正计算。代表弯沉值按式 6-7 计算,路面结构强度指数(*PSSI*),按式 6-14 计算,然后进行分析比较。

2)通车 5 年路面结构强度—弯沉跟踪检测结果

2009 年 7 月,业主委托交通部公路科学研究所和北京交科公路勘察设计研究院有限公司,采用连续式自动弯沉仪,对下行重载路段进行连续弯沉检测,检测结果见表 6-33。

根据检测结果,按照式 6-14 计算出路面结构强度系数 *SSI* 和路面结构强度指数 *PSSI*。

根据本章表 6-31 所示的标准,对复合式沥青路面强度进行评定,其结果被评为优质等级。

2.试验路段路用性能——平整度跟踪检测

路面平整度的检测,采用世界银行的国际平整度指数(*IRI*)。利用 CiCS 系统配备的高性能激光传感器,获得精确的路面纵断面高程数据,然后通过世行提供的标准计算程序,可以计算出 *IRI*。

通车 5 年后连续检测下行(重载)50m 弯沉数据明细表　　表 6-33

实测弯沉值		半刚性基层路段			试验路段Ⅰ、Ⅱ		
起点桩号		K7+765	K9+226	K10+226	K11+126	K16+226	K17+384
路段长度		1 461	1 000	900	1 100	1 000	1 158
代表弯沉(0.01mm)		13	16	14	15	7	16
50m 路段弯沉(0.01mm)	L_1	—	8	17	11	18	—
	L_2	—	4	14	5	10	—
	L_3	—	9	7	—	7	—
	L_4	—	15	7	—	8	—
	L_5	—	6	8	—	5	—
	L_6	—	5	8	—	6	—
	L_7	—	5	17	—	4	—
	L_8	—	13	21	—	4	12
	L_9	—	6	16	—	4	14
	L_{10}	25	6	17	—	6	12
	L_{11}	18	14	16	—	4	6
	L_{12}	5	14	18	—	5	8
	L_{13}	8	27	5	—	4	5
	L_{14}	—	28	—	—	5	6
	L_{15}	—	26	11	—	5	5
	L_{16}	—	14	11	—	4	13
	L_{17}	—	20	7	—	5	26
	L_{18}	—	15	5	—	5	21
	L_{19}	—	15	—	—	5	23
	L_{20}	—	13	—	—	6	10

1)路面平整度检测设备参数

路面平整度检测设备,采用平整度测试车检测,其主要技术性能指标:

- 最大测试幅度:±20cm;
- 位移分辨率:1mm;
- 相关系数:0.999;
- 评测步距:10cm;
- 测定时速:50±5km/h。

邯长公路在对平整度连续检测采样时,分别以每公里、百米为评测区间的国际平整指数(*IRI*)、标准差(σ),然后,按式(6-11)计算出路面的行驶质量指数(*RQI*)。

在进行平整度检测时,国际平整度指数 *IRI*、标准差 σ 由“公路科学研究平整度测试系统程序”直接计算得到。

2)通车 5 年平整度跟踪检测

邯长公路通车 5 年后,利用 CiCS 系统并配备高性能激光传感器,对沥青路面平整度跟踪检测，获得了精确路面纵断面高程数据，然后通过世行提供的标准计算程序，计算国际平整度指数 IRI。然后按 6-11 式计算沥青路面行驶质量指数 RQI。一同归纳于表 6-34。

通车 5 年路面平整度跟踪检测明细数据（上行、轻车方向） 表 6-34A

类别	起点桩号	路段长度	IRI (m/km)	路段为 100m 国际平整度指数(m/km)										RQI
				IRI_1	IRI_2	IRI_3	IRI_4	IRI_5	IRI_6	IRI_7	IRI_8	IRI_9	IRI_{10}	
一般路段	K4+294	911	2.3	3.1	1.9	2	2.1	1.8	2.2	2.7	2.4	1.9	2.6	89.61
	K5+205	1 021	1.8	2.2	2.5	2.5	1.9	1.6	2.4	1.5	1.6	1.5	1	92.27
	K6+226	539	1.1	1	1	0.8	1.1	1.1	1.5	—	—	—	—	94.95
	K6+765	1 461	1	1.2	1	1.2	1.1	1	1.1	1	0.8	1.1	1	95.26
	K8+226	1 000	1	0.9	0.8	1	0.9	1.1	0.8	1.1	1.1	0.9	—	95.26
	K9+226	900	1.1	0.8	0.8	1.2	0.8	1.6	0.8	1	1.3	1.2	—	94.95
	K10+126	1 100	1	1.2	1	1	0.9	0.8	0.8	1	0.8	1.5	1.2	95.26
	平均		1.33											93.94
试验段Ⅰ	K12+226	1 000	1	1.1	1.1	0.9	1	0.8	0.9	1	0.9	0.8	1.6	95.26
	K13+226	1 000	0.9	0.9	0.8	0.7	1.1	1.1	0.7	0.8	1.2	0.8	—	95.54
	K14+226	1 000	1.4	1.1	1.2	2.8	2.9	0.9	0.9	1.1	1	1.1	1	93.93
	平均		1.1											94.91
试验段Ⅱ	K15+226	1 000	1	0.9	0.9	0.8	0.8	1	0.9	1	1.2	0.9	1.2	95.26
	K16+226	1 000	1.3	1.1	1.3	1.4	0.9	0.9	1	1.5	2.3	1	1.3	94.29
	K17+226	1 158	0.9	1.2	1.1	0.8	0.9	0.9	0.7	—	—	—	—	95.54
	平均		1.07											95.03
RQI 总平均			1.22											94.41

通车 5 年路面平整度跟踪检测明细数据（下行、重车方向） 表 6-34B

类别	起点桩号	路段长度	IRI (m/km)	路段为 100m 国际平整度指数(m/km)										RQI
				IRI_1	IRI_2	IRI_3	IRI_4	IRI_5	IRI_6	IRI_7	IRI_8	IRI_9	IRI_{10}	
一般路段	K4+294	911	1.7	1.7	2.2	1.8	2.1	2	1.3	1.6	1.5	1.4	1.5	92.72
	K5+205	1021	1.7	1.6	—	—	1.5	1.9	1.7	2	1.9	1.6	1.5	92.72
	K6+226	539	1.2	1.3	1.4	0.9	1.3	1.2	1.2	—	—	—	—	94.63
	K6+765	1461	1	1	1	1.4	1.3	1.2	1.3	0.8	0.9	0.8	0.8	95.26
	K8+226	1000	1.3	1	1.2	1.6	1.5	1.4	1	1.2	1.4	1.3	1	94.29
	K9+226	900	1.2	1.1	1	0.9	1.3	1.4	1.2	1.2	1	1.5	—	94.63
	K10+126	1100	1.2	1.5	1	1.2	1	1.2	1	1.1	1	1.6	1.4	94.63
	平均		1.3											94.13
试验段Ⅰ	K12+226	1000	1.2	0.9	1	1	1.1	1.1	1.3	1.2	1.6	1.7	1.2	94.63
	K13+226	1000	1.1	1.4	1.3	1.2	1.2	1.2	0.9	1	1.1	1.2	1	94.95
	K14+226	1000	1.6	1.3	1.6	3	2.7	1.4	1.2	1.2	1.3	1.2	0.9	93.15
	平均		1.3											94.24

续上表

类别	起点桩号	路段长度	IRI (m/km)	路段为 100m 国际平整度指数(m/km)										RQI
				IRI_1	IRI_2	IRI_3	IRI_4	IRI_5	IRI_6	IRI_7	IRI_8	IRI_9	IRI_{10}	
试验段Ⅱ	K15+226	1 000	1.2	1.1	1.1	1.1	1.5	1.2	1.7	1	1.3	1	1.2	94.63
	K16+226	1 000	1	1.2	0.9	1.1	1.2	1	0.8	0.9	0.9	1	1.2	95.26
	K17+226	1 158	1	—	—	—	—	1.3	0.9	0.9	0.8	1.2	1.1	95.26
	平均		1.07											95.05
RQI 总平均			1.26											94.37

3)通车 5 年后、半刚性基层与试验路段 *RQI* 指标对比分析

在对试验路段进行跟踪检测时,同时对半刚性基层沥青路面也进行跟踪检测,以便于对两者的路用性能进行比较分析,以对试验路段行驶质量做出评价。通过表 6-35 列举数据对比分析可知,试验路段的路面行驶指数 *RQI* 指标优于半刚性基层上的沥青路面。

通车 5 年后半刚性基层沥青路面与试验路段 *RQI* 对比分析 表 6-35

对比分析项目	沥青路面行驶质量 RQI		
	上行、轻车	下行、重车	上下行平均
半刚性基层沥青路面	93.9	94.1	94
试验路段Ⅰ	93.9	94.2	94.05
试验路段Ⅰ与半刚性基层路段对比(%)	0.00	0.11	0.05
试验路段Ⅱ	95	95.1	95.05
试验路段Ⅱ与半刚性基层路段对比(%)	1.17	1.06	1.12
试验路段平均	94.45	94.65	94.55
试验段平均与半刚性基层路段对比(%)	0.59	0.58	0.59

3. 试验路段路用性能——车辙状况跟踪检测

通车 5 年后,采用车载式激光路面车辙检测仪,按行车道连续采集横断面高程数据,然后根据 CPMS 提供的标准算法,计算左右轮迹处的车辙深度(RD_L 和 RD_R)、最大车辙深度(RD_{max})和平均车辙深度($RD_{平均}$),直接导入公路资产管理系统(CPMS),按车道以 10m 为单位记录保存,分别按上行方向和下行方向统计 100m 路段和 1 000m 路段的代表值。在计算路段代表值时,取两个轮迹处车辙深度的最大值。车辙深度指数 *RDI* 按式(6-12)计算。具体检测数据见表 6-36。然后,进行对比分析,以对试验路段车辙状况做出评价。

通车 5 年路面车辙跟踪检测 100m 明细数据(上行) 表 6-36A

类别	起点桩号	路段长度	RD (mm)	RD>10 mm(%)	100m 路段车辙深度(mm)									
					RD_1	RD_2	RD_3	RD_4	RD_5	RD_6	RD_7	RD_8	RD_9	RD_{10}
半刚性基层路段	K4+294	911	5.1	0	4.3	4.3	4.9	5.9	6.2	4.8	4.3	5.2	5.3	5.4
	K5+205	1 021	4.5	0	3.4	4.9	5.4	5.6	6.6	5.7	4.8	2.7	3.4	4
	K6+226	539	3.2	0	3.6	3	2.5	3.8	3.5	2.9	—	—	—	—
	K6+765	1 461	3.1	0	3.4	3.2	3	1	1.5	2.7	2.9	3	4.5	3.5

续上表

类别	起点桩号	路段长度	RD (mm)	RD>10 mm(%)	100m 路段车辙深度(mm)									
					RD_1	RD_2	RD_3	RD_4	RD_5	RD_6	RD_7	RD_8	RD_9	RD_{10}
半刚性基层路段	K8+226	1 000	2.8	0	3.5	2.8	4.2	4.5	2.4	3	1.2	3.7	2.7	—
	K9+226	900	2.9	0	3.4	3.6	3.2	2.6	3.8	3.5	2.8	1.6	1.9	—
	K10+126	1 100	3.8	0	1.3	4.3	5.3	4.5	3.7	4	5.1	3.5	3.6	4.5
	平均		3.63											
试验路段Ⅰ	K12+226	1 000	2.7	0	2.8	3.9	2.5	3.4	3	3.5	1.3	2.7	2.4	1.5
	K13+226	1 000	2.8	0	2.6	2.8	3.1	4	4.1	2.6	3.5	2.3	1.5	1.4
	K14+226	1 000	4.1	0	3.1	3	4.4	5	3.1	4.7	4.5	5.2	4.7	3.4
	平均		3.2											
试验路段Ⅱ	K15+226	1 000	4.1	0	4.2	2.6	2.6	3.2	3.4	4.8	3	5.1	6.3	5.5
	K16+226	1 000	2.5	0	5.1	3.3	2.4	1.8	1.8	1.7	1.6	2	2.3	3.2
	K17+226	1 158	1.4	0	1.6	2.4	1.5	2.7	—	—	—	—	—	—
	平均		2.67											

通车5年路面车辙跟踪检测100m明细数据(下行)　　表6-36B

类别	起点桩号	路段长度	RD (mm)	RD>10 mm(%)	100m 路段车辙深度(mm)									
					RD_1	RD_2	RD_3	RD_4	RD_5	RD_6	RD_7	RD_8	RD_9	RD_{10}
半刚性基层路段	K4+294	911	3.3	0	—	4.6	4.8	3.9	3	4.2	2.4	—	—	—
	K5+205	1 021	2.7	0	3.5	2.8	3.1	2.8	1.7	3	2.2	2.1	3	3.1
	K6+226	539	3	0	2.2	2.4	1.7	3.3	3.1	2.7	4.4	3.9	—	—
	K6+765	1 461	4.7	0	4.2	4.2	4.9	5.3	—	—	—	—	—	—
	K8+226	1 000	3.3	0	3.9	2.7	3.1	3.3	3.3	3.4	3.1	3.7	3.1	3.1
	K9+226	900	3.8	0	3.5	3	3.4	3.7	2.7	2.9	4.4	3.8	4.9	4.8
	K10+126	1 100	3.3	0	4.6	4.4	3.7	2.6	2.5	2.1	—	—	—	—
	平均		2.73											
试验路段Ⅰ	K12+226	1 000	2.3	0	1.8	2.2	1.6	2.9	3	3.6	1.9	2.8	1.5	1.2
	K13+226	1 000	2.8	0	4.5	3.6	2.9	3	2.3	2.2	3.2	1.6	2.7	1.5
	K14+226	1 000	3.1	0	1.9	3.8	2.9	3.1	2.6	2.7	2.9	3.4	4.5	—
	平均		2.73											
试验路段Ⅱ	K15+226	1 000	3	0	4.1	2.7	3.8	3.3	3.4	3.5	2.9	1.9	2.9	2.2
	K16+226	1 000	2.1	0	2.4	2	2.4	2.4	2	2.6	1.8	2	1.8	1.7
	K17+226	1 158	2.5	0	1.8	1.9	2.1	1.9	2.3	2.6	2.6	2.9	3.6	3.6
	平均		2.53											

通车5年后沥青路面跟踪检测的车辙 $RD_{平均}$：

- 半刚性基层路段：上行 $RD_{平均}=3.63$mm；下行 $RD_{平均}=3.44$mm。$RD_{平均}=3.535$mm。
- 试验路段Ⅰ：上行 $RD_{平均}=3.2$m；下行 $RD_{平均}=2.73$mm。$RD_{平均}=2.965$mm。
- 试验路段Ⅱ：上行 $RD_{平均}=2.67$mm；下行 $RD_{平均}=2.53$mm。$RD_{平均}=2.600$mm。

总之，试验路段 $RD_{平均}$ 比半刚性基层减少0.575～0.935mm。

4. 试验路段路用性能——抗滑性能跟踪检测

沥青路面抗滑性能，采用路面横向力系数检测车（RiCS），按车道连续采集横向力系数（*SFC*），检测数据可以直接导入公路资产管理系统（CPMS），以20m为单位记录保存，然后，分别按上行方向和下行方向统计100m和1 000m路段的代表值（见前图6-12）。该种仪器测定的是路面横向力系数 *SFC*，不仅能反映车辆在路面上制动时的路面抗力，还表征车辆在路面上发生侧滑时的路面抗力。

1）通车5年路面抗滑性能跟踪检测结果

根据通车5年后测得的半刚性基层和试验路段横向力系数 *SFC*，并按式（6-13）计算出路面抗滑指数 *SRI*，见表6-37。

通车5年路面抗滑性能检测100m明细数据（上行） 表6-37A

类别	起点桩号	路段长度	*SFC*	100m路段横向力系数										*SRI*
				SFC_1	SFC_2	SFC_3	SFC_4	SFC_5	SFC_6	SFC_7	SFC_8	SFC_9	SFC_{10}	
半刚性基层路段	K4+294	911	44.2	40	44.8	48	45.6	44.2	44.6	42	41.4	44.6	46.5	85.94
	K5+205	1 021	46	48	47.6	46.2	46.8	45	49.8	46.4	44.6	43.4	42.8	87.91
	K6+226	539	46	46.4	46	47.2	46.2	46.4	43.5	—	—	—	—	87.91
	K6+765	1 461	41.8	41.3	45.4	44.8	45.6	44.4	40.6	38.2	42.6	41	38.6	82.97
	K8+226	1 000	45.4	43	43.4	45.6	47.8	51	46	42.8	43.6	44.8	46.2	87.28
	K9+226	900	43.2	45.4	44.6	43	42.2	41	43.6	43.4	40.6	44.6	—	84.75
	K10+126	1 100	44.8	42	44.2	45.6	50	47.6	44.4	45	44.6	41.8	43	86.62
	平均		44.49											86.20
试验路段Ⅰ	K12+226	1 000	49.4	50.6	50.6	47.2	47.8	50.6	48.4	47.4	46.2	55.6	49.2	91.04
	K13+226	1 000	41.5	42.4	40.8	39.8	43.2	44.2	41.4	40.8	38.2	42	42.6	82.57
	K14+226	1 000	45.5	41	42.8	51	49	47.2	46.4	48.2	46.8	41.8	41	87.39
	平均		45.47											87.00
试验路段Ⅱ	K15+226	1 000	44	41.8	40.6	41.8	41.6	42.2	39.8	39.6	48.6	54.6	49.4	85.71
	K16+226	1 000	46.7	43.4	42.6	40.2	41.4	41.4	43.4	47.8	60	54.2	52.2	88.62
	K17+226	1 158	45.8	59.2	61.4	50	42.4	42.6	43	43.2	43.4	43.4	42	87.71
	平均		45.50											87.35
平均			44.95											86.65

通车 5 年路面抗滑性能检测 100m 明细数据(下行)　　表 6-37B

类别	起 点 桩 号	路段长度	SFC	100m 路段横向力系数										SRI
				SFC_1	SFC_2	SFC_3	SFC_4	SFC_5	SFC_6	SFC_7	SFC_8	SFC_9	SFC_{10}	
半刚性基层路段	K4+294	911	43.2	38	39.8	40.6	42.4	43.6	42	47.2	48.6	45.4	44.5	84.75
	K5+205	1 021	43.2	45	47.6	48	46.8	42.6	44	39.4	44.4	40.8	38.6	84.75
	K6+226	539	38.5	40.2	41.6	40.2	37.6	35.6	35.5	—	—	—	—	78.27
	K6+765	1 461	38.7	37.7	37.6	36	39	39	39	39	38.8	41	38.6	78.58
	K8+226	1 000	40.8	41.2	43.2	41.2	39.8	41.8	42	41	39.8	38.6	39	81.62
	K9+226	900	38.8	36.2	36.4	37	38.6	41.2	40.4	39.6	41.2	38.6	—	78.73
	K10+126	1 100	37.1	36.6	35.8	34.6	35.8	38	37.8	36.4	38	37.8	38.2	76.10
	平均		40.04											80.40
试验路段Ⅰ	K12+226	1 000	39.6	41	38.6	40.6	40	40.4	38.6	37.2	39.4	42.6	37.6	79.91
	K13+226	1 000	35.5	35.6	34.4	35.6	35.2	35.4	33.6	33.8	35.4	35	40.6	73.51
	K14+226	1 000	37.3	39	33.8	33	39	42.4	39	37	36	38	36.2	76.42
	平均		37.47											76.61
试验路段Ⅱ	K15+226	1 000	40	36.2	39.8	39.8	40	41.8	40.8	40	38.6	40	42.8	80.49
	K16+226	1 000	46.5	44.4	44.4	47	49.6	48	46	45.8	47	49.4	43.6	88.42
	K17+226	1 158	40	38	37.6	39.4	40.6	41.4	39.8	38.4	39.6	40.4	42.4	80.49
	平均		42.17											83.13
平均			39.94											80.16
SRI 路段平均:半刚性基层路段为 80.4;试验路段Ⅰ为 76.6;试验路段Ⅱ为 83.1														

2)路面抗滑系数评价

根据上述计算的沥青路面抗滑指数,最终评价为:

(1)全线 SRI 指标平均值为 83.4,评价等级为良;

(2)上行方向:SRI 指标平均值为 86.6,评价等级为良;

(3)下行方向:SRI 指标平均值为 80.2,评价等级为良。

5. 试验路段路用性能——路面损坏状况跟踪检测

邯长公路通车 5 年后,使用多功能路况快速检测系统(CiCS),分别对半刚性基层路段、试验路段Ⅰ、Ⅱ的路面损坏状况进行检测,其检测结果分别列于表 6-38。

通车 5 年后沥青路面损坏状况检测 100m 明细表(上行)　　表 6-38A

类别	起点桩号	路段长度	DR(%)	100m 路段破坏率(%)									
				DR_1	DR_2	DR_3	DR_4	DR_5	DR_6	DR_7	DR_8	DR_9	DR_{10}
半刚性基层路段	K4+294	911	0.01	0.05	0.00	0.00	0.00	0.00	0.00	0.00	0.03	0.00	0.00
	K5+205	1 021	0.02	0.00	0.00	0.00	0.00	0.00	0.00	0.00	0.00	0.10	0.09
	K6+226	539	0.03	0.03	0.08	0.05	0.01	0.00	0.07	—	—	—	—
	K6+765	1 461	0.08	0.00	0.07	0.00	0.16	0.21	0.01	0.06	0.08	0.14	0.06
	K8+226	1 000	0.03	0.00	0.06	0.02	0.07	0.02	0.01	0.06	0.02	0.00	0.00

续上表

类别	起点桩号	路段长度	DR(%)	100m路段破坏率(%)									
				DR_1	DR_2	DR_3	DR_4	DR_5	DR_6	DR_7	DR_8	DR_9	DR_{10}
半刚性基层路段	K9+226	900	0.04	0.02	0.03	0.07	0.00	0.02	0.09	0.04	0.01	0.05	—
	K10+126	1 100	0.03	0.03	0.05	0.05	0.00	0.05	0.11	0.07	0.00	0.01	0.00
	平均		0.034										
试验路段Ⅰ	K12+226	1 000	0.01	0.00	0.00	0.04	0.03	0.01	0.00	0.00	0.00	0.01	0.00
	K13+226	1 000	0.00	0.00	0.00	0.00	0.00	0.00	0.01	0.00	0.00	0.00	0.00
	K14+226	1 000	0.43	0.00	1.05	0.00	3.21	0.00	0.02	0.00	0.00	0.01	0.01
	平均		0.147										
试验路段Ⅱ	K15+226	1 000	0.01	0.00	0.00	0.00	0.00	0.00	0.03	0.00	0.00	0.00	0.10
	K16+226	1 000	0.02	0.19	0.00	0.00	0.00	0.00	0.00	0.00	0.00	0.00	0.00
	K17+226	1 158	0.00	0.00	0.00	0.00	0.00	0.02	0.00	0.00	0.00	0.00	0.00
	平均		0.01										

通车5年后沥青路面损坏状况检测100m明细表(下行)　　表6-38B

类别	起点桩号	路段长度	DR(%)	100m路段破坏率(%)									
				DR_1	DR_2	DR_3	DR_4	DR_5	DR_6	DR_7	DR_8	DR_9	DR_{10}
半刚性基层路段	K4+294	911	0.01	0.00	0.05	0.00	0.00	0.00	0.00	0.00	0.00	0.00	0.00
	K5+205	1 021	0.01	0.00	0.00	0.00	0.00	0.00	0.00	0.00	0.00	0.00	0.00
	K6+226	539	0.06	0.09	0.07	0.01	0.06	0.09	0.00	—	—	—	—
	K6+765	1 461	0.01	0.00	0.00	0.00	0.00	0.00	0.04	0.00	0.02	0.04	0.01
	K8+226	1 000	0.02	0.00	0.01	0.00	0.00	0.00	0.00	0.00	0.02	0.06	0.07
	K9+226	900	0.06	0.12	0.12	0.09	0.09	0.00	0.01	0.06	0.04	0.02	—
	K10+126	1 100	0.01	0.03	0.00	0.00	0.01	0.04	0.00	0.02	0.00	0.01	0.00
	平均		0.026										
试验路段Ⅰ	K12+226	1 000	0.01	0.00	0.00	0.02	0.04	0.00	0.00	0.00	0.00	0.01	0.00
	K13+226	1 000	0.00	0.00	0.04	0.00	0.00	0.00	0.00	0.00	0.00	0.00	0.00
	K14+226	1 000	0.13	0.00	0.01	0.00	1.28	0.00	0.00	0.00	0.00	0.00	0.00
	平均		0.046										
试验路段Ⅱ	K15+226	1 000	0.09	0.05	0.00	0.00	0.00	0.00	0.06	0.00	0.00	0.23	0.59
	K16+226	1 000	0.07	0.51	0.18	0.00	0.00	0.00	0.00	0.00	0.00	0.00	0.00
	K17+226	1 158	0.07	0.00	0.00	0.00	0.00	0.11	0.06	0.07	0.03	0.00	0.27
	平均		0.076										

根据通车5年后,对路面损坏状况检测值表6-38,按照式6-10计算出的路面破损状况指数*PCI*,试验路段平均值为96.5%,属于优质等级。但是,从实测中发现,试验路段尚存有少量的裂缝——破坏。分析其原因,主要发生以下几处:

(1)纵向裂缝,主要发生在新旧路堤连接处。

(2)横向裂缝,主要发生在桥头伸缩缝处。

除上述位置外,其他路段均没有发生裂缝、破损,路况十分良好。在施工过程中,虽然对新旧路基连接处,采取了一定的技术措施,对湿陷性黄土路基,采取强夯处理,但是,尚未完全形成一致的强度。尽管如此,试验路段路面裂缝情况远远好于半刚性基层沥青路面,这说明,复合基层沥青路面,基层对于解决长期困扰沥青路面裂缝问题是十分有效的。

新旧路堤、填挖连接处、桥涵与路堤连接处裂缝问题,在邯长公路上虽然采取一定技术措施,但还不完善需要不断实践、不断总结经验,进一步研究相应的技术措施,才能从根本上消除引起这类裂缝病害。

6. 复合式基层沥青路面总体评价

1)归纳路面路用性能实测代表值

根据表 6-33～表 6-38 通车 5 年来跟踪实测资料,现将其个不同各路段实测的路面分项代表值,归纳于表 6-39 中。

通车 5 年不同基层上的沥青路面路用性能分项实测代表值　　表 6-39

路面类型	桩　号	上行(轻车)				下行(重车)			
		DR	*IRI*	*RD*	*SFC*	*DR*	*IRI*	*RD*	*SFC*
半刚性基层路段	K4＋294	0.01	2.3	5.1	44	0.01	1.7	3.3	43
	K5＋205	0.02	1.8	4.5	46	0.01	1.7	2.7	43
	K6＋226	0.03	1.1	1.1	46	0.06	1.2	3.0	39
	K6＋765	0.08	1.0	3.2	42	0.01	1.0	4.7	39
	K8＋226	0.03	1.0	3.1	45	0.02	1.3	3.3	41
	K9＋226	0.04	1.1	2.8	43	0.06	1.2	3.8	39
	K10＋126	0.03	1.0	2.9	45	0.01	1.2	3.3	37
	平均	0.034	1.32	3.24	44.43	0.26	1.33	3.44	40.14
试验路段Ⅰ	K12＋226	0.01	1.0	3.8	49	0.01	1.2	2.3	40
	K13＋226	0.00	0.9	2.7	42	0.00	1.1	2.8	36
	K14＋226	0.43	1.4	2.8	46	0.13	1.6	3.1	37
	平均	0.146	1.10	3.10	45.67	0.046	1.30	2.73	37.6
试验路段Ⅱ	K15＋226	0.01	1.0	4.1	44	0.09	1.2	3.0	40
	K16＋226	0.02	1.3	2.5	47	0.07	1.0	2.1	47
	K17＋226	0.00	0.9	1.4	46	0.07	1.0	2.5	40
	平均	0.01	1.07	2.67	45.67	0.076	1.07	2.53	42.33

2)计算沥青路面的使用性能指数 *PQI*

根据表 6-39 实测的各分项代表值,按式(6-10)～式(6-13)分别计算出相应的指数,即:

·面损坏状况指数 *PCI*,见前式(6-10)。

·路面行驶质量指数 *RQI*,见前式(6-11)。

·路面车辙深度指数 *RDI*,见前式(6-12)。

· 路面抗滑性能指数 *SRI*，见前式(6-13)。

以上各式计算结果见表 6-40。

3)计算沥青路面的使用性能指数 *PQI*

在式 6-9 中，代入各分项的权值，于是该式变为下式：

$$PQI = 0.35 \cdot PCI + 0.40 \cdot RQI + 0.15 \cdot RDI + 0.10 \cdot SRI$$

4)总体评价

据上式计算出各路段的沥青路面使用性能指数 *PQI*(表 6-40)。

不同路段沥青路面使用指数 *PQI* 表(上行)　　表 6-40A

路面类型	桩　号	长度(m)	*PQI*(%)	路面分项指标(%)				
				PCI	*RQI*	*RDI*	*SRI*	*PSSI*
半刚性基层路段	K4+294	911	92.4	98.3	89.8	89.9	85.9	—
	K5+205	1 021	93.3	96.9	92.3	90.9	87.9	—
	K6+226	539	94.6	96.4	95.0	93.6	87.9	—
	K6+765	1 461	93.6	94.7	95.3	93.8	82.9	—
	K8+226	1 000	94.8	96.4	95.4	94.4	87.3	—
	K9+226	900	94.3	96.1	95.1	94.1	84.7	—
	K10+126	1 100	94.3	96.3	95.1	92.3	86.6	—
	平均		93.9	96.4	94.0	92.7	86.2	
试验路段Ⅰ	K12+226	1 000	95.6	97.9	95.2	94.6	91.0	—
	K13+226	1 000	95.3	99.1	95.5	94.4	82.6	—
	K14+226	1 000	91.4	89.4	93.9	91.8	87.4	—
	平均		94.1	95.5	94.9	93.6	87	
试验路段Ⅱ	K15+226	1 000	94.6	97.5	95.3	91.9	85.7	—
	K16+226	1 000	94.8	97.0	94.4	95.0	88.6	—
	K17+226	1 158	96.1	98.7	95.5	97.1	87.7	—
	平均		95.2	97.7	95.1	94.7	87.3	

不同路段沥青路面使用指数 *PQI* 表(下行)　　表 6-40B

路面类型	桩　号	长度(m)	*PQI*(%)	路面分项指标(%)				
				PCI	*RQI*	*RDI*	*SRI*	*PSSI*
半刚性基层路段	K10+126	1 100	93.8	97.9	98.5	94.0	76.1	94.9
	K9+226	900	93.2	95.3	94.7	93.8	78.7	96.5
	K8+226	1 000	94.1	97.2	94.5	94.5	81.6	92.9
	K6+765	1 461	94.3	97.4	95.2	95.4	78.6	97.8
	K6+226	539	93.0	95.4	94.5	93.4	78.2	—
	K5+205	1 021	93.8	98.2	92.8	92.3	84.8	—
	K4+294	911	94.0	98.2	92.7	93.5	84.8	—
	平均	93.7	97.1	94	94.7	93.8	80.4	95.5

续上表

路面类型	桩　　号	长度 (m)	PQI (%)	路面分项指标(%)				
				PCI	RQI	RDI	SRI	PSSI
试验路段 Ⅰ	K14+226	1 100	91.9	93.5	98.5	94.8	76.5	—
	K13+226	1 100	94.0	98.5	98.5	94.9	73.4	—
	K12+226	1 100	94.5	98.1	98.5	95.8	79.9	—
	平均		93.5	96.7	98.5	95.2	76.6	
试验路段 Ⅱ	K17+226	1 158	93.8	95.0	98.5	95.7	80.5	92.9
	K16+226	1 100	94.5	95.0	98.5	95.3	88.4	100.0
	K15+226	1 100	93.2	94.4	98.5	95.3	80.5	—
	平均		93.8	94.8	98.5	95.4	83.1	96.45

从表 6-40 计算出的各路段的沥青路面使用指数 *PQI*，按照表 6-31 列出的标准，邯长公路各跟踪检查路段，其 *PQI* 均大于 90%，沥青路面均属于优质工程，应当说复合式基层路面好于半刚性基层上的沥青路面。

5)复合式基层沥青路面外观

笔者去年，又回到现场观测邯长公路，同时现场拍摄一些复合式基层试验路段照片，以展示复合式基层沥青路面外观质量，并与半刚性基层沥青路面外观进行比较，2011 年笔者到邯长公路进行自摄，其现行路况见图 6-18～图 6-20。

图 6-18　试验路段Ⅰ：复合式基层沥青路面近照，路面平整，无有裂缝

图 6-19　试验路段Ⅱ：复合式基层沥青路面近照，路面平整，无有裂缝

6)复合式基层沥青路面现场钻芯检测

2009 年 12 月河北省交通规划设计院检测室，对邯长公路不同的路面结构进行了钻芯取

样(图 6-21、图 6-22),并对水泥稳定碎石和面层沥青混凝土进行了抽提筛分试验,其试验结果见表 6-41。

图 6-20 半刚性基层沥青路面:路面虽然平整,依然存在基层反射、温度裂缝

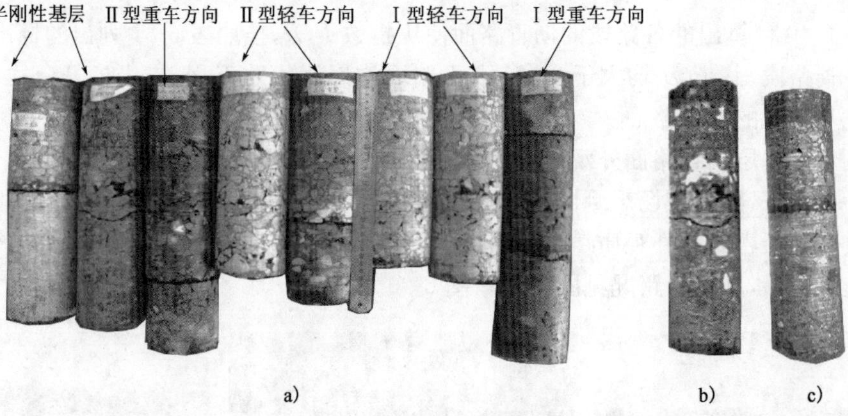

图 6-21 一般结构的钻芯试件

a)不同路段钻芯检测;b)、c)一般结构(半刚性基层),b)芯位于 K8+216 重车方向、c)芯位于 K8+156 轻车方向的芯样

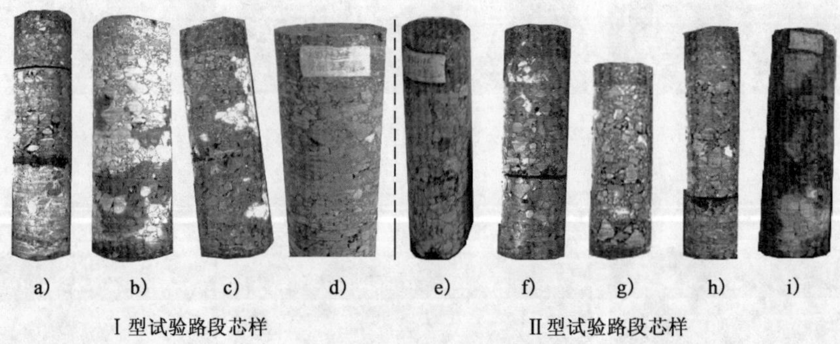

图 6-22 试验路段钻芯试样

Ⅰ型试验路段:a)位于 K13+346(重车方向);b)位于 K11+926(轻车方向);c)位于 K11+971(轻车方向);d)位于 K11+926(轻车方向);

Ⅱ型试验路段:e)位于 K17+362(轻车方向);f)位于 K17+362(重车方向);g)位于 K15+550(重车方向);h)位于 K14+716(轻车方向,全厚式沥青路面);i)位于 K14+716(重车方向)

从图 6-21、图 6-22 钻芯芯样看出:

(1)路面层间粘结紧密,面层基层之间紧密联结,提高了路面整体抗剪强度,特别是长大下

坡路段抗剪强度。沥青混合料形成了骨架嵌挤，也提高了沥青混合料的抗剪强度。

(2)通过对钻芯试验，水泥稳定碎石强度15～21.1MPa，AC-13C抽提试验结果见表6-41，集料级配试验结果见表6-42。

AC-13C抽提试验结果　　表6-41

设计油石比(%)	3.3～3.7	实际油石比(%)	3.4～3.7

AC-13C集料级配试验结果　　表6-42

筛孔直径(mm)	试验1(%)	试验2(%)	设计值(%)	范围(%)	
16	100.0	100.0	100.0	100.0	100.0
13.2	92.8	91.9	94.2	90.0	100.0
9.5	78.5	78.4	72.1	60.0	80.0
4.75	49.8	49.6	41.9	30.0	53.0
2.36	34.1	33.5	29.4	20.0	40.0
1.18	21.3	21.3	21.2	15.0	30.0
0.6	13.3	12.7	15.1	10.0	23.0
0.3	9.0	8.2	10.8	7.0	18.0
0.15	6.2	6.4	8.7	5.0	12.0
0.075	3.8	4.0	6.5	4.0	8.0

六、复合式基层沥青路面优势

在河北省交通厅项目办大力支持下，在邯长高速公路筹建处、重庆交通大学、河北路桥集团四公司、河交通建设监理有限咨询公司等单位的共同努力，经过两年多时间，共同完成了室内试验研究，确定出复合式基层沥青路面试验路方案，制定出试验路段施工工艺，编制出现场试验数据采集、通车后进行跟踪观测计划。通过上述计划实施，总结出以下成功经验。

1.路基施工关键技术

对于高填土、特别是湿限性黄土路基，应采取措施，以提高路基的承载能力，降低其沉降，这是预防路基沉降引起车辙的重要措施。邯长公路的具体做法：

1)利用强夯对湿限性黄土路基、桥涵地基进行处理，然后在处理后的路基上铺设30～40cm石灰土封层，以防止进水。

2)对桥涵台背回填土，掺入石灰进行处理，以保证回填土密实。在7座桥涵台背回填中，还采用了流态粉煤灰填筑，收到了良好的效果。

3)重视路基路面排水设计和施工，挖方地段采用深边沟排水，路面采用分散漫流方式排水，不设置拦水带。加强路面层间防水，中上面层之间设置SBS改性沥青黏结防水层。

2.采取双控指标，能够保证施工质量

1)优化出GTM设计法和室内重型击实试验，确定级配碎石基层施工配合比、最大干密度和最佳含水率，对压实质量实施现场控制指标，以确保配碎石基层基层施工质量。集料级配采用S形曲线，选用改性沥青，可以有效提高沥青混合料抗弯强度。

2)使用GTM法和马歇尔试验法,确定AH-50、AH-70沥青稳定碎石施工配合比及最佳沥青用量,实施双控指标检测,确保了沥青混合料压实质量。

3)采用双层防水黏结层,可以提高路面整体抗剪强度,并能有效地起到防水作用。

4)采用级配碎石+防水层,可以有效地减少裂缝并起到排水作用。

总之,经过现场钻芯检测和抽样试验,结果水泥稳定碎石强度、沥青混合料的油石比、集料级配等均控制在设计范围内,这说明一个好的设计必须有严格的过硬的管理指导,才能达到预期目的。

根据跟踪观测表明,邯长公路上铺筑的复合式基层沥青路面,未出现裂缝、变形,没有发生水损害等早期破坏现象,车辙深度小于4mm,表明该种路面结构具有良好的路用性能,适宜于重交通路面。但是,人们对沥青路面内在规律,尚未格物致知,采取双控指标进行现场控制,可以说,是当今保证复合式基层沥青路面质量最有效的措施。

第五节　复合式基层沥青路面经济分析

邯长高速公路复合式基层,系半刚性底基层和柔性基层组合,具体讲:半刚性底基层+级配碎石+沥青碎石,或半刚性底基层+沥青碎石。

若对它们经济分析,重点从材料单价和施工成本上分析,然后,再从材料总量进行比较。

1.级配碎石基层经济分析

级配碎石基层混合料与水泥稳定碎石比较,甚至二灰稳定碎石,二者集料是一样的,其施工所用的拌和设备也是相同的,不同之处是前者无需水泥或石灰胶结材料。鉴于级配碎石没有添加胶凝材料,拌和时间比水泥稳定碎石约短,单位时间的拌和能力有所增加。

邯长公路试验路段,级配碎石基层摊铺厚度20cm、10cm,摊铺机摊铺厚度和速度与半刚性基层混合料相当,碾压时间没有半刚性基层混合料要求严格,对混合料延迟成型没有时间要求,费用也有所下降。因此,级配碎石现场施工成本,应该是有所下降的。

级配碎石不需胶凝材料,在基层材料中,胶凝材料价格是最高的,例如5%的水泥稳定碎石基层,时年水泥单价为280元/t,100m^3 基层约需水泥12.5t,价值3 500元,而100m^3 级配碎石多用的碎石13t,价值700元,因此每100m^3 级配碎石混合料材料成本,比半刚性基层要低2 800元。

2.沥青碎石基层经济分析

沥青碎石和一般面层一样,其所用原料是基本上相同的。所不同的是材料用量和施工工艺成本有产别的。

1)材料费用比较

沥青碎石油石比较低,邯长公路试验路段为3.0%,一般沥青混凝土下面层油石比大多为4%左右。因此,沥青碎石油石比较一般沥青混凝土要降低1%左右;同时,沥青碎石矿粉用量也较低。由于沥青碎石采用较多的粗集料,而较粗集料击碎功低,从而使得集料的生产费用降低,因此,在整个沥青碎石混合料生产成本中,与一般沥青混凝土相比是低的。

时年,依材料预算定额,其中人工、材料、机械及各种费率参考施工单位投标的价格,在

表6-43中列出了沥青碎石与一般混合料直接工程费用，以资进行比较分析。

试验路段沥青碎石与一般混合料预算成本表(单位：元/100m^3)　　表6-43

混合料类型	定额基价	直接工程费							
		直接费				其他直接费用	现场经费	合计	降低(%)
		人工费	材料费	机械使用费	合计				
ATB-25	28 937	402	41 740	9 956	52 098	723	2 662	55 483	10.3
AC-25	30 784	475	47 807	9 980	58 262	770	2 832	61 864	0

2)施工费用比较

试验路段上的沥青碎石基层，一层摊铺厚度为8cm或10cm，摊铺机摊铺速度控制在2m/min以下，每小时分别摊铺120m、90m，即每小时可摊铺360多吨料。

一般AC-25下面层沥青混合料，摊铺速度一般为3m/min，每小时也能够摊铺360吨料。

实际上，一般拌和楼难以达到这样高的生产率，因此，摊铺生产率完全取决于拌和能力。所以，沥青碎石拌和能力与一般沥青混合料相差不大。同时，沥青碎石施工厚度较厚，相对而言单位厚度的沥青混合料减少了机械调运时间，碾压费用也有所下降。因此，沥青碎石的现场施工成本，应该有所下降。

试验路段施工时，采用日本日工3 000型拌和机拌和，其拌和沥青碎石生产能力为190～200t/h。而正常情况下AC-25的生产能力为200～210t/h；因此，沥青碎石的拌和能力与一般沥青混合料相当。

沥青碎石所用集料比较粗，所需要的拌和时间、热料仓配料时间较一般料时间长，因此，其拌和成本有所增加，应选择合适的筛网并调整好冷料仓配比，减少溢料，沥青碎石的拌和成本与一般混合料相比增加不大。

表6-44列出了时年试验路段的材料单价及配比情况，可供进行施工经济比较参考。

邯长公路材料单价及沥青混合料配比情况　　表6-44

项　目	24～32	15～24	10～15	5～10	<5	矿粉	沥青
单价(t/元)	90.5	90.5	90.5	90.5	90.5	132	2 650
配比(%)	25	24	14	7	25	5	3.0

虽然现场摊铺、碾压成本有所下降，但是，由于沥青混合料的拌和成本有所上升，且拌和成本占机械使用费比率较大，因此，与一般混合料相比，总的机械使用费稍有增加。由于沥青用量较低，沥青碎石材料费降低较大，所以材料费下降了12.7%，为此，其总的直接工程费预算成本也是降低的，降幅为10.3%。因此，沥青碎石具有较好的经济性效益。

附录 1　沥青技术标准

附 1-1　我国道路石油沥青技术要求(附表 1-1)

道路石油沥青技术要求　　附表 1-1

指　标	单　位	等　级	沥　青　标　号																	试验方法①
			160号④	130 号	110 号			90 号					20 号③					50 号③	30 号④	
针入度(25℃,5s,100g)	0.1mm		140～200	120～140	100～120			80～100					60～80					40～60	20～40	T 0604
适用的气候分区⑥			注④	注④	2-1	2-2	3-2	1-1	1-2	1-3	2-2	2-3	1-3	1-4	2-2	2-3	2-4	1-4	注④	附录 A
针入度指数 PI[2]		A	−1.5～+1.0																	T 0604
		B	−1.8～+1.0																	
软化点(R&B),不小于	℃	A	38	40	43			45			44		46		45			49	55	T 0606
		B	36	39	42			43			2		44		43			46	53	
		C	35	37	41			42			42		43		43			45	50	
60℃动力黏度②	Pa·s	A	—	60	120			160			140		180		160			200	260	T 0620
10℃ 延度②,不小于	cm	A	50	50	40			45	30	20	30	20	20	15	25	20	15	15	10	T 0605
		B	30	30	30			30	20	15	20	15	15	10	20	15	10	10	8	
15℃ 延度,不小于	cm	A、B	100															80	50	T 0605
		C	80	80	60			50					40					30	20	

续上表

指标	单位	等级	沥青标号							试验方法①
			160号④	130 号	110 号	90 号	20 号③	50 号③	30 号④	
蜡含量(蒸馏法)不大于	%	A	2.2							T 0615
		B	3.0							
		C	4.5							
闪点不,小于	℃		230			245	260			T 0611
溶解度,不小于	%		99.5							T 0603
密度(15℃)	g/cm		实测记录							T 0603
TFOT(或RTFOT)后⑤										T 0610、T 0609
质量变化,不大于	%		±0.8							
残留针入度比(25℃),不小于	%	A	48	54	55	57	61	63	65	T 0604
		B	45	50	52	54	58	60	62	
		C	40	45	48	50	54	58	60	
残留延度(10℃),不小于	cm	A	12	12	10	8	6	4	—	T 0605
		B	10	10	8	6	4	2	—	
残留延度(15℃),不小于	cm	C	40	35	30	20	15	10		T 0605

注:①试验方法按照现行《公路工程沥青及沥青混合料试验规程》(JTG E20—2011)规定的方法执行。用于仲裁试验求取 PI 时的 5 个温度的针入度关系的相关系数不得小于 0.997。

②经建设单位同意,表中 PI 值、60℃动力黏度、10℃延度可作为选择性指标,也可不作为施工质量检验指标。

③70 号沥青可根据需要要求供应商提供针入度范围为 60~70 号或 70~80 号的沥青,50 号沥青可要求提供针入度范围为 40~50 号或 50~60 号的沥青。

④30 号沥青仅适用于沥青稳定基层。130 号和 160 号沥青除寒冷地区可直接在中低级公路上直接应用外,通常用作乳化沥青、稀释沥青、改性沥青的基质沥青。

⑤老化试验以 TFOT 为准,也可以 RTFOT 代替。

⑥气候分区参见《沥青路面施工技术规范》(JTG F40—2004)附录 A。

附 1-2 改性沥青技术要求(附表 1-2)

聚合物改性沥青技术要求

附表 1-2

指 标	单 位	SBS 类(Ⅰ类)				SBR 类(Ⅱ类)			EVA、PE 类(Ⅲ类)				试 验 方 法
		Ⅰ-A	Ⅰ-B	Ⅰ-C	Ⅰ-D	Ⅱ-A	Ⅱ-B	Ⅱ-C	Ⅲ-A	Ⅲ-B	Ⅲ-C	Ⅲ-D	
针入度 25℃,100g,5s	0.1mm	>100	80~100	60~80	40~60	>100	80~100	60~80	>80	60~80	40~60	30~40	T 0604
针入度指数 PI,不小于		−1.2	−0.8	−0.4	0	−1.0	−0.8	−0.6	−1.0	−0.8	−0.6	−0.4	T 0604
延度 5℃,5cm/min 不小于	cm	50	40	30	20	60	50	40	—				T 0605
软化点 $T_{R\&B}$,不小于	℃	45	50	55	60	45	48	50	48	52	56	60	T 0606
运动黏度[①]135℃,不大于	Pa·s	3											T 0625、T 0619
闪点,不小于	℃	230				230			230				T 0611
溶解度,不小于	%	99				99			—				T 0607
弹性恢复 25℃,不小于	%	55	60	65	75	—			—				T 0662
黏韧性,不小于	N·m	—				5			—				T 0624
韧性,不小于	N·m	—				2.5			—				T 0624
贮存稳定性[②]离析,48h 软化点差,不大于	℃	2.5				—			无改性剂明显析出、凝聚				T 0661
TFOT(或 RTFOT)后残留物													
质量变化,不大于	%	±1.0											T 0610 或 T 0609
针入度比 25℃,不小于	%	50	55	60	65	50	55	60	50	55	58	60	T 0604
延度 5℃,不小于	cm	30	25	20	15	30	20	10	—				T 0605

注:①表中 135℃运动粘度可采用《公路工程沥青及沥青混合料试验规程》(JTJ 052—2000)中的“沥青布氏旋转粘度试验方法(布洛克菲尔德粘度计法)”进行测定。若在不改变改性沥青物理力学性质并符合安全条件的温度下易于泵送和拌和,或经证明适当提高泵送和拌和温度时能保证改性沥青的质量,容易施工,可不要求测定。

②贮存稳定性指标适用于工厂生产的成品改性沥青。现场制作的改性沥青对贮存稳定性指标可不作要求,但必须在制作后,保持不间断的搅拌或泵送循环,保证使用前没有明显的离析。

附录 2 美国 SHPR 沥青路用性能规范

美国 SHPR 沥青路用性能规范见附表 2-1。

附表 2-1

美国 SHPR 沥青路用性能规范(AAHTOMP1,1995)

沥青使用性能等级	PG46			PG52							PG58					PG64					
	−34	−40	−46	−10	−16	−22	−28	−34	−40	−46	−16	−22	−28	−34	−40	−10	−16	−22	−28	−34	−40
平均 7d 最高路面设计温度(℃)	<40			<52							<58					<64					
最低路面设计温度(℃)	>−34	>−40	>−46	>−10	>−16	>−22	>−28	>−34	>−40	>−46	<−16	<−22	<−28	<−34	<−40	>−10	>−16	>−22	>−28	>−34	>−40
原样沥青																					
闪点(COC,ASTMD92. min℃)	230																				
黏度 ASTM4402,Max,2Pa·s,试验温度(℃)	135																				
动态剪切,(TP5),G*/sinδ,min. 1.0kPa,试验温度@10rad/s,℃	46			52							58					64					
RTFOT 残留沥青(PP1T240)																					

续上表

沥青使用性能等级	PG46			PG52							PG58					PG64					
	−34	−40	−46	−10	−16	−22	−28	−34	−40	−46	−16	−22	−28	−34	−40	−10	−16	−22	−28	−34	−40
质量损失,max%	1.0																				
动态剪切仪,(TP5)G*/sinδ,Min. 2.2kPa,试验温度@10rad/s,℃	46			52							58					64					
PAV 残留沥青(PP1)																					
PAV 老化温度(℃)	90			90							100					100					
动态剪切,(TP5),G*/sinδ,max,5 000 kPa,试验温度@10rad/s,℃	10	7	4	25	22	19	16	13	10	7	25	22	19	16	13	31	28	25	22	19	16
物理老化	实测记录																				
蠕变劲度,(TP1)S,max,300Mpa;m 值,min,0.30,试验温度@60s,℃	−24	−30	−36	0	−6	−12	−18	−24	−30	−36	−6	−12	−18	−24	−30	0	−6	−12	−18	−24	−30
直接拉伸,(TP3),破坏应变,min,1.0%,试验温度@1.0mm/min,℃	−24	−30	−36	0	−6	−12	−18	−24	−30	−36	−6	−12	−18	−24	−30	0	−6	−12	−18	−24	−30

注:1. 路面温度由大气温度按 SUPERPAVE 程序中的方法计算,也可由指定的机构提供。

2. 如果供应商能保证在符合所有认为安全的温度下,沥青结合料都能很好地泵送或拌和,此要求可由指定的机构确定放弃。

3. 为控制非改性沥青结合料产品的质量,在试验温度下测定原样沥青结合料黏度,可以取代动态剪切的 G*/sinδ。在此温度下,沥青多处于牛顿流状态,何测定黏度的标准试验方法均可使用,包括毛细管黏度计或旋转黏度计(AASHTO,T201 或或 T202)。

4. PAV 老化温度为模拟气候条件温度,从 90℃,100℃、110℃中选择一个温度,高于 PG64 时为 100℃,在沙漠条件下为 110℃。

5. 物理老化:按 TPI 规定的 BBR 试验 13.1 节进行,试验条件中的时间为最低路面设计温度以上 10℃延续 24h±10min,报告 24h 劲度模量和 m 值,仅供参考。

6. 如果蠕变劲度小于 300MPa,直接拉伸试验可不要求,如果蠕变劲度在 300～600MPa 之间,直接拉伸试验的破坏应变要求可代替蠕变劲度的要求,m 值在两种情况下都应满足。

参 考 文 献

[1] 林绣贤.柔性路面结构设计方法[M].北京:人民交通出版社,1988.

[2] 沙庆林.高等级公路半刚性基层沥青路面[M].北京:人民交通出版社.1999.

[3] 张登良.沥青与沥青混合料[M].北京:人民交通出版社,1993.

[4] 严家伋.高等学校教材-道路建筑材料[M].北京:人民交通出版社,1996.

[5] 中华人民共和国行业标准.JTG F40—2004 公路沥青路面施工技术规范[S].北京:人民交通出版社,2004.

[6] 中华人民共和国行业标准.JTG E41—2005 公路工程岩石试验规程[S].北京:人民交通出版社,2005.

[7] 中华人民共和国行业标准.JTG D50—2006 公路沥青路面设计规范[S].北京:人民交通出版社,2006.

[8] 中华人民共和国行业标准.JTJ 052—2000 公路工程沥青及沥青混合料试验规程[S].北京:人民交通出版社,2000.

[9] 中华人民共和国行业标准.JTG E42—2005 公路工程集料试验规程[S].北京:人民交通出版社,2005.

[10] 中华人民共和国行业标准.JTG E60—2008 公路路基路面现场测试规程[S].北京:人民交通出版社,2008.

[11] 中华人民共和国行业标准.JTJ 059—1995 公路工程沥青及沥青混合料试验规程[S].北京:人民交通出版社,1995.

[12] 侯岩峰,魏正义.公路项目质量管理技术[M].北京:人民交通出版社,2006.

[13] 张肖宁.沥青路面施工质量控制与保证[M].北京:人民交通出版社,2009.

[14] 沙庆林.多碎石沥青混凝土 SAC 系列的设计与施工[M].北京:人民交通出版社,2005.

[15] 郝培文.沥青与沥青混合料[M].北京:人民交通出版社,2009.

[16] 谭忆秋.沥青与沥青混合料[M].黑龙江:哈尔滨工业大学出版社,2007.

[17] 魏建明,何兆益,王国清,等.抗车辙沥青混合料组成设计试验方法研究[G].重庆交通大学学报 55 周年校庆论文专辑.重庆:重庆交通大学,2006.

[18] 魏建明,何兆益,王国清,等.抗车辙沥青混合料组成设计试验方法研究[G].重庆交通大学学报 55 周年校庆论文专辑.重庆:重庆交通大学,2006.

[19] 侯岩峰,李龙泉.半刚性基层振动成型法暨沥青路面 GTM 设计施工技术[M].北京:人民交通出版社,2012.

[20] 康彦民,刘孔杰,魏正义,等.滨海地区高速公路修筑技术研究[M].北京:人民交通出版社,2010.

[21] 河北省地方标准.DB B/T978—2008 GTM 法设计与施工技术规范.

[22] 中华人民共和国行业标准.JTG H20—2007 公路技术状况评定标准[S].北京:人民交通出版社,2007.